LIBO DAINI XUE JIXING PINGSHU JIXING PINGSHU SUCHENG

李泊带你学即兴评述
——即兴评述速成

主　编　李　泊
副主编　张福起　王一晨
　　　　孔腾飞　李　巍

河南大学出版社
HENAN UNIVERSITY PRESS

·郑州·

图书在版编目（CIP）数据

李泊带你学即兴评述：即兴评述速成 / 李泊主编．－－ 郑州：河南大学出版社，2017.3

ISBN 978-7-5649-2757-8

Ⅰ．①李… Ⅱ．①李… Ⅲ．①播音－语言艺术－高等学校－入学考试－自学参考资料 ②主持人－语言艺术－高等学校－入学考试－自学参考资料 Ⅳ．① G222.2

中国版本图书馆 CIP 数据核字（2017）第068584号

责任编辑	柳 涛 李 慧
责任校对	陈 巧
助理校对	辛豫杰
封面设计	王 韧

出　版　河南大学出版社
　　　　　地址：郑州市郑东新区商务外环中华大厦2401号　邮　编：450046
　　　　　电话：0371-86059763
　　　　　网址：www.hupress.com
排　版　郑州市郑东新区大艺图文设计商行
印　刷　开封智圣印务有限公司
版　次　2017年9月第1版　　　　　　　　　　印　次　2017年9月第1次印刷
开　本　787mm×1092mm 1/16　　　　　　　印　张　24.75
字　数　587 千字　　　　　　　　　　　　　定　价　65.00 元

（本书如有印装质量问题请与河南大学出版社联系调换）

前　　言

　　这是一本专门提高即兴评述水平的书。

　　公元678年，14岁的上官婉儿名气越来越盛，武则天让她现场写一篇文章。结果，她文不加点，犹如宿构，写得非常好。

　　曹操死后，长子曹丕继位。曹丕唯恐其弟曹植与他争位，故命曹植在大殿之上走七步，然后以"兄弟"为题即兴吟诗一首，但诗中却不能出现"兄弟"二字，成则罢了，不成便要痛下杀手。曹植不假思索，立刻脱口而出："煮豆持作羹，漉豉以为汁。萁在釜下燃，豆在釜中泣。本自同根生，相煎何太急。"这便是赫赫有名的"七步成诗"。

　　祢衡，东汉末年文学家，长于文章辞赋。一次，黄射大宴宾客，有人献鹦鹉一只。祢衡应黄射之请，即席作《鹦鹉赋》一篇，援笔成篇，文不加点。

　　看到几位古人的故事，我常想，即兴评述肯定难不倒他们。

　　即兴评述越来越重要了。我曾经在我的前两本书《播音主持备考一本通》和《播音主持备考100天——李泊带你走进直播间》里讲述过怎么学习即评（即即兴评述，下同）。但是我发现那是远远不够的，还有很多同学对即评一知半解，存在着误解，做了不少无用功，浪费了很多时间——他们需要更加系统的学习。具体的学习方法，我必须说得更透彻些，以便让大家更快地掌握即评，就像刚才提到的三位古人那样，文不加点，犹如宿构般的华丽绽放。所需要的正确的训练方法，我将在本书中告诉大家。

　　我曾经接到过这样一条信息："紧急通知！震惊！烧开的自来水千万不要直接喝！转起来让更多的人知道！经我国多名专家，以及几百万例临床联合实验表明，无论是城里还是农村的，无论是大铁锅还是电水壶的自来水烧开后千万不要直接喝！"看到这里，我吓了一跳，以为又有什么重大发现呢，赶紧看原因，只有四个字"因为烫嘴"。我不禁哑然失笑——这次我又想多了。我接着回复道："长知识了。"这次是真的长知识了，因为我想到了即兴评述。很多时候，同学们也是被即兴评述吓倒了，而其实它没什么神秘的。本书中，我用通俗的语言介绍了什么是即兴评述以及它的特点，让即兴评述恢复它本来的面目。

　　了解是为了更好的学习。在本书中，我设计了一套即兴评述的练习方法。这种方法由浅入深，由易到难，力求让大家学得扎实，学得牢固，在考场上不惧怕任何类型的即兴评述。

　　为了让大家更好地学习即评，在本书中，我把即兴评述进行了详细的分类，每种类型都配有分析和范例，并且进行了点评。通过这些范例，大家可以了解优秀的即兴评述是什么样的，从而发现自己的不足和优势，这样会进步得快一点儿。

　　掌握了技巧，了解了即评，下面就是练习了。在本书中，我还针对同学们练习太少的现状，安排了大量的训练题目。这样，学了方法又做了练习，从此即评再也不是拦路虎了。

对于学习即评来说，掌握正确的方法尤为重要。只有方法正确了，进步才会快，得分才会高。这个过程不能急，更不能跳跃，只有按照艺术规律循序渐进。我建议大家要一步一步来。可能你觉得有些简单，但是也不要随便跳过，一定要认真对待。

即评属于口才的一部分。大家练好了即评，同时也学到了好口才，这是多么好的事情啊！希望同学们刻苦学习。有了好口才无论是考试还是干其他的事都能大获全胜。

本书不仅适合考生自学，也能当培训机构的教材。我乐意把我的教学经验与同行们分享。同学们也可以从教师的角度认识即评，这也是大有益处的。

从教学的角度来讲，首先要让同学们确立主题意识。看到题目要马上想到主题，而不是把它当作单个孤立的事件，这需要大量的练习。很多同学会把即评和平常的聊天混淆，说话总是说半句，让人猜他的意思，这是不合适的。要让同学们知道，句子得完整，主题要清楚，观点要明确。主题要简练，不是一段话，而是具体的一个词或一句话。这要用掉大量的时间去练习，才能掌握技巧。有了主题意识后还要有整体意识，要让同学们明白我们开始的不是一个可以随时停止、不一定有结果的闲聊，而是一个完整的、有头有尾的话题。

其次要有提纲意识。当确立了主题意识后，还要有提纲意识，这个容易点。问题往往出在提纲的内容上。大家列的提纲或者是材料的堆砌，或者前后矛盾、主次不分、逻辑混乱，甚至是脱离主题、乱说一通。老师要着重培养同学们的逻辑思维能力，因为提纲是一个推理的过程，必须严密，一环扣一环，浑然一体，劲往一处使，用全力证明主题。

当一个考生有了主题意识和提纲意识，他基本上就掌握了即评的窍门了。但是，那距离成功还很远，最后的几里路更加重要，还需要继续努力。

再次要有材料意识。材料意识即要意识到观点必须有事例支撑，要有理有据，而事例贵在于新。刚开始的时候，大家总是顾不了那么多。主题和提纲会占去同学们的大部分准备时间，到想事例的时候就感觉时间紧了，很容易慌不择路，不管什么事例都往上套。作为老师要告诉同学们一定要有创新意识，要选择最恰当、最有新意的事例来证明观点。这一点并不容易，需要同学们加大阅读量，多积累。建议这个阶段多做复述、转述的练习。

最后要有准确意识。即评的语言不同于书面语，也不是单纯的生活中的口头语言，而是一种特殊的应试语言，是一种经过加工的口头语言。这就要求考生要把握好分寸，用词准确，叙述清楚，既不过分简单，又不啰唆，张弛有度，恰到好处。从表达上来说，在这个阶段要引导学生运用已经学到的语言技巧，比如重音、停连等，把它们合理地运用到即评中去，让语言更加丰富多彩。这同样需要专门的练习，而且要花大量的时间。这个阶段，教师的工作是让那些说话过于书面的同学把话说得口语化一些；那些说话过于随意的，让他们严谨一些。这样做都是为了适应考试的要求。

如果把即评分为两部分的话，那现在我们已经成功一半了——内容没有问题了。当同学们拿到一个题目准备五分钟就可以顺利地完成即评，而且语音准确、语言流畅的时候，新的任务又来了。新的任务听起来简单，其实更加重要，但幸好这部分几乎是一说就明白，对考生来说压力不大。准备即评就像建造房子，现在我们房子造好了，需要装饰一下才能入住。在这部分内容里我主要是告诉考生正确的考试心态、怎样走向考场，特别是在衣着、手势、表情上要注意的事项。加上这些，一个完美的、能在即评考场上拿到高分的考生就要应运而生了。

  即兴评述的教学并不容易，不仅要有耐心，还要有方法。要及时缓解考生的急躁情绪，先主后次，循序渐进，坚持不懈地完成教学任务。只有这样，才能有好的教学效果。关于即兴评述的方方面面，本书尽可能地作详尽的叙述。希望本书能助你一臂之力。我们共同努力，让每个孩子都能圆梦。

目 录

第一章 概述 ... 1
- 第一节 什么是即兴评述 ... 1
- 第二节 播音主持专业招考的目的和内容 ... 3
- 第三节 即兴评述的难点 ... 5
- 第四节 即兴评述的能力 ... 6
- 第五节 即兴评述的标准 ... 8

第二章 基础篇 ... 11
- 第一节 描述能力的训练 ... 11
- 第二节 叙事能力的训练 ... 14
- 第三节 复述能力的训练 ... 15
- 第四节 转述能力的训练 ... 17
- 第五节 评论能力的训练 ... 19

第三章 技巧篇 ... 27
- 第一节 即兴评述的准备步骤 ... 27
- 第二节 即兴评述易犯的错误 ... 30
- 第三节 即兴评述的两个关键 ... 31
- 第四节 即兴评述的注意事项 ... 32
- 第五节 即兴评述的四个阶段 ... 32
- 第六节 即兴评述的考试要点 ... 36
- 第七节 即兴评述的高分秘诀 ... 38
- 第八节 即兴评述实用小技巧 ... 39

第四章　即兴评述的分类 43

第一节　描述类即兴评述 43
第二节　辨析类即兴评述 61
第三节　想象类即兴评述 81
第四节　时事类即兴评述 102
第五节　诗词句名言类即兴评述 126

第五章　模拟主持 147

第一节　什么是模拟主持 147
第二节　模拟主持的基本要求 147
第三节　模拟主持的练习方法 150
第四节　模拟主持的准备步骤 151
第五节　模拟主持的重要环节 152
第六节　模拟主持的注意事项 156
第七节　各类模拟主持及案例 157

第六章　艺考生常见问题解答 175

第七章　即兴评述素材大全 215

第八章　考官提问的对答技巧 275

第九章　即兴评述练习题目 281

第十章　怎样准备一篇完美的自备稿件 311

第一节　选稿件 311
第二节　准备稿件 313
第三节　怎样读好稿件 315
第四节　小细节的处理 318
第五节　精准备考 320

第十一章　案例分析 323

第十二章　主持人那些事 335

后　　记 385

第一章　概述

第一节　什么是即兴评述

许多人刚接触即兴评述的时候往往会被吓一跳。什么是即兴评述？是急性子说评书吗？听说过，没见过。再加上很多人乐于渲染即兴评述的难度，使有些人看到即兴评述就心头一紧。其实，这大可不必。当你了解了即兴评述，掌握了方法，不仅会觉得它容易，还会爱上它。当你心中烦闷时，说不定还会做上几个即兴评述解闷呢。

先来分解一下"即兴评述"这四个字。"即兴"就是没有准备的，一时兴之所至；"评述"就是评论加叙述。评论就是点评，就是分析一件事情的好坏。还是举个例子吧。这是一件红色的T恤衫，我喜欢它，因为我喜欢红色。瞧！就是这样简单。"这是一件红色的T恤衫"是叙述，"喜欢它"是观点，"因为我喜欢红色"是原因。许多的题目基本上就是这个格式。我们所做的就是采用花样百出的格式把这两个结构不停地进行扩充。

再来详细分析下"评述"。所谓评述，就是既要有"述"，也要有"评"；"述"的任务是让别人知道你在说什么，"评"的目的是让别人知道你的观点；"述"是"评"的基础，"评"是"述"的升华。你可以先"述"后"评"，也可以先"评"后"述"，或者是边"评"边"述"，目的都是通过叙述表达观点。

综上可见，"即兴"指的是时间，"评述"说的是内容，"即兴评述"就是随机地讲述一件事情并且评论。这确实很像平时的聊天。我们日常聊天很少是先准备再说话的，都是想到什么说什么。所以，在很多时候，我们都是在即兴评述。

本书谈到的即兴评述，特指播音主持专业院校招生所考的重要科目之一，有着严格的格式和特点，和生活中的即兴评述类似但又有不同。

考试的即兴评述有严格的时间限制，一般是3分钟；话题是未知的，只在考试前10分钟才会知道。平常的即兴评述可能有人对答，是断断续续的；考试时的即兴评述必须是连贯的，中间没人插话。平时的即兴评述是随意的，与其他活动相伴随的，可能是你还在看电视、走路、吃东西；考试时的即兴评述是你站在考场上认真地说。一般的即兴评述没人打分，说完就过去了；考试时的即兴评述是有人给你打分的，是关系到你能否考上大学的。

同学们往往有个困惑：即兴评述的"即兴"应该怎样理解呢？这似乎是个可以伸缩的

时间概念。可能大家觉得生活中都是想什么说什么，是没有思考过程的，而实际上这个过程是存在的。很显然你必须先听明白别人问什么，然后才能作出回答。可能思考的过程比较短暂，所以被大家忽略了。而考试呢，题目变难了，思考的时间变长了。所以从这个角度上来说，考试的即兴评述并不难，只是把生活中的对话放大了而已。

　　再看一下即兴评述的形成过程。生活中有这样的经历：你和好友逛街时，他指着一件蓝色衬衫问你是否喜欢。这就形成了一个即兴评述的题目。请注意此时你的思维及行动。当你听到这个问题时，很多人的反应是这样的：沉思一下，或者观察一下。这时候他的大脑正在处理这些信息——他在思索这件衣服自己是否真的喜欢，可能在考虑颜色、款式。有的同学还会翻开衣服的标签，看一下价格，因为他买衣服是有预算的，超过预算就不考虑了。然后，他试穿一下，照照镜子，最后才决定是否购买。这个过程就像即兴评述的形成过程，也是我们生活中每一次对话的思维轨迹。这个对话的思维轨迹大体是这样的：接收信息—思考—形成结论。考场上的即兴评述也是这样，只不过多了一些新的场景和要求。它们主要有以下几点：

　　一是环境变了。生活中的交流可以随时随地进行，教室、操场、街头，甚至浴室都可以聊天。而考试就只能在考场进行，其他地方的交流不算数。考场装饰简单，没有花花草草，墙上也不会挂画，没有多余的家具，气氛比较严肃。与之相适应的语言状态比较正式，一般是经过修饰的口头语。

　　二是对话双方变了。考场上能说话的只有考官和考生，其他人不能乱插嘴，而且双方是陌生的，都是人生的初次相识。哪怕考生之前再怎么顽皮，只要在考试的五分钟里表现得很乖，考官就会认为他是个好孩子，人生的命运就此改变。考场上，考官和考生的目的不同：考官要考查考生素质，选拔人才，决定考生能否考上大学，占绝对主导地位，有打分权；考生则是被动的一方，目的是展示自己，力求征服考官，获得高分。这要求考生必须积极主动，不能装矜持，拿架子。

　　三是交流内容变了。与生活中的闲谈不同，考题的范围更为广泛，上至天文，下至地理、社会热点、哲学思想等都会涉及，有一定难度。由于考官之前没有见过考生，不了解考生，这就要求考生知识面广，要能在很短的时间内把自己的才华表现出来。

　　四是交流的方式变了。这也许是最大的变化，许多同学就栽在这上面了。生活中的交流都是一问一答型的，而考场上则需要考生自我陈述三分钟，这中间很少会有考官打断。四周静悄悄的，考官或低头沉思，或用慈爱的眼神看着考生，很多考生会不习惯。这要求考生有强大的内心，有独自说话三分钟的良好的表达能力。

　　五是准备的时间变长了。生活中的交流即便是有思考余地，思考的时间很少会达到五分钟，一般在几秒到几十秒。不要小看这个变化，有的考生直接回答可能会回答正确，一旦有了准备时间反而会头脑不清晰，正确的答案反而不相信了，直接导致考试失败。考生要适应这个变化。

　　如此仔细地分析即兴评述是为了更好的学习。当我们认识了即兴评述，即兴评述也就不难了。通常来讲，只要大家在生活中能够轻松自如的交流，即兴评述就不会成为考试的难点。目前，你可能会觉得它难，那是因为你还没有真正了解即兴评述，还缺乏指导和训练，还没有掌握方法。你只要按照本书中的方法练习，用不了多久你就会发现即兴评述原来是这样简单。

第二节　播音主持专业招考的目的和内容

　　要想学好即兴评述，就要清楚即兴评述在考试中的地位。大家都知道即兴评述很重要，分值很大。它为什么这么重要呢？播音主持专业招生考试主要有以下几项：自备稿件、指定稿件、即兴评述、模拟主持、才艺展示、自我介绍。无论什么样的学校，播音主持专业招生考试也无非就是这几项，只不过有的多，有的少罢了。

　　为什么要考这么几项呢？要弄清楚这个问题，首先要明白大学播音主持专业招生的目的——他们要招收这个专业领域内的好苗子，经过大学四年的培训，然后输送到电视台。他们希望自己的学生毕业后都能找到好工作，这样他们脸上也有光。他们不希望招收来的学生，毕业了找不到工作，这样就显得他们没本事。就像服装店进货一样，都希望进的服装能快点卖出去，谁也不希望把货都砸到自己手里。什么样的学生是他们想要的呢？那么多的学生报考，谁更适合学播音主持呢？这就需要考试。考试像一把尺子，量出长短，选出最优秀的人来学习播音主持专业。通常他们是这样选拔的。

　　下面就对播音主持专业招考的内容作一简单介绍。

一、自备稿件

　　自备稿件，考生可以提前准备，所选稿件要代表考生当时能达到的最高水平。

二、指定稿件

　　指定稿件就是考官当场所发的稿件，它主要考查考生快速备稿能力。一些基础不好的考生在这一环节就很难自如地发挥了。

三、即兴评述

　　对照前面两项，我们不难发现，一个是提前背诵好的，一个是面前有字的；而即兴评述是无字的，难度自然大多了。再来看一下考试的程序：背诵—朗读（看着读）—即兴评述（想着说）。每一项都是一个跳跃，越来越难，尤其是即兴评述。在我们的教育体系中，背诵是从小就开始训练的，这个自然不成问题。朗读也是学生每天都要做的事情。唯独想着说，练习得少，所以即兴评述就成了许多考生的弱项，于是它相对也就显得更加重要。换个角度说，即兴评述就是最接近主持人状态的一项考试。因为真正主持节目的时候，场上是瞬息万变的，既无法预知也无法完全准备，只能靠当时的反应，所以即兴评述很重要。它不仅是评价考生水平高低的重要标准，也是考查主持人水平高低的试金石。

四、模拟主持

这一项与即兴评述类似，都是面前无字可看，要自己说，唯一不同的是考生要在瞬间变成主持人。考官可以依据考生模拟主持的状态想象他未来主持节目的样子，并把它作为考生是否具有成为一个好的播音主持人的重要条件之一。

五、自我介绍

考官虽然通过前面几项大体了解了考生的情况，但是他们还担心没有发现考生的优点，埋没了人才，所以让考生自己再补充一下自己的资料。此时，考生可以将自己的优点尽情展现出来，以增加被录取的可能性。

六、才艺展示

节目主持是综合艺术的展示，主持人多才多艺很重要。如果考官发现考生能拉会唱，就会给他打的分数高一些，此时的才艺展示就显得比较重要。在现在的艺术类专业考生中，很多考生原不适合学艺术，只是因为文化课学得不好才被迫来学艺术的，而才艺展示则可以检测考生是否具有艺术细胞，是否具有从事艺术事业的潜质。所以，才艺展示的另一个作用就是有利于考官更全面地了解考生，找到真正热爱艺术、愿意献身艺术的考生。

通过以上几点，考生们很容易得出这样的结论：即兴评述最重要！当然即兴评述也是最难的。考生的全部素质都能从即兴评述中展现出来：普通话水平、气质、内涵等一试便知。换个角度来说，即兴评述也给考生无限的展示空间，是提高分数、战胜其他考生的重要手段。大家一定要重视它，学好它。

教师提示：

如何解释即兴评述呢？刚开始不要讲得太复杂，以免同学们产生畏惧心理，影响了日后的学习。最好把即兴评述比喻成同学们熟悉的议论文或政治论述题等，等大家略微熟悉即兴评述之后再深入讲解即兴评述的特点。我建议这一部分以减压为主，内容应由浅入深，循序渐进，我想这样效果会更好一些。

最后，要让同学们了解即兴评述在考试中的地位和特殊的要求，全面而深入地了解即兴评述。许多同学最初会以为即兴评述不好就专门练即兴评述，这是一个错误的观点。即兴评述不是孤立的，自备稿件和指定稿件都是在为即兴评述作准备，正是有了前面两项的基础，即兴评述才会说好。如果自备稿件和指定稿件两样表现得不好，即兴评述也绝对不会好到哪里去。试想，一个考生如果发音不准，满口方言，眼前的文字都读得磕磕绊绊，那么大家就不要期待他的即兴评述能好到哪里去了。所以我得出的结论是：即兴评述不是孤立的，要想在即兴评述中表现得好，就必须前面两样要好，这样才能全面提高。对于学生来说，即兴评述是考试中的一环，提高即兴评述是一个系统工程，切不可头痛医头，脚痛医脚，而应该系统训练，标本兼治，这是最快最好的方法。

第三节　即兴评述的难点

说起来即兴评述都是泪，很多同学向我哭诉即兴评述难：站在台上，脑子一片空白，不知道说什么好，3分钟的时间有时能说1分钟，有时只能说20秒。对此，我深表同情，我也在想即兴评述究竟难在哪里。

下面就即兴评述的学习难点从几个方面展开分析。

一、语音和状态的到位

考生在考场上要有主持人的风范，积极的状态和标准的普通话是最显著的标志。但是，在即兴评述的时候，很多考生都在忙着准备想说的内容，难免出现顾东不顾西、顾头不顾尾的状况，忽视了对语音和状态的要求，这是考生的第一道难关。

二、"读"到"说"的顺畅转变

指定的稿件是眼前有字的，考生只要照文章读就可以了；而即兴评述是面前无字的。之前训练的时候是想好后，写下来，再照着读；考场上的即兴评述则把中间环节去掉，想了就说。面对这一变化，许多考生会不适应，脑子转不过来。

三、当众讲话时不胆怯

中国的高中生多数性格含蓄，比较羞涩，当众讲话又是我们的教育不太重视的一方面，很多考生以前就没有当众讲话的经历。他们来到考场后，往往手足无措，流利地讲话就更难做到了。

四、要言之有物

许多考生的生活很简单，看过的有字的书只有课本，外面的世界知之甚少，习惯了老师说什么就信什么。一旦让他们独立思考，发表见解，就不知道该说什么了。遇到不熟悉的领域，大脑就一片空白，连变通也不会。在这种情况下，考生很容易把即兴评述变成了空喊口号，语言空洞无物，使人不知所云。

五、塑造自己

考试是一个塑造自己的过程，终极目标就是考生通过考试赢得考官的认可，最终被录取，这需要全方位的设计和努力。许多考生不知道这一点，不了解自己的长处，即兴评述的时候表现的像个严肃法官或者穿得花里胡哨像个歌星，就是不像个主持人。身份和形象定位的失当又怎能赢得考官的好感呢？

了解即兴评述的难点不是为了增加大家的心理负担，主要是为了查找不足，然后迎头赶上。以上五点虽然都不容易做到，但是经过训练，还是能够做到的，要不怎么每年都有那么多的同学金榜题名呢？面对困难，一是不要怕，二是要有方法，三是坚持练习。我想，做到这几点，终有一天你会发现，所有困难都不是困难。

教师提示：

这一节，教师的主要任务是针对考生的不足给予指导，给出学习计划，让考生有的放矢，提高水平。在这一节中，教师一定要有耐心。进步是需要时间的，缺点很顽固，经常反复，这都是正常现象。教师要帮考生树立信心，以鼓励为主。对于即兴评述的教学来讲，刚开始会比较难，而随着考生水平的提高，后面的教学会越来越顺利。大家一定不要被刚开始的困难吓怕，因为过了这一阶段，后面就是坦途。我常想，作一个即兴评述的教师是多么不容易啊，不仅要有专业知识，还要懂心理学。因为只有这样才能教好学生。当然，学生进步了，那种快乐也是别人无法体会的。

第四节　即兴评述的能力

即兴评述不就是站在那里说话吗？说是也不是，它其实是综合能力的体现。也许你会觉得即兴评述没什么了不起，没有什么难的，就像有人非常不理解歌手在舞台上轻轻松松唱一首歌，也不过五分钟，就能拿走几十万元的出场费一样，而事实上他们吃了很多苦。为了这几分钟的完美绽放，他们做了太多的分项练习，花费了无数的时间和精力，聚合了太多人的努力。正所谓：台上一分钟，台下十年功。再比如，某人骨折，大夫对他进行牵引手法复位，收费443元。某人嫌贵。大夫说："我从小学就是学习尖子，这样优秀的状态保持到了初中、高中、大学，毕业后找工作，单位也是面试、笔试后择优录取。在骨科专业我干了15年，才学会了刚才那样的技术，贵吗？"所以，艺考生要想在即兴评述中拿高分，就需要锻炼自己的各种能力。要像玩游戏积累点数一样，积累得多了，在考场上才可以轻松自如地展现自己。接下来我们就分析一下即兴评述需要的各种能力。

一、普通话要标准

普通话标准是基础。同学们考播音主持专业，标准的普通话是区别于其他专业的显著标志。所以，播音主持人必须能说标准的普通话，这一点是毫无疑问的。

二、要有内涵

普通话标准了只是外在的，即兴评述要得高分还需要有内涵。如果一个主持人只有标准的普通话而没有内涵，就成了人们通常说的"花瓶"和"绣花枕头"，这也是不行的。

三、要有良好的反应能力

即兴评述，不是写作文，没有长时间去思考，备考时间只有5分钟左右。考生必须有快速反应能力，看到题目几分钟后就能在考场上应对自如，口若悬河，滔滔不绝。

四、要有严密的逻辑思维能力

即兴评述是观点的论证，考生要有一定的逻辑思维能力，让自己的素材形成牢不可破的逻辑关系，而不是简单地罗列材料。

五、要有良好的语言叙述能力

即兴评述不是简单枯燥的相关材料的堆积，它需要具体事例来说明。所以，考生要有讲故事的能力。由于时间较短，考生在考场上不能长篇大论，所以要懂得删减，表达起来要有详有略、清晰明了、有理有据。

六、言语表达能以情动人

前面提到以理服人、让事实说话的要求，但仅有那些还是不够的，因为人是有感情的动物。考生还要学会抒情，能以情动人，这是即兴评述应有的能力。所以，考生在表达的时候，感情要真挚，不做作。

七、要有肢体语言的协调配合

即兴评述虽然是大脑和嘴配合完成的，但其他方面的因素也不可忽视。考生作为一个大活人出现在考官面前，要有相应的眼神、手势、服装、动作等的配合，这样才会赢得考官的认可。

八、要有良好的心理素质

许多考生都是第一次经历艺术专业招生考试，难免会紧张，所以还要有良好的心理素质，能够控制自己的情绪，重压之下更要思路清晰、语言流畅。最好的心理状态是既不是过分紧张也不是放松过度。一旦考场上出了什么意外，也要有足够的承受和应对能力，保证考试顺利完成。

以上提到的各种能力都很重要。它们是一个整体，任何一种能力的缺失都会造成考试减分。考生千万不要有侥幸心理，觉得自己某一样突出就万事大吉，那是一种错误的想法。即兴评述的能力有点像木桶效应，一只水桶能装多少水取决于它最短的那块木板。大家还是努力学习吧！还要告诉大家的是，以上任何一种能力的提高都会对其他能力的提高有促进作用，学习起来并不像大家想象得那么难。

第五节　即兴评述的标准

什么是好，什么是坏，每个人的标准都不一样。就即兴评述来说，即便它有固定的标准，不见都能得到大家的认可。但是，整体上的好和坏，大部分人的判断标准还是能统一的。这里我就详细地论述这个问题，目的是让同学们在自学的情况下，能够发现自己的不足，然后改进。建议同学们每次练习后都要总结经验，不要练了就练了，就算过去了。《论语》中说的"学而不思则罔"，是很有道理的，思考才是学习的灵魂。当你练完一个即兴评述，不妨对照一下这些标准，看看自己是否达到。如果达到了，那么恭喜你；如果存在不足，那就要抓紧努力了，要分析自己为什么存在这样的失误和怎样改正，然后设计详细的计划，力求下一次练习不犯类似的错误。

下面就即兴评述的几条标准作一简要论述。

一、立论正确，不跑题

即兴评述说得好坏是一回事，如果立论错误，则表明思想有问题，那问题可就大了。比如，某人捡到钱包，原地等失主，你的观点是此人太傻了，应该马上进商店把那些钱花掉。如果是这样表达，即便你普通话再好，相貌再英俊、漂亮，也不可能得到考官的认可。

二、普通话标准，语言流畅

即兴评述的目的之一就是考查无稿状态下的普通话情况，这也是考官评分的重要依据之一。语言流畅则表明考生思路清晰。如果考生方言音严重，则说明考生普通话基本功不扎实，能力欠佳。

三、逻辑思维严密清楚，衔接自然

即兴评述是对观点的论述，所以要求考生逻辑严密，转换自然，不能生拉硬扯，不能漏洞频出。有的考生纠结于是否说够3分钟，其实逻辑清晰更重要。即兴评述不是说得越多就越好。

四、角度新，立意新，内容健康

主持人要有内涵，有思想。即兴评述恰巧能展现考生这方面的素质。这就要求考生有自己的观点，不要人云亦云。例如，一说到姑娘漂亮就说像花一样，那样的老生常谈只会让听的人昏昏欲睡。

五、举例生动，叙述简洁自然

即兴评述中肯定会有举例说明，这就要求考生能把事情叙述清楚。一件事情要有人物、时间、地点、起因、经过、结果。考生要具备把故事讲清楚的能力，不能语焉不详，让人越听越糊涂。同时，事例要真实，不能胡编乱造。

六、情感充沛，语言有交流感和感染力，仪态举止大方

我们在电视上看到的主持人个个衣着得体，举止大方有魅力。考生也应该有这样的素质。当考生出现在考官面前，他整体的精神面貌也很重要。这就要求考生要衣着得体，精神状态良好，语言有交流感。切忌自言自语。

具体到我们的考试，为了方便考官打分，许多学校还给出了详细的评分标准。这里我们可以参考一下，做到知己知彼。下面就是一所大学给考官的评分标准。同学们可以根据这个标准来检验自己的学习成绩。

即兴评述标准：（满分50分）

A：41~50分
观点十分鲜明，思维非常敏捷，语言表达准确完整，知识面广。
B：31~40分
观点鲜明，思维比较敏捷，语言表达基本准确完整，有一定的知识面。
C：21~30分
有观点，思维反应一般，基本能够完整表达所思所感，知识面较窄。
D：0~20分
观点模糊或明显错误，思维反应迟钝，不能完整准确表达自己的意思，知识面窄。

也许对照这个标准你会觉得自己哪里都不好，心都快碎了。如果是这样，李泊告诉你，不要着急，不要难过，罗马不是一天建成的，饭要一口一口地吃；你发现自己不够好，说明你提升的空间还很大。此时，千万不要乱了阵脚。这些不足之中总有次要的和主要的，我们先主后次，每天进步一点点，假以时日，成功就一定会到来。

教师提示：

这一节的目的是希望考生知道什么是好的即兴评述；让考生明白提高即兴评述的鉴赏能力也是提高即兴评述的方法之一；要让考生明白努力的方向，知道什么是能得高分的即兴评述，哪些地方是加分的，哪些地方是减分的；要心中有数，不能稀里糊涂。有的放矢的学习，这才是进步之道。

第二章 基础篇

常有同学对我说:"老师,我的即兴评述怎么那么差呢?一上台脑子就一片空白,看见题目就晕,这可怎么办呢?"是啊,那种感受我也经历过,很难受。到底是什么原因造成的呢?答案只有三个字,就是"没练好"。没练好就考不好。就像没有钱,却想去商店里买东西,那是不可能的,售货员不会给你的。没有足够的练习,就想得高分,也是不可能的。为了考好即兴评述,只有多练习,练好了,也就考好了,这就是常说的"水到渠成"。"临渊羡鱼,不如退而结网。"接下来我就把即兴评述需要的基础能力和训练方法告诉大家。

第一节 描述能力的训练

能够准确地描述事物不容易,达到主持人的要求更难。有的人天赋高点,学得快;有的人天赋低点,学得慢。但无论天赋怎么样都需要训练,只有训练多了才能更好地掌握和运用描述事物的能力。

描述能力的训练是基础训练,它的特点是按照一定的逻辑把事物用语言描述出来。描述能力的训练主要是为即兴评述时举例子做准备,因为即兴评述举例子证明观点经常需要考生描述物品或事例。

怎么提高描述能力呢?

首先要学会观察,只有看到眼里、记在心里的才能说出来。观察是有一定的技巧和方法的。通常来讲,看到一件物品,可以从外形、颜色、质地、重量、用途、历史等多角度介绍。

其次展开想象,利用比喻、夸张等修辞手法进一步描述,这样就能把一件物品描述清楚了。如果能让听的人似身临其境,那你就成功了。如果你描述的是一个西瓜,而听的人却以为是一个桃子,那你就失败了。整体来讲,我们对描述的要求是准确、全面、形象、生动。

曾经有一种猜词语的游戏非常流行:一个人看到一个词语,然后向另外一个没有看到词语的人描述这个词语,但是不能说出这个词语,再由对方去猜。这个游戏很好玩,经常因为某些人叙述不清楚而逗得大家哈哈大笑。这个游戏可以练习大家的描述能力。闲暇的时候不妨多玩一下。

一、描述物品

范例：

这是一个成熟了的苹果，它不大不小，有成年人的拳头那么大，一半是红的，一半是青的，非常好看，让人一看就有吃掉的欲望。这个苹果是烟台的红富士苹果。这种苹果是那里最有名的特产，又脆又甜，水分还多。苹果含有多种营养成分，富含维生素，对人体的健康大有好处。有一句谚语说："每天吃一个苹果，气死医生。"苹果是我非常喜欢的水果之一。我舅舅家是烟台的，我小的时候，他来我们家走亲戚，经常会带来一箱红富士苹果，那是最受欢迎的礼物。现在物流方便了，随处可以买到正宗的烟台苹果了，舅舅也就不再把苹果当礼物了。但是，我还是忘不了小时候吃的苹果的味道，那种味道非常美好。

点评：

这段话，从苹果的外形到味道，从来历到用途，然后又说到我和苹果的故事，有叙述，有抒情，语言简洁流畅，描述得很成功。

练习：

1. 橘子；2. 篮球；3. 一棵树；4. 大门；5. 猫；6. 钱包；7. 一件上衣；8. 台灯。

二、描述场景

这种练习需要大家到集市上去做，边看边说，然后总结，类似于导游给游客讲解。这样的练习对丰富词汇量、提高观察能力大有帮助。描述场景相对于描述一件东西难了不少。首先，你要选择描述什么，不可能把看到的都描述一遍，那太烦琐，必须有所取舍，这是描写场景第一个难点。通常我们的习惯是，把看到的所有景物重新梳理，选择印象最深的部分进行描述。解决了这个问题，接下来就是把你选择的场景中的每一个单元讲清楚。这样就和描述事物连接起来了。场景描述其实就是事物描述的组合，只不过是用一条线把它们串起来而已。这条线就是我们说的中心思想，这种描写就是让所有场景为中心思想服务。这就是我们要做的工作。

那天我送一个学生回家，路过将要散场的夜市，我随即让他做了一个情景描述的练习，他是这样说的：

现在是晚上的十点整，这里是市中心的东方红大街，也是城里最繁华的地方。路两边都是大商场，白天非常热闹，人来人往，熙熙攘攘；晚上有夜市，更是人头攒动。而现在，夜市要收尾了，行人少了很多。有的人行色匆匆，好像是刚下班着急回家。还有的人在悠闲地散步，他们好像喜欢晚睡，此刻正在享受生活。还有的在和摊主讨价还价，他们或许希望能用最低的价格买到喜欢的商品。许多摊主已经回家了,只有个别比较敬业的摊主还在坚守岗位。在距离我10米远的地方,一个30多岁的大姐正在选购一顶深蓝色的棒球帽。摊主是个40多岁的中年男子,正在热情地介绍帽子的优点。大姐频频点头,好像已经动心了。我猜这个大姐买这顶帽子一定不是自己戴,可能要送给她10岁左右的孩子,因为我们小区10岁左右的孩子都喜欢这款帽子,这种款式最近正流行。

我边走边看,夜市的尽头是啤酒摊。老板们的生意才刚刚开始,大瓦数的灯泡把那一片照得明若白昼。几十张桌子上都坐满了人,大家推杯换盏,谈笑风生,脸上都是快乐的笑容。其实我也很喜欢到大排档吃东西,那儿自由、放松。但是我现在是学生,明天还要上课。我暗暗地告诉自己,等高考结束了,我就来吃个够。

走过夜市,离我家就不远了。今天即将结束,新的一天马上到来。我要继续奋斗,为了我的播音主持人之梦,努力奋斗!晚安城市。

点评:

考生描述了夜市的场景,有详有略,叙述清楚,非常不错。其实,叙述场景有很多方法,可以从颜色、声音、气氛等方面入手。总之,要说感受最深的东西。这种练习对现场报道型的考试非常有用,因为现场报道的开始一般就是场景描写。

练习:

1. 操场;2. 街景;3. 下雨;4. 风来了;5. 十字路口;6. 菜市场;7. 课间;8. 公园。

练习范例:

《雀之灵》是著名舞蹈家杨丽萍自编自演的女子独舞,首演于1986年。粗粗看去,《雀之灵》也不过是拟人化的孔雀。但是,它同人们看惯了的傣族孔雀舞有着明显的不同。《雀之灵》这个题目体现了创作者对作品内涵的高度要求。举手投足之间,看似孔雀"迎风挺立""跳跃旋转""展翅飞翔",但它远远超过了形态模拟,而是舞者——孔雀的灵与肉的交融和呈现。杨丽萍所独创的手臂酥软无骨般的颤动,在纤细、柔美中迸发出生命的激情。"惊艳"这就是我观看《雀之灵》之后的感受。我从来没有想过,有人可以把舞蹈跳到这种境界。

第二节　叙事能力的训练

与描述事物相比，叙述事件就显得有点难度了，因为事件是有起伏的，其中的要素必须齐全。一般来说，一件事必须有人物、地点、时间、起因、发展、高潮、结局等要素，也就是我们常说的脉络分明，条理清晰。这和小时候写记叙文的要求差不多，它同样要求用词准确，不能出现病句。所用到的技巧也多类似，比如倒叙、顺叙、插叙，表现手法也无非就是象征、对比、照应、渲染等。叙述一件事的关键在于合理运用这些要素。

关于叙事，我们有太多的经典范例。陶渊明的《桃花源记》就是其中的杰作，杜甫的"三别"也是叙事的典范，《三国演义》中的"杯酒斩华雄"也提供了很好的范本。同学们只要多阅读，多讲述，攻克这一关并不难。

下面一段是一位同学的作业：

我曾经看过一场精彩的排球比赛，那是2004年雅典奥运会女子排球决赛，是中国队对阵俄罗斯队的比赛。在奥运会女子排球项目上，中国队已经20年没有得到冠军了，大家都很渴望这枚金牌，但是得金牌总是很难的。前两局中国队都输了，第三局最后又是以19∶21落后，要知道排球比赛一局只有25分呀。眼看金牌就要溜走，可是，中国女排的姑娘们没有放弃，她们敢打敢拼，奋力拼搏，硬是拼下了这一局。紧张的我，心都快要跳出来了。后面两局，女排队员们更是每球必争，一丝一毫也不敢放松。随着张越红的一记重扣，中国女排终于以3∶2战胜俄罗斯队，时隔20年再次站上了最高的领奖台。当时我激动得几乎都要哭了。通过看这场比赛我也明白了，人在任何时候都不能放弃希望，只要努力就有成功的可能。

点评：

这个场景描写有一定难度，因为体育比赛有一定的专业性。但是考生抓住了精彩的部分，用通俗易懂的语言进行了描述。描述中有悬念，有感悟，让人一听就了解了比赛。

练习：

1. 吵架；2. 购物；3. 排队；4. 看球赛；5. 看演唱会；6. 逛公园；7. 挤公交。

第三节　复述能力的训练

与叙事能力的训练相比，复述能力的训练又有了新的变化。复述的逻辑方式为：阅读—记忆—说出来。比之叙述逻辑（看到—说出来），复述的难度自然又增加了。文章是对现实生活的描摹，是把现实变成文字。现在，文字要变成声音了，其中多了一道环节——记忆。这里需要提示大家的是，此处的记忆不是一字不差的背诵，而是改编。记住什么、忽略什么是训练的关键。不是每个人都会复述，有时候原本很简单的故事，让他重新讲一遍就会变得语焉不详，也让人听得稀里糊涂。复述有一定的技巧，最主要的是要抓住事情的骨干，如时间、地点、人物、事件的经过、事件的结果等最重要的因素，然后在骨干的基础上根据考试的要求进行详略选择。无论是事件被浓缩成一句话还是扩展为几千字的文章，都能够自由掌握，这样才算是成功的复述。

这项练习尤其重要，因为在即兴评述的举例环节中需要大量地讲故事。现在练好了，考试的时候就会叙述清楚，就能节约时间。

练习方法：

找一则故事性强的新闻，看上一遍，然后把报纸放到一边，讲述一下这个故事。然后再看一下报纸，对照一下，看看自己添加了哪些内容又略去了哪些内容。同时，也要检验自己叙述的是否流利，是否声情并茂。下面这篇文章选自我的另一本书《备考播音主持100天——李泊带你走进直播间》。请大家尝试一下，看看能不能用自己的话复述一遍。

直播间来客

导播间是个热闹的地方，一天到晚人来人往。导播基本是每六个小时一换，白天是主持人轮班值守，晚上是专职导播，他们负责播放一些提前录制好的节目。导播们的共同任务是接听电话、迎送嘉宾、管理热线并监听节目。

从早上五点钟开始，就会有嘉宾来，大家就要睡眼惺忪地在台门口迎接。导播用嘉宾证把他们迎进直播间，节目就开始了。有些嘉宾是出售一些药品或者宣传某家医院。这些人说得神采飞扬，口若悬河。他们来自五湖四海，操着各种口音，来这里宣传和推销产品。有时候来的是一个群体，有属于自己的司机和陪同。知名人士也是电台常客，比如歌手和养猪大王。他们讲述自己的发家经历和生活趣事，很受大家欢迎。有时候他们实在太忙，导播也会安排让他们通过电话做节目。导播间的设备可以多方通话，同时接听很多部电话。只不过这个时候，导播们会很忙，常常要接通这个，切断那个，切断那个，接通这个……

直播间还有另外一些客人，他们不常来，一年有三四次，但是每次来都动静不小。他们是省里的领导们。只有在春节等重大节日他们才会出现。大家会提前得到通知，把卫生收拾好，把坏了的灯泡换上新的，把半枯的植物清扫出去，甚至把卫生间也要格外清洗一遍。一切停当，领导会在众人的陪同下进入直播间。他们和一线的播音员聊天、问候、拍照、录像，然后道别。领导们还要到电视台、报社等地方去，导播也要继续工作。

直播间还会来一些参观学习的人。比起领导的光临来，他们的到来更像邻居串门，因为大家的工作都差不了太多。

一整个白天和上半夜，直播间都很热闹，直到夜深的时候，一切才渐渐安静下来。嘉宾已经回家，部分听众已经睡去，只有导播在那里播放一些提前录制好的节目，陪伴着不睡的人，温暖着那些未眠的心。

复述方法：

当你看到这篇文章，乃至于任何的文章，都不要浮皮潦草地看，而是要认真地看。看什么呢？看时间、地点、事件，看每一段的内容、各段之间的内在联系。当你带着问题看上两遍，你就会找到问题的答案。然后，你再把书合上，自己复述一遍。就本文来讲，题目已经告诉你主体事实了，就是直播间的客人。第一段介绍的是导播，第二段介绍的是经常去直播间的人，第三段讲领导视察，第四段是讲其他台的同行来学习，最后一段是说什么时候直播间最安静。这样，整个文章的脉络就搞清楚了，然后就可以开始复述了。

复述：

哎，小红，你知道电台直播间里会有什么人来吗？我最近看了李泊老师的书，那里面说了直播间会有什么样的人来。

这个直播间啊，外面有个房间叫导播间。导播在那里工作，来什么人啊，他们就把客人接进来。直播间来的客人当中，最主要的就是那些做节目的嘉宾，比如那些医疗讲座的嘉宾，还有社会各界精英人士。除了这些人啊，每到节日，还会有领导去视察。领导来的时候，他们都得提前打扫卫生，真是太有趣了。领导到他们那里去就是拍拍照片什么的。还有啊，他们电台之间会经常互相交流学习，所以也有很多其他电台的人到直播间参观。你看，他们直播间还真热闹呢。

当然，直播间也不是每一分钟都热闹非凡。到了夜深人静的时候，客人们全都走了，只有导播在那里看机器，那是导播间最安静的时候。

点评：

这基本上就是一个复述练习，类似于小时候的缩写作文。如果经常训练，大家在即兴评述的时候就能够很容易地把自己想说的事情叙述清楚了。

练习：

1. 复述下面的童话故事。

有一天，乌鸦窝破了一个洞。大乌鸦想："老二会去修的。"小乌鸦想："老大会去修的。"结果谁也没去修。后来，洞越来越大了，大乌鸦想："这一下老二一定会去修了，难道窝这样破了，它还能住吗？"小乌鸦想："这一下老大一定会去修了，难道窝这样破了，它还能住吗？"结果还是谁也没有去修。

一直到了寒冷的冬天，西北风呼呼地刮着，大雪纷纷飘落。乌鸦兄弟俩都蜷缩在破窝里，哆嗦地叫着："冷啊！冷啊！"大乌鸦想："这样冷的天气，老二一定耐不住，它会去修了。"小乌鸦想："这样冷的天气，老大还耐得住吗？它一定会去修了。"可是谁也没有动手，只是把身子蜷缩得更紧了。风越刮越凶，雪越下越大。结果，窝被风吹到地上，两只乌鸦被冻僵了。

2. 复述"孙悟空三打白骨精"的故事。
3. 复述"东郭先生和狼"的故事。
4. 复述一个小笑话。

第四节　转述能力的训练

转述能力的训练和描述能力、叙事能力、复述能力的训练又有所不同。后面的三个要么是眼前有景物，要么曾经看过文字。而转述能力的训练，可能文字或景物或事情是很久以前看的，也可能是以前听别人讲过的，但都是现在需要讲给别人听。就像有人问你去趵突泉怎么走，你需要从记忆里给别人画一张线路图，然后讲述出来；也像别人问你曾看过的一场电影，你需要给别人讲清楚那是一个什么样的故事，以便对方作决定要不要去看。这项练习的方法通常是边想边说。比如，你转述老师对作业的要求，你的脑海里出现的是老师给你讲解时候的样子。同样，你向别人介绍一本书，心里想的也一定是那本书的情况。从另一个角度来说，这些也是把画面变成语言。

范例：

我最喜欢的一本书是19世纪英国作家夏洛蒂·勃朗特的处女作，也是其代表作的《简·爱》。这本书风靡世界，至今仍受广大读者的欢迎。

女主人公简是一个追求平等与自主的知识女性。这一本书以对一位"灰姑娘"式人物感人的奋斗史的刻画而取胜，是女性文学的代表作品。夏洛蒂在写《简·爱》的时候，对她的两个妹妹说："我要写一个女主角给你们看，她和我是同样的貌不惊人和身材矮小，然而她要和你们所写的任何一个女主角同样能引起读者的兴趣。"简在外表上是夏洛蒂·勃朗特的自画像，在精神上是夏洛蒂·勃朗特的理想。尤其是她对罗切斯特说的一句话："我们穿过了死亡，站在上帝面前。我们的灵魂是平等的！"此话曾震撼多少以男性为中心而不自知的女性。

《简·爱》是一本书卷气极浓的书。它写出了一个有执着生命力的、值得敬佩的女性形象。许久以来，我觉得没有一部作品比这本书更加完整真实地诠释一个女性的心理状态和一个令男性惊讶的、勇敢的灵魂。女性，除了要得到男性的尊重外，我以为最为重要的是，应该走一条自重、自尊、自强、自立的路。要知道，只有女性自己才能拯救自己。简平凡的外表下面隐藏着的不朽的灵魂，在这个平庸的世界上显得异常珍贵，灼然夺目。她的不屈不挠、勇于抗争的精神给女性指明了一条道路，告诉天下所有的女性"切勿在沉默中沉沦"。在这里我也把它推荐给所有的朋友，希望大家都来读一下这本书。

点评：

这位同学介绍得非常好。前两段整体介绍，最后一段介绍书的亮点，显示了出众的归纳总结能力。听了他的推荐，很多同学都想读这本书了。

练习：

1. 把某次足球赛的赛程转述给朋友。
2. 把办理某个证件的要求转述给朋友。
3. 介绍一下你曾看过的一本书。
4. 介绍一下你最喜欢的一部电影。

练习范文：

各位选手，早上好！我是比赛负责人金海。首先恭喜各位杀出重围进入到复赛的比拼。本次复赛将于周日下午两点整在32楼A140准时开赛。接下来我说一下复赛的相关安排。

复赛将有6位踢馆选手，将与各位一起争夺晋级16强的名额。但是作为踢馆选手，得分排名须进入前10方可踢馆成功，否则将遭到淘汰，其余选手按照排名顺序向前补位。

第一轮，能说会道。这一轮的比赛是21进16。选手赛前抽签确定自己的编号，并按照"5556"分成（宋京津退赛）四组，每组依次上台比赛。每位选手有1分钟的时间进行自我介绍，然后抽取题目朗读稿件，题目均为新闻稿件（时政、娱乐等），时间不得超过90秒，抽题后开始计时，请选手自己把握读稿时间。

第二轮，搭档主持。首轮晋级的16名选手，再次抽签分成八组搭档主持。每组选手将提前两组得到题目，并在场外准备。我们将提供纸笔以供撰稿，但上场前工作人员会收回纸笔。选手不得携带除题目外的任何纸张（手卡）进场比赛，违规者将扣分。搭档主持展示时间在2～4分钟之内，请选手控制时间。

第三轮，妙语连珠。这一轮比赛是16进10。选手按照第二轮的抽签顺序依次出场，两两一组共选一道题目（每道题目分为A、B两卷，供两位选手作答），每位选手作答时间不得超过90秒。

第二轮和第三轮的总分相加排序，决出晋级决赛的十强名额。

第五节　评论能力的训练

本书开始的时候，我曾说过即兴评述考查的是叙述和评论的能力。前面谈到的多是叙述能力的练习。接下来，我们要进入评论能力的训练了。我们可以通过以下几种能力的训练来达到提高评论能力的目的。

一、提炼总结能力的训练

评论首先要有归纳总结的能力。提炼总结就是要从现象里发现问题，说得通俗一点，就是要透过现象看到本质，一竿子插到底。看到一件事或一个题目，马上就知道说的是什么事情，问题的症结在哪里，这就是提炼总结的能力。因为只有发现问题了才能评论。如果看到一件事你无动于衷、毫无感觉、不知道对错、搞不清楚是非，那就没法评论，所以要加强这方面的练习。比如题目："某学校校长高兴地说自己学校曾培养了100位亿万富翁。请你对这句话发表观点。"你马上就应该想到，这里说的是大学培养什么样的人才的问题，再深入些就应该想到大学到底是干什么的——是培养大师还是培养大富翁的？这样就会触及问题的核心，比泛泛而谈要好很多。

范例：

我喜欢的一部电影

我最近看了一部好电影《狼图腾》。这部电影可有意思了。

《狼图腾》讲述了这样一个故事：曾经有群年轻人到草原上插队生活，偶然间掏了一窝小狼，并养了其中的一只。后来小狼长大了，不得不离开这群年轻人。电影中有狼追羊、追马的情景，非常震撼人心。其中，我印象最深刻的是由于过度杀狼，导致草原生态失去平衡，带来了更大的生态灾难。保护环境真的很重要啊！

点评：

以上两段就是对一部电影的概括和总结。它把两个小时的内容浓缩成了几句话。这其中的关键就是概括能力，即要从琐碎的事件中找到主线。电影中的许多情节讲的是主人公的一段经历。杀狼和护狼涉及环境保护问题，这些都需要考生有一定的洞察力。只有多做练习才能发现问题，提高洞察事物的能力。

下面就以这个即兴评述题目为例，谈谈如何提炼观点。

2014年4月15日，琼瑶在《花非花雾非雾》官方微博上发表了给广电总局的公开信，举报于正《宫锁连城》多处剧情抄袭《梅花烙》，并列举了几个于正的抄袭案例作为证据。她恳请广电总局领导即时要求停止播出于正新剧《宫3》，并呼吁观众不要看于正剧，更称自己因为此事心如刀绞，已经病倒。

2014年4月28日，琼瑶正式起诉于正侵权，同时对播出单位——湖南卫视一同追究责任。12月25日，北京市第三中级人民法院宣判此案。法院判决《宫锁连城》侵犯了《梅花烙》的改编权，于正被要求向琼瑶公开赔礼道歉，五家被告则共计赔偿500万元。

请谈谈你对此事的看法。

本题从表面上看是一场官司，实际说的是保护知识产权的问题。保护知识产权一直是我国各级政府的职责，并且得到全社会的认同，已经取得了很大成就。独立的品格更是一个文艺工作者必备的素质。这类题一直是艺考的热点，也是考生的入行教育。做此类题一定要弄清楚核心是什么，然后充分论证，最好还要有个人的见解和切实可行的措施，这样才能得高分。

再来看下面一段文字又反映的是什么现象？说明的什么问题呢？

从《爸爸去哪儿》的"爸爸们"到《花儿与少年》的"姐姐们"，我都看得不亦乐乎。没想到《花样爷爷》也出来拼了，好期待。会不会还有《超级祖宗》《多情的曾祖父》和《刀枪不入的太奶奶》这几档黄金节目开播呢？最后要是哪家电视台能拍《这条恐龙是谁的爹》就更有意思了。估计看完这些，一个人的人生就没有遗憾了。

刚一看上面那段文字觉得很搞笑，仔细琢磨一下，是不是很有意思呢？以我个人的经验来看，这段话至少反映了两个问题。首先是电视节目的创意匮乏，抄袭成风。一个节目创意火了，马上就会有人"克隆"。其次就是电视栏目的低俗化。为了吸引眼球无所不用其极，各种雷人的名字层出不穷。大家想是不是这样呢？

通过以上两个例子，我想告诉大家的是一定要学会归纳总结。要在众多看似没有关系的细节中找到共同点，从而提炼出观点，然后展开评述。大家要养成爱思考的习惯，看到一种现象，要想到的是那种现象为什么会发生、有什么解决方法。哪怕是再庞杂混乱的事情我们也能把它仔细地分类总结，然后提炼出观点，透过现象发现其本质。这是即兴评述最为关键的一步，大家一定要认真对待。

各位同学，不要以为提炼总结很简单。事实证明，太多同学看不懂题目，找不到重点，跑题能跑出"太阳系"。例如，题目问的是高考该不该取消英语，某考生却长篇大论地说高中教育应该改革，这样就没有切中要害。即兴评述一旦说跑题，那就是白白耽误工夫了。

怎么才能提高这方面的能力呢？考生要尽量拓宽自己的知识面。只有掌握的信息多了，才能更加全面地了解题目，作出正确的判断。考生还要学会审题技巧，能迅速找到题目中的关键字、关键词，从而更好地了解出题人的意图。例如，题目"理智与情感"，你就要注意这个"与"字，要明白题目不是让你解释什么是理智和情感，而是让你分析他们之间的关系。再例如，有的题目是一篇文章，那就要特别注意题目最后的总结部分，要看清楚题目问什么，然后作针对性的回答，不能乱说一气。又如，题目"开家长会，好生和差生待遇不一样"，有的考生却对该不该开家长会大发议论，这就又跑题了。

有些考生的心中是模糊的。他们并不确切知道考题的含义，只是觉得我只要把与考题有关的内容说出来就算成功了。这样想就错了，因为与考题相关的内容很多，必须准确地提炼出和题目关系最密切的内容才是胜利。

练习：

从以下现象中提炼出观点。
1. 某家长给上小学的儿子报了四个兴趣班。
2. 中国获得冬奥会举办权。
3. 港台歌手吐字不清。
4. 广州女白领卖"晚安"获利三千元。

二、思维能力的训练

在掌握了即兴评述的基本规律后，如果你还想进步，那就要不走寻常路了。我们说的话来自哪里呢？是不是需要大脑的思维呢？答案当然是肯定的。想到才会说出来，想不到也就无话可说。我们还是从开发大脑入手吧。平常我们都是下意识地思维，想什么说什么。然而有太多的人想左右我们的想法。小时候，我们听家长的，长大了听老师的，几乎忘记了自己还有一个独一无二的大脑。那么现在，就让大脑归位吧，用自己的眼睛看世界，用自己的脑子想问题，用自己的嘴巴说出属于自己的观点。

怎么说出自己的观点呢？那就不要人云亦云——别人说对，你就点头；别人说错，你就摇头。这些坏习惯要改掉。要多想想，是不是这事还有别的解释，到底哪种解释更接近真相，然后找出最好的观点说出来，这样你就会与众不同了。

作为一个艺术专业的考生，要学会创新思维和逆向思维。创新思维是一种习惯，坚持下去人生就会不同，本来熟悉的世界也会变了模样。那是属于你的世界，一个崭新的世界。逆向思维是说，遇到问题要想一下，如果反着说结论会不会成立，其中有没有例外。如果能这样想，你会发现许多问题不像表面说的那样。就拿我们常说的"可怜之人必有可恨之处"来说，这句话表面看没有问题，可是如果换个角度，具体到某件事情上，这句话就不对了。一个小朋友在路边走，被一辆自行车撞倒了，摔破了头，很可怜，可是他并不可恨。运用逆向思维也要注意，不要为了"逆向思维"而"逆向思维"，要根据题目内容来定。如果题目是很明显的大是大非的问题，就不要乱想了。

发散思维，简单理解就是由这件事情想到另外的事情。例如，由明星吸毒想到了明星偷税、代言虚假广告等。许多同学在做即兴评述的时候感到没话说就是因为没有发散思维，只会就事论事，看问题只看表面，导致视野狭窄。如果学会发散思维，学会联想，就会想到很多的材料，即兴评述的内容也会丰富起来。我们接下来做个有趣的练习，一起来分析下红砖的用途。

我们从红砖的各个方面考虑，将它的作用初步总结为以下几点：

1. 作为建筑材料：盖房子（包括盖大楼、宾馆、教室、仓库、猪圈、厕所等）、铺路面、修烟囱等。

2. 从砖头的重量上：压纸、压菜、凶器、砝码、当哑铃锻炼身体等。

3. 从砖头的固定形状上：尺子、多米诺骨牌、垫脚等。

4. 从砖头的颜色上：水泥地上当笔写字和画画、压碎成红粉做指示牌、磨碎掺进水泥做颜料等。

5. 从砖的硬度上：凳子、锤子、支书架、磨刀等。

6. 还可以从红砖的化学性质说起。

7. 刻成一颗红心献给心爱的人；在砖上制成自己的手印、脚印，变成工艺品。

刚才提到的那些角度你哪几条没有想到呢？如果有，那你以后要多动脑子了。

逻辑思维是指人们在认识过程中借助于概念、判断、推理等思维形式能动地反映客观现实的理性认识过程，又称理论思维。只有经过逻辑思维，人们才能达到对具体对象本质规律的把握，进而认识客观世界。它是人的认识的高级阶段，即理性认识阶段。不是每个同学都能理性地看待问题，有的同学在做即兴评述的时候往往只是一些结论性的描述，或者说只是简单的感性认识，缺乏严密的逻辑推理，这会导致语言空洞、立论不严谨、结果缺乏说服力。一个好的即兴评述应该是逻辑严密，让人难以驳倒的。

关于逻辑思维方面的例子，我们熟知的故事"自相矛盾"就是一个很好的例子。楚国有个卖矛和盾的人。有一天，他来到了集市上，准备卖他的矛和盾。于是，他举起了他的盾，说："我的盾很坚固，任何武器都刺不破它。"紧接着又夸起了他的矛："我的矛很锐利，没有东西穿不透的。"这时，有位老人走了过来说："拿你的矛去刺你的盾，结果会怎样？"那人便答不上话来了。

艺术专业考生经常干这样的事情：事例无法证明观点，思维和那个楚国人一样混乱。

例如，一个考生面对"酒香不怕巷子深"的题目，他的观点是支持那种说法的，但是他却说了很多酒香也怕巷子深的事例。这就让考官感到疑惑，就像有的人嘴里说不饿却在拼命吃东西似的，这样的逻辑也是错乱的。如果再添加上一个条件，虽然他不饿，但是他最近在增肥，所以就拼命吃东西，这样逻辑上就能说通了。作为考生一定要编织一个严密的逻辑链条说给考官听。

有的人逻辑思维差点，表现在办事上就是缺乏规划和思考，经常会把事情弄得一团糟。有的同学很有逻辑性，每周的生活安排得很好，什么时候理发，什么时候洗澡，每件事都安排得井井有条。他们由于养成了好习惯，所以组织语言的时候也比较有条理。这就说明，要想考场上思路清晰，生活最好有条理。

练习：

1. 要想让自己的大脑更灵活，就得经常做一些大脑体操。串词、讲故事就是很好的练习方式。请你试着把下面的词语串起来，编成一个故事讲给大家听吧。

（1）小兔子　　爷爷　　萝卜　　太阳
（2）小汽车　　货车　　公交车　　飞机
（3）黄河　　金融　　地产　　服务　　起飞
（4）旅游　　儿童　　促销　　绿色　　实惠
（5）网络　　出行　　举行　　繁荣　　阻挠
（6）洪水　　新闻　　迅速　　浪漫　　情怀

2. 编讲故事。

（1）小丽有个幸福的家庭。可是有一天她的父亲被检察院的人带走了，说是犯了贪污罪，小丽觉得无法承受。在她眼里，父亲是慈祥的，不可能做出那样的事情来。这到底是怎么回事呢？请讲述这个故事。

（2）李斌是个好学生，家里却很贫困。最近父亲下岗了，家里生活都成了问题。又要开学了，李斌很为学费的事发愁。这天，他在路上捡到一个钱包。你知道后面会发生怎么样的故事吗？请讲述这个故事。

（3）小丽得了白血病，听到这个消息，同学都感到震惊……想想看，这以后会发生什么样的故事呢？请讲述这个故事。

3. 多看侦探悬疑小说。这里我给大家推荐《福尔摩斯探案集》。

三、综合能力的训练

即兴评述是多种能力的综合体现，不是简单的叙述加评论，有时候还需要一定的抒情能力。这些能力不是简单地、模式化地组合各种技巧，需要根据题目合理组合。所以，同学们在掌握一定技巧后应该多练习，把孤立的各种技巧组合在一起，根据题目灵活运用。有的同学每天练习五个即兴评述，考试的时候任何题目都难不倒他，可见多练习是进步的妙招。

换个角度看即兴评述。一般来说，口才好的人做即兴评述相对容易些，这就是说好口才对即兴评述是有帮助的。可见，那些锻炼口才的方法对即兴评述也是大有好处的。我们常说"功夫在诗外"。同理，即兴评述的练习也在即兴评述之外。正所谓："它山之石，可以攻玉。"我建议大家在生活中要多参与各种活动，多和别人交谈，多思考，勤学好问。在取得成功的同时，你的即兴评述也能得高分了。大家想，是不是这样呢？像班长、团支书、小组长啦，那些性格活泼的人是不是个个伶牙俐齿呢？是因为他们当上了班长口才才这样好的，还是说因为口才好才当上班长呢？这个问题还真不好回答。这与即兴评述和生活的关系一样，两者是相互促进的。所以，即兴评述不仅需要针对性的练习，还需要大家热爱生活，热心参与各种活动。这样就会整体进步，你也会收获更多。

练习：

1. 记车牌号、门牌号、商品条形码。
2. 唱歌。
3. 跳舞。

四、素材积累能力的训练

曾经有个笑话，说一个阔少写文章，半天写不出一个字。他老婆就笑话他说："你写文章怎么比我们女人生孩子还难。"阔少说："你们女人生孩子那是肚子里有啊，我肚子里什么也没有，你让我怎么写文章？"即兴评述也是这样：只有肚子里有东西，才会有话说。所以，大家一定要多积累素材。另外，大家考试时非常紧张。一个题目平时做练习时，你可能能想起五个事例，到考场上一紧张就只能想起三个了。如果你遇到表情严肃的考官又可能吓忘了两个，就只剩下一个事例了。这样就很危险了。所以，大家平时一定要多积累。如果你有六个事例，即便忘掉四个不还有两个吗？

怎么积累素材呢？首先要"博"，要尽量多涉猎各个方面的知识，科技、体育、艺术、历史类的知识都要积累。考试题目五花八门，谁也不知道考官出什么样的怪题目。其次要"好"。书要看好书（尽可能多看名著），电视节目要看有名的，听朗诵也要听最好的。原因很简单，备考时间紧，好的东西还看不过来呢。那些质量不好的网络小说、街头小报，不看也罢。

对于积累，许多同学会说："哎呀，我都忙死了，哪有时间读课外书呢？哪有时间看新闻呢？"如果是这样，我想告诉大家，你做不到的事情，别人做到了，别人的得分就会高。这种事情是不讲理由的，考官只看结果。另外，知识的积累、阅读量的增加也不是一时半会儿就能完成的。同学们完全可以利用点滴时间，就像鲁迅先生说的那样，把别人喝咖啡的时间用来读书。这样，日积月累，你就会比别人优秀很多。

练习：

1. 多读书，作好计划，每周一本。
2. 多看新闻节目，长期收看一个栏目，了解其风格与制作方式。
3. 多看报。
4. 多记笔记，遇到好句子就记下来。

五、当众说话能力的训练

　　日复一日地练习即兴评述，你会越来越优秀。接下来是表达的训练了。想得再好，说不出来也是没有用，有的考生就是缺乏这方面的练习。即兴评述的内容准备得很好，但是说得不好，声音小，有时候还结巴，这样肯定会影响最后的得分。而我们训练的目的是有话说，能说出来，还要说得精彩。这样，说什么和怎么说就很重要，就要好好掌握。在"怎么说"的范畴里，当众说话是难点。大多数考生都怕这个，因为平时很难让一大群人静下来听一个人讲话，到了静悄悄的考场上，许多考官听考生一个人说话，考生会感到不适应。为了确保考场上有一个良好的状态，提前做一些当众说话的练习很重要，很有必要。

　　如何才能在考官面前侃侃而谈呢？多演讲和主持晚会是很好的方法，这也是锻炼胆量的过程，说得再直白点就是练脸皮。脸皮要厚些，能承受大家的批评和嘲讽才能走向成功。只要经历了几次练习，才会掌握其中的窍门，这是单纯看书学不到的，也是老师很难教授的，只能靠自己体会。如果实在没有这样的机会，那就自己练习吧，在同学的生日会上主动朗诵诗歌，跑到广场上大声朗诵。方法非常多，关键看你做不做。

　　如果你实在找不到这样的机会，也没有关系。你就在保证安全的情况下，跑到公园的空地上或者树林中，想象着周围全是你的听众，然后声情并茂地大声朗读。这样即便到了气氛紧张的考场，你的紧张感也会减少几分。

练习：

1. 演讲。
2. 大声读古诗。

六、反应能力的训练

　　即兴评述考试有它的特殊性，即拿到题目后只有5分钟左右的准备时间。常有考生说："老师，我总是出了考场才想起该怎么说。"也有同学经常是跟别人吵完架，才想起来该如何讲理。这都是反应太慢造成的恶果，好钢没有用到刀刃上，很冤。所以，大家要把自己训练到看到题目马上就能说才可以。

　　快速反应的关键是冷静。要保证思维的正常运转，首先是不能太紧张。曾有考生在考场上紧张地背诵《静夜思》，却连词都忘了，如果这样就不要期待有什么好的表现了。其次是积极的状态。在良好的状态下，该想起来的就会都想起来，平时可能答不上来的也可能灵机一动就有个精彩的回答。

要获得这种能力，就要在生活中主动作一些改变。我们知道人和人的反应能力是不一样的：有的人反应快，有的人就反应慢些。像曹植七步成诗，而贾岛则需要长时间的思考才能写出作品。即兴评述需要我们反应快，所以你最好有个像曹植那样的好朋友，多和他聊天，努力跟上他的思维，这样你的反应能力也会快如闪电。

要解决这个问题，还要掌握一套行之有效的方法：在你第一眼看到题目后，应该干什么，然后又该怎么做。这就恰似多米诺骨牌，看到题目就等于推倒第一块牌，接着就是所有的牌都倒下。当你把这套方法运用熟练，就能在比较短的时间内完成备考了。这个过程不会很快，也许刚开始进步缓慢。但只要你坚持练习，就能收到很好的效果。就像学太极拳一样，刚开始单个动作学习，最后连起来练习，即兴评述也是这样。至于准备即兴评述的其他方法，我也将在稍后的章节里讲到。

练习：

1. 成语接龙。
2. 故事串联。
3. 脑筋急转弯。

教师提示：

这一阶段包含了大量的练习，这些内容主要靠考生自学，教师在课堂上以精讲为主。如果时间允许可以让同学们做一些集体练习，这些练习能起到缓解紧张情绪的作用。这一阶段，还应该多发挥优秀学生的示范作用，让同学们亲眼看见优秀同学的风采。对于一些后进的同学，应该予以重点照顾，多给练习机会，培养他们的自信心和胆量。

在各种能力的训练中，最重要的是提炼总结能力的训练。在现实的教学中，许多同学都在这方面出问题，表现在抓不住重点，或者对题目理解错误。而一旦出现这样的问题，对考生的考试来说就是灾难性的。建议这方面的训练一定要加强。教师可以多给同学们留作业，让大家写影评，写读后感。

第三章　技巧篇

第一节　即兴评述的准备步骤

生活中，很多情况下，处理一件事就像做一道菜，总是有步骤的。就拿炒土豆丝来说吧，先要切土豆丝，然后往锅里倒油，之后才能放土豆丝，断没有把整个土豆扔到锅里再放油的。举这个例子只是想说，即兴评述时，完美呈现的那几分钟，除了大量的练习和正确的方法，还需要有一个科学的准备步骤。只有各方面都正确了，才会有好的结果。

我为什么强调这个问题呢？因为在多年的教学中，我发现很多同学太着急了。新闻稿拿过来就念；即兴评述看到题目，随便一想就说。我问他们为什么这样，他们说怕麻烦。这真是一个神奇的回答。如果怕麻烦那就不要去参加考试，岂不是更省事？所以，要参加考试就不要怕麻烦，就要认真学习，高标准、严格要求自己。所以，我还要再一次强调，无论是新手还是老生，面对即兴评述都要按照步骤准备，这样才能顺利地完成任务。

一、审题

所谓审题，就是先弄清楚题目的意思和题目的要求。例如，题目"我的一位好朋友"，对这个很简单的题目，你也不要忽视它。题目要求的是"我的"，就不能说成其他人的，既不是你老师的，也不是你同学的；题目要求是"好朋友"，就不能说成"我的交友观"，也不能说成"我"是怎么认识这位好朋友的。当然，以上内容也可以涉及，但是不要作为主要内容，不然考官就会认为你没有完全理解题目。

以上是一个偏重叙述介绍的题目。当然，还有些偏重发表观点的题目，例如，"我看超女"。对这个题目，重点就应该放在你对超女现象的理解上，而不是你所知道的有关"超女"资料的堆砌。

弄明白题目是什么，这是审题阶段的重要任务。审题有两个关键：一个是仔细看题目说的是什么、考查的是考生哪方面的素质、讨论的是什么样的问题，这样就能防止说跑题；第二个是看看它是属于哪一类的，如是"辨析类"的还是"想象类"的等。每一类题目都有它们自己的特点，弄清楚这个就容易答题了。

在现实的考试中，很多同学往往着急想事例，恰恰忽视了审题，这其实是本末倒置了。

审题非常重要，它决定了你后面的工作是不是建立在一个正确的基础上。如果这个前提就错了，那么后面的工作基本就是在做无用功了。这点怎么强调都不为过：只有深刻理解题目才能找到合适的事例，取得最后的成功。

二、确定主题

知道了题目是什么，接下来就该确定主题了。还以"我的一位好朋友"这个题目为例。看到这个题目，你马上就该确定选择哪个朋友了。哪怕你朋友遍天下，你也只能选出一个。说哪个呢？不要在这个方面过多犹豫，就选你最熟悉的、印象最深的、故事素材最多的、不能是太坏的那个。如果你选出的是一个专门打人的好朋友，那会把考官吓坏的。他们可能会想，要是以后得罪了你，你让你的好朋友来打他们，这样的学生他们不敢要。确定主题，关键的一点就是不能犯原则性的错误。一些评论性强的题目更是这样，例如，"我的交友观"这样一个题目，主题就不能说你天生不喜欢交朋友，现在社会上坏人太多云云；最好也不要说对你没有用的人，更不能说你专门交坏孩子，因为这样就可以在班里当龙头老大了……即兴评述是正面展现你内心世界的一个机会，如果把坏的一面呈现出来，哪怕你说得再好，也会影响你的得分。

另外，主题一定要鲜明，有新意，这样才能给考官留下深刻的印象。在这个阶段，考生最容易犯的错误是"纠结"，总是觉得这个题目往哪儿说都可以，两边都有话说，两边都有道理。这是非常危险的，因为备考的时候时间很宝贵，容不得你细思量，所以这个时候应该选自己最拿手的角度。即兴评述的题目好多都是有多种角度的，往哪边说都不存在错误，只要能自圆其说就可以了。如此，往哪个角度说不重要，重要的是赶快决定，并且组织起语言来。

在确定主题的时候，有些考生还会犯另外一个错误。他知道新颖的角度和主题非常重要，就一味想着要别出心裁，这容易造成的误区是为了新而新，完全不顾题目和基本的逻辑，有的甚至还哗众取宠，故意语出惊人。这就适得其反了。创新来自于自己的学识和积累。如果没有足够的理论支撑，最好还是服从自己的内心为好。这样可以防止因为观点过于奇特而事例无法支持论点，最后一败涂地。所以，考生一定要量力而行。

三、组织语言

定好了主题，就该组织语言了。你先要有一个很好的框架。"我的一位好朋友"这个题目最常见的结构是：

1. 点出他是谁。
2. 我为什么和他做朋友。
3. 他的特点有哪些。
4. 我的希望是什么。

这是一个简单的结构，里面却是千变万化的。确定了结构后，马上就该组织语言对这个框架进行填充了。其中的主干部分应该是他的特点，你可以先说出他的许多特点来，这样可以避免说着说着没词的窘境，然后在这个小题目下面抓住重点进行延伸，如他的勤劳、善良以及爱运动、爱读书、爱唱歌、爱说话等等。

第一节要简单明了，说出他的大体情况。当然，"他"可以是人，也可以是物。就有人觉得他的好朋友是一个铅笔盒或者一只蜘蛛。

第二节要清楚地点明他的特点。这一节有评论的要求，代表着你对他的认知。如你认为他是热爱生活的人，下一节就要用事例证明你的观点了。

第三节就是根据观点找事例了。当然，事例也要有代表性，要新颖，最好不要举那些老生常谈的事例。

最后一节是总结，点明主旨，总结全文。

这是你在这一部分要完成的任务。你可以在草稿上写个小提纲，也可以在心里打个腹稿，尽量不要写下每一个字。考试的时候，你是没有时间写那么多字的。

组织语言的时候要注意几个关键问题。一是要口语化。二是用词要准确，量词、形容词都要运用得恰如其分，不能出现"一个马"那样的笑话，也尽量不要陈词滥调或出现明显错误。例如，引用错误的名人名言，那就很不好了。当然，更不要胡编。例如，有考生说，孔子曾经说过长时间看电视会损害视力，这种说法绝对是错误的。

对于即兴评述来说，这个阶段也很重要。它相当于写文章的提纲，能够考查考生思路是否清晰。俗话说的"纲举目张"，就是这个道理。提纲一定要清晰，有条理。在这方面，有的考生会熟记一些套路，有时候这些套路真会帮助你。但是，我觉得大多数时候它们会帮倒忙。很多同学比较机械死板，一看到问题性的题目，在查找原因的时候不管三七二十一，套用常规模式：先怪社会，后怪家庭，最后说自身。这样，看似全面实则空洞。须知，在众多的原因里总有主要和次要的，这是体现考生水平的重要方面。考试就是考你能否抓住重点。所以，我建议大家在使用常规模式的时候要慎重。

四、串联成稿

完成以上三部分工作，一个条理清晰、有叙述、有评论的即兴评述就基本完成了。你要做的事情就是把已经充实的提纲复述一遍，顺便对一些转折、串联作一些设计，以方便记忆。例如，说到朋友特点的时候可以用"他不但……而且……"来串联，还可以用"刚才说他很好，其实有的时候他也很坏"来对素材进行有机地整合。如果你实在想不到什么特殊的好办法来串联，我教你一个笨办法，那就用阿拉伯数字列出提纲。条理一定要清晰，而不是想到哪里说哪里。在反复串联记忆的时候，如果能找到一些很新颖的开头或结尾方式就更好了。即便是找不到也没有关系，因为这时候你的即兴评述已经完成，随时可以上场考试了。

以上是准备即兴评述时比较实用的步骤，不论是练习还是考试时都适用。不同的是平常练习的时候没有时间限制，大家可以从容准备。

了解了准备步骤是不是万事大吉了呢？很遗憾地告诉大家，以上只是说了怎样把"米煮成米饭"的方法，那你有没有"米"呢？你的"米"质量怎样呢？这些同样是影响"米饭"质量的因素。所以，对于即兴评述来说，我们要坚持不懈地准备素材，经常练习各种技巧，如此才会整体提升你的能力。

第二节　即兴评述易犯的错误

再次重温即兴评述的标准，这是努力的方向。这些标准应时刻矫正着我们的练习，防止出现跑偏。

1. 审题正确，不跑题，不偏题。
2. 普通话标准，语言流畅，没有明显的语音错误和方言痕迹。
3. 逻辑思维严密、清晰，衔接自然。
4. 角度新，立意新，内容健康。
5. 举例生动，叙述简洁自然。
6. 感情充沛，语言有交流和感染力，仪态举止大方。

看起来这几条都不难，但要做好也不容易。在实际的练习中大家就可以发现很多的问题，有很多难以避免的小问题困扰着你。没关系，这些小问题都是可以解决的。下面我们就对常出现的问题进行分析，并找出对策，以求每一个考生尽量达到完美。

一、跑题

跑题是审题不认真造成的。即兴评述一旦审题出现了问题，看似滔滔不绝，实则离题千里了。解决跑题的方法是提高分析能力，弄清楚题目的关键和目的。跑题的另一种表现方式是无主题，即说了半天，老师不知道你的观点是什么，不知道你支持什么、反对什么。有的考生想出新，把观点放在最后，这不符合口头语言表达的规律。大家最好在前面先道出观点，在结尾部分总结观点以图照应。有的考生想把话题说得面面俱到，结果两面都有理，不知道你到底支持谁，只是一堆现象的罗列。这些都是必须改正的。

二、平淡

平淡，感觉什么都有了，但就是没有个性，没有新意，说不上好，谈不上坏，淡得如白开水。平淡的原因是对话题不熟悉导致泛泛而谈，或者事例过于平常，用到的材料和内容都是司空见惯的。解决这类问题的方法是：平时练习时，遇见话题多问几个为什么；生活中，多储备一些特殊的事例，多注意观察，发现自己的独特见解。自己在生活中发现的，往往是鲜活的也是生动的，这样就不会平淡了。

三、乱

乱，就是话题前言不搭后语，思维凌乱，说话支支吾吾，仿佛有很多话要讲，却又不知道从哪里说起，一副抓耳挠腮的滑稽模样。出现这种情况的原因是总想说好，但由于练习太少、想法太多、一时慌乱，没有了章法。这个问题的解决方法就是：心态放平、循序渐进、多加练习，只要找到简单的套路和格式，功到自然成。

四、表情冷漠，内容和声音脱节

造成表情冷漠、内容和声音脱节的原因是太过紧张，只顾思考内容，忘记了表达的方法。解决方法就是：首先从感情的角度去思考这个问题，把考场当成展示才能的舞台，放松身心，这样或许就可以有声情并茂的结果了。

第三节　即兴评述的两个关键

即兴评述的两个关键，即开头和结尾。下面我就怎么设计开头和结尾作简要分析。

一、开头

在众多的考生轮番上场表演时，一个新颖的开头是非常重要的。它可以给考官留下深刻的印象，达到先声夺人的效果。开头常用的方式有：

1. 开门见山，直接步入主题。以"我看挫折"为例，可以这样说："我认为挫折是好事，为什么这么说呢？第一……"

2. 举例子，引入主题。还以"我看挫折"为例，可以这样说："说到挫折，我想起一件事情……由此我明白了，挫折就是力量。"

开头的方式有很多，以上只是最简单的例子。你可以根据自己的喜好和题目的内容选择最适合的一个。

二、结尾

结尾的作用不仅在于结束话题，还有深化主题、发人深思、余味无穷的功能。一个漂亮的结尾也能让你增色不少。常见的方式和例子如下：

1. 总结式：这就是我对挫折的看法，谢谢！

2. 幽默式：每当我遇到困难，我就会想，苦不苦想想红军两万五；累不累，想想革命老前辈……

3. 决心式：我知道前面一定会有很多的挫折，但是我不怕，我一定会战胜它，奔向梦想的彼岸。

第四节　即兴评述的注意事项

即兴评述要注意的事项有以下几点：

1. 符合你的年龄特征和真实性格，不要小孩说大人话，任何时候真诚都是最锋利的宝剑。

2. 尽量少自作聪明地加上大量的手势或演唱什么的。原以为那样做可以展示多方面过人的才华，却不知可能会对话题造成很大的伤害。如果真要加唱，应注意这时候的演唱是在说话聊天的情景下进行的，这和在舞台上的演唱是截然不同的。

3. 可以用眼神和考官交流。如果怕因交流而忘词，可以事先做一下练习。但千万不要盯着一个考官看，那样会把他看怕的；更不能抛媚眼，那样考官会很恼火。

4. 幽默大方，不卑不亢是制胜法宝。

教师提示：

这时候，学习备考方法最重要。教师要培养考生良好的备考习惯，即一定要拿到题目后按照规定程序进行。有的考生性子急，不按规定程序准备，想得差不多就说；还有的考生性子慢，每一步都要花费大量时间。针对这两种情况，教师要让第一种考生稳下来；对第二种考生则可以给他更多时间，等待他熟练后，再追求速度。这样做的目的是让所有考生都能掌握正确的备考方法，在考试规定的时间内完成备考。要让考生明白，只有程序正确才会有好结果。也许个别考生自己总结了适合自己的备考方法，教师也应该因人而异，保留考生的个性。教师千万不要打击他们的自信心，要让他们觉得：今天又进步了，再努力一下，就完美了。

第五节　即兴评述的四个阶段

前面我们谈到过即兴评述的标准，但在实际的学习中并不是一下子就可以达到的。现在总结让大家循序渐进、逐步达到成功彼岸所要经过的四个阶段。

一、"菜鸟"阶段

许多考生刚开始练习的时候,很容易出现这样一种情况:拿到话题刚说几句,脑子就一片空白了,要么是语无伦次;要么是说车轱辘话——说来说去还是那句话;要么只有开头,没有结尾;要么是半路卡壳,造成尴尬局面。如果出现这样的情况,首先应该想到的是不要着急,稳住情绪,调整好状态。许多人都有这样的经历。出现这样的情况,不是说你不是那块料,也不是说你天生愚笨,而可能是你才华满腹,因为不知道正确的方法和缺乏训练。只要你找到了窍门,你会由"菜鸟"变成高手。在这个阶段你需要的是自信和愈挫愈勇的勇气。光明就在前面,加紧练习,情况马上会发生改变的。

在这个阶段,学习的重点是话题的结构,哪怕每个结构只有一句话,你也要说出它。因为我们首先要的是一个完整的话题,哪怕它只有一分钟。

这个阶段要学会理解题目,知道所需要的资料,心里有完整的概念。

这个阶段哪怕在话题说不下去的时候,也不要轻易放弃,要勇敢地把记忆的东西都说出来。这样可以尽可能避免卡壳的尴尬,让你能对一个话题一气呵成。

在这个阶段,考生一定要注意信心的培养。有的同学遇到困难会退缩,喜欢不停地问自己:"是不是我没有即兴评述的天赋?是不是我天生不是那块料?"在这里,我告诉大家,即兴评述是人人都可以学好的,只要坚持就能成功,每年都有那么多考生成功,你也肯定行,所以大家千万不要丧失信心。另外,不要养成说一半就放弃的坏习惯。有的同学说到一半觉得没话可说了就放弃了,再去找新的题目练习,这是大错特错的,无论如何都要坚持说完,这样做的目的是防止习惯性中断。这点一定要记住,哪怕是自己查资料,或请教别人,也一定要把即兴评述说完整。

二、"小弟"阶段

经过练习,你逐渐掌握了一定的简单易行的方法,基本上可以完成一个即兴评述了。拿到了话题,可以有简单的开头,虽然叙述还不够充分、语言不够准确,也只断断续续地坚持两分钟左右,但是可喜的是总算完成了。这是很值得庆贺的事情,你已经上路了,只不过不是那么熟练而已。只要你再努力一下,你就会是一个不错的考生了,至少在即兴评述这个阶段,你不会失分太多。

在这个阶段,你需要加强复述能力的练习。你可以做一些有针对性的练习。比如,你在报纸上看到一条有意思的新闻"某地老王家的母鸡有三条腿",你可以先看两遍,然后合上报纸,试着把它再讲一遍:哎!你知道吗?我今天看了一条新闻,说是某地某村老王家的母鸡有三条腿,真是太奇怪了。我们知道不管是母鸡还是公鸡都是两条腿的,他家的母鸡却是三条腿……说完了以后,再对照一下报纸,看看漏了哪些、多了哪些,看看是不是把整个事情说清楚了。如果少了关键环节那就重说一遍。直到把这个故事说得完整又精彩,才算了事。

复述得多了,你就会发现一些窍门。比如,事情都是由时间、地点、人物、起因、经过、结果等部分组成的。按照这个要求基本上就可以把故事说清楚，即便是漏掉其中的一个小环节也不会太影响效果。

多次这样的练习后，你可以不需要报纸了。例如，说你小时候经历的趣事，说你第一次对某个女生或男生心动，等等，一切都可以说得很清楚了。

复述不是一字不差的背诵——那样反而不好。你可以对过于复杂的细节进行删减，如果某些地方你感受很深，也可以加上自己的评论，使故事更容易让人明白。

有了这种能力以后，你再谈论某个话题的时候，谈论的时间就可以大大延长，结巴的情况也会杜绝。这样你就可以比较圆满地完成即兴评述的考试了。大家可能觉得我说得有些夸张，但事实就是这样的。很多同学为说不够三分钟而烦恼，而当他掌握了这些技巧，也真就把这个难关攻破了。只要你能完整并详细地讲完一个故事，而且细节和时间都把握住了，你的即兴评述就是一个结构完整的即兴评述。当你熟练地掌握这些技巧之后，你还可以把中间那一个故事简略一些，用原本讲一个故事的时间讲两个故事，这样你就不仅做到完整而且能做到丰富了。这是不是一条很美好的成功之路呢？

三、"分堂堂主"阶段

在这个阶段，你不仅可以顺利地表达出自己的观点，而且使语句通顺，使即兴评述有叙述，有分析，还让人找不到明显的缺点。如果以这样的水平去参加考试，你就可以拿到中等偏上的分数了。你的不足点是有设计的痕迹，结构有些简单。尽管你的表现比较自然，但是还称不上十分优秀，如果想更上一层楼那还需要继续努力。

首先，可以在话题的角度上下功夫。一个新颖的角度和立意是一个话题成功的一半。具体的做法是：在看到题目后不要着急地去想一个平常的主题和方法，而是去想有没有更新的角度和说法，脑海里一定要有这样一根弦。例如，"我的一个好朋友"这样一个题目，一个考生就选择了一只蜘蛛作为主人公。他的立意颇为新鲜，而且他的叙述也很好——先描述了这位好朋友的长相，随后才说明这是一只蜘蛛。这个考生的主题也很好，主要讲了在高考的压力下，蜘蛛给他带来的轻松感，给人自然、真实、可信的感觉。

其次，还可以在语言上进一步精雕细琢。可以把一些过于书面化的语言去掉；可以使点题更加准确自然；不仅仅采用书上得来的事例，而且采用自己生活中的事例。这样不仅避免了和其他考生的重复或类似，而且更加有感染力。

在这个阶段，由于内容已经足够，你就不会那样紧张了。你可以顺利地使用各种技巧。请注意，这是在你熟练的基础上诞生的：如果不熟练，不知道下一句说什么，你自然没精力去想技巧。在这个阶段，你脑子里有了十句话，你只需要说出一句来，你的神情怎么会不潇洒？心态怎么会不淡定？你会想："我是不是该用个成语呢？是不是要卖个关子，设计个悬念呢？"这时候你的即兴评述就变得精彩了，分数自然就上去了。

四、"东方不败"阶段

这个阶段的水平不是一朝一夕可以达到的，它需要长期的积累和丰富的阅历。如果达到这个层次，即兴评述对你来说就是小菜一碟了。在这个阶段，当看到一个题目，你会有一种倾诉的欲望，甚至觉得考试给的三分钟实在太短，没办法施展你的才华；你会觉得自己对这个话题很有话说，而且认为自己的观点比较新，有强烈的表现欲望。这个阶段不是从天而降的，而是有一定规律可循的。在这个阶段，你不仅熟练地掌握了即兴评述的各种技巧，而且自己也发现了适合自己的方法。你不仅有敏锐的眼光，一眼就能看透题目的本质，并且能找到最恰当的观点，迅速组织起最精彩的语言。这是理论和实践的结合，不是仅靠做题就能达到的，它是思维和苦练的结晶。

表达的时候，语气自然而诚恳，挥洒自如，既没有滔滔不绝的过分强势或油头滑脑的痞气，也没有因为是考试而产生的过度紧张的状态，而是普通话流畅、发音清晰准确。你可以自如地控制话题的长度并且自然进行转换，还不着痕迹；眼见得考官有疑问的目光，你会马上猜中考官的心思，迅速给出答案；如果你发现考官有点走神，你也会迅速调整自己，讲出最有趣的语言，让他重新把目光聚焦到你的身上，使得这一切自如地像是朋友间的聊天。

达到这种层次的关键是需要大量知识和技能的储备及运用。试想，如果你对一个话题有长达数小时的内容储备，让你说三分钟是不是很简单呢？大家感觉到话题难说，一是练习得少，二是知识的储备太少，是由此带来的紧张等种种不良情绪影响了整体效果。如果想提高即兴评述的成绩，还要在平时多下功夫：多读书，多关注热点问题。这样遇到问题时一切都会迎刃而解。

以上所讲，大体概括了即兴评述发展的四个阶段，为的是怕大家贪功求快，反而欲速不达。分阶段一点点解决，就是为了避免胡子眉毛一把抓。

有些考生语言天赋比较好，很快就可以达到很高的层次了，那就不必死板地走程序、分阶段，了解一下情况，作为参考就可以了。

教师提示：

这一部分主要是给某些乱了方寸的同学讲明目前所处的位置，知道自己的真实水平，做到心中有数，正确认识自己，进而刻苦地学习。在具体的教学中经常会遇到这样的情况：很多同学满面愁容地来找老师说，他的即兴评述那样差，不知道该怎么办，甚至有的会急得直哭。每当遇到这样的同学，我总是告诉他，着急是没有用的，练习才是最好的办法；只有抓紧时间，科学练习，把着急的情绪转换成具体的练习，这样才有效果。

在这个阶段还要提醒考生的是，由于每个人的资质不同，每个人的优点不一样，有的善于审题，有的善于叙述，也有的语言幽默。作为教师，在要求考生发扬长处的同时也要劝勉考生补齐短板，要让考生目标远大，不要满足于说满三分钟。

第六节　即兴评述的考试要点

即兴评述的考试大多在复试当中。当你知道自己通过初试后，可以暂时庆祝一下，那样你会得到更大的自信。但是，也不要光顾着高兴，或者忙着打听朋友、同学们的情况，还是先把自己的事情处理好要紧。有好多考试，初试和复试时间间隔很近，常常是一天或者两天。你要做的事情还有很多。

一、明白复试的时间、地点、方式和要求

弄明白复试的时间、地点、方式和要求是复试的首要任务。有的复试还有指定稿件，有的除了指定稿件还要进行一番自备稿件的考试，有的又加上了才艺展示，有的还要录像。总之，状况各不相同，同学们对此绝对不可轻视。进入复试，强手如林，更惨烈的竞争开始了。不过，你千万不要怕。所谓"艺高人胆大"，"没有三把神砂也不敢倒反西歧"。你已经通过初试，能力已经得到考官的认可了，既然来了，就不怕一切挑战。

在了解了考试的要求以及以上种种信息后，你就应该开始有针对性、有成效地准备了。先把考试要准备的东西迅速地准备好，比如衣服和证件等等。在这样的事情上不要用太大的精力，因为有更重要的事情在等着你。尤其不要为穿这件黄褂子还是那件绿毛衣试了又试，换了又换，这不是问题的关键。找件干净的衣服就行了。

二、进行考前训练

弄清楚考试的程序后，马上要做针对性的练习。比如，有的学校要求复试的程序是这样的：先进行一个新的自备稿件，然后对抽到的题目进行评述，最后展示才艺。很明显，最关键的是即兴评述部分，因为自备稿件你已经有了准备，才艺展示也已经操练停当了。这就清楚了，原本很复杂的程序一下简单了。评述时你不妨先找一个话题进行模拟训练，按照考试的顺序来一遍。你可以把对面桌上放的三个苹果当成是考官了，自己看好时间，对着三个苹果开始演练，一次不满意再来一次，每一次都要找到不足，然后加以改正。如果有一次十分顺利，你就记住这种感觉，在考场上找到这种感觉就可以了。

其他的准备，和初试的时候一样。万事俱备，就等开考了。

三、复试时沉着应对

当你再一次来到考场，你会发现消停了很多，留下的精英们个个都不是无能之辈，哪个都身怀绝技，他们可都是你的竞争对手。你尽量早到一会儿，这样你可以稍微观察一下

那些可能的未来同学。他们身上或许有很多你可以学习的东西，比如人家的从容自然、大方得体等等。这些会给你留下很深的印象。但是也不要只顾了看热闹，乱打听个没完没了。记住，圆满完成当下的考试要紧。

一般情况下考试会给你5分钟左右的时间准备。这个时间不是固定的，有的学校是前面进去一个考生，给后面一个同学发题。如果那样，情况就不一样了：如果你前面的同学表现得好，说的时间长，甚至还会和考官聊上几句，那么你的准备时间就会变长；如果前面的同学表现不好，只说了几句就被赶了出来，那么你的准备时间就会缩短。所以，当你拿到话题后，应该马上按照操练好的顺序准备，千万不要看到别的同学拿到题目后在那里着急就过去帮忙，或者幸灾乐祸。毕竟，做好自己的事情要紧。

当又一次来到考场时，你已经不那么紧张了。有了上一次的成功经验，一切都是轻车熟路，但是你也不要掉以轻心，心理细微的偏差都会给考试成绩带来很大的影响。

自备稿件进行完之后，即兴评述开始了。为了让自己面对考官时更轻松一些，你可以假想考官正对你的观点提出疑问，你正在一个个地作出回答。语言上可以有这样的句子："也许大家会觉得我的说法有些幼稚，而事实上，我的许多同学都是这么想的。"你也可以说："听到这里大家也许会问了，既然他那么调皮，怎么还会做我的朋友呢？这也正是我要告诉大家的。学校生活有压力，许多人整天学习，失去了少年的快乐，正是他的调皮……"类似的情形还有很多种，你可以自己去假设，自己在心里琢磨答案。

有的时候会因为这样或那样的不可知因素对你进行了干扰。比如，有个考官忽然喝了一口水，影响到你的思路；或者墙边的牌子没有放稳，在你正说到兴高采烈的时候就突然倒了下来。面对影响大的后一种情景该怎么办呢？千万不要有惊慌失措的样子，或者硬逼着自己往下说；如果考官没有注意，你也装作什么也没有发生的样子继续顺着自己的思路往下说。

如果你真的出现了不可控制的紧张，忽然忘记下面的内容，那也不要愣住了，不可造成空场，而是应该按照自己所能记住的内容继续往下说，因为考官并不知道你原来的思路是什么样的，也许他以为你原来就是这么设计的呢。这就是我要求大家多准备几个事例的原因，因为哪怕你忘记了一个还有一个呢，这样就不会造成更大的失误。

在个别情况下，有的考官会对考生的论点提出疑问，或者要求考生讲清楚某个细节。这时候考生千万不要慌张，认真回答就可以了。有时候回答完了，还有继续说下去的机会，考生也应该淡定地把即兴评述完成，不要再考虑刚才回答问题的好坏，因为那已经过去了。

考生非常多，考官也很忙。有的考官为了尽快考完，很多时候都不等考生说完就喊停了。这时候考生不要慌张，这并不意味着你没得到考官的认可。很可能你在开头的时候，考官窥一斑而知全貌，基本上就了解了你的水平，已经给你打分了。这里还有一种特殊情况要正确对待：有的考生在备考的时候打听到考官不喜欢让考生把即兴评述说完，就仅仅准备开头，这是错误的。考场上的事情谁也无法预料，万一考官心血来潮让你说完，那不就被动了吗？还是不要冒险得好。

在即兴评述考场上常出现的一种情况是，有的考生像在背诵课文，这很不好。有些考官非常想知道你在自然状态下的普通话是不是标准。你再背给他听，就失去了考试的意义了。哪怕你真的是在背，也要像说一样该笑就笑，该停顿就停顿。

即兴评述同样要带情感，不要让考官认为你是在干巴巴地讲道理。有的考生知道很多的名人名言，一会儿引用这位名人的话，一会儿引用那位名人的话，这种情况过多也是不好的习惯。都是人家的观点，就没有了自己的观点。

有的考生在班里是个干部，不自然间养成了喜欢教训人的口气。比如，一看到"我看上网"这个题目，就马上拿出老习惯，痛斥上网的种种坏处……具体结构立意上的缺陷不说，单就这样的口气就难给考官留下好的印象。现在讲究的是平等交流，哪怕别人办了错事也要帮助人家改正。这么乱批一通是怎么回事呢？这是非常局限的思路。

也有的考生自恃天分很高，常有惊人之语，而事实也可能是这样的。这种才能是让人羡慕的，可如果趾高气扬地进考场，那就太不明智了。这样的考生不仅衣着随意，而且表情冷漠，很随便地把自己的观点表达了一遍，也许内容无可挑剔。但是，这样的表现却给人不够认真的感觉。传媒工作是要求万分认真的，马虎和轻敌是专业的大敌。考官在录取你的时候可能就要思量一番了。

记住考场从来就不是耍酷摆谱的地方，学习的态度在任何时候都很重要。

第七节　即兴评述的高分秘诀

即兴评述是考试的难点，怎么得高分呢？李泊告诉你吧，只要你能做到以下几种类型的一种，那分数会高得吓人。

一、知识宝库型

这种类型就是知识储备丰富，学识渊博。例如，别人说"三人行，必有我师焉"，你立刻就能回答出那句话出自于《论语·述而》，并且说出原文内容，能解释它的意思，甚至把孔子说这句话的背景讲得清清楚楚。如此深厚的文化底蕴，哪个学校不想录取你呢？你的分数自然也就高高的了。

二、幽默才子型

考场原本严肃，考官很辛苦，考生很紧张。然而，有的考生平时就是开心果，答题的时候谈笑风生，让考官们笑得前仰后合、心情愉快，自然他们打分的时候也很大方了。还以"三人行必有我师"这个题目为例，某考生说道："'三人行，必有我师焉'，如果那两个人是章子怡和姚明，我一定会很高兴。我可以跟姚明学打篮球，跟章子怡学表演。如果和我同行的另外两个人是笨蛋怎么办呢……"这样的话的确很滑稽，我也会忍不住笑的。

三、个性鲜明型

说句实话,现在的培训班把考生都塑造成了一个样子,同学们成了培训班上程式化的产品。他们穿着一样的西装,带着同样的笑容,这真让人烦恼。那些有个性的考生就像蓝宝石一样珍贵了。面对"一个英雄救落水儿童不幸牺牲"的即兴评述题目,当大家花样翻新地向英雄致敬的时候,某考生却说:"我们敬佩英雄,但是我也想到,为什么不对危险水域加强监管,防止这样的悲剧再次发生呢?我们为什么不多多普及救生知识,让我们多学一些挽回生命的技能呢?我们为什么不讲授一下救生的技巧呢?建立迅速的救援机制,这些不是我们更应该思考的吗?"这样的考生,这样的观点,比起那些老生常谈来,简直让人震撼极了,所以他的分数也会让人羡慕!

四、惊为天人型

考生之间是没有办法进行简单对比的。有的考生样样一般,想从他身上找优点比登天还难;有的考生怎么看怎么顺眼,哪里都是优点,让人不给高分都难,无论是语音还是表达都无可挑剔,真是让人感叹上天不公——它怎么会如此地眷顾一个人?这样的考生虽然不多,但的确每年都有。但据我所知,除了天生资质较高之外,更多的还是刻苦好学换来的,正是他们的努力才换来了如此的优秀。现在流行一句话:"别人比你聪明不可怕,可怕的是比你聪明的人还比你努力。"所以,亲爱的同学们,我们还有什么理由不努力呢?

第八节 即兴评述实用小技巧

在即兴评述的初学阶段,许多同学只能顺利地说下来一个话题,虽然观点正确、叙述清楚、状态自然,但还是略显平淡,没有亮点,不能做到鹤立鸡群。怎么办呢?接下来我就把一些实用的小技巧告诉大家,这些小技巧可以瞬间为你的即兴评述增添光彩。

一、借用名言

即评题目很多都是观点的论证。适当地引用名言是很有用的方法,如果用得恰当,就会让你的论证更有力,还会显得你知识面宽广。但引用的名言一定要切合主题,不能生拉硬扯,更不能出现引用错误的情况。如果明明是孟子说的话,你说成了是孔子说的,那可就弄巧成拙了。名言只是辅助,不可引用太多,重要的还是你自己的观点。

二、贴近现实

即兴评述中举例用典是个优点，但是如果能联系现实，则可以说明考生热爱生活、关心现实，更会给考官留下好的印象。比如，某同学举的例子是昨天刚刚发生的新闻，这就很好。考官就会觉得这个同学关注新闻，是个好苗子。也有同学比较聪明，他会选两个例子：一个是现代的，一个是古代的。

三、巧用身边事

相声里有个技巧叫"现挂"，指的是演员根据演出的实际情况，在适宜的情境里，联系当时当地发生的事件，现场进行即兴发挥，通俗讲就是利用现场情况抖包袱。即兴评述的考试也有这样的情况。比如，在一个"说雾霾"的即兴评述中，一个考生说："雾霾真的太严重了，今天天气就不好，我刚才在排队考试的时候，看到很多考生都戴着口罩，几米远的地方，我都看不清谁是谁……"这个考生就这样立刻得到了考官的认可。大家也可以利用这样的技巧，但是一定要注意，要自然，不能太刻意。

四、巧用修辞

汉语的语言非常优美，有很多的修辞技巧，如反问、对偶、设问、排比等。即兴评述由于是临场发挥，很多同学来不及准备，大多是平铺直叙，语言难免干瘪乏味，句式也很简单，有些甚至还会出现病句。此时，如果考生有意识地加入一些修辞技巧，则会显得分外出色，语言就会丰富多彩。在这里还要提示大家使用修辞技巧的情况不要太多，太泛滥，那样就会失之自然。

五、用例独特

曾经网络上流行这样一些段子，同学们看了这些段子一定会很感亲切：我小学、初中加起来扶了六百多个老奶奶，我妈雨天给我送伞不下五百次，卖馄饨的老奶奶送了我四百碗馄饨，我每天都从妈妈的话中明白了一个道理，每个班主任都一不小心被我发现在黑灯瞎火下呕心沥血地批改作业和试卷，司马迁在我笔下遭受了二百三十一次宫刑，被我救起的受伤小狗、小猫、小鸟可以组成一个动物园了，每一篇作文我都会流下感动的泪水，每次做好事都要经过一番心理挣扎，妈妈吃掉的鱼头加起来可绕地球三圈，从小学到现在不下五十次对环卫工说"您辛苦了"，我知错能改地从同一个事例中悟出无数道理，我打破的花瓶加起来有一百多个……

几乎每个人都写过类似的作文，里面的故事又俗又老。大家在做即兴评述的时候这些故事除非万不得已之情况，千万不要用。怎么才能找到独特的例子呢？一方面可以加大阅读量，发现别人不知道的故事；另一方面要多说自己经历的事情。这样你举的事例就会很独特。考官没有听过自然会认真听，你的得分就会高。

六、巧用手势

即兴评述手势多了不好,没有手势也不好。有的同学考即兴评述的时候是这样的:直挺挺地站着,一动不动,浑身上下只有嘴动,其他地方都是静止的,像被施了定身法。那怎么样合理地利用手势呢?正确的方法应该是这样的:有感而发,感情需要或稿件需要你做手势了,这个时候的手势就是自然的、到位的。如果只是单纯为了手势而做手势就非常不好。对于即兴评述来说,适当加上一两个手势可以避免单调,如果多了就会添乱。具体什么时候做手势呢?比如你要形容一件物品,就可以用手来比画一下,这个时候的手势可以帮助理解,就是恰当的。手势不要太快,快了考官看不清;手势一定要大方,做到位,不要羞羞答答的,那样还不如不做。

教师提示:

同学们对这部分的学习主要以实战为主,教师的主要任务是培养同学们的应试能力,让同学们能在考场上发挥出应有水平,具体可采用模拟考试的方式进行,一定要多练。有的培训机构每周都进行模拟考试,这是很好的方法。教师还可以根据考生的水平把备考时间逐步缩短:第一次考试提前一天给题目,第二次的时候就提前十分钟发考题,第三次就可以提前五分钟发题目了,这样就可以给考生一个适应过程。教师也可以在考场上有意识地给考生设计各种困难,以增加考生的应变能力。为了更好地让考生理解考试,也可以请考生轮流做考官,以体会评委的心情。

第四章　即兴评述的分类

第一节　描述类即兴评述

　　这种类型的题目既可以当练习，也可以作为考题。相对于其他类型的题目来说，描述类的题目显得较为简单，所以出这类题目的学校并不多。但是，其他类型的题目里又包含有这类题目的内容，所以大家还是不能轻视。

　　描述类的题目一般要求考生对一件物品进行简单描述，虽然简单，但也包含着许多方法，你只有掌握了方法才能描述好。通常来讲，描述一件物品采用的角度有这样几个：外形、色彩、质感、用途、联想。有时候只需要从其中的几个角度展开就能把一个物品描述清楚，有时候则需要更多的角度和方法。

　　描述类的题目还有一点需要注意。此类题目给我们的要求不仅仅是描述清楚，还要赋予所描述的景物以精神力量。我国素来有托物言志、借景抒情的传统写法。能从物品中提炼出一种值得称道的精神，这才是此类题目的最高境界。

教师提醒：

　　对于较为简单的题目，教师还是要以树立同学们的主题意识、结构意识为主。在这两点的基础上提醒同学们尽量多角度地描写一件物品，描述要具体和形象。在达到这两点要求后，同学们还要注意用词的准确和新颖。要让同学们在这类题目的练习中，初步掌握描述一件物品、讲述一个故事的能力，为即兴评述得高分打下基础。

　　在这一部分的学习中，要注意培养同学们对即兴评述的感觉。可能是刚接触即兴评述的原因，许多同学把即兴评述等同于生活中和老师的一次问答。因为他们和老师较为熟悉，就自动略去了许多必要的材料。在一次以"我最好的朋友"为题的练习中，有个同学竟然告诉我："我最好的朋友，老师你见过，就是上周来找我的那个小胖子……"还有的同学说话说半句，不把信息说完整。他的潜意识里认为，这屋子里的人都是知道的，这些是许多初学即兴评述的同学易犯的错误。所以，这个阶段，要让同学们明白即兴评述的语言要求，即首先是信息一定要完整。因为考官是陌生人，他们并不了解你，所以要讲清楚一个观点，叙述一段完整的故事。我们要像生活中那样说话，但是又不同于生活中的简单交流，这是必须明确的。

题目一：我的家乡

题目分析：

这是最简单的即兴评述题目。对这个题目，考生不会没话说，关键是怎么说好。考生要迅速找出家乡的特点，构建出最合适的结构来。通常的逻辑是：家乡在哪里，家乡的风景、特产、名人等等。由于这类题目不难，要想得到高分，就必须在语言的组织、细节的描述上下功夫。不要搞成资料堆积，而应该是一段优美而有内容的叙述，让人听了就了解你的家乡。如果你说的话能让考官马上想到你家乡旅游，那你就成功了。有的同学别出心裁，在谈到家乡的不足时，希望家乡能一次性地把路修好，希望家乡加强环境保护，减少雾霾，让空气质量提升，这些也是不错的角度。

角度参考：

1. 天下最美丽的城市——我的家乡洛阳。
2. 小而美的城市——山东青州。

范例一

参考评分：85

我的家乡山东济南，是著名的泉水之城。它坐落在黄河南岸、泰山脚下，是山东省的省会。这是一座历史悠久的城市，著名的大舜、李清照等都在这里生活过。现在，这里高楼林立，街道整洁，是一座美丽的现代化城市。

我的家乡最有特色的还是泉水，用"家家泉水户户柳"来形容一点不为过。济南有三大泉群：趵突泉、珍珠泉和五龙潭，最出名的趵突泉被称为是"天下第一泉"。当你距离泉水还有很远的时候，就能听到很响亮的水声。走近了，你会发现在碧波荡漾的水中，水面上有三个水柱，凸起水面有30厘米那么高，日夜喷涌，非常神奇。古人作诗"滔滔不管云根瘦，沸沸常疑地髓枯"、"三岛烟波惊滟滪，十洲风雨遍江湖"来称赞趵突泉。另外两个泉群也很美丽。在泉水旁，你会看到泉水从水底冒出来，一个个像珍珠一样，浮到水面上就不见了。济南的泉水不仅可以看，而且可以喝。泉水边有水管，大家可以到那里去打水，带回家泡茶、煮粥都别有风味。有的泉水边还有泉水游泳池，夏天我们都喜欢到那里玩。泉水是济南人的好朋友，真想不出济南人如果离了泉水还会怎么生活。

济南不仅泉水好，人也很好。大作家老舍先生就曾经在这里生活过，还写了好多关于济南的文章。其中《济南的冬天》最著名，还入选了中学语文课本，成为济南人的骄傲。

这就是我美丽的家乡——济南，一个景美人更美的地方。我为生活在这里而感到自豪。我要努力学习，为我的家乡争光。我也愿我的家乡越来越好，再创新的辉煌。

点评：

这篇即兴评述的亮点是引用了诗句，显得考生很博学；最后的抒情也很到位，展示了考生驾驭这类题目的能力。这些都是大家需要学习的。描述类的即兴评述最怕啰唆和絮叨，最好语言简洁，信息量大。

范例二

参考评分：75

各位老师，可能大家知道威尼斯是水城、重庆是山城，而我的家乡则被称为黄金之城。那里以出产金子而闻名，那就是我的家乡——山东招远。它位于山东省的东北部，烟台市西北，紧靠渤海莱州湾，属于低山丘陵地带。招远又被称为金都，矿产资源丰富，以金矿和银矿为主。招远不仅资源丰富而且风景美丽。那里有著名的罗山森林公园和淘金小镇，有环境优美的凤凰岭公园。在那里看日出最好了。清晨，看着太阳从东方冉冉升起，所有的烦恼都会忘记。我们还有黄金阁、皮革城、龙王庙等一系列景点。每到节假日都会有许多外地的朋友来旅游，那些美丽的景色常常让他们流连忘返。

招远非常适合人类居住。我们这里是温带季风气候，四季分明，既有寒冷的冬天又有炎热的夏季，也有春秋两个美丽的季节。春秋时节，阳光充足而且不晒，空气湿润也清洁。这里还适于水果生长。这里风力柔和，人生活在这里很舒服。可能招远现在还不够繁华，缺少一些高楼大厦，但是我相信经过规划和发展，招远——我的家乡一定会越来越好。

点评：

本篇即兴评述资料全面，但中规中矩，缺乏进一步的加工和拓展。如果能详细说一下为什么是"金都"会更好些。但它仍不失为一篇合格的即兴评述，开头也生动有趣。目前来看，这篇即兴评述用力平均，没有特色。

题目二：我最喜欢的一句名言

题目分析：

喜欢哪句话表示认同哪句话。周恩来说过为"中华之崛起而读书"，我们都觉得他是个有理想和有国家情怀的人；曹操说过"宁我负人，毋人负我"，我们在某方面就对其评价不高。选什么样的名言很重要，这是因为从答题过程中考官能了解考生的人生志向，所以考生要选择正能量的名言。另外，需要注意的就是名言的界定。为了保险起见，最好选用知名度比较高的名言，千万不要选择邻居说的或者同学说的话，毕竟他们的话没有知名度，对大众来说不具有可信度。这类题目的格式是：先说是什么，然后说为什么。你也可以别出心裁地从其他的角度切入。比如，先讲一个故事，然后引出名言，同时指出喜欢这句名言的原因，这样的方式很新颖。

角度参考：

1. 我最喜欢的名言是"己所不欲，勿施于人"。
2. 我最喜欢的名言是"有志者，事竟成"。

范例一

参考评分：75

我最喜欢的名言是"用活书，活用书，用书活"。古代，学生成长的过程有三个阶段：一是读死书，二是死读书，三是读书死。而新时代的学生也离不开书，不同的是我们是"用活书，活用书，用书活"。书是知识的宝库，要读好书，必须活用书。我们不能读死书，要学会发散思维，学会举一反三，不能只局限于课本，不能只死背上面的知识，那是在做无用功。这句名言则告诉我们：要灵活运用书，用书中的知识来充实我们自己的生活；要"用书活"，我们要把书中的知识和道理记在我们的脑海中，变成我们自己的东西，这样才真正做到了"用活书，活用书，用书活"。

这句话对我的帮助还是很大的。它告诉我读书的方法和目的。以前我读书就是读书，看了也就看了；现在看书我都是一边看，一边思考，而且主动把书上学来的知识用到生活中去。我发现这样做，真的是受益匪浅，不仅书上的内容记得更清楚了，而且知识对我的帮助也更大了。我想这句话是告诉了我们读书的真谛，所以它是我最喜欢的名言。

点评：

这篇即评说出了喜欢的名言是什么，也解释了为什么喜欢，但整体略显平淡，没有亮点，如果能举个有趣的例子会好些。

范例二

参考评分：80

我最喜欢的名言是"得之我幸，不得我命"。通过这句话我看到了一位豁达的诗人——徐志摩。我们来到这个世界的时候，手是紧握的，走时是张着的，就像一句俗话"生不带来，死不带走"。其实人生就是在取和舍之间徘徊。一些人看透了，所以他们成了伟人；另外一些人没有及时看透，所以他们碌碌无为了一生。这更是一种处世方式，让你用一种豁达大度的心去生活，让你用平常心去面对。或许我们不管如何努力该失去的还是会失去，那就不要去介怀。

大家可能会奇怪，我为什么喜欢这样一句名言，似乎不符合我的年龄特征，但是我却真切地感受过这句话的正确性。我们班里有很多人争名夺利，为了当上班长请同学吃饭，给老师送礼。我觉得这样很不好，活得太累了，我觉得生活就应该是顺其自然的，只要你努力了一切都会不请自来。这并不是让人不努力，而是让人平静地对待这一切，对待人世间的风风雨雨，不会因为一点点的成绩而沾沾自喜，更不会因为一些微不足道的挫折而自暴自弃。当你理解了"得之我幸，不得我命"时，你面对世界时就会从容很多。

也许是因为我喜欢这句名言，我的班主任觉得我比同龄人成熟，办事情更稳重一些。所以班里的演讲比赛、朗诵大会，甚至是高中生艺术节这样的大事都交给我做，我也能做得很好。也许就是这句名言赐给我的幸福吧。

点评：

本篇即评较有个性。考生选择了略显颓废的名言，也不能说这样不好，就怕不符合某些考官的口味。平平淡淡地生活没什么不好的，不能每个人都是野心家、事业狂。有时，一些心态平和的考生也会得到考官的青睐。本篇即评就结构来说，前后照应，比较完整，值得表扬。

题目三：我喜欢的一名节目主持人

题目分析：

本题考查考生的志向。喜欢某主持人则意味着以后想成他那样的主持人。就这个题目来说，你选择的主持人，不一定非是大牌主持人，但一定要说出喜欢的理由，最好是根据自己的特点来选择。例如，适合做新闻节目主持人，那不妨选个新闻类的。本题可说的地方很多：怎么喜欢上他的，喜欢的理由是什么，等等。本题可以提前准备，一旦遇到这些题目说起来就从容多了。可能有的同学还会说："我没有喜欢的节目主持人，怎么办呢？"那你也必须想一个出来，谁让你考的是主持人专业呢。

这类题目比较容易，但是说出新意比较难。许多同学说的都是当红的节目主持人，理由也大同小异，无非是有亲和力、普通话好等等。如果想与众不同，不妨从人选择上入手；如果找不出新的人选来，那就从理由上下功夫，或者说的很专业。另外，从主持风格、形象塑造等说起，也能说得很感性。力争说得更深入，这样才能得到高分。

角度参考：

1. 选择一个国外的主持人，显得视野更开阔。
2. 选择一个低调的二线主持人，显得自己更务实。

范例

参考评分：80

我最喜欢的主持人是朱军。我倒不是疯狂地迷恋他，只是第一次见他出现在电视上就被他吸引——质朴的性格、稳重的语音和大麦色的皮肤让我一见如故，从心底里对他产生好感。后来，我看了许多他主持的节目，沉稳而又诙谐的语言、朴实的风格，更让我增强对他的好感，总感觉他不是央视著名主持人，而是小区里的一个大叔。我有种把他当成旧友的感觉。他的主持风格我很喜欢，比较热情奔放，还善于煽情。他主持的《艺术人生》总是让我很感动，而且能让我学到很多东西。每次看他的节目我都很高兴，甚至追着看他主持的每一期节目。我觉得他还是个很敬业的人。都到春节，他都连着主持很多场晚会，连过年也在工作。后来我还了解到，他也是靠自己的努力，靠一步一步拼搏，才有了今天的成就。他原来只是一个文艺兵，就是凭着对事业的热爱，从来不放弃自己，才有现在的辉煌。我还了解到，在生活中，他也很低调，没有负面新闻，也从来没有和任何一个女明星传过绯闻，这是很难做到的。可以说朱军是一个接近完美的人。在播音主持的道路上，他一直是我学习得榜样。我相信，只要我多学习，未来我一定会超过他，也能成为国嘴。我一定会努力的。

点评：

本篇即兴评述比较口语化，这是优点，先介绍朱军，后指出其是自己的偶像，并且对朱军的经历和成就作了介绍，比较流畅，最后的结尾很精彩，也比较有力，这是需要我们学习的。

题目四：我最好的朋友

题目分析：

俗话说："人以群分，物以类聚。"你的朋友什么样，你就是什么样的人。通过本题，考官可以了解考生的为人。学艺先学做人，老师都喜欢人品好的学生，所以考生一定要选一个优秀的朋友说。这也是塑造人物类的题目，这类题目不必面面俱到，但要有特点。把人物描述得栩栩如生、活灵活现就成功了。

角度参考：

1. 一个同学或者邻居。
2. 一件物品或者一个地方，甚至是一个小动物。有同学把图书馆当好朋友，也很不错。

范例一

参考评分：85
我最好的朋友，已经不上学了，但我还是很想念她。印象最深的一次是她带我出去玩。

那时候天已经很晚了，我们学校已经锁门了，出不去。她很壮，就跳墙出去了。看我跳不过去，她又跳了进来，帮助我从墙角的洞里钻了出去。我很感动，我们就成了好朋友。再后来，她转学了，我们不经常见面了。但是，我还是很想念她。有一阵子，我就把我QQ的名字改成了"钻狗洞"。别人问我为什么，我就说是为了我纪念我一个最好的朋友。再后来，我知道她们家搬到了一个离我家比较远的一个高档小区里。因为学习忙，我们就一直没有联系。有一次，我到她那个小区附近，发现自己迷路了，不知道怎么回家了。正当焦急的时候，我想起了她。我就试着给她打了个电话，把我的困难告诉了她。她听了之后很着急，一边问我旁边有什么标志性的建筑物，一边告诉我不要挂电话，她要过来找我。我原来以为她只会告诉我怎么回家的，想不到她会来找我，我很感动。过了一会儿，我看到了她穿着拖鞋向我跑来。那时候，我都快哭了。她怕我着急，连鞋子都没有换。我们在那里一起等车。直到我坐上车，她才回家。

时光荏苒，这件事情过去了好久，我还是不能忘记，因为那份友谊让人难忘。她将永远留在我的心上。

点评：

这是一个比较感人的即兴评述，两个事例都很精彩，很新鲜，符合考生的年龄特征和性格。由于是口头叙述，考官很难辨别出考生的朋友是男还是女，所以最好开头还是明确性别。可以说得含蓄点，比如说她是一个好姑娘，这样考官就明白了。

范例二

参考评分：78

我最好的朋友和我同龄。我们是在上高中时认识的。我们都住校，我住上铺，他住下铺，我们的友情就是在这上下铺之间产生的。他长得很平凡，不丑也不帅，扔到人堆里也不显眼。但他是一个很和气的人，所以谁见到他都会感到开心、快乐。他好像从来没有烦恼过，每天都精神饱满，这为他增添了不少的魅力。他人缘很好，是朋友们的开心果。他还喜欢唱歌，时不时就高歌一曲，不过他唱得不好。他还是个老好人，朋友谁有困难他都会帮一把。你对他好，他就对你好；你对他不好，他也对你好。谁找他借钱，只要他有多余的都会借。他从来不记仇，好多坏事情好像从来不会在他心里留下痕迹。他永远都记得别人对他的好，对他不好的他好像都会忘记。他就是这样一个简单而又平凡的人。他没有很大的梦想。他常说，简简单单、平平常常的生活就好。他说，他将来要找个媳妇，生个孩子，过一种平凡而又温暖的生活。我们都很喜欢他，虽然我们性格不同，志向不一样，但是我们依然是好朋友。和他在一起，我感到很快乐。他就是我的好朋友，一个值得我学习的人。

点评：

本篇即兴评述虽然比较短，但是较为生动地描写了一个平凡乐观的少年，比上一篇结构也更加完整。如果能描述一下他的长相，再多选几个角度，讲几个具体的故事，就会更好。

题目五：我的交友观

题目分析：

和"我最好的朋友"那个题目不同，这个题目更侧重于说理，问的是交朋友的原则；更偏重于评论，重点是观点的论述，不是简单地说事、说人。但这样的题目也不拒绝叙事。考生不要从一个极端走向另外一个极端，即光顾说理，不讲故事。正确的做法是：讲一个论点，说一段故事，这样就会条理清楚，有理有据。

角度参考：

1. 用一个字概括自己的交友观，比如"诚"字。
2. 用一句话说明自己的交友原则。

范例一

参考评分：88

交友观，就是交友的原则。我交朋友就很有原则，不是什么人都能做我的朋友。交了坏朋友就有误入歧途的危险，所以我交朋友都很慎重。总起来说，我交朋友有这样三条原则。

第一，人品要好。只有人品好的人，才值得做朋友。俗话说："物以类聚，人以群分。"有个人品好的朋友，大家也会觉得你人品好；如果你的朋友人品不好，那么别人也会用异样的眼神看你。我曾经有个朋友，他喜欢和校外的小混混在一起玩，这很不好。为此，邻居阿姨都不让他们家孩子与我玩了。慢慢地，我也就和他疏远了，因为我担心，别人也把我当成小混混。

第二，为人要真诚。既然是朋友了，大家都要实话实说，有缺点要互相指出来，这样大家才能共同进步。我有一个好朋友就是这样的。我不怎么会打扮，经常穿着不好看的衣服去上学。她总是告诉我怎样穿衣好看，如红裙子千万不要配绿衬衫。慢慢地我也学会怎么搭配衣服了。我很感激她，我觉得这样才是好朋友。相反，我知道我们班里的两个同学看起来关系很好，见面都是互相夸奖，其实背后都在说对方的坏话。我觉得他们不是好朋友。

第三，要宽容。人多少都有点小脾气，谁都有心情不好的时候，两个人做朋友不可能事事都顺着对方，所以我的朋友不能太计较、小气。我的几个好朋友都很宽容。有时候大家约着一起上街，我忽然有事情不能去了，他们也不会抱怨我，而是支持我。我很感激他们。我想，做了朋友就既要接受了对方的优点，也要容忍对方的缺点，这样才能做好朋友。如果想让好朋友事事都顺着你，那是不可能的，那样也不是好朋友。做朋友应该互相理解、互相帮助，这样才是真正的好朋友。

以上就是我交朋友的原则。人生幸福的事情莫过于有几个知己，我希望有更多的好朋友。

点评：

这是一篇不错的即兴评述。语言平实自然，条理清楚，更可贵的是它给这类题目提供了一个可以参照的模板——用分项的方式阐明观点。

范例二

参考评分：85

说到交友观，我马上想到的是《论语》中的"益者三友"。我完全同意《论语》中的观点。"益者三友"是指"友直""有谅""友多闻"，就是说要交正直的朋友、诚实的朋友、广见博识的朋友。"友直"的"直"，指的是正直。这种朋友为人真诚、坦荡、刚正不阿，有一种凛然正气，没有一丝谄媚之色。他的人格可以影响你的人格，他可以在你怯懦的时候给你勇气，也可以在你犹豫不前的时候给你果断的力量。"友谅"呢？"谅，信也。""信"就是诚实。这种朋友为人诚恳，不作伪。与这样的朋友交往，我们内心是妥帖的、安稳的，我们的精神能得到一种净化和升华。"友多闻"指的是这种朋友见闻广博，用今天的话说，就是知识面宽。

这就是我的交友观。我想这样的朋友，再多我也不嫌多；不是这样的朋友，一个都多余。我深知交朋友的重要性。我的同学原本学习很好，可是因为交友不慎，和校外的坏孩子混在了一起，学习成绩直线下降。老师说他原本可以考上一本的，可是现在连二本都悬了。前车之鉴不得不让人深思。交朋友就要慎重，一定要有原则，不能什么人都交。我奶奶说："跟着啥人学啥人，学坏很容易，学好却很难。"我一定按照自己的交友观谨慎地选择朋友。当然，我自己也要努力，争取能做一个优秀的人，因为只有这样才会有更多的好朋友愿意和我交往。

点评：

这篇即兴评述的最大特点是恰当地引用了《论语》中的名句，凸显考生的文化底蕴，这是最简单易学的方法之一。只是要注意，引用要适可而止，不能引用过多，不然就没有了自己的观点，因为考官不是来听你背书的！

题目六：我的偶像

题目分析：

偶像是崇拜或仰慕的对象，偶像崇拜是指对自己所仰慕的对象的尊重与钦佩。偶像可以引导一个人的人生方向，人们可以通过偶像崇拜来完善自己。通常大家是把名人作为自己的偶像。不过也有例外，有人把身边的人作为偶像，这样也可以，重要的是要说明理由。偶像是谁，就说明自己以后想成为他那样的人。所以，即兴评述时，选择偶像一定要慎重。题目不同于我看偶像，所以不要说成怎么看待偶像这种现象。

角度参考：

古今中外的人都可以成为你的偶像。建议选择主持人或者传媒领域的知名人士作为你这篇即兴评述描写的对象，毕竟我们考的是播音主持专业。如果实在不愿意选择主持人或传媒领域的人，可以选择一些正能量的人作为偶像，比如以个性著称的网球运动员李娜、以实力强大著称的女排主教练郎平。

范例一

参考评分：78

谈到偶像，瞬间让我想到了著名的日本漫画家宫崎骏先生。我第一次接触他的作品是在小学的时候。那次，老师给我们观看了他的《龙猫》。当时由于种种原因我并没有完全看懂，只是一直在疑惑为什么一只"巨兽"会和一个小孩在一块相伴。后来，在不经意间看了宫崎骏执导、编剧的电影《千与千寻》，我才对宫崎骏的动漫电影有了较深刻的了解。电影《千与千寻》通过千寻生活中的一个小片段，讲述她怎么释放自己的正能量，最终战胜困难。以后我逐渐发现他的作品是以动画的形式，通过对每个人物的塑造，教育我们应该怎样面对这个社会。在他的作品中，我能够感受到作品给我们的那种独一无二的温暖。以后，当回过头再次观看《龙猫》的时候，我终于明白了当初的疑惑：一只胖胖的龙猫撑起的小伞便是幸福的开始。所以，他作品中所闪烁的人性光辉，让我也对自己的人生充满期待，这也是我把他当成偶像的原因。我认为能表现人性光辉的艺术家是最好的艺术家。而这一点，宫崎骏做到了，他真是一个伟大的艺术家。他就是我的偶像，是一个能让我心中充满真善美的人。

点评：

这篇即兴评述不仅说明了宫崎骏是"我"偶像的原因，而且讲述了宫崎骏是怎么成为她的偶像的。这样的评述相对于只讲述一点的简单即评，显得更令人信服。宫崎骏先生是世界闻名的电影大师，拍摄了很多经典的电影，那些电影都以呼唤爱、宣传和平为主题。我想一个喜欢宫崎骏的考生，大家也会对他心生好感的。

范例二

参考评分：85

  我的房间里贴着一位女明星的海报，我手机的屏保也是这位女明星的照片，这个女明星就是我的偶像——著名的运动员李娜。她是个网球运动员，2008年北京奥运会女子单打第四名，2011年法国网球公开赛、2014年澳大利亚网球公开赛女子单打冠军得主，亚洲第一位大满贯女子单打冠军得主，亚洲女单世界排名最高选手。把她当作我的偶像并不仅仅是因为她的运动成绩非常好，拿过很多的冠军，主要是因为她是一个很有个性的运动员。

  李娜不是我国体制内的运动员，她是个体制外的运动员。她不像体制内的运动员那样，吃喝拉撒都是国家管着，出去比赛有教练跟着，所有费用国家报销。李娜所有的花费都要自己掏腰包，自己给教练发工资，自己买机票。可就是在这样的环境下，李娜却取得了惊人的好成绩，这非常让人佩服。

  想想我自己，现在吃父母的，喝父母的，学艺考还要靠父母，真是非常惭愧。当了解了李娜之后，我就决心以后一定要做李娜那样的人，凭借自己的力量，闯出一片辉煌的天地。

  李娜还有一项品质吸引着我，那就是她顽强的拼搏精神。女子网坛竞争非常激烈，高手云集，强手如林，在赛场上获得每一分都非常难。李娜很坚强。她认真对待比赛，比赛不结束不放弃努力，为了救一个球不遗余力地奔跑，有几次甚至摔倒了，也马上爬起来继续比赛。相比起我们，她真是太敬业了，要不李娜怎么能够取得成功呢？

  我把李娜作为我的偶像，就是想让她的精神激励着我战胜一个又一个的困难，实现我的梦想。

点评：

  考生选择著名运动员李娜作为偶像，详细说明了理由，语言流畅自然，说理清楚，尤其是运用了"高手云集""强手如林"这样的四字词，显得语言丰富。这是一篇可以拿到高分的即兴评述。

题目七：我最讨厌的人

题目分析：

  说最喜欢的人或许容易一些，因为夸奖别人总是件让人高兴的事。说起讨厌的人，难免让人伤心。所以，面对此类题目时考生一定要多加小心，谨慎地选择要说的人。要说出充分的理由，千万不要一不小心，把自己说成考官最讨厌的人。有的考生在考场上抱怨好朋友如何不迁就自己，不知不觉把自己小气、爱计较的一面展现出来，那可就不好了。我的建议是一定要真诚。这样的题目考查的是大家的是非观，看看考生是不是一个具有正能量的人，把握住了这一点，这个题目就能回答好。

角度参考：

1. 我讨厌自私的人。
2. 我讨厌吹牛的人。

范例一

参考评分：85

在生活中，我们会遇到各种各样的事情，也会接触到各种各样的人。接触、交往的人多了，我们便会把接触的人划分到不同的小组里面，如密友组、同学组、"二货"组等等。但我相信，在每个人的朋友组别当中，总会有一个小组的名字叫"我最讨厌的人"。在这个小组里放着那些我们最不喜欢看到、最讨厌的一群人。曾经有一段时间，我的这个小组人数非常多，因为那段时间，我总觉得我和周围的人格格不入，似乎全世界的人都在和我作对，每一个人都让我讨厌。直到一天我看到"当你感到愤怒甚至厌恶别人的时候，要么是你心胸不够宽广，要么是你实力不够强大"这句话时，我突然明白了问题出在自己身上。对照这句话，回忆在我这个小组当中的每一个人，我想这个小组的人数应该更少一些。我试着让自己多一分豁达，多一分宽容，让我们的生活变得更加阳光快乐。久而久之，我发现让我最讨厌的人就到其他小组了。

人生活在世界上，肯定有自己喜欢的人，也注定有自己不喜欢的人。我觉得只要保持一颗宽容的心，多理解别人，心中的怨恨也就会减少。心中少了怨恨，也就会迎来快乐的人生。所以让自己讨厌的人少一些吧，每个人都不容易；让自己喜欢的人多一些吧，那样的人生将会处处充满阳光。

点评：

这篇即兴评述偏重说理，没有简单描述讨厌的人是什么样的，而是探讨了为什么会有讨厌的人，以及这样的人最后会到哪里去，形式比较新颖。考生实际上讲了自己的一段心路历程，也展现了考生自己阳光自信的一面。这篇即兴评述哲理性强，让人深思。

范例二

参考评分：85

我最讨厌的人是这样的人：他不论白天还是黑夜都戴着墨镜，哪怕在公共汽车上或者黄昏也不肯摘下来，就好像那墨镜是租赁来的；他的头发每天都油光光的，耳朵上还插了耳钉，显得非常另类；他还很喜欢和别人吹牛，说他有很多很厉害的亲戚，他的朋友见过好多大明星，显得很了不起的样子。我想我讨厌的不只是他，而是他这一类人。我们在同一所学校上学，家又离得不远，他家里条件也是一般，可他每件衣服、每双鞋子、每条裤子，甚至袜子都是品牌，买一条腰带就花了3000多元。我见到他的爸妈时，发现他的父母穿得很朴素，仿佛和他格格不入。他被家里人宠上了天，什么事情都不做。哪怕力所能及的事，他也不去做。爸妈每天围着他转，他却觉得理所应当。我对他可以说是很讨厌，如果用另外一个词语来形容就是"憎恶"。他并不是一无是处，可他却要把最丑陋的一面展示给他人。我想那是因为他现在不懂事，等他再长大一些就会改过来。

我也曾想过为什么讨厌他，后来我明白了，那是因为他太虚了。而我是个崇尚真实的人，看到这样的人自然会不喜欢。也许每个人都有自己的活法，但是我还是希望人能活在现实中，脚踏实地地过每一天。

点评：

本篇即兴评述描绘了一个爱慕虚荣的年轻人，很生动。最精彩是首段的最后一句——考生认为他只是因为年龄小，长大就会改过来。这说明这位考生很宽容，很有爱心。即兴评述考查大家的反应能力，更考验一个人的思想品德，这位考生表现得很好。

题目八：我的梦想

题目分析：

最简单的题目也是最难的题目，因为人们很难说出新意来。"我的梦想"是俗之又俗的题目。如果在考场上遇到这类题目，大家一定要想到如果题目没有难度那就一定要在呈现方式上下功夫。想想怎样开头才与众不同，什么样的结尾能让考官印象深刻，因为只有这样才能得高分。

就本题来讲，梦想可大可小，但是最好不要说的太小，否则那就不是梦想了。还有人觉得梦想太大不好，不能实现，这是误区。梦想一般都是远大的，要不怎么会是梦想呢？

角度参考：

1. 我的梦想是让留守儿童感受到更多的爱。
2. 我的梦想是实现"中国梦"。
3. 我的梦想是成为央视春节晚会的节目主持人。

范例一

参考评分：80

每个人都有梦想。梦想是一个人前进的动力源泉，是一个人生活的希望。人生不能没有梦想,没有梦想的人生是不完整的。我的梦想就是有朝一日能够手握金话筒,用自己真挚的情感、动听的声音为观众带去温暖。很多人觉得我的梦想不靠谱,觉得我就是个平常的小姑娘,这梦想不可能实现。我也曾被嘲笑是痴人说梦,但那又怎样?我们这个年龄就是做梦的年龄,我们有的是朝气与活力,我们拥有无限的遐想,我们敢做梦,也敢于实现自己的梦想!

大家也许会问我哪里来那么大的自信心。说到梦想,我想起了一个女孩儿。2014年,一档名为《我是演说家》的节目,让我们认识了一位名叫董丽娜的女孩儿——一个与众不同的盲人。之所以说她是一位与众不同的人,是因为她敢于去追求自己的语言艺术梦想,敢于走进中央人民广播电台的大门。一个身体并不健全的女孩儿,都敢于去追求自己的梦想,我们又有什么理由不敢去追求自己的梦想呢?

通过董丽娜,我懂得了这样一个道理:任何人只要努力,就有实现梦想的可能。为此,我在学习上也是非常刻苦的。老师说我是我们培训机构最刻苦的一个。集训的时候,到了中午,他们都去睡觉了,我就一个人在教室里自己练。我认为,我越努力,距离我的梦想就会越近。我相信通过我的努力,我能够让我的梦想散发出耀眼的光芒!

点评:

这篇即兴评述中规中矩,个别地方小有失误。题目说的是我的梦想,这位同学有时用的是"我们",这是考生常见的毛病。在谈论观点时,大家习惯避开自己,不敢说出自己的想法,所以就用这样的词来掩饰。我还是劝大家勇敢地亮出自己的观点,因为主持人是以个人身份出现在节目中的,一定要有自己的思想。

范例二

参考评分:73

我的梦想是考上中国传媒大学,因为在我心里那是最好的学习播音的学府,许多央视主持人都是从那里毕业的,能考上中国传媒大学是一件让人自豪的事情。在高一那年,我选择了播音主持这条路,那么考入中国传媒大学就是我人生的航向,我生活的每一秒都应该为这个梦想去努力。一个人的成就,可能有大有小,但是既然选择了,我就要竭尽全力做到最好。所以,我的梦想就是有一天走进中国传媒大学的校门。我知道现实中有很多人把中国传媒大学当作自己的梦想,而真正能进入中国传媒大学的只有寥寥几个人,只有最强的人才能考入这所学校。但是,我愿意为之付出努力,而且是我所能付出的所有努力。不管能不能考上,这就是我的力量源泉。中国传媒大学,也许只是我年轻时代的梦想。当我有一天确实达到了中国传媒大学的水平,那么我也不会停滞不前。艺术永无止境,永不封顶,我要去追求更高的梦想。也许成功的道路上会很艰辛,有很多泥泞,但是我愿意坚持下来,因为我有这样一个信念:皇天不负有心人!终究有一天,在经历狂风暴雨后,我会见到美丽的彩虹!

点评：

这篇即兴评述能再扩充一下就更好了。要详细地说一下为什么是在高中一年级把考入中国传媒大学确定为自己的梦想和你打算怎么实现梦想。考生只是喊了很多口号，缺乏深入分析，这是结构上的问题。建议考生先想好提纲，然后再说。

题目九：我的童年

题目分析：

考官非常想知道考生是不是从小到大都是一个乖学生，但是考试时间有限，他们只能凭借有限的信息去猜测。可能这样一个题目给了让考官了解你的机会。如果考生家庭幸福，有着美好的童年，就会博得考官的好感；假如考生小时候就偷鸡摸狗、打架斗殴，则很难给考官留下好的印象。这样的题目，考生要尽可能地讲自己好的一面，把自己美好的童年和成绩都讲出来。考生也可以选取有代表性的事件，以点带面介绍自己的童年。在结构上，考生可以用一总一分一总的格式展开描述。

角度参考：

1. 用一句话总结自己的童年。
2. 把童年比喻成一棵小树也是不错的选择。

范例一

参考评分：88

今天谈的是我的童年。说起我的童年，我想它和大部分人的童年会有很大不同。我小时候是个留守儿童，有的人会觉得我很可怜，但是我一样过得快乐、自由、无忧无虑、有自己的梦想。

我想先谈一下原因。在我刚会走路的时候，我爸妈就把我从济南送回老家让姥姥照看，因为爸妈要在济南那边工作，挣钱养家糊口，没时间照顾我；奶奶身体不好，爷爷又走得早，只好把我送到姥姥家抚养。

比起那些从小就有爸爸妈妈陪伴而成长的同伴，我的童年是残缺的——在我最需要母爱和父爱的时候他们都不在。有人会说，留守儿童会因孤单导致脾气古怪，但是我从来没有觉得我缺少过什么，我的童年一样过得快乐，因为我的童年每一天都充满着希望。也许你们无法体会那种充满希望的感受。然而，在我的心中，我知道在一年365天里，我妈妈总有回家看我的一天。我当时没有时间概念，只是每天都盼望，盼望着"明天"妈妈就会回来看我，所以我过得也很快乐。

我觉得我小时候生活得无忧无虑，这一点和同龄的孩子没有什么不一样。到了学骑自行车的年龄，他们有爸爸的大手扶着，但我也有姥爷粗糙的手做屏障。由于我在老人身边长大，姥姥姥爷给我更多的宠爱，所以我的童年无忧无虑、自由自在。

我的童年一样有梦想。大家知道，人小的时候都有一些古怪的想法，找到一个自己崇拜的人就想着长大了要成为像他那样的人。我当时的梦想是做一名歌手。我梦想着站在亮着聚光灯的舞台上，享受着那种万众瞩目的感觉。说起来，我小时候也很独特：当同龄的小朋友都在看动画片的时候，我已经打开 VCD 机，放入光盘，打开音响，拿着话筒唱歌了。我不喜欢看动画片，只喜欢唱歌。所以，童年的我一直在追求成为一个明星的梦想。

虽然我的童年和别人的童年有些不同，但我的童年同样是快乐的，无忧无虑的，有梦想的。这就是我的童年。

点评：

这篇即兴评述最大的特点是考生开头就亮出自己的身份——一个留守儿童。这是大家都很好奇的事，开头很棒的。然后，考生又生动具体地讲述了童年的生活片段，有总结，有细节。更难能可贵的是考生用自己的经历证明了留守儿童的童年并不总是苦涩的。这是一个正能量的故事，会让考官听了之后顿生好感的。总之，这是一篇很出色的即兴评述。

范例二

参考评分：82

现在，回忆起自己的童年，感觉当时自己真是很傻很天真。我在童年时做过很多出人意料的事情。记得我五岁那年的夏天，爸爸不在家，我和妈妈打架了。我从小就很调皮，那一次可能是把妈妈气急了吧，她打了我。我当时哭得很厉害，因为好几个巴掌打在我身上，痛啊，并且我妈还把所有的门从外面锁上了，然后她就出去了！我当时也不知道是怎么样想的，就把窗纱割破了，把窗户上的玻璃打碎了。因此，我爸和我妈一起回到家看到家里狼藉的样子，更生气了，两个人合伙把我狠狠地揍了一顿。之后，我气得好长时间在爷爷家待着，没有理他们。

小时候我还喜欢蛇，感觉蛇有一天会帮上我的。每次在葡萄架下发现那条小蛇，我总要和老爸一起逮住它，然后好奇地去碰它、摸它。当然对它我是很温柔的。我也说不清楚为什么会喜欢它。后来，我家住了楼房就很少见到蛇了。

童年，有时候让我难过，有时候又让我高兴。总起来说，童年的生活是充满刺激的，是无忧无虑的。这就是我的已经过去不会再来的童年。

点评：

这是一篇充满童真的即兴评述，考生把自己的童年总结为很傻很天真，虽然有点不文雅，但也是实话。所选内容也不是扶老奶奶过马路、打碎花瓶那样俗套，而是一次和父母的冲突。听完这位考生的即兴评述能感觉到,一个有个性、热爱生活的少年形象活灵活现地出现在我们面前。这是一篇很好的即兴评述。

题目十:我最喜欢的一本书

题目分析:

本题目考查考生的阅读量。如果考生喜欢世界名著,那这人就是一个兴趣广泛有底蕴的人;如果考生喜欢一本大家认为不好的书,考官就会怀疑考生素质有问题。大家在看到这样的题目时有一个误区,有人想当然地认为这肯定是一本文学书,其实不是这样的。一本教学参考书也可以,一本讲钓鱼的书也是符合题意的。大家不要禁锢自己的思想,要多思考。要介绍清楚书的情况,包括作者、内容,甚至版次。它是名著,你为什么喜欢它一定要有充足的理由,这一点很关键。这类题目的一般程序是:先说什么书,然后介绍一下内容,接着讲喜欢的原因,最后说这本书对自己的影响。

角度参考:

1. 我最喜欢的书是《追风筝的人》。
2. 我最喜欢的书是《文化苦旅》。

范例一

参考评分:88

我最喜欢的书是《红楼梦》。它是中国的四大古典名著之一,作者是曹雪芹。这本书讲了贾宝玉和林黛玉的爱情故事,以悲剧结尾。我为什么喜欢这本书呢,我觉得有这样两点原因:一是写作技巧高超,二是故事感人。

这本书的写作技巧是非常出色的。那么多人物,每个人性格都不同,都写得栩栩如生;那么多的场景都能写得让人读过后记忆深刻。比如大家熟知的王熙凤出场那一段,作者是用笑声来展示人物特点。还有"黛玉葬花"那一段,作者用花来暗示林黛玉的命运。再有就是"宝玉挨打"那一段,作者通过这一个事件,展示了人物的各种身份和他们的性格特点。这些都是需要我学习的。

我喜欢《红楼梦》还因为我觉得书中的故事很感人。贾宝玉和林黛玉是真心相爱,是真正的知心爱人,然而没有走到一起。这告诉我们真心相爱是多么难。我想如果贾宝玉生活在现在,那一定不会有当时的烦恼,这也说明现在我们生活在一个多么好的社会里。

《红楼梦》像一个宝库一样,每次读都会有新的收获。我已经读了好几遍了,但是我还是喜欢没事时拿起来翻翻,重温书中的每一个细节。刘姥姥的经历告诉我做人一定要懂得感恩的道理;故事中小红的经历,让我知道命运应该掌握在自己的手中,只要努力就一定会有出头之日。至于两个主角更让我受益颇多:林黛玉和宝玉的故事告诉我做人要真诚,不能虚伪，这也是我一生应该遵循的原则。这本书是我最喜欢的一本书，它将会使我受益终身。

点评：

这位同学选的是文学名著。面对这部庞大的作品用一两段话简单介绍显然不容易，但是这位同学做得比较好，化繁为简，选取了故事和写作技巧两个角度，这是很实用的方法。

范例二

参考评分：88

我最喜欢的一本书是《备考播音主持100天》。遇到这本书还有个小故事呢。我还是先把这个小故事讲给大家听吧。高一的时候，我的学习成绩在班里是中等，不好也不坏；生活过得平淡而且无聊。我对未来感到很迷惘，不知道该去干些什么，所以上课也不认真听，整天无精打采的样子。有一天，我实在无聊，就逃课去城里玩。在书店里，我拿起一本书，放下了，又拿起一本书，再放下，因为我也不知道我需要什么书。忽然，一本书吸引了我，确切说是那本书封底的一段话吸引了我。我记得它是这样说的："小时候，声音在房间里回荡，母亲通过哭声猜测我们的快乐和忧伤；长大了我们嘹亮的声音穿越城市的大街小巷；而现在我们要向更广阔的天空飞翔，我们要向更多人传播我们的思想……"看到这段话，我忽然心中一动，我们来到这个世界上不就是要发出自己的声音吗？我要向更广阔的天空飞翔，我要向世界发出属于我的声音。记得我站在那里看这本书看了很久，这是一本讲播音主持的书，是它把我带进了一个奇妙的声音世界。

从那以后，我改变了我的生活，不再像过去那样颓废。我要让更多人听到我的声音，要向更广阔的天空飞翔，我也成了一名播音主持的考生。我很享受这种生活，每天都充实，有梦想。我很感谢这本书——它帮助了我很多，告诉了我怎么才能学好普通话，还告诉我怎样当一名优秀的节目主持人。后来，我又有了很多播音主持方面的书籍，但是我最喜欢的还是这本《备考播音主持100天》。每当我疲惫的时候，难过的时候，翻一翻这本书就会充满力量。我想那是因为这本书开启了我的梦想。

点评：

这是一篇比较有新意的即兴评述。题目是"我最喜欢的一本书"，考生实质上说的是自己一段心理转变的过程，巧妙地表达了自己的人生态度。这本书是他梦想的钥匙。喜欢这本书，就能说明考生对于梦想的执着追求，这才是真正的妙处。本篇即兴评述选材真实，情节生动自然，是一篇不错的即评。

练习：

1. 我最喜欢的一首诗。

2. 我最难忘的一件事。
3. 我的爸爸妈妈。
4. 我的同桌。
5. 谈理想。
6. 中国经济新常态。
7. 我的财富观。
8. 我的艺考。
9. 我眼中的时尚。
10. 暖男。
11. 我最爱吃的一道菜。
12. 我最想去的地方。
13. 我尊敬的人。
14. 我最喜欢的植物。
15. 蝴蝶效应。

第二节　辨析类即兴评述

　　辨析就是辨别分析。此类题目听起来简单，其实不然，因为很多是模棱两可的，还有很多干扰信息，很容易把考生弄迷糊了。考生要么抓不住重点，要么被次要信息迷惑，导致跑题，得不到高分。对这类题目，考生要学会多角度思考，通俗地讲就是要有辩证思维，正反两面都要想到。对这类题目，考生要明白题目的核心是什么，抓住主要矛盾，准确表明观点，然后展开论述。

　　就论述部分来讲，这部分一定要翔实。这是即兴评述的主要部分，能不能得高分就看这部分了。在这一部分的，考生要紧扣主题，可以举事例，也可以引用名言。总之，这是考生重点发力的地方。许多考生在刚刚接触即兴评述的时候，往往是提出观点后就不知道说什么了，就草草收场了。这是不行的，需要专门练习。

　　在辨析类即兴评述的最后，一般是再次声明观点。而水平较高的考生可以运用多种灵活的方式来表明观点，力争给考官余味无穷的感觉，如此才是一个真正成功的即兴评述。

　　答辨析类题目的时候，你的观点一定要明确，立场要坚定，不能当墙头草，也不能刀切豆腐——两面光。同样，也不能为了证明自己观点的正确就强词夺理。

　　辨析类的题目可以是一句话，也可能是一段话。无论是一句话，还是一段话，都需要大家找到论点，即争论的核心问题。找到这个，大家的论述才有价值。这只是完成此类题目的第一步，也是至关重要的一步。

教师提醒：

对于教师来说，首先要想办法提高同学们分析问题的能力，要让同学们看到题目心不慌，能正确地理解题目，理顺题目的脉络，找到关键句，不跑题。然后，要让同学们熟练掌握论述技巧。最后，要让同学们学会如何结尾。掌握了辨析类即兴评述，艺考中即兴评述这一关就算成功了一半。

辨析类的题目对考生的文化底蕴要求较高，因为只有懂得多，掌握的信息多，才能更好地分析问题，分清对和错，进而找到合适的事例。这就要求考生要多阅读，多积累。同时，考生还要注意思考能力的培养和思维能力的锻炼。笔者就有这样的经验。本人喜欢听广播，听了很多夜话类的节目。此类节目很多都是和睦家庭遭到第三者插足，原配夫人打电话诉苦的内容。谁知某次考试中就出现了类似的题目。笔者记得当时一点也没有慌乱，很顺利地完成了考试，笔者想这和我平常的积累有很大的关系。教师一定要让同学们明白平时积累的重要性。

对于这类题目的训练，除了加大训练量之外，还可以运用辩论赛等形式提高同学们的思维能力，力争让同学们养成爱思考、善于思考的好习惯。

题目一：谈挫折

题目分析：

这是比较简单的即兴评述题目，大家以前可能都写过类似的作文。挫折是指人们遇到的困难和打击——由此考生可以联想到逆境和顺境。那么人们应该怎么面对挫折呢？如何理解挫折呢？这是进行即兴评述常用的套路，也许有的即兴评述也没那么复杂。但当你有了一定的经验之后，在面对即兴评论时，不管遇到什么样的题目你都会自然而然地想到一些事情，从而应对起来游刃有余。

角度参考：

1. 挫折是进步的必由之路，要迎难而上。
2. 不喜欢挫折，因为它会阻挡前进的脚步，要尽量避免挫折。

范例一

参考评分：85

挫折并不可怕，而且挫折是人生的必修课，没有一个人的一生没有挫折。唐僧取经还历经八十一难呢，我们普通人就更不用说了，所以我们应该正视挫折。既然挫折无法避免，那么我们就应该勇敢地面对挫折，战胜挫折。而且我觉得我们不仅不应该害怕挫折，反而应该感谢挫折。俗话说："吃一堑，长一智。"挫折会使我们明白生命的内涵，会告诉我们生活的八字真诀：正视、不屈、沉着、奋进。

俗话说："塞翁失马，焉知非福。"有时候碰到的挫折还可能是好事。小的时候，你被绊倒了，你知道应该爬起来！你做错了题，通过学习弄懂了之后，便不再做错。贝多芬经历无数的挫折而变得更加坚强。哲学家柯林斯说："不经历挫折，成功也只能是暂时的智慧；只有经历挫折的磨难，成功才会像纯金一样发出光来。"

面对生活的挫折，伤心苦痛、怨天尤人不是正确的选择。因为那样对问题的解决毫无帮助，反而会暴露了你的怯懦和软弱。面对困难和挫折，只有知难而进，迎难而上，才能迎来胜利的曙光。

那么怎么战胜挫折呢？我觉得篮球场上的比赛经验可以借鉴。如果你比分暂时落后，那也不要放弃，不要难过，应该勇敢地拼搏，用智慧去为自己的人生加分，只有这样才能赢得最后的胜利。

点评：

这篇即兴评述没有大的失误，立论正确，论据也充分，但是缺点也很明显——太过平淡，说的都是高高在上的理论，缺乏生动有趣的事例。建议找一两个具体事例加以说明，那样就更优秀了。

范例二

参考评分：88

挫折是什么？曾经有朋友这样问过我，可我没有立即回答，因为我要思考。他认为，挫折很可怕，挫折可以使人倒下去，可以让人妄自菲薄，自轻自贱，从此一蹶不振。他说完这句话后，我马上反驳了他。我认为挫折是我们人生当中必须经历的，不能让挫折成为我们人生中的障碍。高尔基说过一句话："志在顶峰的人是不会留恋半山腰的奇花异草而停止攀登的步伐。"所以我们应该通过失败和挫折的磨炼成就自己的人生梦想。

曾经看过这样一则材料："一只蝴蝶在茧中苦苦挣扎，一个人找来一把剪刀剪开了茧，结果蝴蝶轻而易举地就出来了，可是蝴蝶身躯臃肿、翅膀干瘪，根本飞不起来。"读罢材料，我沉思良久。茧对于要飞出去的蝴蝶无疑是一种障碍，一种桎梏。可是如果没有这些障碍和挫折，蝴蝶的生存能力就会大大降低，甚至无法飞翔。海伦·凯勒，双目失明，但她并没有因为眼睛看不见而郁郁寡欢、一蹶不振。她虽然无法用眼睛看世界，可是她通过手来触摸世界，还写了自传。由此可见，在人生的路途中，有时候挫折和困顿是必需的，因为只有经过挫折的历练，经过与困顿的斗争，一个人才能不断成熟与进步。

我们无法避免挫折，但可以改变自己，可以以乐观的态度对待挫折，因为挫折在勇敢者和乐观者的面前就会变得渺小。所以，我觉得面对挫折，一不要害怕，二不要退缩，应该勇敢地面对，用自己所有的能量去战胜它。

点评：

这篇即兴评述开头比较新颖，用同学的提问引出论点。蝴蝶的故事也恰当有趣，让人印象深刻。尤其是最后两段运用了修辞方法，而且把论点升华到对生命的尊重。美中不足的是作者在第一段引用的高尔基的话似乎和题目不甚贴切，这是大家要注意的。如果没有合适的名言就不要用，千万不要生拉硬扯。

题目二：合作和竞争哪个重要

题目分析：

合作指的是互相配合做某事或共同完成某项任务，是互相帮助，是取长补短；竞争是指为了自己一方的利益跟人争胜，类似于战斗，是要战胜对方。这个题目很难取舍，看起来两边都重要，所以许多同学不知道怎么办。对于这类题目来讲，无论说哪边都有道理，甚至两边说也可以，最紧要的是找一个巧妙的角度。合作和竞争是成功的两个方面，缺一不可，至于怎样理解，就看考生怎么想了。这和性格有关系：个性强的觉得竞争重要，性格温和的同学可能觉得合作更重要。这也和经历有关。在答题的时候，千万不要纠结，服从自己的内心想法就行了。

角度参考：

1. 合作重要。互相学习，取长补短，才能进步。
2. 竞争重要。这是个竞争的社会，竞争是残酷的，竞争能激发潜能，所以竞争重要。

范例一

参考评分：88

对于这个问题，我想了很久，我觉得合作更重要。因为现在的世界是合作的世界，各个领域都在讨论合作，而竞争显得不是那么重要。

就拿我们常用的苹果手机来说吧，这里面就集合了全球各个领域中顶尖的科学技术。大家一起合作，才给我们奉献了如此优秀的产品，使得我们有了这么好用的手机。再想一下，如果他们互相竞争，各自把持自己的核心技术，不和其他的厂商合作，那么不就没有苹果手机了吗？所以，我认为合作更重要。

我曾经听说过这样一个故事：有两个小朋友，一个有两张弓，另一个有两支箭，后来一个小朋友用自己的弓和另一个小朋友换了一支箭。这样，他们都有了完整的一副弓箭，高高兴兴地去打猎了。这个故事就很能说明合作的重要。

大思想家马克思写出了《资本论》，为人类指明了一条新的道路。但仅凭他一人之力是不够的,他的战友恩格斯为之作出了巨大的贡献。《资本论》不就是合作的结晶吗?再来看一下竞争。竞争在很大程度上会造成两败俱伤的结果。比如我们家附近的两家蛋糕店为了挤垮对方,互相压价,越卖越便宜,最后都倒闭了。

综上所述,我的观点就是合作比竞争更重要,只有合作才能成功。

点评:

这篇即兴评述条理清楚,有深度,有具体事例。最为突出的是,它的每一段都重申观点,做到了重点突出、观点明确,这是大家应该学习的地方。

范例二

参考评分:90

合作和竞争哪个重要呢?就我个人来说,我认为竞争重要,因为竞争能挖掘人的潜能。举个最简单的例子。大家都看过百米赛跑吧,我敢保证,他们私下一个人跑,都跑不了那么快。事实也是这样的,运动员的好成绩都是在强手如林的大赛中创造的。

达尔文的"进化论"对竞争给出了精辟的解释:竞争是同种或异种生物为了争夺有限的资源而互相施以不利影响的现象。对于人类社会当中的竞争也可从这个角度理解,人们也在互相争夺有限的金钱、地位、权力、机遇、时间等等。竞争是自然界和人类社会发展的普遍规律。

古代日本的老渔民发现:如果将几条生性活泼的沙丁鱼放入一群被打捞的懒惰的鲇鱼当中,就能降低鲇鱼的死亡率。由于好动的沙丁鱼在鲇鱼中乱窜,给鲇鱼带来一种危机感,鲇鱼也不得不奋力游动,从而避免了窒息而亡。这便是有名的"鲇鱼效应"。

所以,我认为只有竞争才会激发更大的能量,个人和社会也才会进步。我们身边的事例也能说明这一点。在班级里,如果你不好好学习,你的名次就会下降,就不会考上好的大学。所以,大家都在拼命学习,你追我赶。在这种情况下,很多同学都取得了意想不到的成绩。有个同学自认为自己缺乏英语的天赋,已经打算放弃了。可是由于竞争的压力,他依然坚持了下来,后来他的英语竟然也及格了,那样的成绩,连他自己都不敢相信。试问:没有竞争,他能有这样的进步吗?

我还想说的是,我站在这里考试,就是和其他同学一起通过竞争来争夺考上贵校的机会。大家一定要努力,面对竞争,不要逃避,这样才会取得成功的可能。

点评:

这篇即兴评述的两个事例都比较有力。考生还敏锐了发现了正在进行的考试就是竞争,马上拿来证明自己的观点,这是很出彩的地方。会联系现实的考生,总是很受考官喜欢的。同学们,一定要学会合理利用这种技巧哦。

题目三：厚积薄发

题目分析：

厚积薄发出自苏轼的名言："博观而约取，厚积而薄发。"它形容只有准备充分才能办好事情。"厚积"指大量地、充分地积蓄，"薄发"指少量地、慢慢地放出。类似的词句还有"读书破万卷，下笔如有神"和水到渠成等。这是个励志型的题目，同学们一定很熟悉。回答此类题目的惯常思路是先解释意思，后具体分析，这是比较稳妥的做法。

回答此类题目有一个难点：有的同学古文水平较差，往往不能理解题目的意思。就本题来说，他就可能不知道"薄发"是什么意思。如果是这样，仅靠望文生义就很危险了，说对的概率很小。还是提醒大家，平时一定多积累，"书到用时方恨少"，到用的时候就晚了。

角度参考：

1. 我认为这种说法是对的。想给别人一碗水，自己必须有一桶水，多积累才能成功。
2. 我认为这种说法是对的。学任何艺术都要学得扎实才可以，大家平时一定要注意多积累，多读书、看报纸，持之以恒才能成功。

范例一

参考评分：83

尊敬的各位评委，各位老师，你们好！我抽到的即兴评述的题目是"厚积薄发"。"厚积薄发"的意思是当量储备到一定阶段的时候必定会发生质的变化。记得刚上高一的时候，老师给我们讲了一个竹笋定理的故事。为什么要从竹笋说起呢？原因很简单，就是因为它特殊的生长规律。有经验的老农民会在第一年的时候收集好新出土的竹笋幼苗，坚持施肥、浇水、培土。到了第二年的时候竹笋只长了三厘米之高，到了第三年的五月份，也就是竹笋最后一个生长期，它将以每星期一米的速度向上生长。四周过后小小的竹笋已经变成了高大的竹子。有的时候我们会感慨：竹子特殊的生长期不就是来印证"厚积薄发"的含义的吗？我们每一次取得进步不也是这个过程吗？就像在这一年多的学习播音主持的过程当中，我也有因为没有做好一篇即兴评述而苦恼过，也有因为没有读好一篇新闻稿而苦恼过。但是我没有放弃，我每天坚持对着镜子练，认真地把每一天的评述讲好，把每一天的新闻稿念好。我知道这是一个积累的过程，是通向成功的必由之路，是我必须面对的阶段。就这样日复一日，直到今天我站在这里用我最饱满的精神、最积极的状态面对各位评委老师。我希望评委老师能感受我一年来付出的努力。我相信只有厚积方能薄发。谢谢各位评委老师，我的即兴评述完毕。

点评：

这是一篇还不错的即兴评述，有生动的事例，还联系到了现实。如果在细节上再调整下就更好了。比如，中间部分考生连续用了两个"苦恼"，如果把第二个"苦恼"换成"忧愁"是不是更好呢？从篇幅上来说，这篇即兴评述也短了点，信息量少。如果再丰富一下，就会得更高的分。

范例二

参考评分：80

厚积薄发，我的理解是：只有积累，才能成功。就我们的学习来说，只有熟悉各种类型的题目，做更多的卷子才能在高考中获得好成绩。再拿我们的练声来说吧，只有多练声，认真练声，才能在考场上获得好成绩。

"厚积薄发"这四个字，我觉得"厚积"最重要，它是前提，没有"厚积"就不会有"薄发"。对于"厚积"，我有这样的经验想和大家分享一下：积累的过程很漫长，一定不要要着急，不要想着今天练习了，明天就会进步。不是这样的！一定要不计代价地努力练，有空就练，这样才会在不知不觉中进步，功到自然成嘛。我有一个学播音主持的同学，她原来水平并不高，在我们培训班算是差的，但是她很刻苦。每个课间她都在走廊里练口部操；放学回家就算骑着电动车的时候，她也不停地练绕口令；每次上课她都早到，让老师给他指点；为了提高实践水平，她每天都要做五个即评，从不间断。她的努力没有白费，现在她的水平在我们培训班已经处在中上游了。

再来说一下"薄发"。"薄发"其实就是收获了。这时候，你一定不要紧张，你要想：我已经努力了，是我的就是我的，我的努力不会白费。这样你就会在考场上展现出真实的自己，就会取得高分。

厚积薄发是我们学习的规律，厚积是为了薄发，薄发是厚积的结果。我一定要努力学习，让自己像天上的一颗星星那样更加的明亮。

点评：

这篇即兴评述的亮点是把题目进行分解，分别评述，然后总结，这是很实用的方法。本篇即兴评述的另外一个优点是比较朴实，没有华丽的辞藻。想必这位考生定是一个实在人。

题目四：主持人相貌和才华哪个更重要

题目分析：

一般大家都是这样夸主持人："你看，她真是才貌双全。"可见相貌和才华是主持人素质的两个重要方面。如果两者兼备，那便再好不过，但是很难有人占全：有的长得俊，才华稍逊；有的满腹才华，却又相貌一般。通常来讲，两者各有各的优势，无法替代。但是由于相貌几乎是无法改变的，而才华却可以通过学习进行弥补，所以现在的情况下，我们主张才华更重要。具体到艺考来说，考生中不乏俊男靓女，而有才华的却寥寥无几。所以考生在平常一定要多读书，让自己的才华像满天繁星那样璀璨。

这个题目考查考生对主持人的理解。如果你说相貌重要，那考官会认为你是个容貌党；如果你说才华重要，那么考官又会觉得你把播音主持专业同普通文科专业相混淆了。相貌和才华选哪一个都没错，大家可以选取自己有话说的角度进行分析。

角度参考：

1. 主持人相貌重要。电视是视觉媒体，人人都喜欢俊男靓女，长相是第一位的。
2. 主持人才华重要。主持人是讲究内功的职业，没有才华，只能当花瓶，所以才华重要。

范例一

参考评分：82

谈及这个话题，很多人可能会说："对一个主持人的关注度不都是先看主持人的外在相貌吗？"在这个看脸的时代，不看脸显然是不行的。很多人看节目都是先看主持人长得怎么样，长得漂亮就多看一会，如果长得丑就马上换台。但是我想，靠外表赢得的收视率刚开始是很高，但是经不起时间的考验，这却是一个不争的事实。有些主持人只有一张漂亮脸蛋，内涵却很少，语言乏味得像白开水，肚子里没什么墨水，人们看一会就烦了。所以，我认为才华比外表更重要。

就拿中央电视台的主持人董卿来说吧。不说董卿是否漂亮，但她确是一位有才华的主持人。她先后毕业于上海戏剧学院和华东师范大学，经过多次历练，连续多年主持央视春节联欢晚会，连续八年被评为央视年度十佳节目主持人，连续七年在央视女主持人中位列前三名，成为名副其实的"央视一姐"。人总是会老的，再美的人也会有衰老的一天，我相信董卿的成功更多靠的是才华。

才华能够提升一个人的整体气质和素养。如果我真的能够成为一名节目主持人，那我一定会把才华放在首位，用才华赢得观众的认可和喜欢。

点评：

本篇即评的核心观点是才华不会衰老，这是一个正确的切入点。即评句句切中要害，显示了考生对题目的驾驭能力，只是论述有点简单，如果能多运用些技巧就会更好。

篇目五：我看盗版

题目分析：

这篇即兴评述题目的核心问题是知识产权保护问题。作为守法公民，支持知识产权保护无可非议，但是对盗版又有着复杂的情感。盗版虽然违法，但它低廉的价格有助于我们接触到了更多的文化产品。所以，最稳妥的思路是：反对盗版，向盗版宣战；呼吁正版降低价格，更好地服务于人民。

这是一道涉及法律的题目，艺考中类似的题目很多。它要求考生要有法律意识，要熟悉基本的法律条文，这样才能顺利完成即兴评述。相对来讲，从法律角度思考问题比不谈法律，仅仅从自身感受论述问题要全面一点，得分也会更高些。

角度参考：

1. 坚决打击盗版，维护创作者权益，但希望正版价格降下来。
2. 打击盗版的方法。

范例一

参考评分：82

随着社会的不断进步与发展，物价跟着应运而涨。这就为一些不法商贩滋生了一条谋利之路——侵权售卖一些盗版商品。不怕您笑我啊，我也经常买一些盗版光碟。它们不仅物美价廉，还特容易到手，倒也不像那些拥有尊贵版权的正版货——不仅贵还不容易买到。选择前者，我何乐而不为呢？我相信大多数的人和我一样有着同样的想法。但话又说回来，我们也应该尊重他人的版权，拒绝盗版，要为那些为了出版而辛苦工作的人们作出点儿贡献。即便盗版商品随处可见，如果我们都不买了，他们又将贩卖给谁呢？我相信这样下去，不久盗版现象便可以根除了！所以，朋友们，为了自己和他人，我们理应做到拒绝盗版！

关于怎样打击盗版，我也有自己的小建议。现在大街小巷卖盗版书、盗版光碟的比比皆是，小贩们拉着车子，三块一本，五块一本的，生意很红火。我觉得执法部门应该对他们进行打击，不能让他们那么猖狂。还有，他们的盗版书是从哪里来的呢？肯定少不了印刷这一环节。如果盗版书在印刷厂印刷的时候就被一锅端掉，那对盗版的打击是不是更大些呢？

现在随着社会的发展，网络购物也很流行。有很多不法之徒钻网上购物监管的漏洞，进行贩卖盗版书等违法活动。对这种现象也应该进行打击，这样才能达到根治盗版的目的，还我们一个美好洁净的出版物市场。

点评：

这篇即兴评述分几部分阐明观点，先说盗版的现状，然后指出盗版的不正当性，又给出了根治盗版的办法，虽然思路清晰、结构完整，但缺乏事例，论证也过于简单。从细节上来说，第一句话太俗套，尽量不要用。

范例二

参考评分：85

提到"盗版"，真的是让人既爱又恨。人们喜欢盗版，是因为它便宜又方便。正在上映的电影，看一场要花30块钱，而盗版碟只需要10块钱就可以买到；一本畅销的小说，正版的要40元，在路边摊上买10块钱就可以了。加上我们是学生，没有钱，盗版真的是帮了我们的忙。

再说说那些正版吧。是的，它们是很好，印刷好，纸张好，但是太贵了，我们买不起。还有，就是它们发行速度太慢了，一些热门的书籍和影碟，等到官方引进，估计要到猴年马月了。所以盗版和正版比起来是有很多优点的。

但是，盗版的东西也不是只有好处，没有缺点的。有的盗版书缺页少段，书里有很多错别字，严重影响阅读。我的同学就说过"看盗版书还能练习改错别字呢"。我们也知道买盗版书不利于保护知识产权，但是盗版书又有那么多的优点，对传播文化起到了很大的作用。怎么解决这个矛盾呢？我认为首先要把正版物的价格降下来。我知道咱们国家对稿费的税收还是很高的，如果这个降下来，那书的价格就能便宜不少。再有就是加快出版速度，把最好的精神食粮及时地供应给我们。如果正版书比盗版书还便宜，发行速度还快，还及时，大家就都会去买正版物了，这样就没有盗版的生存空间了。就像现在这样，我们空泛地喊打击盗版是没有太大作用的。如果能解决这个问题，盗版也许就自动消失了。这是我的想法。

点评：

这篇即兴评述的优点是没有套话，很实在。它详细地讲述了盗版的优、缺点，并且提出解决问题的方法。这是此类即兴评述常用而又实用的模板。

题目六：某高校因3000米长跑学生猝死，遂取消了3000米长跑，对此你怎么看

题目分析：

从题目本身来看，这种做法看似杜绝了悲剧的再次发生，但是仔细分析就会发现学校的做法非常像一个成语——因噎废食表达的意思。这是典型的逃避责任的做法，是不可取的。马路上每天都有车祸，难道大家就都不开车了吗？这个道理并不复杂，关键是考生要透过现象，看出本质，指出问题，给出解决问题的方法，这样才能打动考官。

应对这类题目最有效的方法是多问几个为什么，这样就能抽丝剥茧般地找到问题的答案。就本题目来讲，可以先问这样做是否有用，如果没用那该怎么做。

角度参考：

本题通常的思路是点出反对的立场，然后说出反对的理由，最后给出解决问题的方法。这也是事件类即评的常规套路。

范例一

参考评分：75

我认为这种做法是不正确的。3000米长跑有学生猝死，我个人觉得是因为学生自身的素质差，是学校管理方面的欠缺造成的，不能因为个别学生出了问题就不让学生们体验长跑运动的乐趣。

学校应该让学生加强体育锻炼。现在的中学生，身体素质普遍不如以前。如果一个人的体质差，不健康，又得不到纠正，那么以后走上社会又怎么能担当大任呢？

还记得"东亚病夫"的称号吗？就是因为那时人们抽大烟，身体素质差，体能弱，无力抵抗外来的攻打。如今中学生体质差，又不让他们加强锻炼，这样"东亚病夫"的称号又将回到中国人的身上了。

3000米，其实并不是逼着每位同学必须跑下来，有能力的可以跑下来，身体弱的可以少跑点。根据每个学生的能力设定长跑的距离，然后慢慢提高学生的身体素质和体能，而不是一棒子打死，所有人都不让长跑。所以，我觉得学校不应该取消3000米长跑。

这个问题还反映出学校管理能力不高的弊病。学校的管理者不能什么事情上出了问题就一禁了之，而应该是仔细查找原因，认真研究对策，采取正确的措施解决问题，只有这样才能办好教育。

点评：

这篇即兴评述就是简单的三段式结构。结构还算完整，只不过每一部分都浅尝辄止；论述空泛，每个论点刚刚开始就匆匆结束。这是初学即兴评述者常犯的错误。要想得到高分，就不能有一点失误，不能让考官找到一点毛病。通常讲，抓住一点说详细要比泛泛而谈好。

范例二

参考评分：83

我对高校运动会取消长跑项目的做法表示反对。随着生活水平的提高，许多人营养过剩，又缺乏运动，体能就大大下降了。高校取消长跑的做法也是担心有的学生承受不了。然而，这是长久之计吗？所以我对高校的这种做法是反对的，理由有以下三点：

第一，每一个学生都应该是德智体美全面发展的。在体育方面，取消3000米长跑这种做法是片面的。如果学校不注重强身健体，每个学生连好的体格也没有，那么学习会好吗？

第二，当今社会肥胖的人越来越多。肥胖的人大部分都是懒惰的人，因为生活好了，吃得多了，并且也不运动，所以肥胖的人急剧增长。长跑不仅能减少脂肪、降低体重，还能够磨炼人的意志，这么好的运动难道要从此舍弃吗？

第三，我们的国家正在崛起，国家要真正富强，公民没有一个健壮的身体能行吗？只有多运动，坚持锻炼，才能保卫我们的祖国，才不会让屈辱的历史重演。长跑是最简单的健身方法之一，不能一禁了之。

长跑猝死应该是多方面原因造成的，我们可以根据自己的承受能力来锻炼。最后，我想说，长跑不能取消，每个人都要经常锻炼。

点评：

这篇即兴评述分析了取消3000米长跑运动的错误做法的原因，条理清楚，论据扎实。然而，美中不足的是缺少事例。即兴评述像一棵大树，光有树干没有叶子是不行的，光有树叶没有树干也是不行的，整体协调才好。

题目七：中国制造和中国创造

题目分析：

这种题目经常考到，我把它称为"抠"字眼类型。这种题目看似一字之差，意思却大相径庭，奥秘全在这细微的差别之处。同学们遇到这样的题目一定要仔细琢磨这一个字的变化到底代表了哪些深刻含义。就本题来讲，"中国制造"可以这样理解：这个东西是中国制造的，可能不是中国发明的。由此可以想到，中国曾被誉为世界加工厂，我们挣得只不过是加工费。中国加工的服装贴上世界名牌标签，价格可以增长几十倍。而"中国创造"就不一样了，这个东西是中国发明的，中国拥有知识产权，大部分的利润中国要拿走。制造不如创造，从制造到创造，这也是我们国家的发展方向。了解了这些，这个题目就不难了。这道题的关键在于考生的日常积累要丰富和分析思考能力要高。如果没有这两样素质，看到这样的题目考生就会一筹莫展。

角度参考：

1. 制造不如创造，我们要做创造型人才，争取做中国的乔布斯。
2. 创新型思维很重要，社会和学校要为创新型人才的培养创造条件。

范例一

参考评分：88

虽然"中国制造"和"中国创造"只有一字之差，但是我觉得他们的意思是大不相同的。中国制造就是中国人制造出来的东西，但是不一定是中国人发明的。比如苹果手机，它可以在中国生产，但它是苹果公司研发的，不是我们中国人发明的。中国创造呢，就是中国人发明的东西，拥有自主的知识产权。比如小米手机，这就是中国人发明的。

那这两者有什么不同呢？如果从民族自豪感上来说，当然是中国创造比中国制造要好，因为这体现了一个国家的实力。现在是讲究创新的时代，如果看着世界各地的人们用着中国创造的东西，那该是多么自豪的事情啊！回想起来，中国的四大发明都是我们的骄傲。应该说，四大发明改变了世界。中国的瓷器举世无双，"China"在英文中也是瓷器的意思。可见发明创造对一个国家的影响有多大。我希望用我们这一代人的聪明才智，去实现更多的中国创造。

中国创造还能带来滚滚财源。由于我们有独立的知识产权，我们就有定价权，这样利润就大得多。反观中国制造，我们只能挣一点可怜的加工费，大部分钱都被外国人挣了去。比如苹果产品在我国加工组装，咱们的利润很低，说白了就是一点儿辛苦钱，而且我们还受制于人，人家想在咱这里加工就在咱这里加工。如果哪天改变主意，咱们连加工费也挣不到。

说到这里，大家也就明白了中国创造有无限的好处。让我们感到高兴的是，现在国家越来越重视这一点了，国家鼓励万众创新。所以，我真诚希望更多的中国创造尽快诞生，让我们的国家越来越强盛。

点评：

这篇即兴评述详细分析了中国创造和中国制造的区别，思路清晰，结构完整。这样的即评，也容易拿到较高的分数。

范例二

参考评分：90

说起中国制造和中国创造，我想起了一个故事：有人出国旅游给老婆捎回了条裙子，回家一看标签，上面写着"Made in China"。于是，大家开玩笑说他太爱国了，把好不容易出口的东西又买了回来。仔细想想，现在世界各地中国制造的东西太多了。但是，如果你问一个外国人，对中国制造的印象如何，那么无疑会说"廉价"。就像德国制造给人以"质量好"，日本制造给人以"技术领先"一样，"廉价"是中国制造的一个标签。我们总是希望物美价廉，但事实上，真正能做到物美价廉的商品很少。中国制造的商品在廉价的同时，也顶着一顶这样的帽子——质量不好，大路货，技术差。为什么会这样呢？因为许多的中国制造没有真正的核心技术，只是模仿。

中国创造，就是在中国制造的基础上产生的。我希望更多的中国民族企业，能加大研发力度，做出真正拥有自主知识产权的产品。

影响中国创造的症结在哪里？我们太多地关注"制造"和"创造"两个字，里面就有着一定的浮躁的情绪。如果想法是好的，走得不好，那么也一样会失败得更惨。我觉得应该踏踏实实地走好每一步。有好制造，才有好创造。我也希望国家多多支持中国创造，多扶持创新人才，尊重经济规律，这样才能有更多的人才从事创新事业，才会出现更多的中国创造。

"创造"与"制造"一字之差，其含义差之千里。我们所倡导的中国创造就是集中国人民的聪明才智，集体攻关，集中攻关，拿出世界最先进的科学技术成果，创造出世界一流的科技含量高的产品，像神舟号系列飞船一样的世界级的领先技术。这种创造才有意义，才有实效，才是真正的创造。

点评：

这篇即兴评述有一个很实用的方法，那就是开头讲了一个和主题有关的故事，由此引入主题。使用这个方法时要注意故事不能太长，太长容易跑题，在故事的最后也要及时说明和主题的关系，这样才能有好的效果。就类似题目来说，要注意重音的把握，尤其"创"字要重读，不然很容易说成绕口令，让人越听越糊涂。

题目八："为什么我没有看到一个人是快乐、幸福、富足的，仿佛中国式好人就应该是苦人、穷人、累人。"央视某知名主持人在看完《感动中国》后发表的感叹

题目分析：

好迷惑人的题目啊！对于审题，我们的要求是稳、准、狠，要一语中的，不要浮于表面。即兴评述考查考生的逻辑思维能力，能否在看似密不透风的逻辑链条上找到漏洞是需要功力的。就本题目来讲，它看起来没有什么错误，某人只是叙述了一个事实。但是，仔细分析就会发现这句话的核心是说好人的定义。大家如果顺着这个思路想，就会发现破绽。某人眼中的中国式好人的定义只是他自己想象中的，他主观地认为人家是苦人、穷人、累人。那么当事人是否真的觉得苦和累呢？不知道。这就是这个问题的一个漏洞，找到这个点，这个题目就不难了。

就本题目来讲，某人的意思是：既然是中国好人，那好人有好报，他就应该是幸福的，可恰恰为什么这些好人不幸福呢？主持人为什么会有这样的感叹呢？一方面，有电视台选人的问题；另一方面，在我们的思维世界里，舍己为人者才是好人，那些既帮助别人自己又过得好的人就很难被认为是好人。照这种思路，要做一个中国式好人就必须吃苦受罪。那你愿意做这样的好人吗？综合上面的分析，我们能从很多角度进行分析，但基本上可以

归结为：让中国式好人也过上好日子，这是我们的愿望。

角度参考：

1. 同意这位主持人的观点。好人好报，应该让中国式好人过上好日子。
2. 反对这位主持人的观点。他怎么知道这些人过得不好呢？每个人对幸福的理解不同而已。

范例一

参考评分：50

我认为这种现象的原因是这样的。首先，从中国传统思想上来说，中国人自古就认同安贫乐道，所以在《感动中国》中，我们自然会看到他们很多的苦难。事实上，也正是苦难之中他们的坚强激发了这一正能量。同时，我们也要注意到，《感动中国》是想通过好人的事迹感动全国人民，进而促进精神文明的建设。而这些不如他们的人却做出了他们做不到的事，所以能激发他们对生活的美好追求。

所以，这个主持人才会发出这样的感叹，我觉得这是正常的。

点评：

这篇即兴评述篇幅过短，缺乏事例，只有评，没有述，语言匮乏，匆匆结束。单独看观点没错，可是对照题目就会发现文不对题——考生回答了他们为什么感动中国，却没有回答题目提出的矛盾现象。无论评述的怎样，大家一定要记住：要切题，不要捡了芝麻，丢了西瓜。

范例二

参考评分：78

我觉得这位主持人的感叹是错误的。首先，他武断地认为这些中国式好人都是苦人、穷人、累人。是的，这些中国式好人表面看是很苦，很穷，活得也很累。但是，我想问的是，什么才是幸福呢？是过着富裕清闲的日子吗？恐怕这位主持人也不敢作肯定的回答吧。人们对幸福的定义有多种，有人认为拥有财富才是幸福，有人认为奉献社会才是幸福，有人得到了财富就感到幸福，有的人帮助了别人感到幸福。比如，钱学森先生，他曾经为了祖国的科学事业放弃了国外优厚的条件，回到祖国的怀抱中建设新中国，他就是把奉献看作是幸福的人。从这个角度分析，这些中国式好人也许正过着他们认为的幸福生活。所以，我觉得这个主持人的认识是不恰当的。

当然，这些感动中国的中国式好人给我们正能量，我们也有义务去帮助他们，让他们有更好的条件去做好事。我们可以给他们奖金，给他们房子，但是请别武断地称他们为苦人、穷人、累人，请保持对他们生活方式的尊重，这应该是最好的褒奖。

点评：

这篇即兴评述一下子就抓住了题目的关键——幸福的定义，然后从多角度进行分析，这是非常有用的套路。即兴评述像一部电影，先给出吸引人的观点，然后层层解密，这也道出即兴评述的学习方法：要善于借鉴其他艺术的优点，触类旁通，这样才能取得更好的成绩。

题目九：声与韵

题目分析：

做这类题目首先要明白题意，即声与韵的内涵是什么，它们之间是什么关系。其次，在安排结构上，要先解释，后分析。就本题来讲，可以把题目说得专业一点，也可以说得通俗一些，即声是声音，韵是韵味，我们的目标是发出有韵味的声音。对于艺术来说，两者都很重要。

艺考的即兴评述题目，有时候很通俗、简单，有时候又很专业、复杂。本题比较专业，一篇几万字的论文都不一定能说清楚。那么面对这样的题目怎么办呢？我的建议是小角度切入，只谈一部分即可。

角度参考：

1. 声与韵同样重要，好声音加上好韵味才是艺术。
2. 韵味更重要一些，单纯的声音好没有意义。

范例一

参考评分：80

我们每个人的声音都是不一样的，各有各的特色。不同的声音给我们的感觉也是不同的。比如说，我认为帕瓦罗蒂的声音很有穿透力，邓丽君的声音很柔和。声音是无处不在的，无论是歌声也好，噪声也罢，在我们的生活中都是必不可少的一部分。试想一下，如果我们生活在一个无声的世界里，那该是怎样的。当然了，光有声音也是远远不够的，与它配合的应该是韵律。我认为韵律就是押韵的旋律，书面意思解释它为平仄和押韵、字词的搭配以及音调的和谐。如果人们的声音没有韵律相伴，都是清一色的平调，那还怎么抒发想要表达的情感呢？像在我们生活中学的那些古文、古诗词等，都体现了韵律。因为有了韵律，我们在读起来的时候，才会朗朗上口，才可以用声音表达作者书面表达的情感。不光在诗词中体现韵律，在音乐中也是如此。我们喜欢一首歌，不仅是因为演唱者的声音好听，更是因为歌词和旋律打动了我们。我比较喜欢听姚贝娜的《红颜劫》和杨培安的《我相信》。这两首不同旋律、不同风格的歌曲，带给我不同的感觉。在《红颜劫》中，"斩断情丝心柔软"的主旋律就是以愁和悲为主。但是在《我相信》这首歌中，旋律是比较轻快的，给人比较阳光向上的感觉。现在有很多人喜欢去模仿别人的声音，但是他们在模仿的过程中，只是注重了对声的模仿，也就是对形式上的模仿，忽略了其中的韵律及其内涵。所以我认为，无论是声也好，韵也好，二者还是不能分开的。声音是韵律的基础，韵律是声音的体现，二者谁也离不开谁，二者是相辅相成的。所以，我们在模仿别人声音的同时，一定要注重形与神、声与韵的结合。声音和韵律都是美的体现，让我们去欣赏生活中的声之美和韵之美吧。

点评：

这个题目较有难度。考生对题目进行了详细地评述，虽然不是十分精彩，却也不算跑题，这也是艺考中经常出现的现象。虽然我说它不够精彩，但是它内容丰富、思路清晰，也算是亮点。对于考生来说，要努力找到自己的亮点；如果实在没有亮点，那就尽量多说，因为没有功劳也有苦劳，这与答论述题的道理很相似。

范例二

参考评分：88

声，我认为指的是声音；韵，我认为说的是韵味。说到声和韵的关系，我认为是相辅相成的，单纯一种是不可以的。如果说非要我选择哪个一样更重要的话，我觉得韵味更重要。

为什么这样说呢？因为我觉得首先声音是韵味的基础。有了好声音，再加上好的韵味才能带来好的艺术感。那些歌唱家的好作品基本上都是声音好、有韵味才成名的。比如毛阿敏、那英的歌曲，她们声音很好，唱歌也有韵味，所以他们成功了。相反声音好的人，但是唱不出那种韵味来，就没有成功。所以对一个成功者来说，这两者都是很重要的。

我们再来看一下如果只有韵味，声音不好会怎么样。事实上这样的人也是可以成功的，只不过他们付出的要更多些。我们知道著名歌手田震鼻音很重，著名主持人董卿鼻音也很重，都有点像感冒了的样子，但是他们说话、唱歌韵味很好，所以也成功了。但是相对于那些声音和韵味都好的人，只是韵味好的人，他们的成功率还是低很多的。

那么，怎样获得好声音和好韵味呢？人的声音基本是固定的，有些公鸭嗓子的人很难改变，但是大多数人是可以改善的。你觉得声音不够好，可以通过练声来美化。那么，怎么获得韵味呢？我觉得它和文化底蕴有关系，一个人只要能理解自己所说的内容，那么他的声音就会有韵味。所以，想让你的声音有韵味就必须看书学习。我们熟知的京剧表演艺术家周信芳先生，嗓子不好，有点哑，声音不好听，但是他很好学，学问很深，唱出戏来别有一番韵味，所以自成一派，天下皆知，这里面就是文化底蕴在发挥作用。

再看看我们现在的考试。每天这么多同学在各位评委老师面前展示自己，您可能也会有这样的感受：好声音的同学有，但是有好韵味的同学不多；一个声音好，又有文化底蕴的就更少了。所以，这也是我们努力的方向。我愿意做一个这样的考生，或者在各位老师的指导下做一个有声有韵的主持人！

点评：

这是一篇很好的即兴评述。面对一个复杂的问题，作者抽丝剥茧，一点点地论述，慢慢地把道理讲明。大家不要把即兴评述想得太神秘，它实际上就是心平气和地去讲一个道理。本篇用的也都是基本的结构和常用的技巧。这类题目关键是要观点正确，结构和语言组织合理，这样你就成功了。

题目十：谢师宴

题目分析：

谢师宴又称为升学宴。高中生考上大学了，师生及家长往往聚在一起吃一顿饭来庆祝一下。早些年的时候，这种现象只是零星的出现，后来随着人们生活水平的提高，加上部分人攀比心理的推波助澜，现在谢师宴已经成了较为普遍的现象。这是一个较为典型的即兴评述的题目。考生可以支持也可以反对，甚至两边都可以说。我个人认为这是一个初衷很好但后来变味了的事情。这个题目贴近考生的生活，相对不难。

角度参考：

1. 支持谢师宴。谢师宴表达的是真感情，不应该阻止。
2. 反对谢师宴。谢师宴已经违背初衷，变成炫富的平台，没有举办下去的必要了。

范例一

参考评分：75

对于谢师宴我并不反对。如果我考上了本科，我也会举行谢师宴的。我觉得一般举办谢师宴的都是考得好的、家里经济条件也好的同学。考得不好的学生，举办谢师宴的可能会大大下降的。

举办谢师宴的目的，是感谢老师这么多年对学生的付出。举办谢师宴有很多种方式，可以叫上老师、同学一起聊聊家常。如果是我的话，我会叫上班主任，还有我自己喜欢的任课老师，在一个酒店里接受大家的祝福。我觉得饭店不需要奢华，点的菜也不需要太多，不一定非得有海参、龙虾，就是一般的辣炒土豆丝、苜蓿肉之类的就可以，甚至可以每个同学做一个菜，自己带着去，这就挺好的。也不一定非要一醉方休，大家喝饮料不是一样可以表达感情吗？报纸上报道有一个富豪，为了举办谢师宴，包下了整个酒店，然后菜要最高标准，还要请上乐队司仪，这样就过分了，浪费钱不说，还有可能导致这个孩子在大学生活过得比较奢侈，不会节约。所以，我提一个建议，谢师宴不要太奢侈，谢师宴目的在感谢老师，不在于多么奢侈。只要把握住了这个原则，就可以大大方方地举办谢师宴，不用在意别人说什么。

点评：

这篇即兴评述语句通顺，立论正确，但是信息量少，论述的不充分，过于生活化。即兴评述考查的是考生的综合素质，应该抓住机会尽情展示，切不可把它和日常聊天相混淆，简单一说就完事，那样得分不可能高。

范例二

参考评分：80

该不该办谢师宴呢？我的观点是不支持举办谢师宴。尊师重教是中华民族的传统美德，"春蚕到死丝方尽，蜡炬成灰泪始干"就是来形容老师的奉献精神的。但是老师是不是需要我们回报？或者说他们需要什么样的回报呢？这些问题是值得我们深思的。首先，老师是一种职业，他每个月都领工资，教学生是他的职业行为。从这个角度看是不需要回报的。如果从情感上来说，我觉得是应该回报的。让我们看看那些名人是怎么回报老师的吧？他们回报老师的方法是把知识传授给更多的人，让其他的人也成为有才能的人，我想这是老师最需要的回报。现在各大酒店都推出了价位不同的谢师宴，说是要感谢老师的教育。但在我看来，它更多显示出的是攀比。

当然，孩子考上大学是一件高兴的事情，感谢老师也是应该的。但是花一笔钱请老师吃饭真的合适吗？每个班都有很多人，如果人人都这样，老师在短短几个星期里天天都接受宴请，老师受得了吗？这反而会弄得老师身心疲惫，老师也会不高兴的，这又何苦呢？再说，孩子考上大学也要花很多钱，一些家庭条件不好的孩子，再去办谢师宴，他们会怎么想呢？还有那些没有考上大学的同学会怎么想呢？

所以，我反对举办谢师宴。

点评：

这篇即兴评述思路清晰、论据有力，尤其最后考虑到了穷同学的感受，显得比较有爱心，并不是一味地说套话，比较接地气，这是优点。缺点是没有事例支撑，这也是考生容易犯的错误。解决的方法是培养考生举事例的意识。

练习：

1. 师生之间。
2. 吃亏是福。
3. 知识就是力量。

4. 如何看待中学老师家访?
5. 热爱是最好的老师。
6. 以退为进。
7. 哈韩哈日风。
8. 谈成长。
9. 主持人明星化。
10. 学艺与做人。
11. 苦难是财富。
12. 学历与能力。
13. 说新论旧。
14. 国学热。
15. 高与低。
16. 感谢对手。
17. 地球是圆的。
18. 孙悟空能大闹天宫为什么不能打败妖精?
19. 美丽和魅力。
20. 一百次心动不如一次行动。
21. 旅游开发和环境保护。
22. 舍得。
23. 微笑。
24. 机遇。
25. 自然就是美。
26. 见风使舵。
27. 美和实用。
28. 美与丑。
29. 从莎士比亚到汤显祖。
30. 传言如何对待。
31. 谈谈好莱坞大片对我国电影市场的影响。
32. 方言与广播电视。
33. 《重庆抗战遗址保护利用办法》的颁布。
34. 你对很多名人没上过大学或者辍学的经历怎么看?
35. 新闻和绯闻。
36. 艺考等于高考减分。
37. 真善美的关系。
38. 金钱是万能的。
39. 生命和信仰。
40. 把每次演出当作第一次演出与把每次演出当作最后一次演出。

41. 环卫工人在工作时间烤火，被辞退。
42. 虚则实之，实则虚之。
43. 如何看待10岁以下儿童"禁止广告代言"？
44. 如何看待自嘲？
45. 时间能改变一切。
46. 情商。
47. 人品即戏品。
48. 自卑。
49. 不以成败论英雄。

第三节　想象类即兴评述

　　这类题目主要考查考生的想象力。题目多是指向未来。对这类题目，考生发挥的空间很大，各位考生就尽情想象吧！做好这类题目的秘诀是有趣的立意和生动的细节。但是，由于题目过于简略或者伸展空间过大，不像辨析类题目基本上都是判断对错，大家有地方使劲，能说很多。所以，一旦遇到想象类题目，很多考生就会感到茫然，万语千言无处开口，只能干瞪眼。

　　笔者要告诉大家的是：遇到此类题目要迅速地把题目放到一个情景中去，自己给它设定条件，重新拟定相关题目，这样就好说了。比如，题目"火"，你可以设定主题是"预防火灾"。对于过于庞大和宽泛的题目，几分钟的即兴评述是无法面面俱到的，考生要抓住一点说清楚即可。如果此类题目是自己的薄弱环节，那不妨多练习几次，掌握了方法，就很好说了。由于限制少，这类题目犯错误的概率也就小，几乎是怎么说都可以，不像那些辨析类的，一旦站错队，就会满盘皆输。此类题目的难点是发挥想象力，所以考生要大胆想象，越新奇越好。

　　想象力的培养，本书前面的章节已经涉及，在这里就给大家出几个小题目吧！

1. 请给一个鲁菜馆取名。
2. 如果你隔壁宿舍取名"六扇门"，那你们宿舍该叫什么名？
3. 假如你有一只小球，你能用它做什么？
4. 要知道一个物体的重量，你能举出多少方法？
5. 你想一下：你所见到的影子中，什么影子最大？
6. 你吃苹果时，果皮按正常宽度，中间不断地削下去。待果皮削完后把它放在桌子上，想象一下它是什么形状。
7. 一位猎人带着一只狗上山打猎去了，你能用3笔画出这种情景吗？
8. 世界上有没有不吃羊的狼？如果有那是什么狼？

教师提醒：

对于教师来说，培养同学们的想象力尤其重要，要教会学生展开联想的方法，迅速把题目引申到考生熟悉的领域。例如，题目"水"，最简单的联想就是"节约用水"。这样就成了一个正常的辨析类或者描述类的题目了，回答起来就容易多了。如果进一步发散思维，还能想到很多，比如水的美丽、唐诗中的水、水的各种形态、水的寓意。

在培养同学们的想象力的时候，一定要循序渐进，让同学们先从身边的、距离生活较近的角度开始，要尽量避免有的同学想象过于奇特，以致无法完成即兴评述。想象很重要，但是，要以学生能顺利完成即兴评述为目的。想象再奇特，如果不能完成即兴评述也是无用的。那些过于奇幻的想象，考生等到掌握了一定的方法再说也不迟。此类题目一定要注意，细小的题目要拼命延展，直至上升到理论的高度；如果题目过于宏大，则需要引导同学们往细节方面努力。

想象类的题目考查的是想象力，同样也对考生的逻辑思维能力提出了更高要求。通常我们说到的"意料之外，情理之中"就是这个道理。再奇特的想象如果没有相应的逻辑支持就无丝毫价值。这是考生和教师都必须注意的要点，千万不要顾此失彼，抓不住重点。

题目一：1234

题目分析：

这个题目一看容易犯糊涂，只是简单的四个数字，这可怎么说呢？还是少安毋躁，静下心来仔细审题吧，得救之道就在其中。"1234"是我们熟悉的数字，从小到大依次排列，那么除了单纯的数学意义，它还能在什么地方出现呢？最常见的是考试的排名，每次考试老师都会排出名次，谁是第一，谁是第二，这个人人都知道。如果说单纯的"1234"容易糊涂的话，那么理解成名次就容易多了。稍加联想就会想到，考试排名次的"1234"还不是固定的。第一名如果不好好学习，就会变成第二名；第二名如果努力就会做状元。想到这里，一个思路就会出现了："1234"是一个排序，但是它不是固定的，努力就会改变。到这里，我们就得到了第一个角度，即努力会改变次序。

顺着这个思路，我们再来想一下"1234"还会在哪里出现。有了，运动会上有排名，奥运会每项比赛都有排名，冠军是最受关注的。我们就会又有一个发现：大家只关注冠军，那么第二名、第三名怎么办？又找到一个思路：要做就做最好，永远争第一。顺着这个思路，我们还可以继续往下想。例如，我们都记得打响南昌起义第一枪的人，但是不记得打响第二枪的人。这又证明了第一的重要性，这也是一个很好的思路。

这么一想，是不是思路很多了呢？

角度参考：

1. 顺序。一切按顺序来，不能急功近利。
2. 人生四阶段。
3. 积累。"4"是由4个"1"组成的，所以只有积累才能成功。
4. 平等。我想到了人分三六九等，其实每个数字有每个数字的精彩，不可代替。
5. 音符。

范例一

参考评分：50

看到这个题目，我想到几点，也不知道对不对。第一，我想到了熟能生巧。刚开始学数字的时候，老师就教给我们"1234"。按照这个顺序，我们每天跟着家长和老师在练习"1234"。我们脱口数的练习也是这个顺序，而不是"134"，或者"124"，我感觉到习惯是一个可怕的力量。第二，还有我想到了"规矩"这个词。什么事情都有它自己的规矩，比如"1234"，"1"要放在"2"前面，"1"比"2"小，这就是一个规矩。第三，我还想到一点，即"1234"很简单。正是因为它这么简单，所以才容易传播，全世界人民都知道这几个阿拉伯数字。我就想到以上这几点。

点评：

可能这位同学把即兴评述和回答问题混淆了。即兴评述要求你自己下结论，不能去问考官。但是这位同学的思路还是清晰的，可惜没有展开，没有深入，这是思维习惯的问题。建议想到一个思路后，要往深处想，要想得全。比如他的第一个思路，既然想到了习惯的力量，就应该延展开来：可以说，养成好习惯很重要，或者说习惯扼杀了创新，那样就会一篇很好的即评。

范例二

参考评分：88

看到这个题目，我想到了人生的四个阶：第一个阶段是童年，第二个阶段是青年，第三个阶段是中年，第四个阶段是老年。我有一个快乐的童年，爸爸妈妈、爷爷奶奶、姥姥姥爷都爱我。他们教我练书法、弹钢琴，给了我无微不至的关怀。在那些美好的日子里，我每天都充满着欢声笑语。我现在正处于青年，这是属于奋斗的时段，每一秒都是宝贵的。我的青春和播音有关系，因为我爱上了播音。我学播音很辛苦，每天很早就要起床练声。为了我的播音梦，吃再多苦我也愿意。我相信我一定能实现我的梦想。我梦想中的中年是幸福的。我有爱我的丈夫，可爱的孩子，还有很好的事业。我应该在电视台当节目主持人，有喜爱我的观众。事业并不是我的全部，我会把一部分精力用在家庭上，孝敬老人，照顾好孩子。当我进入老年后,我将没有任何遗憾,我会把我学到的知识传授给后辈。这就是我想要的人生的四个阶段。

点评:

这篇即兴评述的最大亮点是把单调的四个数字转换成了人生的四个阶段,巧妙自然地展示了考生的大胸怀和大视野。更让人称道的是考生的叙述比较自然,显示了很好的驾驭语言的能力,而且在叙述中还不着痕迹地介绍了自己,表达了自己的梦想。这是一篇很优秀的即兴评述。

题目二:圆

题目分析:

这个题目的解说思路和上一个题目差不多。看到这个题目你首先要想到它的原意,然后找出它的引申意,这样就容易找到思路了。"圆"的字面意思是一个圈圈,没有起点没有终点。这个字在中国文化中又有什么含义呢?我们会发现,圆是中国人很喜欢的形状。月饼是圆的,天也曾被认为是圆的,事情成功了就叫圆梦,一家人在一起叫团圆。当你给圆字加一个环境,就会生出不同的含义。比如,你可以说:"看到这个字,我想起了祖国的团圆,想到了海峡那边的人民。"你还可以说:"看到这个字我想起了圆满的人生,那什么才是圆满的人生呢?我认为是这样的……我要尽力画好人生的这个圆。"

有的同学面对这样的题目会陷入另一个误区。他一下子想到很多角度,想到了无数种说法,心中激动而又无所适从,选择困难症发作了。这种情况下,千万不要纠结,要迅速选择一个角度,备考的时间可是转瞬即逝的。

角度参考:

1. 团圆,中国很重视团圆。
2. 圆,任何一点都是起点,要时时努力。
3. 圆是束缚,要勇于打破自己已有的那个小圆圈,争取一个更大的舞台。

范例一

参考评分:88

看到这个题目,我想起了自己的一段比较可怕的时光。那是我上高一的时候,我的学习成绩在班里中等,不好也不坏,没人批评我,也没有人表扬我。我学习也不下力气,放学后我就和一群好朋友一块玩,生活自在又如意,可以说非常舒服。可是有一天,我突然发现我正在陷入一个可怕的恶性循环——浑浑噩噩、平平庸庸过日子。难道我就一直这样下去吗？我觉得那时候我在一个圈圈里，一个平庸的圆里面。后来，我想我要打破这个圆。

人生中会有很多这样的圆圈，它们在不知不觉地吞噬着你的梦想，而你还毫不察觉。也许等你发现已经为时已晚了，这是很吓人的事情。我庆幸我当时发现了这一点。我要打破原来的圆，再造一个圆。于是，我和过去的生活说再见，不再出去疯玩，而是抓紧时间学习，结交爱学习的朋友，把常去的KTV变成图书馆。这样，我的学习也进步了。他们都说我像换了一个人一样。我非常高兴。

我觉得人与人的不同，就在于怎么面对人生中的圆。当你习惯了某种生活，觉得这种生活一点不费力气的时候，你就需要勇敢地打破固有的圆，去寻找新的突破口了。有的人麻木了，就此停下前进的脚步；有人觉醒了，付出了，努力了，迎来了新的人生。我愿意做一个不断进取的人，勇敢地面对一个又一个生活中的圆圈，去打破它，继续向新的目标迈进。我认为这样的人生很有意义。

点评：

这篇即兴评述用的是典型的悬念型开头，作者先卖一个关子，然后才开始解答，说出主题。这是简单易学又实用的开头方式，很能吸引人，大家不妨借鉴之。本篇即兴评述最后把主题升华到人生的最大意义也是可圈可点的。

范例二

参考评分：90

圆是一个几何图形，其他的几何图形还有三角形、正方形、梯形。看看这几个几何图形，我们就会发现圆形是最容易运动的。如车轮子就是圆形的。这到底是为什么呢？

圆形之所以易于运动是由它的形状决定的。它没有棱角，不会和外界有直接的冲突。它和外界是和谐的，所以它能走得更远。就像自行车的轮胎一样，轧上了一块小石子，马上把自己缩进去，轧过去之后再重新变成一个圆继续前行。我想这就是圆能走得更远的奥秘所在。

由此我们想到做人也应该是这样的。如果想走得更远，就应该学会妥协，学会理解，学会忍让。如果事事都想由着自己的性子来，性格又太过刚烈，就很难有太大的发展。比如按照习惯，早上应该8点钟起床，可是如果考试在8点钟开始，你就点必须作出让步，让自己6点钟起床，这样才能保证按时参加考试。如果你不愿意让步，那么你恐怕就要失去参加考试的机会了。在这一点上，我们要学习圆的精神。

关于圆形和做人的关系，咱们的老祖宗早就论述过，比如古人就认为，做人要外圆内方。这里的外圆内方就是说要表面随和，内心严正。这是做人的准则。我愿意做一个这样的人，前进到更远的地方。

点评：

这篇即兴评述的开头使用了设问的修辞手法，能一下提起听者的兴趣，这也是常用的技巧。中间部分由圆形到做人准则的转换也比较自然。另外，还提到了传统文化，很不错。这是一篇优秀的即兴评述。

题目三：钥匙

题目分析：

钥匙是比较有意象的物品，考生可以有多种理解，把它解释成解决问题的方法或者爱情信物都可以。当然也可以想到钥匙的历史，或由钥匙引发的故事，等等。此类题目一定要逻辑严密，想象合理，而不是随意拼凑。

角度参考：

1. 小时候经常丢钥匙，讲述克服粗心的故事。
2. 通过钥匙的历史体现科技的发展。

范例一

参考评分：88

由钥匙我想到了"一把钥匙开一把锁"这句谚语。由此，我又想到我们做事情也要一心一意、专心致志。当今社会有一些现象，比如有些孩子回到家里，一边看电视一边写作业。这样做能有好的学习效果吗？自然不会有好的学习效果，恐怕电视也看不好。

由此，我想到要想成功必须集中精力做好一件事情的道理。比如著名作家曹雪芹，他一生只写了一部作品《红楼梦》，但这部作品名垂青史，扬名世界，几无超越。还有著名数学家陈景润，他也是一生只研究一个问题，即哥德巴赫猜想，最后他也成功了。这些事例说明一个道理：一把钥匙开一把锁，人要专心才行。

"小猫钓鱼"的故事大家都知道。它本来要钓鱼，那就专心致志地钓鱼好了，可小猫一会去追蝴蝶，一会去追蜻蜓，结果蝴蝶、蜻蜓没捉住，连鱼也没有钓到，空手而归。还有一个众所周知的例子：有人去挖井，找个地方挖了几米没有水，就换地方再挖，挖了几米见没有水就接着换地方，最后他一口井都没有挖成。如果他专心挖一个地方，也许早就成功了。这些故事也同样告诉我们那个道理。

就钥匙本身来说，一把钥匙就只能开一把锁。如果一把钥匙能开好多锁，那这样的钥匙就不是好钥匙，也没有人敢用这样的锁和钥匙。人做事也是一样，干什么事情都要专心。我们的艺考班，有不少同学三心二意，今天想学表演，明天又想学美术，后天打算学声乐，结果什么也没有学好。这种不专心的现象值得大家深思啊！我相信一把钥匙只能够开一把锁，这将是我一生的信条。

点评：

这篇即兴评述的思路不错，由一把钥匙开一把锁想到做事要一心一意。举例也很有意思，很能说明问题。不过，可能高中生一边做作业一边看电视不是很普遍，有些考官可能会不理解。这就要求考生在选择事例的时候要把握好分寸，既要典型有新意，又不要太生僻，不能影响其他人的理解。

范例二

参考评分：85

看到这个题目，我想到的是社会风气不好。钥匙是干什么用的呢？是用来开锁的。听父辈们说，他们小时候家里不锁门也没事，自行车放在楼下不锁也没有问题。而现在呢，即便家里锁了门，东西还是被偷；自行车放在楼下，不一会儿就被人给搬走了。锁了也没有用，车主人有钥匙也白搭，钥匙变成了一个没用的小金属片。我觉得这是由于人们过于追求功利，而忽视文化素质的培养造成的。小偷是怎么产生的呢？许多小偷都是从小时候的小偷小摸开始的，孤儿、单亲儿童、留守儿童，他们更容易走上歧路。我们对他们的关爱太少了，我们应该从自我做起，关心身边这样的儿童，让他们感受到爱。这样他们就会少一些走上邪路的机会，多为我们的社会作贡献。

如果想让钥匙真正发挥作用，我觉得还需要两方面的努力。一方面是生产锁的厂家应该尽快研发出不容易被破解的锁，只有相匹配的钥匙能打开锁，这样小偷就没有用武之地了。还有我们的公安机关也应该加大对小偷小摸的打击力度，不要觉得偷辆自行车、撬把锁不是什么大事就不重视，而应该对这样的坏人加大惩处力度，使他们不敢再去撬锁。这样钥匙才能真正发挥作用。

点评：

这篇即兴评述由钥匙联想到锁，又联想到了带锁的东西照样被偷，从而引出了社会盗窃的问题。这篇即兴评述不仅分析了盗贼出现的原因还为盗窃问题的解决提供了一把"钥匙"。该即兴评述思路清晰，引申得当，如能添加身边案例会更出色。

题目四：金木水火土

题目分析：

五行学说是中国汉族传统文化重要组成部分。五行指的是木、火、土、金、水。它认为宇宙万物，包括人体是由五种本源条件或者属性（相生相克、相乘相侮、相克相助、反生为克、滥多为克、反克）衍生变化所构成。这个问题比较复杂，稍有不慎就会说错。那怎么办呢？笔者告诉大家一个妙招，即分析即兴评述题目的一个原则就是"复杂的事情往简单处说，简单的事情往复杂处说"。既然这个题目复杂又抽象，涉及哲学、历史等学科，不如只说我们熟悉的领域，比如五行的相生相克，这个比较通俗，大家都知道，就是：金克木，木克土，土克水，水克火，火克金。

角度参考：

1. 事物之间是相生相克的。人要谦虚，哪怕再大的本事也要虚怀若谷。
2. 传统文化有价值。

范例一

参考评分：80

看到这个题目我想到的是我们对于旧制度、旧传统应持什么样的态度问题。对旧的制度我们应该辩证地去看待：好的一面，我们应该借鉴；不好的一面，我们应该抛弃。总之，我们要取其精华，弃其糟粕，推陈出新，革故鼎新。

或许各位老师会想，我为什么通过这个话题能想到这些内容。这是因为，我母亲说过的一句话给我留下了深刻的印象。我曾经问过她我名字的来历，我母亲则说，取名的时候，曾找人给我算过命，说我五行缺水，所以我的名字要带有"水"的偏旁。或许有人说，对于这样的封建思想，我们应该全部摒弃，但我认为不能什么东西都搞"一刀切"。就像"过年"一样，那也是旧的传统，难道也要摒弃？现在是一个快速变化的时代，回家的时间已经被挤得没有了，所以过年就显得非常重要。但是，对于过年我们也不能说所有的年俗全是好的，就像过年一直伴随的放爆竹，我就觉得不应该保留。当今世界，环境日益遭到破坏，保护环境已经是当务之急。对于燃放烟花爆竹这样破坏环境的传统，应该摒弃或者改变。那我再说一件事情。"孝"可以说是非常代表中国传统文化的观念了吧。如今流传甚广的古代二十四孝图中有这么一幅图，它叫"埋儿救母"，说的是有一个叫郭巨的人因为家里穷，母亲总是把吃的让给自己的小孙子，自己吃得不好，所以身体日渐不好。于是郭巨就和媳妇商量，把他们的儿子埋了，为的是以后让自己的老母亲吃得好一些。对于这种做法想必大家也不会认同。所以，这种做法我们应该完全摒弃。说完应该抛弃的，我们再说应该吸取的吧。前几天的电影《大圣归来》，想必大家都知道。它打破了国家动漫的收视纪录，登上了国内影视的巅峰。在西方动漫占领中国市场的时候，一个国产动漫能占领市场是很不容易的。《大圣归来》就是借鉴了中国古典名著《西游记》的情节。对于这样的优秀文化，我们应该保留并且创新利用。所以，我认为对旧的制度、旧的传统应该用辩证的眼光看待，对好的要吸收，坏的要摒弃。就像金木水火土，如果用来算命，我们就应该抛弃；它蕴藏的朴素的唯物主义思想，我们应该保留并铭记。

点评：

这位考生把金木水火土和传统文化的传承联系起来，论证充分，内容丰富，论点正确。考生举了很多事例，显示了其宽广的知识面，尤其是其中说到自己名字的来历，很真实，值得称赞。

范例二

参考评分：80

说起金木水火土，我最先想到的是它们之间的相生相克的关系：就是金克木、木克土、土可水、水克火、火克金，反过来土又生金、金又生水、水又生木、木又生火、火又生土。由此，我想到了人和人之间的关系也是一个互相竞争又互相支持的关系。

最简单的例子是在我们的艺考培训班里，大家学的都是播音主持，在考场上大家互相竞争，为了一张专业过关证使尽浑身解数，这个时候大家就是不折不扣的对手。但是，平常上课的时候，大家又是最亲的好朋友。那么多学播音的人，能在一起学习，这是多么让人难忘的事情啊。所以我们经常互相帮助：早晨相互提醒练声，买衣服的时候也陪着跑遍城里的商场，互相纠正语音问题。大家合作得都很好。

我觉得世界也像金木水火土一样相生相克。我们和西方国家也是这样的，一边有贸易关系，一边又存在差异。

我们知道了这些又有什么用呢？我觉得懂得了这些道理，我们就会有意识地、辩证地去看问题，而不是孤立地看一件事情，思考问题的时候也会更全面一些，这样才能生活得更好。还以我们的艺考培训班为例吧。如果你认为每一位同学都是你的竞争对手，你都不搭理他们，把他们当成死敌，那么你的结果可能也是很悲惨的。我曾听说某个师姐在培训班里不合群，把大家都当作敌人，出去考试也不和大家住在一起，结果早上睡过了头，也没有人叫她，误了考试，一年的努力白费了。这些都是惨痛的教训。由此可知，人与人之间，就是相互合作和竞争的。要正视这个现实，理解它，接受它，这样才能生活得更好些。

点评：

这是一篇推理式的即兴评述，提出观点，然后层层推理，最后总结。这类即兴评述的优点很多，故事性强，有悬念。这类即兴评述的方式不仅可以运用在想象类题目上，也适用于时事类、辨析类的题目上，效果应该都很好，因为它体现了考生的逻辑思维能力。

题目五：假如我是春晚导演

题目分析：

这个题目除了要求考生有丰富的想象力之外，还要有丰富的专业知识。题目涉及节目策划和定位，所以大家最好懂一些节目策划和技巧的知识。当然大家也可以不这么说，只是从大的方面谈春晚的整体风格和走向。但无论怎样都要言之有物，主题正确。需要提醒大家的是，春晚导演是整台晚会的风格确定者，哪个节目上春晚他说了不一定算。春晚导演考虑的要素有的是晚会主题、节目编排、节目风格、节目亮点等等。这些都是很好的角度。看到题目，大家首先要找一个主题和方向：确定要设计一场草根风格的春晚，还是一场明星云集的春晚。

本题也考查考生的艺术品位、创新意识，如果考生选择的都是些"三俗"歌曲，考官会认为这个学生格调不高。

角度参考：

1. 从普通观众的角度考虑，选择自己喜欢的节目，借机也展示自己的审美品位。
2. 设计一场国际化的春晚，让国际大明星都来参加。
3. 设计一场卡通春晚，什么绿巨人、柯南、孙悟空、猪八戒、喜羊羊都来表演节目。
4. 把春晚舞台搬到乡村，演一场乡村气息的春晚。

范例一

参考评分：90

假如我是春晚导演，那该是一件很有意思的事情。从前，我一直是春晚的观众，从来没有想到过我会成为春晚导演。不过这也没有关系，春晚看得多了，感受和想法还是有的。假如我是春晚导演，我会导演一场风格不同的春晚，这场春晚的风格总结起来就是"三多"和"三少"。

何谓"三少"？首先是大型歌舞表演要减少。以前这样的节目太多了，动不动一大群人在台上又蹦又跳的，乱哄哄的，观众也看不清谁是谁，感觉闹得慌。这样的节目要减少，让更多人回家过年，这比在台上凑数要强得多。其次，央视的熟面孔要减少。每年的春晚翻来覆去就是那么几个演员。哪怕他们水平再高，大家也该看腻了。这样的演员要减少，要多给新演员机会，给春晚吹来清新的风。最后，主持人套话要减少。多少年来，春晚主持人形成了固定的一套说辞，听来让人昏昏欲睡。假如我是春晚导演，要少说这样的套话，要多说真诚的话。

何谓"三多"？首先，就是要反映社会热点的节目多，多一些和老百姓生活相关的内容。就像某年春晚的小品《扶不扶》那样，让观众觉得没有距离感。其次，时尚的节目要多。春晚有时候给人太老气的感觉,唱的歌曲都是过时很久的,没有新歌。春晚应该引领潮流,应该多些时尚的节目。最后,我想呢,就是多一些我们青年学生喜欢的节目。假如我是春晚导演,我会请一些中学生去表演节目,反映我们年轻一代人的风采。

以上是我当导演办春晚的设想。假如真的有一天我当上了春晚导演,我也一定会带领工作人员办一场让大家满意的春晚,不辜负大家对我的期望。

点评:

这篇即兴评述的最大特点在第一段。考生在提出观点之前先略谈了一下感想,这要比生硬地直接切入主题显得柔和一些,毕竟即兴评述不等于论述题。考生用"三少""三多"来叙述观点,条理清楚,易于理解,也是常用的方法。

范例二

参考评分:90

假如我是春晚导演,我会安排这样几首歌曲。首先是歌颂妈妈的歌曲。人世间最宝贵的是母爱。我学播音主持,妈妈就为我操碎了心。自从我学了这个专业后,妈妈就再也没有买过新衣服了,家里所有的钱都拿来让我学习用。现在,我到处参加校考,妈妈又请假陪着我考试,每天起早贪黑,帮我报名,帮我买饭。我真的很感谢妈妈,我想天下的妈妈都是这样的。所以,春晚上应该有一首感谢妈妈的歌曲。

假如我是春晚导演,我会安排一首感谢老师的歌曲。老师是人类灵魂的工程师,没有他们人类就无法进步。记得我刚学播音主持的时候,啥也不会,急得直哭,是老师非常耐心地一遍又一遍给我示范,帮我找感觉,陪我练声。慢慢地我也会读新闻了,也能朗诵诗歌了,我还在我们市的朗诵比赛中获得二等奖呢。没有老师就没有我现在的进步。我想当春晚的舞台上响起赞美老师的歌曲时,一定会引起很多人的共鸣。

假如我是春晚导演,我会安排一首歌唱青春的歌曲。从前,人们告诉我艺考是多么得苦,多么得难,青春仿佛是那样苦不堪言,而现在回想一下准备艺考的日子,却感到它竟然是那样得美好。每天早起练声,平时和同学们一起分析稿件,甚至会为了一句话的读法争执。这时候我才恍然大悟,原来青春是这样美好。春晚上一定要有歌唱青春的歌曲,让全国人民在歌声里回忆起他们的青春岁月。我想这样的歌曲观众一定会喜欢。

假如我是春晚导演,我会安排这样三首歌曲,歌唱我们美好的年代。

点评:

这篇即兴评述的特点在于切入点比较小。有些比较大的题目可以借鉴这篇即兴评述的方法。须知,太大的题目几分钟很难说清楚,小角度更容易出彩。本篇即兴评述的选材也很独到,感谢家长和老师,歌颂青春,都是正能量,考官不想给高分都难。

题目六：喝酒

题目分析：

看到这个题目，大家可能马上就会处于纠结的状态：到底是该支持喝酒还是该反对喝酒呢？就本题来说，观点可能有三个，即支持，反对，提倡适量饮酒。这些都有很多话可说。喝酒是人们生活中常见的一件事，它的好处很多，坏处也不少。喝酒的历史很悠久，有大量的诗篇赞美过喝酒，以酒成名的人也很多，因喝酒产生的笑话也俯拾皆是。所以大家有丰富的素材可以利用，问题的关键在于很好地组合这些材料。此题目适用于各种风格，可以幽默，可以催泪，可以走知识路线，就看各位擅长什么了。

角度参考：

除了常规的支持、反对和适量饮酒之外，大家还可以从喝酒的历史、喝酒的人等多种角度展开评述。

范例一

参考评分：85

说到喝酒，我首先想到了一个问题：中国每年上千次的交通事故是因为酒驾引起的，那么喝酒到底是对还是错？在我身边就有这样的事例。我同学的叔叔下班之后和朋友聚会，喝了很多酒，然后开车回家，因为酒驾，撞死了一个人，最后被判刑入狱20年。而那时，他才结婚一年，刚有了一个小孩。在二十几岁的年龄被判入狱20年，大好年华说没有就没有了。喝了一点酒，自己失去了青春，孩子没有了父爱，妻子失去了丈夫，这是多大的悲剧啊！我们喝下了酒，而酒把我们的青春吞噬了，这样做值得吗？当然是不值得，所以我觉得喝酒不是好事。

有人说喝酒适量就好，还说喝酒对身体有好处，我觉得这些都不对。我们认识的、身边的喝酒人，酒场上有几个人能适可而止呢？哪个不是喝着喝着就喝多了？再说喝酒本身就让人犯糊涂，让他自己控制酒量是不可能的事，所以酒还是不喝得好。

提到喝酒我还想起一句话："酒后吐真言。"喝酒真得会犯很多错误，不该说的话说了，不该做的事做了。人丧失了理智真的很可怕，很多人都是被灌醉后被套取了底牌，做了蠢事，所以喝酒真的没有好处。

综合上面的例子，我决心以后不喝酒。以后我做了节目主持人，更不能喝酒了，因为喝酒会损害我的嗓子。我也呼吁朋友们不要喝酒。

点评：

　　这位考生由喝酒想到了酒驾，由此想到了喝酒的坏处，并且以真实的故事作为例子进行阐述，比较生活化，很不错。这是漫谈式的即兴评述，它把观点分解成几个点来叙述，自然而且生动。第一段中提到了每年上千次的交通事故，数据似乎不太准确。在考生不掌握准确数字的情况下，最好说得模糊一点。

范例二

参考评分：88

　　说起喝酒，我想到了"酒可消愁"这四个字。没错，喝酒是可以消愁，但是喝酒也要把握一个度。现在很多年轻人都会喝酒，他们劳累了一天，回到家里喝一杯酒，便可以缓解一天的疲劳。所以，适量喝酒是有好处的。可是有些人，有了烦恼就大量饮酒，喝完酒就在小区里或者马路上大吵大闹，这样就很不好了。我的一位同学就遇到过这样的事情。那是一天晚上，有个人喝多了，就在小区里骂骂咧咧，直接影响了她的休息。那人闹到凌晨一点多，才被他家人领走。而我的同学，直到后半夜才睡着。所以一个人喝酒，适量就好，不然会伤害自己的身体，也会影响到别人。

　　怎么控制酒量呢，我有两条建议。第一条就是尽量不要劝酒。现在酒桌上有种不好的风气，那就是劝酒。据我观察，有客人到家喝酒的时候，总都会有些口才好的人劝酒，说辞非常多，一套一套的，让人无法拒绝。我曾亲眼看到原本不打算喝酒的人被逼无奈喝了好多酒。后来，我问他们为什么要劝酒，他们告诉我说来客人了一定要让客人喝好才可以。难道非得把客人灌醉才算让客人喝好吗？我觉得应该是让客人自己掌握，喝得适量才是最好。

　　第二条建议就是饮酒人要自律。毕竟你不仰脖子，酒不会自己跑到你肚子里去。一个人要清楚自己能喝多少，如果能喝二两，那就喝到一两半的时候就停下，谁劝都不要喝，这是喜剧。如果知道自己只能喝二两却偏偏逞能喝三两，那非得醉了不可。人一定要有自制力，这样才能避免过度饮酒。

　　喝酒像世界上的许多事情一样，有好处也有坏处。我提倡大家适度饮酒，不要拼酒或酗酒。

点评：

　　这位同学的观点是适量饮酒，正反各举一个事例，例子虽然不是十分完美，却也能拿到中等分数。本篇即兴评述的语言是亮点，尤其是倒数第二段的举例，有点幽默，有点诙谐；悲剧和喜剧的对比也别具匠心。

题目七：女子无才便是德

题目分析：

"女子无才便是德"这句名言据说出自明朝人陈继儒之口。他认为："女子通文识字，而能明大义者，固为贤德，然不可多得；其他便喜看曲本小说，挑动邪心，甚至舞文弄法，做出无丑事，反不如不识字，守拙安分之为愈也。女子无才便是德。可谓无言。"这便是陈继儒对"无才"的看法。这里所谓的"才"，广义自然包括各方面的才能、智慧，但由于以往中国女性生活圈子较窄，没有比诗词歌赋更能显示她们的"才"了，故此"才"很多时候是狭义地指"文才"。

这句话乍一看没有什么错，也是大家常说的俗语。但是一个道理、一种理论都有局限性。也许在过去，这个理论成立，但随着时代的变化，原来的理论、道理就值得商榷了，这就是展开论述的切口。这个题目的关键在于才和德的关系。考生最好先解释这句话的原意，然后谈谈自己的观点。

角度参考：

1. 新时代女子必须德才兼备，谁说女子不如男？
2. 做人要先有品德，然后再追求才华。

范例一

参考评分：88

我并不认同这个观点，这是一种错误的思想。这句话之所以能够流传甚广，不外乎长期以来人们对女子的一种错误认知。

在古代，女子深藏香阁，不轻易露面，并且一般人家读不起书，学不起才艺。有才艺、知书礼的女人大部分来自书香门第和青楼。与普通女子相比，她们确实才艺非凡。因为大部分青楼女子能歌善舞。但是，在人们的认知中，青楼女子都是勾搭男人、水性杨花的女人。所以，久而久之，"女子无才便是德"便慢慢地被人们认同。

还有另一个原因。在古代，男子为尊，女子为卑，女子地位低下，依附于男人。如果女子读了书，眼界就会开阔，就会从思想上冲破束缚。在当时的男尊为主的社会环境里，男子的压迫就会引起女性知识分子的不满，有了不满难免就会产生反抗意识，有了反抗就会动摇男性社会的根基，这是男权社会不愿意看到的。所以男性就设置了各种理由和方法来束缚女子的思想，以便把"危险"扼杀于襁褓之中。这样，男权主义才可以心安。在长久的思想束缚中，女子的思想慢慢地被禁锢了，慢慢地女子就没有了思想，所以她们几乎也默认了"女子无才便是德"的观点。这完全是一种男权压制女权的手段，完全是一种错误的思想。有关于"女子无才便是德",古代有个女子的贡献可以很好地反驳这种错误的观点。这个女子便是李清照。

李清照的词句想必大家都背诵过。作为婉约派的代表人物,她的词句可以说是流传千古。从古至今能够留名青史的人往往是很少的。李清照,以一介女流的身份能青史留名,受后人敬仰,正是因为其斐然的才华。所以李清照的事例无疑是对"女子无才便是德"这种错误观点的完美反击。

近代以来,社会一直提倡男女平等思想。女子也纷纷入学,再加上女性本身细腻的观察能力,所以在工作岗位中,女子越来越不输于男子了,甚至超过了男子。女性白手起家做到公司总裁的也不在少数。现今社会,女子也是不可缺失的力量之一。所以,我认为,"女子无才便是德"是一种错误的思想。

点评:

这篇即兴评述第一部分表明观点,第二部分说明了"女子无才便是德"这种观点产生的原因,虽然略显幼稚,也不是很全面,但比较详细,这便是优点。第三部分论证了"女子无才便是德"的错误。最后一段又重新申明了自己的观点。论述充分,观点正确,这是一篇不错的即兴评述。

范例二

参考评分:80

我认为"女子无才便是德"是封建社会对妇女压迫的表现。在现代社会,这种思想是要坚决摒弃的。这句话所体现的不仅仅是封建社会对女性的歧视,还包含了男女两性双重价值标准和双重道德标准。更重要的是,它还是封建统治的一种手段,剥夺了女性受教育的权利,将他们置于一种愚昧无知的境地。无论是已婚妇女,还是未婚女子,大多大字不识一个,头脑空空,并且十分懵懂地遵从三从四德,以此确保男权主义的统治地位及其对女性的压迫与控制。

古时候的人们认为女性有才不是好事,而是祸国殃民的根源。但是,我认为这种想法是十分错误的。

我认为女性的地位应该是和男性一样的。在当今社会,男女平等已经是大家的共识。虽然男女有差异,但是女性已经证明在各个领域能独当一面。我们有女航天员、女领导人、女科学家、女作家,女性真的不比男性差。

当然,我也看到"女子无才便是德"这种错误的思想还是有一定的市场的。仍有很多人抱着这样的老思想不放,干着歧视女性的荒唐事。在招工、招生的时候仍有对女性加以限制的条文,这都是非常不对的做法。我们应该从自身做起,尊重女性,爱护女性,平等对待每一个人,让"女子无才便是德"的错误思想尽快消失。

点评：

这篇即兴评述语句通顺，观点鲜明，并且提出"女子无才便是德"要因时代变化而变化，是一篇不错的即兴评述。这种题目很容易说得理论性过强，过于枯燥。这位同学处处联系实际的做法很好地避免了这一点。

题目八：我的大学生活

题目分析：

看到这个题目，先要想到考官的考查目的是什么。我们可以猜测，考官想通过考生答题大致了解考生大学生活的初步打算和设想，这对考官来说是至关重要的。因为他们也想招到爱学习的好学生。这样的学生以后工作了也容易出成绩。所以，本题等同于我的梦想或者我的计划。对于这道题，考生一定要往好的地方说，这也是夸奖自己的机会。如果考生说高三很辛苦，上大学就计划玩了，不打算学习了；或者说听说播音系女生很漂亮，一定要轰轰烈烈地谈几场恋爱，学习倒是次要的。如果这样说，纵然你普通话再好，话说得再流利，考官在打分的时候也会斟酌的。招进来这样的学生，不是给自己添麻烦吗？

解决了思想问题，有了明确的目标，接下来就看如何表达了。题目的关键在"生活"二字上。有些同学面对这个词会不知从何处说起。我们不妨把它细化。对于一个大学生来说，大学生活无非就是学习和课余生活。这样分类就好表达多了。你可以说，在学习上，打算尽快拿到普通话一甲证书，当第一名，拿奖学金，课余计划做家教，读100本书，去健身，等等。

角度参考：

1. 我要一个红黄蓝的三色大学生活，红色是学习，黄色是实践，蓝色是交友。
2. 大学的生活应该是充实的。我准备延续高三的生活，在大学里继续努力，做最好的自己，为以后找工作做好准备。

范例一

参考评分：75

有人说，大学不过是高中的延伸；也有人说，跨进大学的校门，前途和事业就有了保障，可以痛痛快快地玩四年。我认为，大学生活是轻松的，也是复杂的。为什么说它是轻松的呢？因为大学生活和高中生活是不同的。在大学里没有了升学的压力，没有紧张的功课，每天的学习节奏不再像高中那样紧张，每天可以上半天的课，老师不会再每天督促你学习。大学的学习主要是靠自己，学习是好是坏，关键就靠自己的自觉性了。

我觉得大学生活也是复杂的。大学是一个充满竞争和挑战的小舞台、小社会。我们每个人都在这个舞台上扮演着不同的角色。"恰同学少年，风华正茂……指点江山，激扬文字"，让生命之花因为年轻而出彩，让青春因为活力而生辉。大学校园里没有做不到的，只有想不到的。

上大学不是幻想，不是梦想，更不是妄想，而是理想，只要我们为之奋斗，为之拼搏，我们就能实现我们的大学梦。

点评：

这位同学的即兴评述开头、结尾都很好。开头是即兴评述的常用开头格式，易学好用；结尾也写得很真实。中间部分，作者把大学比喻成舞台这很好，只是写得过于简略，暴露出了考生想象力欠缺，也可能是太紧张了。不过还是要提醒大家，想象要具体，这样才能使内容丰富、真实可信。

范例二

参考评分：80

不久后，我将有希望步入大学，开始我的大学生活。我期待的这所大学在南方的一个沿海城市里，叫厦门大学。我之所以喜欢这所大学，首先是因为喜欢这所城市。厦门不是一线大城市，生活节奏应该没有一线城市快，生活更安逸一点。脚踏实地地度过每一天正是我的追求。其次，厦门大学环境优美，依山傍水，且校园高速信息网络建设的规模和水平位于全国高校的前列。最后，它师资力量雄厚。这些都是我选择这所大学的理由。

让我畅想一下我大学的生活吧。在厦大的校园里，清晨，我呼吸着新鲜空气，在花园里散步；上午，我将认真地、努力地学习我最喜欢的专业知识；中午，我和男朋友一起逛逛步行街，吃好多美食；下午，去参加学校开展的活动；晚上，我将去图书馆看书，以提升我的文化内涵。春天，你会看到我在学校的树林里刻苦地练声；夏天，我会穿着美丽的花裙子主持学校里的歌手大赛；到了金色的秋天，你会看到我拿着一份很亮眼的成绩单。哦，冬天，冬天是多么好啊。厦门的冬季一点都不冷，我依然会刻苦学习，因为我心里装着一个美好的春天。

我的大学生活一定会很充实，每天都将是最美好的一天。

点评：

这位同学的即兴评述就较为具体，具体到了自己喜欢的大学——厦门大学，说明她是真正想过这个问题的。第二段的结构也很好：按照时间顺序描述了想象中的大学生活。只是需注意，这样的题目要根据报考学校作调当调整。如果你考的是其他学校，再说自己想去厦门大学就不太合适了。还有，即便是口语也最好不要犯语法错误，句子要通顺、完整。这方面的问题需注意。

题目九：冬天来了，春天还会远吗

题目分析：

这是一个颇有诗意的煽情类的题目。对这样的题目，大家一定要找到它想表达什么样的思想感情。有的考生理解能力不好，很容易把话题说偏。这个题目是著名的诗句，出自英国著名浪漫主义诗人雪莱的《西风颂》。不难看出，诗句想表达的是一种希望。这样的句子一般会出现在劝人的过程中。比如，高三某同学被学习压得喘不过气来，你会劝他说："冬天来了，春天还会远吗？已经高三了，马上就高考了，高考结束就可以休息了。"这个角度有很多的事例和故事，一个看起来很难的题目这样一分析也就变得容易了。

角度参考：

1. 希望和梦想是人生必需品，任何时候都不能没有。
2. 只有经历寒冬，才会迎来美丽的春天。

范例一

参考评分：60

世间万物都有各自应遵循的规律，不可违背，犹如春、夏、秋、冬四季次序也不可改变一样。"冬天来了，春天还会远吗？"顾名思义，可以理解为："冬天过去了，春天也就近了。"冬天除了有美丽的雪景外，几乎没有人能说出冬天的其他优点。过低的温度、凛冽的寒风，把手脚冻得冰凉。另外，冬季时间长，需要面对的困难总量必然多些。好比我们在漫长的人生征途中遇到的困难不容易度过一样。所以，我们要度过难熬的冬天必须依靠坚强的意志。而暖和的、生机勃勃的春天就在胜利的彼岸，只有经过了那些苦难，才能到达幸福的地界。所以说冬天过去了，春天也就近了。

点评：

这篇即兴评述过于简略。它只是简单地解释了题目，虽然不能说错，但未免枯燥；只是就事论事，没有延伸评论。这篇即兴评述应该加上事例和抒情。考场上每一次说话的机会都要紧紧抓住，充分展示自己，这样才有可能被录取。本题考查考生的想象力。如果不在这方面大做文章，是难以拿到高分的。

范例二

参考评分：80

我喜欢把冬天比作困难和挫折，喜欢把春天比作成功的彼岸。我们都知道冬天是个十分寒冷的季节，外面刮着寒风，下着暴雪。在那个让人讨厌的季节里，很多人喜欢待在家里，坐在暖气旁，上上网，打打游戏。对于喜欢春天的人来说，漫长的冬天无疑是难熬的，就像一些没有经历过失败的人，首次面对困难和挫折一样。就用我学播音主持这件事来谈谈我对"冬天来了，春天还会远吗"这句话的理解吧。刚开始学习播音主持的时候，我不懂得怎么写自我介绍，不懂得如何用词，不懂得如何介绍自己的长处，不懂得怎么用气息发音，不懂得怎样才能使朗读的情绪更饱满一些。在后来的自备稿件朗读时，我不懂得如何把感情投入到里面，用自己的心来感受文章、读文章。再到后来的即兴评述，我刚开始也是一窍不通，不知道怎么解决这个问题。这些都是我遇到的困难和挫折。刚开始的时候我没有勇气面对这些困难和挫折，不懂得如何让自己变得更好一些。后来，经过自己的摸索和尝试，我慢慢找到了方法。面对困难的时候，我们不应该逃避，应该直面这些问题。困难和挫折人人都会遇到，人生不是一帆风顺的，都会遇到大风大浪，就像歌曲《共铸中国梦》里唱的那样："满怀豪情，领略浩荡的风，历经坎坷我们才会荣辱与共。"人生总会遇到坎坷，经过坎坷，才会看到希望，才会成功，正像雪莱的诗句说的："冬天来了，春天还会远吗？"在困苦中不要放弃希望，要满怀斗志。胜利的那一天终究会到来，所以我们应该直视困难，勇往直前，拥抱春天。

点评：

这篇即兴评述略好于范例一。这位同学讲述了遇到困难和克服困难的过程，最后引用歌词证明观点，效果很好。如果能简单唱一下就更精彩了，但要注意此时的唱歌是叙述中的唱歌，不是真实的舞台演唱，所以不能太夸张，那样会显得突兀。

题目十：个性

题目分析：

这又是两个字的题目。构思布局时，你可以在题目上加上修饰词，比如我喜欢的个性、我不喜欢的个性、我理解的个性等等。本题不难，可扩展的地方很多。怎么保持个性、个性应该怎样张扬等，都是很好说的角度。在这个张扬个性的年代，个性却是目前社会的稀缺品质，尤其是对于艺术。如果你了解这些，这个题目不仅可以说得精彩，而且可以说得深刻。

角度参考：

1. 怎样成为一个有个性的人？
2. 有个性的生活才精彩。

范例一

参考评分：88

什么是个性？个性是在一定的社会条件和教育影响下形成的一个人的比较固定的特征。每个人都有个性，鲜明的、独特的个性容易给人留下深刻的印象。此时，我想到了现在流行的女神和女汉子。比较女神和女汉子，我更喜欢的是女汉子。女神无疑是端庄、美丽、儒雅、智慧的象征；而女汉子更多地表现为简单、粗暴，扎一个小马尾，可以在男士中间肆意地欢笑奔跑。有人说现在的男性变弱了，我觉得不是男生变弱了，而是现在的女生太强势了。我认识一个女生，她做班里的体育委员四年了，没有太多的矫揉造作，一贯是简约大方。那也是一种美。通过她，我也感觉出来，现在男性需要多了解那种简简单单、大大方方的女孩。陪女神逛街，女神可能逛一个下午都没有看上一件衣服。而女汉子会带着你满街乱逛，从吃的到穿的，大包小包，很快就收拾好了。女神是特别端庄又会做家务的；而女汉子则有男性的风格，能够照顾我们。我觉得现在的男性更喜欢女汉子类型，所以我觉得个性是最重要的。

后来，我又思考为什么大家喜欢个性。我觉得这和每个人的爱出风头的心理有关系。就像穿衣服一样，大家都想穿有个性的衣服，不喜欢穿和别人一样的衣服。大家都想与众不同，这也是大家追求个性的原因吧。

个性虽然很好，但是也有副作用。如果穿得与众不同，老是和女汉子一起玩，很多保守的人就会说闲话，这就是个性的代价。但是，我还是喜欢个性，因为那种与众不同的感觉真的是很美妙的。

点评：

这位考生找了一个新颖有趣的例子，例子符合学生身份，论述也清楚。这篇即评的缺点是对个性的分析和解释不足。大家要记住重点不能浅尝辄止，一定要深入展开。

范例二

参考评分：88

个性是什么呢？个性就是与众不同。为什么是与众不同呢？因为我是我，你是你。就像世界上没有两片相同的叶子一样，我和你也是不一样的。我们要珍惜这种差异，就是说要保持自己的个性，做一个与众不同的人。

现在有些人把头发染得五颜六色，耳朵上扎了好几个孔，甚至我们班还有男同学小小年纪就开始抽烟，他们认为这是个性。我不这样想，我觉得这不是个性，这是哗众取宠。那什么是个性呢？个性是对事情的不同理解，来自于内心，来自于自己的知识结构。个性是不人云亦云，是坚持自己的想法。

对于我们学播音主持的人来说，个性就更加重要了。我觉得许多成功的主持人都有自己鲜明的个性，比如崔永元的冷幽默、谢娜的诙谐搞笑、白岩松的深刻，还有我最喜欢的主持人朱军。我觉得朱军像邻居家的大叔一样，让人感到亲切。正是他们的个性让他们如此成功。

我要做一个有个性的主持人。我觉得我的个性是时尚、前卫。我觉得我适合做一个综艺节目的主持人。我要坚持我自己的风格，朝着梦想努力奋斗。

怎么做一个有个性的主持人呢？我觉得还是要多读书，多思考。当你的知识储备比别人多的时候，你对事情的观点就会和别人不一样，这时候个性就显现出来了。这才是真正的个性，虽然它并不容易，但是我认为只要有恒心就一定能实现。

点评：

这篇即兴评述的开头比较新颖，很吸引人。即兴评述有个精彩的开头就有成功的一半可能，会给考官留下好的印象。如果考生有精力，一定要在备考的时候设计一个好的开头。这篇即兴评述也比较深刻，更像一种成人的即兴评述。这些都是加分之处。

练习：

1. 窗。
2. 手。
3. 草。
4. 诗。
5. 风。
6. 门。
7. 假如我有一百万。
8. 颜色畅想曲。
9. 幸福的感觉。
10. 10年后的我。
11. 减少10岁。
12. 生旦净末丑。
13. 我想飞。
14. 路的尽头鲜花盛开。
15. 世界那么大，我想去看看。
16. 最熟悉的陌生人。
17. 话筒。
18. 假如世界上有超人。
19. 承受。
20. 0。
21. 一。

22. 24。
23. 蓝天。
24. 矿泉水、打印机、拖把。
25. 方便面、手表、飞机。
26. 奶奶饺子赞。
27. 窗帘、闪电、孤独。
28. 世界上最美的语言。
29. 太阳。
30. 战争。
31. 赤橙黄绿青蓝紫。
32. 2-1=？
33. 亲人。
34. 孙悟空、猪八戒、唐僧、沙僧，如果你是领导你会选择谁做员工？
35. 假如你有时空穿梭机。

第四节　时事类即兴评述

　　这是常考的一类题目。此类题目可以全面考查考生的素质，看考生有没有当主持人的潜质。主持人是新闻媒体里的重要一员，关心时事、了解时事是分内之事。了解了这些，你就知道这类题目的重要性了。考生不能两眼只盯着课本，还要关心国家大事、社会热点甚至包括经济新闻等，比如某校的即兴评述题目"说说三沙市所在省份和海域，并说出它在我国的战略意义"。很多同学不知道三沙市在哪里，自然也就没法回答。这样千辛万苦准备的一场考试就泡汤了，只能无奈地和这所学校说再见了。

　　时事类题目比较复杂，一般出自当年的社会热点，范围非常广泛，有的是关系国计民生的大问题，也有的是琐碎的小事。这类题目可以从道德、法律、经济等角度分析。很多同学一看到这样的题目就不知所措，觉得处处是角度，却又不知道哪个角度好，千言万语无从说起。这就要求考生有判断能力，从线索中分清主次，找到问题的本质，这是此类题目的难点所在。

　　时事类的题目也有窍门。此类题目多是当年的社会热点，媒体上都进行过充分的讨论，如果考生关心时事，很容易提前接触到。建议大家平时多关注新闻，尤其考试期间的热点新闻要格外留意。考生一旦在考场上遇到曾经看到过的题目就会说得很好。在众多的时事类热点事件中有几类是出题率比较高的：第一类是和学生生活较近的教育类新闻，第二类是关于文艺工作者素质的新闻，第三类是改革类的热点话题，第四类是关于社会公德的话题，第五类是经济话题。这几类新闻考生要格外留意。

考生要留意一些关键的数字和观点，用上这些就可以增加说服力，不要一看到这个题目之前练习过，就忙着回忆，然后在考场上背诵出来，这是大大的错误。考生应该记住提纲和要点，在考场上自然地说出来。

教师提醒：

对于教师来说，对此类题目主要是培养同学们的兴趣。要让同学们明白播音员、主持人属于传媒行业，而新闻又是传媒行业最重要的部分；要想成为合格的播音员、主持人必须关注时事，博学多才。至于备考方法，它和其他类型的题目并没有太大区别，同样是根据现象找主题，然后展开评述。

时事类题目还有一个大问题需要引起注意。有的同学在培训班学会了一定的技巧，知道每个问题都能从社会、政府、家庭等角度展开论述，就每个问题都这样说。这样做的恶果是显而易见的，考场上许多人都按照这个套路说一遍，各个角度都涉及，看似全面，实则空洞无物。教师要引导学生在掌握方法的同时，善于抓住主要矛盾，有详有略地评述，这样问题就解决了。

对时事类题目，同学们还有一个容易犯的错误，那就是抓不住重点。面对一个问题，考生能找到很多理由，但是不知道哪个是最重要的，结果就眉毛胡子一把抓，把所有的理由都说上去，结果最有价值的理由淹没在一大堆无关紧要的理由中间，发挥不了应有的作用。这时候教师要告诉学生们先说最主要的理由，然后说次要的，防止考官一听感觉不靠谱就喊停。

题目一：该不该禁止广场舞

题目分析：

这是近几年的热点话题。广场舞是好是坏，一直是众说纷纭，没有定论，尤其是广场舞扰民这个死结很难解决。怎么样在健身的同时又不影响他人呢？这是个问题。大家可以从社会、家庭、个人、法律、民俗等方面展开评述。评述要贴近生活，最好提出具体措施。提出的观点最好新颖、独特、实用，大家都说到的陈词滥调，说了还不如不说。语不惊人死不休，艺考生也应该有这样的追求。

角度参考：

1. 不该禁止广场舞，要想个万全之策，解决健身和扰民的矛盾。
2. 应该禁止广场舞，不能自己跳得高兴，影响他人的权利。

范例一

参考评分：82

我觉得不该禁止广场舞，因为它给大家带来了快乐，是一种健身娱乐的方式。现在，随着科技的发展和电视娱乐节目的兴起，很多人喜欢在家里上网、打游戏、看电视，老年人也喜欢在家里凑在一起打打牌，但是这种方式并不利于他们的健康。所以，社会上慢慢兴起了以佳木斯广播操为代表的广场舞。跳广场舞有利于身心健康，所以我们高中生也要跳广场舞。高中生整天在教室里，闷头学习，盯着黑板，看着课本，也不愿意出去活动，所以学校也让我们跳广场舞。刚开始跳的时候，很多同学认为那些动作很搞笑，不愿意去。但是随着时间的推移，很多同学喜欢上了广场舞，因为它很有趣，让自己多运动运动，能增强自己的体质。记得在宋丹丹演过的一个小品中，宋丹丹还给那个不喜欢出门的人出主意，让他多出门去跳舞。现在到处都是广场舞。我觉得广场舞有很多好处：它可以增进老年人之间的感情；那些单身的老人有可能就找到了自己的另一半，从而展开一段黄昏恋呢；适量的运动，可以预防心脑血管疾病，防止老年痴呆症的发生。在这之前，许多老年人总是喜欢待在家里，也就是打打麻将，那样容易生病。所以老年人就喜欢上了跳广场舞，那也是他们的一种爱好。跳广场舞，有人认为是扰民，但是他们可以去指定的地方去跳，比如体育公园、广场。如果老人喜欢在小区里跳广场舞，那么可以规定他们跳广场舞的时间，这样就不会扰民了。

点评：

本篇即兴评述用自己的经历说明了广场舞的好处，而且提到了春晚的一个小品，这些都是很好的方法。这篇即兴评述最后对广场舞存在的问题给出合理化建议，也比较具体，这一点非常棒，如果语言再生动一些会更好。

范例二

参考评分：80

我觉得应该禁止跳广场舞，因为它噪音比较大，影响了其他人。现在的上班族起早贪黑比较累。晚上跳广场舞的声音那么大，真的影响了他们的休息。有些心急的人下楼跟跳广场舞的人吵架，还发生了肢体冲突。另外，就是高考的时候，人家在家里复习功课，他们在跳广场舞，真正是影响了学习，有可能耽误了考生的前途。

还有，有些人在人行道上跳广场舞，这样容易阻塞交通，不利于人们的出行，要是有救护车那可就麻烦了。很多老年人跳广场舞是因为时间充足，没事做。跳舞呢，有利于健康，是好事，但是我觉得也可以换一个玩法。这说明老年人的娱乐方式太少了。我认为国家应该多建设一些针对老年人的娱乐设施。比如，多建一些老年人社区娱乐中心，供老年人休闲。作为老年人呢，也可以换一种娱乐方式，比如去打打太极拳，和老伴一起遛遛狗、打打牌、喝喝茶，这样也很不错。太闲的老年人多是些空巢老人，子女们很少回家看望他们。那么作为子女的就应该常回家看看，这样也有助于老年人的心理健康。

跳广场舞还有其他的坏处。有一天，我看见两拨跳广场舞的大妈在广场上骂架，话说得很难听，据说是因为争地盘。老年人应该心平气和，这样才有利于健康。吵架很不好，为跳广场舞吵架不值得。如果没有广场舞就不会吵架，所以我觉得应该禁止广场舞。

那应该怎么禁止广场舞呢？我觉得这需要有关部门出台相关措施，就像处理占道经营那样禁止在不当的地方跳广场舞。这样做了，我想一定能收到很好的成效。

点评：

这是一篇比较有人情味的即兴评述，指出广场舞的弊端，并且给出了解决的方法。不过简单地劝说老年人放弃跳广场舞是有些极端的，或许还有折中的办法。

题目二：你怎么看常回家看看被写入法律，不常看望老人将属于违法这件事

题目分析：

分析题目不仅要考虑题目本身，还要考虑社会背景。常回家看看本来是正常的事情，怎么会被写进法律呢？这说明常回家看看的人少了，而且是非常少了，所以才会被写进法律，采用立法的形式来规范。那么不回家看望老人的原因是什么呢？是什么战胜了亲情呢？大家很容易想到是事业，是功利。问题的关键找到了，就是亲情和事业的矛盾。许多人为了事业放弃了亲情，这时候就能说即兴评述了。但是，如果再深入思考还是可以继续挖掘的。出台了法律，真的管用吗？怎么执行呢？如果不管用那该用什么方法呢？这又是一个层次。当然，考生也可以从源头入手，把问题理解为养老问题。

角度参考：

1. 不合适，因为这项法律很难执行下去。
2. 支持，现在不回家看望父母的儿女很多，立法能遏制这种现象。

范例一

参考评分：83

国家颁布法律条文规定不常回家看望老人属于违法行为，我认为是非常有必要的。有这样一首大家耳熟能详的歌曲，歌词大致是这样的："常回家看看，回家看看，哪怕帮妈妈刷刷筷子洗洗碗……"平凡质朴的语言，字字包含了父母的殷切期望和子女对父母的爱。近几年来，随着科技的发展和时代的进步，越来越多的人为了生活而外出工作。工作的忙碌导致他们没有时间回家看望父母，许多在外面打工的人往往几年不能回家一次。老人在

家里想念孩子，终日以泪洗面也没有办法，所以社会出现了越来越多的空巢老人。空巢老人，一般指子女离家后的中老年夫妇。曾经看到这样一则广告：两位独自在家的老人在除夕夜的时候，做好了一桌菜等着儿女们回家吃团圆饭，但是等来的却是一通电话："妈，我不回去了，工作忙。"这则广告的主题就是关爱空巢老人。工作再忙也要抽出时间经常回家陪伴父母。上了年纪的人最害怕的就是孤独，虽然他们嘴上不说，但是心里肯定是很难受的。我们不能让含辛茹苦把我们养大成人的、最爱我们的父母盼望与儿女相聚的愿望落空。国家这样的做法，不过是提醒我们要时刻记得关心自己的父母。所以，我认为这个法令颁布得好！

点评：

这篇即兴评述观点明确，叙述清楚，别出心裁地用了流行歌曲和公益广告两种形式讲述了回家看望父母的重要性，语言生动准确。这篇即兴评述虽然有点流于表面，但是情真意切，依然是一篇较好的即兴评述。

范例二

参考评分：85

我不赞成把常回家看父母写进法律，因为这样没有用。试想，哪个父母会因为这件事情把孩子告上法庭呢？父母都是爱孩子的，所以这样做是无效的。

出现这样的问题，我觉得应该有深层次的原因。每一个孩子一定是爱他的父母的，他也一定是想常回家看看的。但是，是什么原因让他不能常回家看父母呢？可能是工作忙、压力大。为什么工作忙、压力大呢？因为大家的欲望太强了，每个人都想着开好车，住大房子，不然就会被别人看不起，所以大家就努力工作，拼命挣钱，忙得连回家看望父母的时间也没有了。我觉得这是原因之一。其实，钱是挣不完的，多少算多呢，有些人挣了不少钱还想挣更多的钱，这样的欲望是无止境的。人应该知足常乐，工作之余常回家看看牵挂着自己的父母。

很多人不能常回家看看和现在的城市也有关系。现在城市很大，回家一次很麻烦，加上堵车又会耽误不少时间，所以许多人不愿意常回家。有的人经常往家里打电话，有的人甚至电话也不打，这让老人很伤心。还有人为了事业出国去了，到很远的地方去了，几年都不回来，甚至发生了老人已经去世很久才被发现的惨剧。这是为什么呢？还是因为有的人为了事业舍弃了亲情。

试想，如果有一天，人们评价一个人成功的标准不是有很多钱，而是看他是否孝敬老人，也许这样的法律就没有存在的必要了。如果不是这样，即便有一万条法律强制孩子回家看父母，也是没有用的。

所以，我认为要解决这个问题，关键还是在于孝心的教育和社会风气的转变，而不在于出台什么法律。

点评：

这篇即兴评述的亮点在于考生的推理能力。他抽丝剥茧一样找到问题的根源，最后说到了判断成功的标准。这一点很深刻，听了让人信服，要比空泛地喊口号有用得多。对于即兴评述来说，无懈可击的结论是最难得的。

题目三：高考是唯一出路吗

随着高考的临近，考生和家长的压力越来越大。日前，天才作家天蚕土豆（原名李虎）为广大备战高考的学生撰文，直言"并非劝大家放弃高考，但希望以自己的经历向大家证明'高考不是唯一出路'"。高中辍学的天蚕土豆凭借网络文学一举成名，如今身价过亿，其言论引发巨大关注。

请对此发表你的观点。

题目分析：

还是先从材料中找出它的基本观点吧。本则材料给出的观点是"高考不是唯一出路"，大家支持或反对这个观点皆可。文中的重要论据是天蚕土豆的身价，这也是论点之一。支持的可以说，不上大学一样能成富翁；反对的可以说，不能以财富衡量成功。高考的话题很多，此题目也不新鲜，关键是要找到有力的证据。就本题来说，可以从多个角度分析，比如李虎的成功是否是个别现象，什么样的路才是成才之路，等等。

角度参考：

1. 我支持天蚕土豆的观点。他用亲身经历证明了条条大路通罗马，高考不是唯一出路。只要努力，每个人都能找到属于自己的一片天地。

2. 我反对天蚕土豆的观点。宣传高考不是唯一出路，容易让人产生逃避心理。如果遇到困难就说这不是唯一出路，那怎么能行？

3. 虽然我觉得天蚕土豆说的有道理，但是我还是认为高考是最好的出路之一，考上大学，学了更多的知识，找到好的出路会更容易一些。

范例一

参考评分：75

我完全同意天蚕土豆的观点，我认为高考本就不是唯一的出路。天蚕土豆的经历和成就很好证明了这个观点。这样的例子多得数不胜数。许多的运动员都没有经过高考，不也成了奥运冠军了吗？其次，很多人都觉得上个好大学，拿个好文凭，才能找到好工作，才能有好的前途。但是，事实上，大学只是一个提前感知社会的地方，文凭只是求职的敲门砖，真正能让你在社会和职场立足的还是个人的能力。为什么有那么多人迷信高考是唯一的出路呢？根本还是职场对学历的认可高出了对能力的考查。只有社会更加重视能力，重视对职业技能的培训，高考才能不这么残酷，也不会被认为是唯一的出路。事实上，高考本来就不是唯一的出路。现在，我们国家的教育也正在努力朝职业技能这个方向转变。

点评：

这篇即兴评述观点明确，思路清晰，句句都说到了点子上。作者认为文凭不能和能力画等号，这个观点是正确的。这篇即兴评述美中不足的是缺少事例证明。作者还是缺乏积累，好遗憾！亲爱的读者，你能帮他找个例子吗？

范例二

参考评分：75

看到作家天蚕土豆的观点，我想到了很多。我想到了自己和全国无数"立雪寒窗十余载"的高中生。大家都知道高考是人生的一个转折点，但高考真的是我们唯一的出路吗？

我想，高考当然不是唯一的出路。就像天蚕土豆，高中辍学之后凭借网络小说成名，最终也走向成功。这让我想起了中央电视台节目主持人朱军老师。他没有经过高校的专业训练，但最终也取得了巨大的成就。

虽然这些例子都告诉我们高考并不是唯一的出路，但高考就真的不重要吗？高考无疑是对我们十几年学习成果的一个检验，我们真的可以随意用"高考不是唯一出路"这个理由来逃避这样的检验吗？天蚕土豆和朱军老师的例子虽然说明了不经历高考，依然能够走向成功，但放眼全国这样的例子毕竟还是少数。

高考不是唯一的出路，但如果很多人放弃了高考，那么恐怕他们从此走上的是一条比高考更加坎坷的道路。我们看到了朱军老师今天的成功，但谁又真正了解他在成功路上所经历的磨难。我们看到了天蚕土豆今天的光鲜，但谁又真正懂得他在成功路上所经历的坎坷。

所以，高考虽然不是唯一的出路，但却是我们所能选择的最好的"路"。

点评：

这篇即兴评述用的是推理式的方法，是在最后提出自己的观点。这篇即兴评述最大的优点是贴近实际，用朱军的事例证明观点，情真意切，最后的结论也比较扎实。如果结论能再拓展一下会更好。

题目四：裤裆里藏了什么

新近播出的一部抗战题材电视剧中，男女主人公居然演出了一幕监狱调情、裤裆藏雷的荒唐闹剧。此前的某些电视剧还出现了"手撕鬼子""化骨绵掌"等盖世武功，渲染尼姑与八路军干部暧昧的情感纠葛，甚至上演了一位少年用弹弓对抗鬼子的手枪并击穿鬼子身体的离奇情节。这些"神剧"还制造了许多令人啼笑皆非的台词,如"同志们,八年抗战开始了""我爷爷九岁的时候就被日本人残忍杀害了""八百里开外,一枪干掉鬼子的机枪手"等等。

请对这一现象发表你的看法。

题目分析:

本题考查的是怎样看待"戏说历史"这种现象。这类题最常见的解答思路是:先描述现象,然后找出原因,最后提出改进方法。就本题来说,一般的观点是反对过分戏说历史。能证明这种观点的例子很多,出现这种情况的原因也不难找。这些原因归纳起来也不外乎这几条:首先是编剧素质差,不了解历史;其次可能是制片方只顾吸引眼球,不管基本的逻辑是否合理,篡改历史,赚取收视率;最后是管理部门审查把关不严。改进方法也不难,即加强监管和教育。如果考生想获得高分可以再拓展一下。这样戏说历史的作品其实不仅存在于电视剧当中,许多小说、话剧也这样干。考生可以从其他角度从更深层次寻找原因。某年,春晚上有多个小品就抨击了这种现象,拿来做例子就非常好。

角度参考:

1. 历史不容戏说,艺术创作也要尊重事实,这样才能诞生出好作品。
2. 有关部门应该加强对文艺作品的审查。

范例一

参考评分:70

我认为"抗日神剧"的出现不符合客观实际,因此造成了观众的各种吐槽声不断。抗日剧播出的重大意义就是让国人勿忘国耻。但是"抗日神剧"的出现却使得这个意义出现了很大的改变。尽管"抗日神剧"给我们带来了一些戏剧性的变化和娱乐,但是我相信有理性的观众朋友们是不大喜欢看的,因为它们把很严肃的事情搞得很娱乐化,违背了基本的常识,这样抗日剧的目的就达不到了。如果我们没有把近代中国的屈辱历史牢牢记住,没有记在骨子里,那么"落后就要挨打"的悲剧就会在中国重演,"东亚病夫"的称号有可能再次降临到我们头上。因此,尊重历史,勿忘国耻,不要再出现"抗日神剧"了,还原历史本来面目比各种离奇的情节更有力,更深入人心。

那么,怎么杜绝这种现象再发生呢?我觉得广电总局应该加大审查力度,不合历史事实的历史剧,不予审批通过。我们知道每部电视剧开拍之前都是需要审批的,我觉得应该从源头上入手,一旦看到这样的剧本就不能让他拍。这样观众也就看不到那些胡编乱造的东西了,恶劣影响也就不会发生了。此外,编剧也要提高个人素质,对艺术的追求高一点,不能什么剧都敢写,更不能胡编乱造;编剧们要深入生活,多采访,多了解,这样才能写出好剧本,导演才能拍出大家都喜欢看的电视剧来。我觉得只要抓住这两条就能让这些

"抗日神剧"没有存在的市场,就能给观众一个干净的银屏。

点评:

这篇即兴评述观点明确,思路清晰。它分析了现象产生的原因,而且从观众的角度对现象进行批驳。这篇即兴评述第一段最后一句尤其精彩。美中不足的是,内容太少,这是考生常犯的错误。想解决这个问题也不难,只要考生多说细节,内容就会丰富很多。大家可以尝试一下,很灵的。

范例二

参考评分:75

这种"抗日神剧"出现的原因不外乎这几点:一是近几年来日本和中国不断的政治摩擦严重影响了国人对日本的态度,使这些电视剧有了群众市场;二是一些导演和编剧为了提升知名度,迎合大众的口味,蜂拥般地拍摄一些以抗日为题材的影片;三是一这些导演和编剧为了使自己的电视剧在同类型的影视剧中更吸引人的眼球,随意地添加了一些情节,如手撕鬼子、化骨绵掌等等。自然,这类情节并没有合理的事实依据,比如八百里开外开枪干掉鬼子的机枪手。常识告诉我们,现在也没有哪种枪的射程会超过八百里,更不用说抗日战争时期了。同时,让人百思不解的情节是裤裆里藏手雷,只为了自杀。这种无脑情节的加入,也使得这类"抗日神剧"的质量每况愈下,夸张点说人们都是不敢直视了。从这些情节上来看,它们已经完全脱离了抗战片的国防教育意义,只是为了哗众取宠而拍摄的"雷剧"而已。

在我看来,抗日题材电视剧的拍摄,一定要立足史实,并且根据当时的情境设定合理的情节,这样才可能有教育意义。同时,编剧也应该遵守职业道德,不断提高自己的科学知识和历史知识,这样才不会出现诸如"八百里开外开枪干掉鬼子的机枪手",以及"八年抗战开始了"的不符合生活常规和历史现实的情节和台词。只有这样才不会出现误导观众的"雷剧",影视剧才会真正起到文艺作品应有的作用。

点评:

这篇即兴评述采用夹叙夹议的方式,语言风趣幽默,而且指出了抗日题材剧应该怎么拍摄。虽然没有什么新奇的观点,但是完整流畅,也算不错。本篇即兴评述引用了题目中提到的细节,比较切题。如果你遇到不会说的题目,说不够三分钟,不妨采用这个方法。

题目五：如何看待中国人过洋节

题目分析：

这也是艺考常见的题目。中国人热衷过洋节和中国小区热衷取外国名类似，说法也差不多，但本题更自由。支持者可以说，中国人过洋节，使国人多了一个快乐的理由，商家也借机发财，何乐而不为呢？反对者可以说，这是文化的不自信，中国人应该过中国节，国家应该加大中国传统节日文化的内涵宣传，发掘一些适合年轻人参与的活动。这样的题目不难，关键是要情真意切，说得全面而生动。

角度参考：

1. 支持。大家只是多了一次快乐的机会，有利于和国际接轨。
2. 反对。应该注重对传统文化的保护和传承，建议过中国节日时放假。

范例一

参考评分：78

我支持过洋节。中国的发展需要创新。对于外来的节日，我们要取其精华，去其糟粕，而不是一味排斥。比如从外国流入的情人节，想必大部分的中国情侣都会过这个节日；比如母亲节，一个非常温馨的节日。中华民族是个重视孝道的民族，尽管我们无时无刻不在进行这个孝心的教育，但对孝心的表达仍没有形成一定的气氛。母亲节专门为远方的游子、膝下的子女们提供了表现孝心、感恩母爱的机会，这不是很好吗？

过洋节也可以促进朋友之间的友谊。比如，每年的平安夜，同学们都会互相送礼物，这会拉近朋友们的友谊。过洋节还会让人放松。现在人们的工作忙，压力大，平常很难有机会聚在一起。而过洋节则可以让大家坐在一起聚个餐，而且还可以一起玩一玩。过洋节还可以拉动经济的增长。比如，平安夜的苹果、母亲节送的花、父亲节送的礼物，还有超市的打折促销活动，都可以拉动经济的增长。洋节也一样能营造一个温馨祥和的社会氛围。现在过年不让放鞭炮，年味也是越来越淡了，很多人过年都不回家。母亲节、父亲节有很多卖花的，可以买一束送到父母面前；哪怕没花也可以聊一聊，拉拉家常。作为新时代的我们应该紧跟这个潮流，所以我支持过洋节。

点评：

在这篇即兴评述考生列举了过洋节的优点：促进友谊、促进经济、促进感情等，略显随意，总起来说还算不错。如果再进行适当的归类，效果会更好。

范例二

参考评分：80

我反对过洋节。我认为中国人应该过中国节，尤其是在西方文化大肆流行的当代，更应该珍爱自己的文化。作为一个年轻人应该过中国节，而不是洋节。

据我了解，很多人过洋节都是凑个热闹。他们根本不知道什么复活节、感恩节的真实含义，只是看人家过，他也过。这样的节过得稀里糊涂，没有一点儿意思。

过洋节其实更多是商家为了促销搞得噱头。他们才不在乎过什么节呢，多卖出点东西才是他们最高兴的事情。而商家有时候也不是真的打折，有的东西比不打折的时候还贵呢，这样的节不过也罢。

我还是觉得中国人应该过中国节，因为这是传承中华文化的最好方式。比如端午节，我们了解了屈原的爱国情怀，潜移默化之间就受到了很好的爱国主义教育。再比如中秋节，合家团圆的日子，这也让我们的家庭关系更加和谐。这些都是中华文化的重要组成部分。正是有这些中国节的存在，我们的文化才得以发扬。

诚然，在某些方面，我们的中国节可能由于宣传的问题，抑或趣味性不足的问题，显得不是那么热闹有趣，没有如西方的圣诞节那么热闹。但是现在这种现象已经有了改观。中央电视台录制了很多关于中国节的公益广告，对中国节的内涵作了很好的宣传和普及。我相信只要我们共同努力，中国节一定会得到越来越多人的喜欢，也会有更多的人爱上中国节和过中国节的。

点评：

在本篇即兴评述的第二段，考生一语中地地指出很多人过洋节只是凑热闹，用有力的证据证明自己的观点，这在考场上非常重要。大家应该尽早说出最有力的论证，因为考官有可能随时喊停。

题目六：如何看待短信拜年替代贺卡拜年

题目分析：

这个题目实际上问的是科技和传统的关系，这是个很大的命题，每年都有类似题目。一般来讲，传统和科技有一定的对立关系，但也有互补的关系。我们的宗旨是在享受科技便利的同时，不能让人成为技术的俘虏。题目选取了生活中的一个小现象让大家思考。从传递真情实感上来说，传统贺卡确实占据优势：熟悉的笔迹、可以储存的贺卡，都比一条简单的短信更让人印象深刻。但是，从节约资源和快捷度上看，传统贺卡又不如发短信。你觉得哪样更好呢？

角度参考：

1. 短信不如贺卡。过年的时候许多祝福的短信都是转发的，根本分不清是谁写的，这样的祝福没有意义。
2. 短信是科技的进步，是无法阻挡的，有利于节约资源和保护环境。

范例一

参考评分：85

首先，我觉得短信拜年比贺卡拜年更有优势。可能有人觉得，贺卡拜年比短信拜年显得真诚。但是我觉得如果两个人关系非常好，就算是发一条简短的短信，对方也会感觉到温暖的。相反，如果两个人如果关系不好，就算是写满一张贺卡，对方也不会感到温暖，只会觉得虚伪。所以，传递祝福，手段并不重要，重要的是两个人的感受。

还有，短信拜年比写贺卡拜年更有利环保。我们知道，贺卡是纸做的，纸是树造的，而且贺卡的纸都是好纸，少寄贺卡就等于保护了很多树木。这不是更有利于保护环境吗？

寄贺卡还浪费时间。它需要写，写好后需要找邮局投递。我们发短信多方便啊，不出家门就可以发出去。

我觉得科技的进步是无法阻挡的。据统计，自从有的了短信拜年，贺卡的发行量就少了很多。这就证明更多人选择了用短信拜年，而不是费时间、费精力的贺卡拜年。正是因为短信拜年有很多的好处，大家才会选择用短信拜年。

总而言之，短信拜年是科技进步的表现，是大势所趋。

点评：

这篇即兴评述从手段和目的两方面来比较短信拜年和贺卡拜年的优劣，很新颖，也很有深度。第二段从环保和便利的角度来分析彼此的优劣也比较接地气，让人耳目一新。

范例二

参考评分：82

我觉得短信不该替代贺卡拜年，因为它不仅不能带来祝福，还会造成麻烦。首先，过年互相问候应该是真诚的，发自内心的。以前，我们过元旦的时候，朋友们之间要互相寄送贺卡，表达祝福。那时，我会精心挑选合适的图案，用心构思祝福语，工整地写下来，满含深情地寄出去，满满的都是思念和祝福，脑海里闪现地是她的身影，想象的是她收到贺卡时候高兴的样子。而现在，自从短信拜年流行起来之后，我就觉得这是一件让人烦恼的事情。到了除夕，手机的短信提示音就响个不停，想好好地看个电视节目都很难如愿。再说那些祝福语吧，大同小异，一看就是群发或者复制、粘贴的，有的人连名字后缀都不改就发过来了，结果搞不清楚谁给谁发了短信，越看越糊涂。回复祝福短信成了负担，真的是不堪其扰。这里面祝福的含量已经很少了,剩下的只是任务和无聊。

记得春晚有首歌曲《群发的短信我不要》,说的就是这个事情。当时,我听了就很有触动。科技是带来了一定的便利,但是我们不能为了发短信而发短信,而应该想想为什么发。在这个方面,贺卡是大有优势的。我收到朋友贺卡的时候非常高兴,和收到短信时候的心情和行为大不相同。收到贺卡后我也会把贺卡珍藏起来,因为那是岁月的美好记忆。所以,我真诚地呼吁:如果你真的爱你的朋友,请给他寄一张贺卡吧,而不是发一条冷冰冰的短信。

点评:

这篇即兴评述细致地描绘了除夕夜人们收到拜年短信的情景,有力地指出了发短信拜年的缺陷,彰显了细节的力量。最后的呼吁也很好,很有气势。

题目八:怎样看待房祖名等明星吸毒事件

题目分析:

这是常见的考查艺人素质的题目,也是经常考到的类型,几乎每年都有这类题目,大家一定要重点练习这类题目。本题主要说的是艺人的道德自律问题,你也可以联想到富二代和星二代。总之,这个题目难度不大。

角度参考:

1. 艺人是青少年模仿的对象,每个艺人都要做一个德艺双馨的艺人。
2. 媒体要约束好自己。某些艺人借丑闻提高关注度,媒体不要推波助澜。

范例一

参考评分:78

评委老师好!我抽到的题目是"怎样看待房祖名等明星吸毒事件"。最近,报纸上说,被内地网友戏称的"负能量大剧"——《监狱风云》的主演名单又增加两位:一位是2011年台湾地区禁毒大使柯震东,另一位是内地禁毒大使成龙的独子房祖名。

说到吸毒,首先我认为吸毒就是错误的,不管是明星还是普通人,都不能吸毒。明星作为公众人物,要时刻注意自己的言行。因为公众人物在某种程度上有一种导向作用,所以他们的举止很重要。作为明星要懂得这个道理,不能把自己的言行等同于一般人,对自己放任自流。

我能理解那些明星大腕平时处在聚光灯下的压力比平常人大很多,能理解数不清的演出和高关注度让他们身心疲惫。我也明白任何人就算事业再辉煌如意也总有失宠而无人问津的一天。我也知道他们在工作中会面对各种各样的问题。我还知道他们作为明星，心里有苦，有的明星是因为一时的失落和无奈走上了吸毒这条路，我可以理解他们痛苦的心情。人犯了错不可怕，只要改正了，就一样能受到大家的尊重。可怕的是不知悔改，在错误的道路上越走越远，那就不好了。所以，我希望有关部门可以制定相关法律法规，严惩那些不知悔改的明星。我也希望社会多关心明星们的内心世界，更多地理解和关爱明星，不要再让这样的悲剧发生。

点评：

这篇即兴评述首先讲述了事件情况，然后判定吸毒是错误的，最后总结明星吸毒的原因是压力大，认识虽然略显稚嫩，但考虑到考生的年龄，也在情理之中。本篇即兴评述略短，内容再丰富一些会更好。

范例二

参考评分：70

玩微博的人肯定听说过"监狱风云"这个词语。这个词有着特殊的含义，有着强大的阵容，包括了知名导演张元，编导宁财神，歌手李代沫，演员高虎、柯震东、张耀扬，还有星二代的房祖名、张默。他们中的每一个人都是响当当的公众人物。明星是公众人物，其行为容易误导"粉丝"的行为，影响他们的价值观，特别是对是非分辨能力较差的青少年。在柯震东吸毒曝光以后，就有他的"粉丝"盲目地不断地为他打气、加油、辩解。"柯震东加油"甚至也被他的"粉丝"刷上了微博热门榜。在众多讨论中，有的"粉丝"居然还发出了"现在吸毒自首还来得及跟男神关在同一间吗""吸毒在国外又不是什么大事""他是自己吸毒，完全没有危害他人的地方"等"三观"严重扭曲的评论。在我看来，人生中犯错是难免的，有些错误是可以被原谅的，但有些是不能被原谅的，否则这种原谅只会纵容他们一次又一次地犯错误。"吸毒"不是犯错，那可是犯罪。

我们青少年要树立正确的人生观、世界观、价值观，要正确看待明星吸毒事件。我们不能仅仅因为他们曾经拍过几部不错的片子，或长相英俊，或收入丰厚，而把他们当成自己的学习目标和偶像。正如我上面说的那些，有些错误是可以原谅的，有些则是不可以的。我们要提高分辨是非的能力，正确选择自己的偶像。

点评：

这篇即兴评述的落脚点是如何选择偶像、怎样追星，核心是要明辨是非，观点正确，如果考生能在开头就点明观点会更好。但是，这篇即兴评述最后的论述略显空泛。

题目九：怎么看待上海外滩踩踏事件

题目分析：

这是某位同学列的提纲，我觉得还不错，供大家参考。

上海外滩踩踏事件：

（一）基本情况。

（二）引起反思：1. 政府管理（加大监督检查力度，防患于未然，包括台阶处应当采取防护措施）；2. 反思自己是否有自我保护意识，不要凑热闹，细微动作要注意；3. 商家要反思，不要盲目炒作，以免引发骚动。

（三）亡羊补牢为时不晚，我们的学校应该多开展防踩踏演练，强化心理素质。

角度参考：

1. 首先简单叙述事件，然后指明主要原因，即相关部门缺乏应急措施和提前预案。
2. 首先简单叙述事件，然后分条列出原因，再分项说明。

范例一

参考评分：55

评委老师好！我即兴评述的题目是"怎么看待上海外滩踩踏事件"。在过去的2014年年尾，发生了一件令人痛心的事——上海外滩陈毅广场发生了拥挤踩踏事件。据了解，造成踩踏事件的原因是上海外滩在2014年12月31日举行了元旦夜，带来了客流量猛增，观景平台上面的人下不去，下面的人上不来，双方发生人流对冲。为了避免这类惨案的再次发生，我认为我们的政府应当加强城市行政管理，我们的公民也应当提高自我安全意识。同时，人与人之间也要多一点宽容和理解。这样才能让我们的社会更加和谐美好！谢谢各位老师！

点评：

这篇即兴评述结构很完整，但是问题也很多。细节上，事实叙述不清楚。可能考生潜意识里认为考官应该知道这件事。另外，最后提到的原因太多，考生可以主要说一个点，其他略微一提即可。分析原因要说透，不要光说空话。最后的"宽容"和"理解"更是用词不当，属于胡乱联系。这和宽容、理解有什么关系呢？考生需要进一步学习。

范例二

参考评分：85

前些天，看到"上海外滩发生踩踏事件"这样一则新闻，我感到十分悲伤。这则新闻也引发了我的一些思考。

我亲身经历过非常拥挤的场面，现在想来还是心有余悸。记得在初中毕业的那个暑假，我和家人一起去故宫玩，早上去的时候还不算拥挤，到了下午从故宫出来要到公交站坐车，当时长安街和地铁已经封闭了，只能穿过天安门到前门去坐公交车。当时天安门广场的这段路，拥挤程度和元旦夜的上海外滩不相上下，基本上都是人挤着人往前走。天安门广场只有四个角有出入口，大家都朝这四个方向挤，喊叫声不断。如果当时有一个人弯腰或者倒下，后果就不堪设想了。后来回想一下，天安门广场几个出口分工都很明确——出口只出不进，入口只进不出。这样虽然非常挤，但是大家都是朝一个方向挤，不会出现对流，出事的概率就低了不少。

我相信很多人都去过上海外滩，那个观景平台高出地面几米，需要通过楼梯上去，平时，人少的时候出入方便，但人多拥挤的时候就容易出现问题。这些楼梯都没有隔离带，我认为这样上下的人就会发生人体对冲：如果一个人处在上下交叉的区域，身体同时受两个放方向的挤压，很容易就会倒下了。我认为上海外滩踩踏事件的主要原因是管理部门没有拿出相应的管理预案，只是侥幸地认为不会出事。难道之前那么多年元旦的拥挤没有给管理部门敲响警钟吗？其实方法很简单，这几个楼梯分好工，上的只能上，下的只能下，把人群疏散开来，就会避免出现踩踏事故。

同时，踩踏事件也反映出人们的素质问题。如果每个人都按照规则，不去互相推搡，那么死亡事件是不是也能避免呢？

所以，任何一件事情的发生都不是偶然的。对此踩踏事件，相关部门要做好预案，对人数作好估算，疏导好客流。避免拥挤才是防止事故发生的重中之重。

生命是宝贵的，我们也要在平时的生活中学会自我保护，珍爱生命。

点评：

这位考生语言平实，情真意切，细节生动，用自身的经历来提出避免悲剧发生的方法，可行性强，很不错。即兴评述有很多种，有的侧重抒情，有的侧重推理。本篇以论述细致见长。

题目十：春晚节目不允许有不良行为的演员出演，请就这个话题做即兴评述

题目分析：

这是常见的艺人要德艺双馨的话题。本题还有第二层意思，就是人犯错后是否给机会改正。考生可以说一个人犯了错只要痛改前非、改造成功就应该受到平等对待。也可以说人要对自己的行为负责，既然犯错了就应该接受后果。这两个角度都可以。考生如果能再提出提高艺人素质的建议，就更全面了。

角度参考：

1. 支持。最近艺人借丑闻吸引人们眼球的事件太多了，风气不好，此举可以杀杀歪风。
2. 反对。"人非圣贤，孰能无过。"应该本着治病救人的原则，给他们改过的机会。

范例一

参考评分：60

我支持哈文的"三不用"原则。所谓"三不用"指的是不用低俗媚俗的节目，不用格调不高的节目，不用污点瑕疵的演员。大家都知道当下很多明星靠丑闻出名，他们站在舆论的风口浪尖，凭借传播媒体强大的力量而获得名气。但我认为每一个从事艺术事业或者学习艺术专业的人都应该是德艺双馨的。他们不但要有深厚的艺术修养，还要有良好的个人品德，而且应该靠自身的专业实力和艺术造诣来获得名气和成功，而不是靠歪风邪气的丑闻和低俗的行为来夺人眼球。每一个艺人都应该德才兼备，只是有"才"不行，还要有"德"。因为有良好的品行修养才能在艺术道路上走得长远，走得踏实。对我来说，我希望通过自己的坚持和努力，在学习播音主持的过程中，注重内在的培养和提升，以后做一名德艺双馨的优秀主持人。

点评：

这篇即兴评述犯了初学者最容易犯的错误，即只有评，没有述，只讲道理，缺乏准确到位的事例支撑。这样的即兴评述是不完整的。即兴评述不是简单地回答问题，而是让你说一段完整而精彩的话，类似于《焦点访谈》的评述部分。

范例二

参考评分：75

我支持哈文提出的"三不用"原则，即不用低俗媚俗的节目，不用格调不高的节目，不用污点瑕疵的演员。大家都知道当下很多明星靠丑闻出位，他们站在舆论的风口浪尖，凭借传播媒体强大的力量而获得名气。比如，醉驾入狱的高晓松，出狱后知名度反而更高了，这是不正常的现象。我认为每一个从事艺术事业或者学习艺术专业的人都应该是德艺双馨的。他们不但要有深厚的艺术修养，还要有良好的个人品德；他们应该靠自身的专业实力和艺术造诣来获得名气和成功，而不是靠歪风邪气的丑闻和低俗的行为来博人眼球。大家都知道央视著名主持人董卿，端庄大气，得体知性。她的主持风格亲和大方，深得观众的喜爱。工作后，她仍然坚持学习，2007年进入上海戏剧学院攻读了MFA（艺术硕士）。她就是凭借自己的努力获得成功的，而不是什么丑闻。由此可见，每一名从事艺术工作的人应该德才兼备的，因为只有良好的品行修养才能在艺术道路上走得长远，走得踏实。哈文的"三不用"原则，有利于树立文艺界的良好风气。正像大家说的，春晚要给有"真才实学"的人打开大门，我是坚决支持这种观点的。对我来说，我希望通过自己的努力和坚持，在学习播音主持的过程中，注重内在的培养和提升，以后做一名德艺双馨的优秀主持人。

点评：

这篇即兴评述对范例一进行了充实，加上事例后就显得丰满多了，而且更加切题了。大家可以对比一下，然后想想：为什么要加那几句话？加那几句话的目的是什么？新加的那几句在文中又起到什么样的作用？找到答案你也就进步了。

题目十一：现在很多小区爱起洋名，你觉得原因是什么

题目分析：

这是常见的中西文化对比的题目，用传统和现代的矛盾来解释也未尝不可。具体到本题，小区爱起洋名，可能是开发商希望用洋名吸引顾客，迎合国人向往发达国家生活的情结。虽然有的人无法出国生活，但住在一个有洋名的小区也会觉得有面子。本题可以理解成本土文化的不自信，也可以认为是中西文化交流的体现。此题还有一个关键点，也许这个小区就是按照异域风情建造的，那么用洋名无可厚非。这个题目难度不大，大家用心思考就能完成。

角度参考：

1. 崇洋媚外，不可取。应该弘扬中国传统文化，还是用中国名更好。
2. 中西文化正常交流，不要大惊小怪。

范例一

参考评分：85

我觉得这是开发商吸引顾客的一种手段。这应该是开发商吸纳西方文化，想把自己的小区提高一个档次，利用了部分人崇洋媚外的心理，让人觉得自己的小区很高大上，住在这里能够让别人羡慕，从而达到促销的目的，这样能卖出去更多的房子。我认为这种策略是不正确的。

首先，我们是中国人，这里是中国的土地，应该宣扬中国的传统文化，这样有利于文化的传承。比如，我们那里是大禹治水经过的地方，有个小区就叫大禹社区，这样就很好。如果有小朋友问小区为什么叫大禹小区，大人就可以给他们讲"大禹治水"的故事。这样

小朋友增长了知识,我们也宣传了中国的传统文化,当然也会给小朋友也会留下深刻的印象。如果是住在什么欧罗巴小区则不好说清楚。

小区取洋名还容易造成误会。比如,你说你住在巴黎花园,别人就会犯糊涂,以为你真的住在法国,是个外国人呢,小区取洋名真的不实用。

再说小区真取个洋名就能摇身变得洋气了吗?我看未必。人们买房子都会经过细致考察,他们会发现什么埃菲尔社区啊,不就是西城王家庄拆迁后原址上建的小区嘛,这个小区还挨着一片麦田,很偏僻。这样,小区取洋名的目的就达不到了。

我觉得小区取名还是实事求是好,不要玩弄花招。咱们中国人讲究的就是实实在在。如果你把房子造得很好,物业也很好,那不管你取什么名字都会被抢购一空的。再想想咱们艺考也是一样,只要刻苦学习、普通话标准、有才华,不管你取什么名字、穿什么衣服,也都能考上好大学。所以,我反对给小区起洋名。

点评:

这篇即兴评述好幽默啊!很难得。考场气氛紧张,在这样的环境中谈笑风生,非高手不能为。本篇即兴评述还比较朴实,论述具体而口语化,这也能为考生赢得了不少分。

范例二

参考评分:86

我支持小区起洋名。我觉得这没有什么大不了,不就是起个名字嘛。现在的社会就是一个地球村,世界各国文化交流频繁。我们中国也应该走出国门,走向世界,勇敢地吸收各国文化的长处,然后洋为中用,增强我们的实力。

首先,我们生活中用的很多东西的名字就是洋名,我们也慢慢习惯了那种叫法。比如说沙发,它就是外文译音。我觉得没有必要那么狭隘,小区取洋名完全可以理解。

其次,小区取洋名还可以开阔我们的眼界。比如,如果你住在佛罗伦萨小镇,那你就会想知道真正的佛罗伦萨在哪里,那里有什么风景。这样你也就间接了解了意大利的文化和历史,学到很多的知识。

小区取洋名也很好听,对开发商也有激励作用。试想,如果一个小区取了洋名,那么这个开发商在建造房子的时候就必须考虑,把小区建造得洋气一些,多配备一些先进的设施。这样对提高我们的居住条件也会大有好处。

小区起洋名还代表着人们的一种美好的愿望。现阶段,我们很多地方还比不上发达国家,要追上他们还有很长的路要走,所以人们向往那种更好的生活也是情有可原的,是可以理解的。我们现在好多地方也是这样的:很多人认为手表和奶粉就是外国的好,电视栏目里的小朋友也有洋名字。这些都体现了人们的美好愿望,他们希望有一天也过上那样美好的生活,所以小区取洋名是现在社会的一个缩影。也许有一天,我们比世界上所有国家都先进了,我们就不用取洋名了。

总之,我支持小区起洋名。我们的国家正处在发展过程中,我们应该以更宽广的胸怀面向世界，海纳百川，兼收并蓄，那样才能发展得更好。

点评：

这是一篇较为优秀的即兴评述，开头提出的观点，很明确，很有力；论述充分，话题挖掘得也比较深，显示出考生广阔的知识面和超强的思维能力。总之，这是一篇可以拿高分的即兴评述。

题目十二：如何看贾玲恶搞花木兰

题目分析：

这是2015年一个较为轰动的事件。当年的6月27日晚上，在东方卫视的《欢乐喜剧人》节目中，贾玲身穿古装，嘴啃烧鸡出场表演小品《木兰从军》。贾玲版的花木兰贪吃、不孝、胸无大志、贪生怕死，被父亲骗去当兵，见到壮汉更是流鼻血。这样的傻大妞形象引起了中国木兰文化研究中心的不满，该组织刊发公开信要求贾玲及剧组公开道歉。在接下来的半个月里，所谓的"贾玲恶搞花木兰"事件更是遭到了多位专家的抨击。网友认为专家小题大做，致使争议不断升级。贾玲最终道了歉，节目也停播，但网友又发起贾玲保卫战。花木兰研究中心则再次发声希望立法制止恶搞行为。这个题目并不复杂，核心是历史剧目创作的尺度问题，往大处说就是历史观的问题。同学们可以根据自己的能力选择能把握的角度展开论述。

角度参考：

照例还是有两个基本观点，或支持或者反对；评述要点还是要言之有理，观点鲜明。

范例一

参考评分：75

"唧唧复唧唧，木兰啃烧鸡。"最近，我个人比较喜欢的小品演员贾玲遭到的谩骂声不绝于耳，原因是她演了一个小品——《木兰从军》。在这个小品中，她恶搞花木兰，把花木兰演成了一个贪吃、不孝顺、胸无大志、贪生怕死的人，引起了诸多观众的不满。木兰文化研究中心的人更是要求贾玲及剧组公开道歉。

贾玲，我想大家都不陌生。她十年磨一剑，30多岁才出名。在2015年的春晚上，她那句女神和女汉子也让人津津乐道。对于这样一个事件，我认为我们应该宽容地对待贾玲。首先，我认为贾玲扮演这样一个花木兰是节目需要，贾玲也是迫不得已扮演这样一个角色。其次，贾玲也的确进行了公开道歉，真诚地表达了自己的歉意。最后，我觉得贾玲本身就是一个笑星，她也恶搞过很多人，我们为什么不能将心比心地站在她的立场上去为她想想呢？

人都有犯错的时候。可是，人与人之间，无论是明星还是平凡人，都需要将心比心，有一颗宽容待人的心。我在这件事情会原谅贾玲，我也相信她以后会做得更好。

点评：

这篇即兴评述开头先叙述了一遍题目，这是常规的做法。这样可以使话题完整，也方便记忆。话题把重点放在对贾玲的理解上，也算是言之有物，角度新颖。这篇即兴评述的缺点是评述有点随意，能再深入一点儿会更好。

范例二

参考评分：70

首先，对于这件事，我是反对贾玲恶搞花木兰的。虽然在当今社会恶搞事件时有发生，但我觉得不是哪个人物都可以被恶搞的，尤其是英雄人物。即便你是一位明星大腕，你也不能恶搞一个人物的光荣事迹。花木兰是我国家喻户晓的一位巾帼英雄，是如同另一位女英雄穆桂英的传奇人物，可以说她给我们中华民族的历史增添了绚丽多彩的一笔。

对于这件事，我想大家一直都有一个问题要问：贾玲为什么要恶搞花木兰而不是其他人呢？据我了解，贾玲是一位性格比较强势、资历较深的明星。她可能觉得只有像花木兰这样的人物才能与她的地位和成就相当，所以她恶搞花木兰，而不是一些阿猫阿狗一样的人。

类似这样的事情，还有很多，如被恶搞成跳《小苹果》舞的奥巴马、被恶搞的《西游记》里的孙悟空。对于这样的恶搞，我觉得应该有个度。就像喝酒，少喝有利于身体，多喝伤害身体。所以，我对这样过度的恶搞持反对态度。

我觉得这个事件还反映了一个娱乐底线问题。就像我们开玩笑一样，不是什么人、什么事都可以拿来开玩笑，要讲分寸。我的同学爱开别人玩笑，结果双方就打起来了，那就是玩笑开得过火造成的。贾玲是个喜剧演员，适度恶搞可以让大家开心一笑。但是她什么玩笑都开，那就会惹怒大家。这个底线，我觉得就是对别人的尊重，而不是去伤害别人的感情。

点评：

这篇即兴评述观点明确，条理清楚：第一部分明确了观点，第二部分查找了原因，最后一部分话题延伸并再次表明观点。美中不足是部分句子有点夸张，尤其是第一段最后一句，略显过分。这是同学们常见的错误，为了证明自己正确，往往口不择言，这是需要注意的。

题目十三：就业前景和个人爱好哪个更重要

题目分析：

题目问的是理想和现实的关系问题。人生道路应从自我出发还是从客观出发呢？你学播音是真心喜爱，还是只为了上大学呢？实事求是地讲，就业前景好，又是自己爱好的专业是最完美的，但这样的事情很少。有时候人会违心地做自己不喜欢的事情。例如，有的人不管自己适合不适合公务员这个职业，觉得公务员的前景好就去考。换一个角度来讲，播音主持有时候和爱好没有绝对的关系，真正起作用的是考生的素质。作为考试，对于普通考生来说，应该回答"爱好"重要，因为爱好是最好的老师，有爱好，一切都有可能。了解了题目的内涵，回答起来也就不难了。

角度参考：

1. 就业前景重要。人要生活，毕业了找不到工作会很麻烦。
2. 爱好重要。人生只有一次，要做自己喜欢的事情，喜爱才有动力。自己优秀了，不信找不到好工作。

范例一

参考评分：80

首先，就业前景和个人爱好相比，我认为爱好更重要些，因为你只有对一个专业有了兴趣才能积极地去学习它，才会在学习中得到知识和快乐。其次，我认为每一个专业的就业前景都不能简单用好与坏来评价。因为条条大路通罗马，只要学得好就不怕找不到工作。每个行业不管是热门还是冷门都缺人才。最后，我认为只有爱好一个专业才可能更好地学习它。我选择这个专业就是因为爱好。我之前也学过美术、音乐，但学了一星期后，发现没兴趣，就改学了播音主持专业，因为我从小就参加演讲比赛。当时，我的班主任老师也建议我选播音主持这个专业。

人生活在世界上，生命只有一次，所以我认为一定要根据自己的爱好来选择道路，这样才能快乐地生活。如果，只是为了现实的利益，被动地去选择就业前景好的专业，就会随波逐流，失去自我。比如，大家觉得公务员前景好、工作稳定、福利也好，就一股脑儿去考，也不管自己适合不适合、喜欢不喜欢，这得扼杀多少天才啊！他们原本可以在自己喜欢的领域里干出成绩，结果都被现实迷惑了双眼，去干了自己不喜欢的事情。

就一个人的发展来说，最好选择自己爱好的行业，这样才可能对社会作出更大的贡献。我喜欢播音主持这个专业，我愿意为了播音主持付出我所有的努力。所以，我坚定地认为，爱好是最重要的。

点评：

这篇即兴评述观点明确，思路清晰，不仅找了三条例证而且上升到人生的高度，结构完整，语言流畅自然。常有考生问我怎样才能流畅地完成即兴评述，我认为首先思路要清晰，观点要明确，因为这样才能围绕观点展开评述。如果你自己都搞不清楚这个问题，那语言也一定是杂乱无章的。

范例二

参考评分：85

我的观点是就业前景更重要。众所周知，现在大学生就业是个大难题，有的同学毕业就失业。鉴于这种情况，我们在选专业的时候，就必须要选择好就业的、好找工作的专业。而对于那些冷门的、就业率低的专业就应该避开。

为什么这样说呢？我认为，人首先要生存，然后才是发展。你如果生存都无法保证，又何谈发展呢？每天都吃不饱肚子，又怎么去发展事业呢？所以，高中生选专业时一定要选择好就业的专业。

其次，我认为，大学是分各种专业的，但它们更多的是教给我们认识世界的方法。你学了一个专业，也可以在其他领域应用，并不是选了专业就决定了一生。比如，著名主持人白岩松学的是新闻专业，汪涵学的是编导专业，可是他们做主持人一样做得很好。所以我认为选专业不一定要选自己喜欢的，而要选就业前景好的专业，先有发展的基础，然后再去从事自己喜欢的行业。

我还认为，如果你想在某一方面干出成绩，就一定要博采众长。多涉猎各方面的知识才能使自己的学识更渊博，才能有助于你的工作。比如，著名节目主持人倪萍原来是学表演的，她原来的专业对她主持节目起到了很大的帮助。或许她不学表演，直接去学播音主持，就没有那么大的成就了。

我觉得有的人太理想化了，或者说很任性：上大学，不是自己喜欢的专业不上，不是自己喜欢的名校不去。我觉得这是太死板，不懂得变通，不懂得先生存后发展的道理，要知道条条大路通罗马。所以，我坚定地认为前景比爱好重要。当然，如果爱好的专业前景又好，那是再好不过的了。就像我现在这样，我喜欢播音主持专业，这个专业前景又好，那我就一定要努力朝着自己的梦想奋斗了。

点评：

这篇即兴评述的核心观点是先生存后发展。考生据此展开论述，也不无道理，最后还结合到了自身情况，显得生动又有趣。

练习：

1. 你怎么看城市养狗？
2. 成绩优异的学生需要被奖励吗？
3. 网络。
4. 科技与生活。
5. 对未成年人吸毒的看法。
6. 如何看待未成年犯罪？
7. 环保问题。
8. APEC 蓝。
9. 城管问题。
10. 公车私用。
11. 家庭暴力。
12. 感恩缺失谁之过？
13. 你对食品中添加罂粟壳怎么看？
14. 如何看待非物质文化遗产保护？
15. 低头族。
16. 转基因食品。
17. 郑和下西洋。
18. 电视剧翻拍热。
19. 环卫工人扫马路被撞。
20. 创客教育。
21. 放宽二胎政策。
22. 如何看央视主持人辞职潮？
23. 如何看弹幕出现？
24. 洗车店提供比基尼美女洗车，一次880元。
25. 学校改试卷网络直播。
26. 中国电影演员片酬越来越高。
27. 某幼儿园按缴费多少分班。
28. 如何看待传销？
29. 如何看待创业？
30. 领导高冷好吗？
31. 我与播音主持。
32. 中国老人碰瓷事件。
33. 青岛天价大虾。
34. 橘子哥。

35. 中学教科书减少鲁迅作品。
36. 交警遇到女刁民，不让扣分，并说学生证可以半价优惠待遇。
37. 如何看待快递实名制？
38. 谈反恐。
39. 请评述姚贝娜的艺术人生。
40. 姚明有没有必要上大学？
41. 洪荒之力。
42. 低俗网红。
43. 互联网＋。

第五节　诗词句名言类即兴评述

　　这类题目通常的评述思路是先解释题目原意，再说出个人观点。题目的原意一定要明白，最好知道出处，这样后续的工作才有意义。如果题目都解释不对，那分数也不会太高。

　　在这类即兴评述中，正确解释题目不算难，难的是找到合适的事例。由于题目多半抽象而笼统，找一个合适的事例并不容易，需要大家有很好的联想能力。我提倡大家找身边的新鲜事例，不要讲那些俗套故事。例如，提起刻苦就说"头悬梁，锥刺股"那就很一般，最好说一些考官没有听过的、发生在你身边的事例。有位同学告诉我，选例子最好不要选最先想到的那个，要用第二个。这真是一位聪明的同学。

教师提醒：

　　做好这类题目，考生的文化素质是关键。如果没有一定的阅读量，古文功底又不扎实，又不了解典故，纵使考生聪明过人，也很难回答好题目。所以考生要加强中华传统文化的学习。考场上一旦遇到不懂的题目，也不要一句话不说。我常常问我的学生："说不深刻还说不通俗吗？"句子的背景不理解，但是字面意思一般是可以说明白的。所以，知道多少说多少，不可什么也不说。一般来说，如果考生观点错误，但是语言流畅，考官也会手下留情，给一点儿分的。

题目一：众里寻他千百度。蓦然回首，那人却在，灯火阑珊处

题目分析：

　　题目来自辛弃疾的《青玉案·元夕》，原文是："东风夜放花千树。更吹落，星如雨。

宝马雕车香满路。凤箫声动,玉壶光转,一夜鱼龙舞。蛾儿雪柳黄金缕,笑语盈盈暗香去。众里寻他千百度。蓦然回首,那人却在,灯火阑珊处。"作品写的是元宵之夜的盛况。题目的意思是:花很长时间找一个人,忽然一回头,却发现她就在不远处。这是很多人都有过的经历。很多人把句子的意思作了延伸,最著名的是王国维提出的"人生三境界":第一种,"昨夜西风凋碧树,独上高楼,望断天涯路";第二种,"衣带渐宽终不悔,为伊消得人憔悴";第三种,"众里寻他千百度。蓦然回首,那人却在,灯火阑珊处"。后人归之为知、行、得三境界。虽然题目只给了这一句话,但是我们可以沿着王国维的脚步,重新对词句再解释,可以联系到爱情、事业、人生。

角度参考:

1. 词句很美,讲述了某人在元宵节的经历。
2. 获得成功,需要千万次的努力,所以我要更加刻苦。

范例一

参考评分:75

通过"众里寻他千百度。蓦然回首,那人却在,灯火阑珊处"这几句话,我想到了我们的人生应该有一个梦想,并且要为之奋斗。这句话我在上初中的时候学过,但是给我留下深刻印象的还是王国维先生的《人间词话》。他用三句话代表了人生的三大境界,即:第一种,"昨夜西风凋碧树,独上高楼,望断天涯路";第二种,"衣带渐宽终不悔,为伊消得人憔悴";第三种,"众里寻他千百度。蓦然回首,那人却在,灯火阑珊处"。第一种境界是迷惘,第二种是奋斗,第三种是实现梦想。所以,我认为人生要有一个梦想,并且为之奋斗。我看到过一个故事。一个老人已经60岁了,想要独闯世界,攀上世界最高峰。他每天都在做登山训练。20年后,他已经站在了珠穆朗玛峰上。曾经有个作家,他上初中的时候,就想出一本书,现在他已经是一个知名作家,出过许多的书,有了很多的"粉丝"。所以,我觉得人应该有梦想,并且为之奋斗。或许生活中很多人会说,理想很丰满,现实很骨感,但是我觉得还是要设立一个梦想,因为万一实现了呢。有了梦想,我们就要坚持到最后。有可能最后失败了,但是我们并不后悔。所以,人生道路上要有梦想,并为之奋斗。就像辛弃疾说的:"蓦然回首,那人却在,灯火阑珊处。"坚持了,或许就实现了。

点评:

这篇即兴评述稍微有点不切题,由词句想到了人一定要有梦想,并且要为之奋斗,略显牵强,但是叙述较为清楚,语言也生动活泼,最后也有点题,还算不错。

范例二

参考评分：80

这两句话里主人公想要寻找一个人，但是总也找不到，当他换了一个方向、一个角度的时候，却发现那个人就在他身边。从这句话里，我总结出一个道理：当你遇到困难的时候，可以换一个角度，换一个方向来思考这个问题，答案也许就找到了。就好比你做数学题，卡住了，不知道该怎么做。那时，你可以跳出思维的定式，用另外一种方法，用另外一个公式，从另外一个角度来考虑这道数学题。我认为这种方法是非常有效的。比如，三个人去饭店吃饭，消费了25元，每个人掏了10元钱，最后服务员一核算，多收了5元钱，他就退给每个人一元钱，自己手里还拿着两元钱。故事发展到这里，或许我们已经进入了一个思维的死角。如果每个人是交了9元钱，加上服务员手里那两元钱，一共才二十九元钱，还有一元钱没有了。这个故事，我们听着听着就被带入一个死胡同。当我们遇到难题时，不妨换一种思维去思考，也许蓦然回首，答案就在"灯火阑珊处"。

点评：

这篇即兴评述比较有趣，考生把词句理解成了转变思路，考生举的例子很有趣。这样的即兴评述考官很喜欢，但是最后举的那个例子似乎考生本人也没有讲明白怎么算。如果考生再有丰富的表情和适当的肢体动作，现场效果一定非常好。

题目二：高处不胜寒

题目分析：

题目出自苏东坡的词句《水调歌头·明月几时有》：

明月几时有？把酒问青天。不知天上宫阙，今夕是何年。我欲乘风归去，又恐琼楼玉宇，高处不胜寒。起舞弄清影，何似在人间？

转朱阁，低绮户，照无眠。不应有恨，何事长向别时圆？人有悲欢离合，月有阴晴圆缺，此事古难全。但愿人长久，千里共婵娟。

题目中的"胜"字是"承受，经得起"的意思。题目的意思是站在高处经不起风寒，比喻人身居高位感觉到孤单寂寞。

这句话关键在于对"高"字的理解，"高"字可以理解成空间上的高，也可以理解成地位高。"寒"字也不要仅仅理解成穿得少而感到寒冷，或天气寒冷。这样你就能找到一个方向：高处寒不寒呢？要不要到高处去呢？这样想问题就好说多了。激进的可以说，不怕寒冷，要做就做最好；保守点儿的可以说，做一个平凡人也很好。

角度参考：

1. 要做就做最好，高处的风景其实也很好。
2. 愿意做一个平凡人，平平淡淡才是真。

范例一

参考评分：70

这是宋代苏东坡《水调歌头·明月几时有》中的句子。它原来的意思是：在比较高的地方会感到十分的寒冷。如果我们将其引申就可以理解为：人在位高权重的时候，会有许多麻烦事，会有很多人嫉妒你。所以我们可以总结出这样一个道理：人不可以贪得无厌，人也不是地位越高越好。

由此，我想到了那些贪官。他们本来就位高权重，更应该好好工作，不辜负国家和人民对他们的期望。但是他们的心很贪，拿了他们不该拿的东西，享受了他们不该享受的富贵，有的甚至收受贿赂达到几亿元人民币，还养了许多情妇。他们最后被绳之以法，蹲了监狱，这就是贪得无厌的后果。

再说说我自己吧！我就愿意做一名优秀的节目主持人，每天认真地主持节目，做好自己该做的事情，绝不有非分之想。这也应该是我的人生观。

在这首词中，苏东坡先生写道："我欲乘风归去，又恐琼楼玉宇，高处不胜寒。起舞弄清影，何似在人间？"最后，苏东坡说出了他的人生愿望："但愿人长久，千里共婵娟。"我同意他的观点，做一个普通人也是幸福的。

点评：

这篇即兴评述由题目引申出了做人要知足，不能贪得无厌，略显消极，但作者基本完成了任务，有例子，有题目解释，可以拿到中等分数。

范例二

参考评分：75

就这首词本身来说，作者是热爱生活的。"高处不胜寒"只是说，天上太冷了，不如人间有人情味。但是我要说，高处也有低处看不见的风景。

人活在世界上，不过三万多天，想想就是那样的短暂。人们应该把有限的生命，投入到无限的追求当中去。所以，我觉得人就应该忽略无聊的"起舞弄清影"，而应该勇敢地向高处攀登，对任何事情都不应该满足，而应该不懈努力，不断追求。

从社会发展的角度来说，人也应该勇攀高峰，要有做弄潮儿的勇气。试想，如果人人都惧怕高处的寒冷，这世界还能进步吗？当初有了摩托罗拉手机，我们已经满足了，大家已经很高兴了。可是科技工作者并没有满足已有的成绩。乔布斯就用自己的聪明才智发明了苹果手机——更好用的、功能更强大的手机，让我们更好地享受到科技带来的便利。试想：如果乔布斯很早就满足了，能有苹果手机吗？

"高处不胜寒"，是的，高处是孤独的，但是孤独的人又是强大的。作为一个新时代的年轻人就应该有这样的精神，像作家莫言那样勇敢地去争取更大的胜利。"高处不胜寒"，我也要用我的青春把它捂热乎了。

点评：

这是一位乐观的考生，他借即兴评述表达出自己的愿望。最后一句尤其精彩，很豪气。即兴评述不仅考查考生组织语言的能力，更是对考生的气质和人生观的检验。这方面，这位考生无疑是优秀的。从另一个角度来说，一个乐观的人更适合从事新闻事业。

题目三：勤能补拙

题目分析：

题目"勤能补拙"的意思是后天的勤奋能够弥补先天的不足。它出自宋朝邵雍《弄笔吟》："弄假像真终是假，将勤补拙总输勤。"有关"勤能补拙"的例子非常多。公元825年，唐敬宗将杭州刺史白居易调到苏州任刺史。苏州是唐东南地区最大的州，地方事务繁杂。白居易上任后谢绝了所有的宴请，一心处理政务，很快就熟悉当地的情况，整顿吏治，赢得了老百姓的好评。他认为自己生来笨拙，只有靠勤奋才能弥补。

著名戏曲表演艺术家梅兰芳曾说过："我是个笨拙的学艺者，没有充分的天才，全凭苦学。"他说得一点不假。梅兰芳年轻的时候去拜师学戏，师傅说他长着一双死鱼眼睛，灰暗、呆滞，根本不是学戏的料，不肯收他。然而，天资欠缺不但没有使梅兰芳灰心、气馁，反而使他变得更加勤奋了。他喂鸽子时，仰望着天空，双眼紧跟着飞翔的鸽子，穷追不舍；他养金鱼时，每天俯视水底，双眼紧跟着遨游的金鱼，寻踪觅影。经过多年的不懈努力，梅兰芳的眼睛终于变得如一汪清澈的秋水，熠熠生辉。

这是一种常规的解释。考生顺着这个思路说也不会错，也能说得很好。但是这个题目还可以从另外一个角度思考：勤不能补拙。题目的内核还可以理解为勤奋和方法的关系。从这个角度理解，这句话就有了商榷的余地。如果一个人不掌握正确的方法，再勤奋也是无用的。这个思路也可以找到很多的证据，比如方向不正确越努力距离真理越远。生活中也常见这样的事情。就拿同学们的学习来说，班里成绩最好的往往不是最刻苦的那个，而是有时候也会玩耍的那个人。我们通俗地称那些刻苦的人是死学，这样的勤就不能补拙。两个思路都可以，关键在于能自圆其说。

角度参考：

1. 勤能补拙，刻苦带来成绩。

2. 勤不能补拙，方法更重要。

范例一

参考评分：85

"勤能补拙"这句话的意思是：如果一个人笨点，只要他非常勤奋，就会把这个缺陷弥补。我觉得这句话没有错。比如，我们班里有个同学不是很聪明，但是他很刻苦。星期天，我们出去玩，他从来不出去玩，都是在家里看书，就连扫地的时候，也是一边背诵课文，一边扫地。大家做课间操，集合站队的时候，他也拿着一本书，一旦做完操，马上把书拿起来看，边看边走。老师，你知道吗？他们家里没有电视，也没有电脑。他妈说怕影响他学习，就不买这些。所以，为了学习，他从来不看电视，也不上网，非常勤奋。他付出了努力，也得到了收获——他的成绩在班里一直名列前茅。我觉得这就是勤能补拙的例证。

再想想，我学播音主持又何尝不是这样呢？刚开始学的时候我的水平不如培训班里的其他同学。我平舌音和翘舌音不分，前后鼻音也弄得一塌糊涂。天赋不好，我好着急啊！那时候我经常急得睡不着觉。后来，我想只有勤奋才能让我进步。于是，我每天都做大量的练习，练到嘴疼了才休息一下，疼痛缓解一点儿我就接着练。我一天三练：早上、中午、晚上各一次。我骑自行车的时候练，走路的时候也练。旁边的人以为我是个神经病，都躲着我，我也不在乎他们的看法。就这样花了一个多月的时间，我终于进步了。我明白了"勤能补拙"是真理。

所以，我认为这句话是对的：只有勤奋才能弥补缺点，获得成功。

点评：

本篇即兴评述的亮点是所举事例有细节，有故事。许多同学找不到合适的事例，这篇即兴评述就给了大家一个很好的借鉴。其实身边事就是最好的事例。

范例二

参考评分：88

我不认为勤能补拙。通常情况下，大家会对一些谚语照单全收，完全相信那些话。其实，尽信书不如无书。看到一句话、一个道理无条件服从，而不是辩证地去理解，就会造成错误。就这句话来讲就有很大的漏洞。这句话过分夸大了勤劳的作用，忽略了方法的重要性。对这四个字，我们如果多问几个为什么，就能得到不同的答案。勤拿什么来补拙呢？即使勤能补拙，它是能完全补拙，还是只能在一定程度上补拙呢？

据我个人的经验，我认为勤是不能补拙的。勤是勤，拙是拙，二者不能混为一谈。我们都见过这样的现象：班级里学习成绩最好的人，一定不是最刻苦的那个人，而是最会学习的那个人。我们班的第一名从不缺席体育课，下课也照常玩。而那些课间也舍不得玩，把课间时间都用来看书的人，成绩并不是最好，就很好地说明了这一点。

　　我亲身经历的一件事也说明了勤不能补拙，甚至还会带来麻烦。暑假去健身房健身的那段时间，我很刻苦，每天都去。可是，过了一段时间，我发现自己不仅没有进步，反而关节疼得厉害。和我同时去的一个朋友，比我健身的效果要好很多，他只是隔一天去一次。这到底是为什么呢？他告诉我说，健身要讲究方法，不是使蛮力就能有效果的，这也从另外一个侧面反映了勤不能补拙。

　　我还想到一种情况：如果一个人走在错误的道路上，他越勤劳就错得越厉害，距离真理越远。这无疑是很可怕的事情。

　　勤不能补拙，但是勤加上正确的方法却可以让我们获得成功，这就是我的观点。

点评：

　　这篇即兴评述的优点是考生发现了题目的漏洞，而且针对漏洞又提出了新的观点。这篇即兴评述观点新颖，话题深入，所举事例也恰如其分，显示了考生良好的素质。常有人问我，即评考官最看重什么呢，我觉得在语音没问题的情况下，当然最看重新颖的观点了，新颖的观点在任何时候都是宝贵的。

题目四：酒香不怕巷子深

题目分析：

　　"酒香不怕巷子深"也作"酒好不怕巷子深"，意思是说如果酒酿得好，就算在很深的巷子里，也会有人闻香知味、前来品尝。这句话可以引申为只要产品好，即使它处在一个很偏僻的位置，也会很畅销。

　　题目反映的实质问题是产品质量和宣传的关系，再引申一些就是做人修炼内功重要还是作好宣传重要。题目说的是练好内功重要，有实力什么也不怕。但是任何语言和道理都是有时代性的。如果换个角度看就会发现，在现在的社会，酒好也怕巷子深。效率和竞争是其中关键，产品质量再好也需要被人发现，被发现的过程可长可短，而宣传可以让产品迅速被发现，这就是题目的关键点。考生要选择自己有话说的角度进行评述。

角度参考：

1. 酒香不怕巷子深，质量第一。
2. 酒香也怕巷子深，不宣传，没人知道，酒香也白搭。

范例一

参考评分：75

酒的香味儿浓，它所在的巷子即使很深，也可以让外人闻到。是金子总会发光；只要你足够优秀，不用害怕被淹没，一定可以被人认识，被伯乐发现，不用操之过急。诸葛亮有一身才华，虽隐居山林，却得到刘备三顾茅庐之请。诸葛亮不似世人那样追逐名利，他凭借自己的才华，终于被人发现。我觉得这和"酒香不怕巷子深"是一个道理。但是，不怕巷子深的前提得是酒香，就好比不怕被埋没的前提是你足够优秀。所以，我认为做好最强的自己最重要。

这句话告诉我们人最重要的是实力。如果你有实力就会被发现，终归会有发挥作用的时候；如果你没有实力，哪怕是在闹市上也不会被人注意。由此，我还想到，现在社会上有些人总是抱怨自己没有发挥才能的空间，觉得自己怀才不遇、明珠暗投，委屈得不得了。其实，情况并非如此，根本原因还是能力不够。如果真的有才华，在哪里都会被发现。这也告诉我们要想成功，吸引大家的注意，一定得有足够的实力。

由此，我还想到了我们艺考。有的同学总是抱怨自己哪一场没有发挥好，哪里的考官不重视他；等等，其实这些都是托词，根本原因还是自己水平不够高。如果真够优秀，哪里的考官都会喜欢的。

"酒香不怕巷子深"说明了一个真理：一个人也好，一件物品也罢，决定他能否成功或被人所知的不是巷子的长短，也不是他在哪里，而是他自身的实力。这真是让人受用一生的真理啊！它将激励着我不断努力，向着成功的彼岸奋斗。

点评：

本篇即兴评述虽然对题目的理解略有偏差，但是从整体上看还是不错的，观点正确，例子恰当，每一句都说到点子上了。本篇即兴评述更像进场前的提纲，不是完整的即评，不过他接触即兴评述没几天，这已经是不错的了。考生继续努力，成绩就会更好。

范例二

参考评分：80

这是一句流传千古的民间俗语，它的意思是：如果酒酿得好，就是在很深的巷子里，也会有人闻香知味、前来品尝的。可是，我认为即使再香的酒，藏得离人们远了也会无人知晓的。就像黄金，一旦闲置得久了，就会蒙上灰尘；就算是千里马也得遇到伯乐，等伯乐把自己送上战场。我们不能让社会阴暗的乌云遮住人的才能，要勇敢地站出来，亮出自己的智慧。人应该主动作为，应该乘风破浪，驰骋疆场。

著名的毛遂自荐的故事大家都知道吧。战国时，秦国军队包围了赵国都城邯郸。赵王派平原君去说服楚国与赵国结盟出兵抗秦，解救赵国。平原君打算从手下三千多门客中挑选二十人做随从，但挑来挑去只有十九人符合要求。正在着急时，有个名叫毛遂的门客自我推荐说："让我去吧！"平原君笑笑："有本事的人，随便到哪里，都好像锥子放在布袋中，一定会露出尖锋来。可你来了三年，没人说起你的大名，可见没有什么才能啊。"毛遂说："我如果早被放在布袋里，早就会脱颖而出，何止露出一点尖锋呢！"平原君见他说的有理，便带毛遂等二十人来到了楚国。毛遂果然成功了。这个故事告诉我们"好酒也怕巷子深"，人应该勇敢地表现自己，不能等别人来发现。

"酒香不怕巷子深"这句话在现代社会更显得有点不合时宜。我们知道这句话是古时候传下来的，在那时候它可能是对的。古时候，交通和通信都不发达，信息沟通基本是口口相传，何况那时候商业竞争也没有现在激烈。而现在如果你真在深巷里开一家酒馆而不作宣传，恐怕坚持不了多久就会倒闭。在现代社会，哪怕你产品质量再好，也要与时俱进，运用现代化的方式来宣传自己，那样才会成功。

总之，我认为"酒香不怕巷子深"这句话在当今社会是不合时宜的。

点评：

本篇即兴评述的最大优点是考生多次运用了修辞，比如不能让社会阴暗的乌云遮住了人的才能，这要比干巴巴地叙述生动很多。亲爱的同学们，你们会不会在即兴评述中自如地运用这些方法呢？

题目五：欲速则不达

题目分析：

"欲速则不达"的意思是说性急求快反而不能达到目的，这句话语出《论语·子路》："无欲速，无见小利。欲速则不达，见小利则大事不成。"司马光《与王乐道书》中也讲道："夫欲速则不达，半岁之病岂一朝可愈。"凡事都要讲究循序渐进，有了量变才会有质变，万不可焦躁。如果做事一味追求速度，逆其道而行之，结果反而会离目标更远。如果想要快速完成某件事，其效果未必会好，甚至大失所望，万不可急于求成。

评述这个题目的关键是正确处理主观愿望和客观规律的矛盾。类似的题目还有"一口吃不了胖子"和"心急吃不了热豆腐"。把握住这一点，这个即兴评述就不难了。

角度参考：

1. 要尊重客观规律，稳扎稳打才能成功。
2. 只要掌握了方法，欲速也能达。

范例一

参考评分：85

"欲速则不达"的本意很简单，"欲"就是想要的意思，"速"就是快速的意思，"达"是指达到目的。总的来说，"欲速则不达"的意思是过于性急反而达不到目的。

给大家讲一个小故事。有一次，苏轼带着他的书童到另一个城市做官，但是人生地不熟的，到底还要走多远，谁也不知道。就在这时候，苏轼遇到一位白发苍苍的老者。苏轼上前行了个礼，问道："老人家，请问离远处的城市还有多远？"老者回答道："看你和你书童身上背着的书卷，如果不出意外，快行要一个时辰，慢行半个时辰就可以。"苏轼听了非常疑惑，只得往前走。当苏轼和书童隐约看见城市的时候，他们开始兴奋了，大步跑向城市。奔跑的时候，很不幸，捆书的绳子断了，他们只能停下来，收拾书，这个时候苏轼忽然懂了老者的意思。那么，你又从这个故事悟出了什么道理来呢？

无知的人会认为那位老者是神人，因为他预知了事情发展的结果。但是事情没有那样玄之又玄，老者只是凭经验而说的。正所谓经验出智慧，一个长期从事农活的人，自然知道挑水不能快跑，拔苗不能助长。苏轼没有这方面的经验，所以才吃了亏。

在日常的生活中，很多人为了自己的欲望得到满足，总想着加快自己的步伐，早点实现目标，而实际上往往事与愿违。我们应该做的是把"欲速则不达"的道理运用到生活中，做任何事情都尊重客观规律，一步一步来。否则，等待我们的只有失败。

点评：

这篇即兴评述开头解释了题目，第二段运用故事讲明了道理，只是最后一段略显简单。这篇即兴评述的亮点是事例选用得比较恰当，所选事例紧扣主题又不是老生常谈，这也是比较出彩的地方。

范例二

参考评分：65

首先，我认为无论你做任何事情，适可而止就好。

在我的脑海里一直珍藏着这样一个故事。从前有个很穷的人救了一条蛇的命，蛇为了报答他的救命之恩，就让这个人提出自己的愿望，不管这个人提什么愿望它都能满足。这个人一开始只要求简单的衣食，蛇很快就满足了它的愿望。后来这个人的欲望更大了，想当官，蛇也满足了他这个愿望。一直到做了宰相，他还不满足，甚至要求做皇帝。这时候，蛇终于明白了，人的贪心是无止境的，于是就一口把这个人吞掉了。从这个故事中我们可以得出"祸由贪念生"的道理。做人要懂得取舍，懂得放弃，懂得适可而止。人生多年，怎么可能事事顺心呢？知足常乐，才能冷静客观地看待现实，平平安安地生活。否则，不切实际、一味地沉浸在欲望的漩涡中，将会让自己已经有的东西重新失去。

就拿我来说吧，因为自己要漂亮些就拿了妈妈的化妆品，结果不仅没有达到我想要的那种漂亮程度，我的脸也因过敏而长出了很多痘痘。所以，我们追求的某些东西，如果不适合我们，对我们无益，那就要尽早舍弃掉。因为过度的贪心会毁了我们的人生。所以，任何事情都要适可而止。知足才能常乐，才能永葆青春。

点评：

这是一篇不甚合格的即兴评述，题目说的是欲速则不达，而他评述的好像是"适可而止"，两个事例和主题也不沾边。这是常见的错误，根本原因是这位同学不理解题目，导致语言游走在题目周围，不能很好地论述。有的同学苦于没话说，就把题目使劲往自己曾经练习过的题目上拉，结果自然是不会好的。这是大忌，要改。

题目六：没有规矩，不成方圆

题目分析：

"没有规矩，不成方圆"是句俗语，常强调做任何事都要有一定的规矩、规则，否则无法成功。它的本意是没有圆规和曲尺就没有办法画出圆和方这两种图形。"规"指的是圆规，"矩"是指曲尺。所谓曲尺，并非弯曲之尺，而是木匠打制方形门窗、桌凳必备的角尺。这句话出自战国时期孟轲的《孟子·离娄上》："离娄之明，公输子之巧，不以规矩，不能成方圆。"意思是：像从前离娄那样精明的眼睛，公输般那样的巧匠，不凭规和矩，是画不成圆的。

这句话字面意思很容易理解，可以引申的地方也很多。它能证明法律的重要性，它还可以谈到自由的相对性。考生评述的关键在理解题目的基础上迅速把它和现实生活联系起来。考生要立刻把抽象的道理具体化，故事化。

角度参考：

这句话主要是说规则的重要性。支持的同学可以沿着这思路展开评述；反对的同学可以在规则上做文章，比如规则是谁制定的、什么才是规则等等。

范例一

参考评分：75

我认为"没有规矩，不成方圆"这句话是对的。我们生活在到处都是规矩的社会里。我们从小就被家长教导，这个可以做那个不可以做。比如，吃饭要用筷子，要尊敬长辈。我们在学校被老师教导，进门之前先要敲门，不可以撒谎。这些规矩，从老一辈传给下一辈，下一辈又传给新一辈，一代代地传了下来，更别说那些法律、法规了。事实上，正是这种种的规矩才形成了今天的社会文明。

再给大家讲一个反例。有这么一个孩子,从小生活在一个不幸福的家庭。他的母亲生下他之后远走了,父亲则是一个酒鬼、赌鬼、无赖。他从小生活在一个不受父母约束的家庭,无人管教,无朋友交流,无书可读,最终也因为抢钱杀人被判入狱。

这说明了什么?说明了一个人如果不受规矩约束,后果是不堪设想的。这样的人就会想狼孩一样,过着野兽般的生活。想一想,要是人人都没有规矩,都像狼孩一样,这个世界该是多么可怕啊!

所以,我们不仅需要自己学会规矩、懂得规矩,更需要教会别人懂得规矩、遵守规矩,因为没有规矩,就成不了方圆。

点评:

这篇即兴评述强调了规矩的重要,正反方面各举一个例子,很好。这是初学即兴评述的同学喜欢用的方法,也是比较实用的方法。在即兴评述的最后,考生对题目作了延伸,并呼吁大家都要遵守规矩,也是常用的结尾方法,很不错。

范例二

参考评分:88

有这样一则笑话:一个男的和他的女朋友去逛街,看到红灯便闯了过去。女朋友说,他连红灯都敢闯,什么违法的事不敢做,就跟他分手了。他又结识了一个女友,逛街时,看见了红灯,便老老实实地等。女友不高兴了,说他连红灯都不敢闯,还能干什么事?

这虽是一则笑话,却道出了一个事实:现实中确有一些人对法律、规则较为漠视。事实上,在我们的身边,规则意识缺失的人随处可见:小到闯红灯、轧黄线、随地吐痰、乱丢垃圾,大到随意违约、坑蒙拐骗、行贿受贿。对这些现象,有的人似乎已是习以为常、司空见惯,甚至还把这种违规违法的行为归纳为另一种规则,叫作"潜规则"。

在一些人眼里,按"潜规则"办事,似乎是一种机智,一种"能力"。人们常说的一句话是:规则是死的,人是活的。还有一句话叫"与政策赛跑"。个人行为遇到规则"黄线"的时候,有的人常常不是规范自己的行为,而是习惯去找关系"通融",用金钱"摆平",借权力"放行"。而一个执掌规则的人,如果学会了网开一面、下不为例、特事特办、法外施恩,才被认为"会处事""会做人"。而真正讲原则、守规矩的人,却被讥为死板、迂腐,没有开拓精神。于是,在有些人心里,规则可以灵活掌握,法律富有弹性,秩序可以随意调整。

有些外国人很迂腐,公共场所只有两三个人一起也要排队。有人说,这恰恰说明了人家公德意识强,法制观念强。我所生活的城市常看到这样一种现象,只有两三个人购物、买票或乘车,也是一哄而上、你争我抢、拥挤在一起、谁也不让谁。两个人一起也排队并不好笑,而没有规则意识、不讲先来后到才是可悲的。某地为招商引资,开出了免税、免费、审批手续可"先上车后买票"等优惠政策,不曾想恰是这些优惠把人吓跑了。因为人家认识到，不尊重法律和规则，就不可能有良好的秩序，谁还敢在这里投资。个人意志高于社会规则，个体行为凌驾于制度约束之上，这是一件非常可怕的事情。

没有规矩，不成方圆。法律和规则是社会运行的基石，是社会有序运转、人与人和谐共处的基本元素。法制意识不强和执法力度不够，是一个问题的两个方面。它都直接破坏了社会生活的正常运行，带给人们错误的信息，助长了人们不择手段实现个人目的的风气。规则形同虚设，社会必定混乱无序。衡量一个国家、一个城市的文明程度，一个重要标志就是政府和每一个公民的规则意识、法律意识。

愿我们每一位公民，尤其是执法者，都着力培养自己的规则意识和法制意识。须知，良好的法制环境是构建社会主义和谐社会的重要基础。

点评：

这篇文章来自《人民日报》，水平自然不同凡响。这也给我们提供了很好的学习范本，并且告诉我们提高即兴评述的学习方法——多看报纸上的文章，并努力学习其中的技巧。这样，久而久之，你的即评也会越来越好。

题目七：开卷有益

题目分析：

晋代陶潜的《与子俨等疏》云："开卷有得，便欣然忘食。"本题目说的也是看书就有好处。这也是老师和家长经常强调的一句话，他们总是劝人要多读书、读好书。从字面上看，题目本身没有任何破绽，但是还是可以从不同的角度来分析这句话。比如先强调读书有益，这没错，但是也要读好书。于是，一个新的角度诞生了。读书好，读好书才好。这两个思路都可以。

角度参考：

1. 读书有益。
2. 读好书有益。
3. 读好书，然后行万里路。

范例一

参考评分：80

开卷有益，古人多有论述强调。"开卷"就是读书，"有益"指的是有好处，"开卷有益"就是说读书有好处。一代文豪杜甫的诗句："读书破万卷，下笔如有神"不正是对开卷有益最好的诠释吗？读书可以丰富人的内涵和修养，开阔眼界，增长知识。所以，读书多的人一定是最有智慧的。孔子就是这方面的代表。孔子博览群书，知识渊博。他又拿读书化成的智慧教化众人，引导鼓励人们去读书。"开卷"使孔子成了一代圣人。

人人都读书，从书中汲取智慧、收获智慧，会使社会更加文明。上至80岁的老人，下至几岁的小孩，人人都有修养，社会四处将充满着书香气息，这样必将使我国几千年的文明得以传承。

读书还可以使国家强盛。世界之内有许多发达国家，比如美国，他们的科技就比我们强。为什么他们的科技比我们强？我想就是因为美国人爱学习，爱读书，他们的科学家多了，所以比我强。同样，如果我们也爱读书，也许我国能够涌现出像乔布斯那样的人才。我们的科技强了，我们的国家就会强盛起来。

"书中自有黄金屋，书中自有颜如玉"，书中有我们想要的任何东西。读书从小处讲可以自我修身养性，从大处讲可以治国平天下。总而言之，开卷有益。

点评：

这篇即兴评述观点明确，条理清楚，并且运用了反问等修辞手法，朗朗上口，较有气势。如果说它的缺点，那就是所举事例较为平常，有点泛泛而谈，如果能用身边的例子会更好。

范例二

参考评分：70

我认为"开卷有益"这种说法是对的。"开卷有益"通俗地说就是读书有好处。知识就是力量，知识就是财富。读书是获取知识的重要方法，也是知礼的一种方式。读书可以广博学识，增长智慧，明晓事理。

伟大的无产阶级革命导师马克思喜欢读书，获益甚多。他先后在波恩大学、柏林大学研究历史和哲学，这为他以后从事革命理论工作打下了良好的基础。正是得益于他的博览群书，才有了《资本论》的诞生。他自己藏书丰富，他还爱到图书馆看书。

读书使人进步。三国时候吕蒙的故事最能证明这一点。吕蒙从小没有机会读书，后来靠胆量和机遇成为将军。有一天，吴王孙权劝导他，说他现在都掌权管事了，需要好好学习，多读书，从而取得进步。吕蒙听了孙权的劝告以后，努力学习，进步非常快，以至于后来吕蒙和鲁肃见面的时候，鲁肃都感慨地说："士别三日，即更刮目相待。"

以上的事例足以说明开卷有益。但是，需要强调的是我们必须有选择地读书，读好书，否则不但没有益处，还会有害。

多读书吧，开卷一定有益的。

点评：

为了说明观点，这位考生选择了一个外国的事例，又选择了一个中国的事例，这是常用又有效的方法。这篇即兴评述论述也比较清楚,缺点是考生过于重视和题目的衔接,语言不够严谨,有些说法经不起推敲。考生还要继续读书,增长知识。

题目八:常在河边走,哪能不湿鞋

题目分析:

通常大家犯了错误都会说:"常在河边走,哪能不湿鞋?"这句话听起来没有错误,其实隐藏着另外一种情况——常在河边走,就是不湿鞋。题目的根本在于能否正确地认识错误,或者说是怎样认真做事,争取不犯错误。试想如果你内心里已经认为犯错误是正常的了,那犯错误的概率就大多了。题目也给出了两个角度:一个是支持,一个是反对,两边都能说出理由。支持者可以说,前进的道路坎坷是难免的,人要正确认识错误,然后不断总结经验,继续前行;反对者则说,犯了错误,就应该勇敢面对,不能自我开脱,不然就永远不会进步。

角度参考:

1. 说得对,既然干事业就有犯错误的可能,要坦然面对。
2. 说得不对,如果做事情之前就想着犯错误,就给自己找借口,这件事多半是做不好的。

范例一

参考评分:88

"常在河边走,哪能不湿鞋"暗含的意思是:人经常做事情,犯错是难免的。许多人犯了错误,安慰自己的时候,经常这样说。我认为这种说法是不对的。因为人犯了错误,就应该去找原因,力争不犯错误,而不能找理由自我安慰。如果每次都自我安慰,认为犯错误是正常的,那下次就还会犯同样的错误。还有,我觉得一开始就不能有这样的想法,如果这样想了就很容易犯错误。所以,我认为这种说法是错误的。

有一个很明显的情况是如果你是一个汽车司机,就不能犯大错误。如果也有"常在河边走,哪能不湿鞋"的想法,那就很容易犯错误了。而汽车司机犯一次错就可能会带来严重的后果,比如撞死了人。所以,这种想法是不能有的,因为一旦出了事可能连改正错误的机会都没有了。

我想无论做任何事情都要努力去做,力争做到最好,这样才能成功。我有一个师姐,她考上了中央音乐学院。她是拉小提琴的。她每次演出都很成功,我问她是怎么做到的,她告诉我说,她做每一件事情都非常认真,刻苦练习。她认为只有经过千万次的刻苦练习才能保证万无一失。我认为她做得对,是我学习的榜样。

我认为，我们学播音主持也是这样，都应该刻苦练习，认真对待每一次练习，这样才能成功，而不是想着用"常在河边走，哪能不湿鞋"为失败找借口。所以，我认为这种说法是错误的。

点评：

这篇即兴评述的优点是用通俗的语言解释了题目，并且给出一个有力的例证。更为出色的是，考生并没有简单地分析题目的对错，而是指出了题目真正阐述的问题，挖掘得很深。

范例二

参考评分：85

"常在河边走，哪能不湿鞋"这句话，我认为是对的。这是人犯错误之后劝慰的话。我认为人犯错误并不可怕，重要的是一定要从失败中吸取教训，避免下次再犯。

我认为，人不能总是陷在失败中不能自拔，要抓紧时间走出来，要尽快总结经验、重新开始，这样才能有成功的可能。我比较喜欢足球，我知道很多的教练都有因为所带的球队成绩不好被人炒鱿鱼的经历，但是我看那些教练都没有气馁，而是重新找到新的球队，继续自己的教练生涯；有的教练经历了许多次的失败，终于获得了事业上的成功。试想，如果他们在最初的失败中不能自拔，还能有后来的成功吗？

"常在河边走，哪能不湿鞋"也告诉我们一个道理：无论做什么样的工作都会有犯错误的可能，没有人从来不犯错误，不犯一点错误也是不可能的。就拿我们学播音主持来说，任何人都会有读错字、忘词的经历，这是成长过程中的一部分，关键是我们怎么对待这样的错误。我认为，我们不能听之任之，不能以为忘个词、读错个字没什么大不了的，而应该想办法把犯错误的概率控制到最小。我曾经看过一本炒股的书，说一个投资大师每当自己犯了错误的时候就一天不吃饭，让自己牢牢记住这个错误，然后不再犯。我认为这个方法是可以借鉴的。

"常在河边走，哪能不湿鞋"，其实湿鞋并不可怕，只要我们总结，吸取教训，重新开始，就一定能获得最后的胜利。

点评：

这篇即兴评述的切入点是怎么面对失败，选用事例恰当，论述也充分，尤其是最后的点题，语言简洁有力，这是其他考生可以借鉴的地方。

题目九：历览前贤国与家，成由勤俭破由奢

题目分析：

这句话是唐代诗人李商隐在《咏史》中的一句话，这句话对中国几千年文明历史的进步进行了概括和总结。这句话同样适用于中国的当下和未来。纵观历史上贤明的君主，不难发现，他们的成功靠的是勤奋节俭，衰败是因为奢侈。这是立论型的题目，我们的任务就是证明观点的正确。勤俭不是新鲜话题，大家可以找到很多例子，古代的、近代的、中国的、外国的、身边的，还可以联系到国家政策。我建议选例子时最好远近结合。

角度参考：

1. 勤俭是成功的前提。
2. 任何时候都不能忘记勤俭。

范例一

参考评分：78

勤俭节约是中华民族的传统美德。小到一个家庭，大到一个国家、一个社会，都离不开勤俭节约。随着经济的发展和社会的进步，我们的生活越来越好，生活质量也不断提高，但我们不能养成浪费的坏习惯。中国有句老话说富不过三代，意思就是说富贵之家的后代因为奢侈腐化最终会把家给败了。2003年海鑫钢铁创始人李海仓被枪杀身亡，年仅22岁的儿子李兆会接班上位，成为豪门少帅，成为中国首富榜上最年轻的富豪。但仅仅十几年时间，海鑫钢铁便因资金链断裂而停产。这种情形就是李兆会的浪费无度、经营不善导致的。像这样的事例还有很多。正所谓节俭能够成就一个国家、一个民族，奢侈浪费也能毁灭一个国家、一个民族。所以，作为新时代的我们，也应当要勤俭节约，将我们的优良传统发扬光大！

说到勤俭节约，我还有很多的小经验想分享给大家。我家是济南的，节水保泉是这个城市的优良传统。我洗澡的时候，就站在一个盆子里，这样淋浴下来的水就可以再利用，或者擦地板，或者冲马桶。淘米的水也不要倒掉，可以用来刷碗。我想这些虽然是生活的小细节，但是坚持下去，就能给社会节省很多的资源。

节俭，我认为是做人的基本要求，和生活质量高低没有关系。每个人都节俭了，我们的国家就会更加强盛。

点评：

这篇即兴评述条理清楚，观点正确，结构完整，而且运用了俗语，很接地气，很有亲和力。这篇即兴评述的不足就是个别事例表达不清，作为论据，关联度不够。"浪费毁厂"这个事例就无法证明海鑫钢铁的生意没落和李兆会的奢侈浪费有直接关系。大家选事例要选和自己观点有关系的，不能萝卜、白菜的都往筐里扔。

范例二

参考评分：80

"历览前贤国与家，成由勤俭破由奢。"勤俭节约是中华民族的优良传统。小到一个家庭，大到一个社会，都需要勤俭节约的品德。

说到节俭，我想到了"光盘行动"。前几天，我在出租车上，从广播里听到一个故事。故事说得是夫妻二人陪丈夫的老板吃饭。饭局结束后，妻子按照惯例将还未动过的饭菜打包回家。结果，丈夫就和妻子大吵了一架，丈夫说妻子将饭菜打包回家让他在老板面前丢了面子。这个故事让我沉思了很久。据统计，我国每年仅饭桌上浪费的饭菜就能够养活两亿人口，这是一个多么惊人的数字。随着经济的发展和社会的进步，我们的生活越来越好，生活质量也在不断提高，为何勤俭节约这一传统美德却慢慢地丢失了呢？我认为，我们每个人都要像故事中的妻子一样，节约从点滴小事做起。社会上，不仅是在饭店要开展"光盘行动"，在我们生活的方方面面都要大兴勤俭之风，如打印纸两面都要用、随手关灯、少开车等。就我们的广播电视节目场景来说，电视台的晚会也不要光追求大场面，动不动就重新装修舞台，每场演出用上千名演员，也应该节俭一些，把省下来的钱来用在更需要的地方去，比如支援贫困山区的教育、兴修水利等等。就我个人来说，我也应该勤俭节约。学播音花费已经很大，我要节约每一分钱：衣服能少买就少买，出门尽量坐公交车。国家也要大力宣传勤俭节约等中华民族的传统美德，让我们的社会在勤俭节约的良好风气下不断向好。

点评：

这篇即兴评述最大亮点是找了一个生活化的例子，而且用数字作支撑，这是非常有力的。这位考生告诉我，所举的事件是他亲历的。可见，他是个处处留心的人。他把出租车上听到的故事也记下来，这是非常好的品质。

题目十：过犹不及

题目分析：

春秋时期，孔子的学生子贡问孔子，他的同学子张和子夏哪个更贤明一些。孔子说，子张常常超过周礼的要求，子夏则常常达不到周礼的要求。子贡又问道，子张超过了周礼的要求是不是好一些。孔子又回答说，超过和达不到的效果是一样的。

题目说的就是把握分寸，把握"度"的问题。这类题目的难点在于寻找事例。很多同学对此感到十分棘手。其实只要能准确理解题目内涵，找例子就不是问题了。找不到例子的原因还是因为不理解题目。就本题来说，大家可以想想哪些事情自己做得过火了，是不是过度运动导致身体无法承受而生病了，有没有因为过于随和而失去原则。这些都是很好的例子。

角度参考：

1. 我觉得这句话是正确的，做事情要讲究分寸。
2. 我觉得这句话值得商榷，过犹不及要分什么事情。

范例一

参考评分：85

春秋时期，孔子的学生子贡问孔子，他的同学子张和子夏哪个更贤明一些。孔子说，子张常常超过周礼的要求，子夏则常常达不到周礼的要求。子贡又问，子张超过了周礼的要求是不是好一些。孔子回答说，超过和达不到的效果是一样的。孔子和弟子子贡的对话说明了一个很重要的道理，这个道理就是"过犹不及"。过犹不及的意思是事情做得过头就跟做得不够是一样的，都是不合适的。

说一个常见的例子。我们知道有一些同学很爱上网玩游戏。爱上网玩游戏并不是错，学习累了可以玩一会儿，但是要记住适度就好。如果沉迷于网络游戏，动不动就通宵不休息，那就不好了。那样不仅影响学习，对身体健康也不利。

再比如煲汤，我相信很多家庭都有煲汤的经历。在煲汤的时候，火候到位，汤才能色鲜味美。如果火候不到，汤的味道会出不来，当然火候超了也不好。所以，做事要保持在一个"度"的范围内。

"过犹不及"就是告诉我们凡事有度，超出那个度，原本有益的事情也会变成有害的了。

点评：

这篇即兴评述地开头准确无误地说出了题目的出处，让人眼前一亮，显示了考生的文化底蕴。后面的论述也比较准确，例子也很生活化。总之，是一篇可以拿到高分的即兴评述。

范例二

参考评分：75

"过犹不及"的意思大家都知道吗？"过"是"过分"的意思。"犹"是"如同"的意思，"不及"是"达不到"的意思。"过犹不及"的意思就是：事情做得过头就跟做得不够是一样的，都是不合适的。"过犹不及"告诉我们做什么事情都要把握好度，坚持适度原则。

不知道大家小时候有没有听说过这样一个故事：从前，有一个东郭先生，让自己的驴驮着袋子陪他一起赶路。在路上，他遇见一只狼。他很害怕。但是这匹狼却因为后面有猎人追赶，请求东郭先生帮助，让自己钻进袋子，躲过猎人。东郭先生看见狼这么可怜就答应了狼。结果猎人一走，狼就露出凶相，要吃掉东郭先生。东郭先生害怕极了。这时，正好来了一位老人，东郭先生就和狼一起找这个老人评理。老人要求再把前面发生的事情重演一遍。当狼钻进了袋子后，老人马上系好袋子，拿起拐杖打死了恶狼。

这个故事告诉我们帮人要适度，需要帮助的人固然要帮，那些坏人就不要帮助了。这就要求我们必须把握住适度原则，懂得过犹不及的道理。

点评：

这篇即兴评述开头使用设问的方式，显得比较活泼。中间部分，举例也基本正确。东郭先生的故事可以从多个角度理解：既可以理解成东郭先生是非不分，也可以理解成善良过度。总之，在选取事例的时候，一定要恰当，切勿生拉硬扯，否则人家就会说，这人不讲理。

练习：

1. 知识改变命运。
2. 鱼与熊掌不可兼得。
3. 近朱者赤，近墨者黑。
4. 失败是成功之母。
5. 诚信为本，一诺千金。
6. 不以成败论英雄。
7. 读万卷书，行万里路。
8. 送人玫瑰，手留余香。
9. 书中自有黄金屋，书中自有颜如玉。
10. 皇帝的女儿不愁嫁。
11. 一切皆有可能。
12. 取法于上，仅得为中；取法于中，故为其下。
13. 不患位之不尊，而患德之不崇。
14. 合抱之木，生于毫末；九层之台，起于累土。
15. 独学而无友，则孤陋而寡闻。
16. 腹有诗书气自华。
17. 一勤天下无难事。
18. 君子之交淡如水。
19. 中庸之道。
20. 父母在不远游，游必有方。
21. 树欲静而风不止，子欲养而亲不待。
22. 山高人为峰。

23. 橘生淮南为橘。
24. 宁可追求虚无,也不能无所追求。
25. 成功就是从失败到失败,也依然不改热情。

第五章 模拟主持

第一节 什么是模拟主持

模拟主持是播音主持专业考生入学考试的一项考试内容。模拟主持考试一般要求依据指定材料，做适当改编，设计成广播电视小栏目形式并用口语主持播出。由于招生时要考虑学生的形象气质，所以一般情况下模拟主持都会录像。因此，这一项考试多在摄像机前完成，考生要按照电视节目的录制要求进行模拟主持。模拟主持的目的是考查考生是否具有主持人的潜质，看看这个考生是否像一个主持人，能否吃主持人这碗饭。曾经无数次发生过这样的事情：有的人语音、形象、即评都很好，也有内涵，可是一到了主持节目时就发现完全不是那么一回事，让大家很伤心。

模拟主持的关键在于节目意识和主持人意识，这是区别于即兴评述的最大不同点。节目意识告诉考生自己说的这段话是一个节目；主持人意识则要让考生明白，此时你在考官面前不是一个单纯的考生，而是以节目主持人的身份出现的。明确这两点，模拟主持才有可能考好了。

模拟主持的考试和即兴评述很相似，一般提前几分钟给考生一个题目或者一段材料，要求考生根据材料自己设计栏目，对材料进行加工，然后以主持人的身份主持一档节目，时间一般是3～5分钟。

第二节 模拟主持的基本要求

1. 节目意识

节目主持人是依托节目存在的。作为一个优秀的播音主持专业考生，一定要知道节目是什么、媒体是什么。尤其是在模拟主持环节，考生一定要有节目意识。节目是电视台传播信息的主要方式，是在一定的时间内、按照一定的内容主题向受众传播信息的项目，比如《新闻联播》和《焦点访谈》。讲这一点，主要是让考生明白模拟主持不是无穷无尽、无缘无故地说一个话题：它有时间限制，也有内容限制；它要求内容集中，有一定的目的。模拟主持必须符合节目的要求。如果你觉得我这样说有点难懂，那我就把道理讲得通俗一点儿。节目好比我们写文章的文体要求，要求写诗歌就不能写成散文，要求写小说不能写成剧本；节目又像我们穿衣服，不能往头上套裤子。

2．交流感

说到节目，我们知道它不是孤立存在的，必须有观众，因为只有这样才能完成信息传播。主持人不是自说自话，要有交流感，这也是考生要面对的难点问题。考生毕竟面对的不是观众，而是考官。但这不是最坏的环境，毕竟眼前还有人。如果正式录制节目，可能眼前还没有人呢。考生此时的交流感不完全是针对考官的，而主要是针对考生自己虚拟的电视机前的观众的。这是考生的主要任务，千万不要混淆。此时，考生要真的像在录制一档电视台的节目，而不是参加考试。

3．完整性

考生参加模拟主持考试，成绩好不好是一回事，但满足节目的完整性是基本要求，这一点也是考生最容易做到的。怎么做到节目的完整呢？就是要把一个节目的要素说全。一档节目包括这样几个基本要素：节目名称、主持人名字、节目开始语、节目结束语，还有必要的串联词。节目的完整性是对考生的最低要求。

4．节目类型

模拟主持考试题目的类型一般有四种：新闻评论类、新闻资讯类、综艺类、生活类，每种类型都有自己的特点。考生要结合题目类型，找准定位，要明白符合了节目的特点才能得高分。我们都有这样的经验：如果电视上的主持人穿着带亮片的小西装，头发弄得五颜六色，这肯定是个娱乐节目主持人；如果某主持人穿正式的西装，化淡妆出镜，那他（她）很可能是新闻节目主持人。对于考生来讲，要做到在什么节目上展示什么，吆喝什么；不能让人看了觉得不对路子，不像一个主持人。这些只是针对不同节目类型的简单区别。具体来讲，类型不仅影响主持人的着装，还对主持人的语速、表情、语言等方面都有重要要求。考生要认真体会其中的奥妙，遇到什么类型的题目，就要有符合节目类型的表现。

5．主持人意识

有的同学喜欢看一些专业书籍，很容易被一大箩筐的专业术语弄晕，越来越觉得主持人很神秘，其实你大可不必那样想。有时简单的理解也不一定就是错，甚至更容易抓住本质。

主持人，通俗理解就是主事的人，类似工厂里的小班长，内容就是安排一下大家的工作。主持人又类似家庭主妇的角色，只是安排一下今天的晚餐几荤几素。主持节目就类似于家里来客人的时候，你负责安排接待。你要招呼客人，要男客人坐板凳、女客人坐沙发，要安排客人先喝茶后吃水果。舞台上和在家里是一样的，只不过面对的人多些而已，而你需要做的就是大声说话。

主持人虽然历史不长,但是关于起源却有多种版本,较为正式的说法是起源于20世纪50年代。"节目主持人"一词出现在美国的广播电视节目中,英文表述叫作"Anchor",意思是"跑最后一棒的人"。美国哥伦比亚广播公司的制片人唐休伊特借用这个词来指代把与节目相关的报道串联起来并作一番综述的人。

1980年中央电视台的屏幕上第一次出现了"节目主持人"的字幕,这标志着我国广播电视行业中第一次出现了节目主持人的职业分工。

我觉得主持人的出现有利于信息传播效果的增强,也更方便受众接受信息。他们类似于帮忙的人,帮助大家整理信息,给大家服务。对于播音主持专业的考生来说,需要把握住这样几个要点:不卑不亢,落落大方,真诚为观众服务,有受众意识。在这几条原则的指引下,播音主持专业考生的语言、服装都要符合主持人的身份,让自己看起来像个节目主持人,这样才靠谱。如果考生让人看起来像是在演讲或者在朗诵,甚至有的同学还像在训话、开会,那无疑是失败的。所以,考生要有主持人意识,这种意识就体现在考生的心理和语言上。

如果你能做好这一点,不妨再给自己找个定位:在这场考试中,你是一位严肃的主持人,还是一个诙谐的主持人呢?如果你能想到了这些,你就会更加优秀。

6. 审题要得当

在模拟主持的考场上,要想得高分,首先要明白题目的意思。模拟主持考试的题目,并没有一定的格式,有时候是一幅图画、一个词或者一句话,有时还会是一大段文字。面对不同格式的题目,考生应该怎样应对呢?

有的题目非常简单,如只有一个"火"字;有的学校大方点,给出的是一个词,如"奉献"。面对这样的题目怎么办呢?首先要明白这是考查想象力的题目,是要考生自己完善题目,形成一个主题,策划一个栏目,然后在考官面前呈现出来。比如"火"这个题目,考生要做这样几项工作:找到观点、找到材料、设计栏目、串联组合。具体思路可是这样的:

(1)看到火我想到了光,想到了温暖。我要做一个像火一样的人,燃烧自己照亮别人。

(2)我们的班主任就是火一样的人,她非常敬业,为了我们的学习操碎了心。

(3)这应该是一个话题节目,或者说是一个文化类节目,给它起个名字就叫它"每天关键词"吧。

(4)加头和加尾。一个栏目成了,名字有了,还要用文字来展开论述它。

有的题目是一篇文章,或是一段生活常识。对这样的题目,首先要想到它不同于前面提到的题目。前面的题目需要你扩展的,而这个需要你总结和浓缩。以一个舍己救人的新闻故事为例吧。当你看到这个题目,你一定要意识到这是一个新闻事件类的题目,栏目名可以叫《新闻焦点》,然后你要根据材料总结出一个观点,通常的角度是赞扬这种行为,然后设计节目的结构了。节目的结构是这样的:首先是把事件进行简单叙述,其次就是阐明你对这件事的看法,最后是呼吁大家向他学习。这样一期节目就准备好了。这样的题目要注意材料的取舍。考试时间很短，不可能完全、详细地把题目复述一遍，应该说得简单点，留出时间进行评论。所给材料多是书面文章，变成模拟主持的时候，你一定要注意语言的口语化。

审题这个阶段的工作不少，要确定栏目、确定主题、寻找事例，要胆大心细、认真对待。

以上谈了模拟主持的基本要求，这也是模拟主持区别于其他考试的地方，是考官主要考查考生能力的重要环节，是大家在练习之前就必须明确的要点。只有在满足了这些基本的要求之后，你才能去追求主题的鲜明、词汇的丰富……

第三节　模拟主持的练习方法

许多学校考试模拟主持的时候喜欢录像，这就涉及镜头感的培养。这一点似乎有些不那么容易。我曾经主持过许多年的电视节目，也是主持了很长时间才找到镜头感的。所以，要求考生在很短的时间内就有镜头感，这无疑是件很难的事情。事情虽然难，但是也不是没有办法。接下来我就把我的经验告诉大家。

第一，身体要自然，不要乱动。平常一个很小的动作展示在屏幕上就会显很得大。所以，首先要锻炼稳定性，要站稳，脑袋要正。有得人平时喜欢歪着头说话，或者说话摇头晃脑；有的人说话还喜欢伸舌头。这些习惯必须改掉，因为在屏幕上，这些看起来都会让人感觉很滑稽。正确的姿态是站稳、挺胸、收腹，女生可以是丁字步，男生两脚要与肩膀同宽。

第二，要用眼睛看镜头。一身之戏在于脸，一脸之戏在于眼，主持节目也是这样的。很多考生在考场上不知道眼睛往哪看，结果眼神飘忽、宛若梦游。在考场上，眼神尤其重要，要和考官有交流，微笑平等地目视考官，和生活中一样就可以了。在模拟主持的考试中，就要和摄像机有交流感，不要害怕那个黑乎乎的家伙，要把他当成你的好朋友，要培养一种亲切感，看到它就兴奋、高兴。要这样想：正是因为它的存在，我们的形象才会传播到千里之外。畏惧感消除后，就是技术上的问题了。看镜头时，要往镜头纵深里看，不要往上沿看，要往下沿看，也不要死盯着看，眼神要根据内容的变化而变化。

如果大家还是找不到镜头感，就可以仔细观察电视里节目主持人的表情和眼神，直接模仿。这样练下去，时间长了，也能找到正确的状态。

实践是最好的学习方法。可能高中生很难获得电视台出镜的机会，但是类似的机会还是很多的。学校里有广播站，你一定要踊跃参加。大量的播读会让你在不知不觉中找到主持节目的感觉。学校里有各种演讲比赛，英语的、汉语的都有，大家也要踊跃参加。名次是小事，重要的是你可以体会在舞台上的感觉。每一次都要总结经验、查找不足，这才是进步的妙法。如果实在没有这样的机会，那只好求助可爱的手机了。现在的手机都有视频录制的功能，找个同学当摄像师，每天录一段，慢慢就能找到镜头中最美的自己了。

第四节　模拟主持的准备步骤

拿到一个模拟主持的题目，应该怎么办呢？接下来我就教给大家一个模拟主持的准备步骤。无论是练习还是考试，大家都可以按照步骤进行。有了正确的方法，距离高分也就不远了。

模拟主持的题目形式大体分为两种：一种和即兴评述一样，直接给一句话或一个词语，自己选择主题，组织语言；另一类则是给出材料，根据材料自己改编节目。可能还有其他的方式，但是无论怎么改变，你都要给他找一个主题。找到主题就好说了，这就是所谓的"师出有名"。

无论是一句话，还是一段材料，都是在说一件事情，或讲一个道理。拿到题目，首先看它是什么，这就是审题。如何审题可以参见本章第二节的内容。正确理解题目是关键，它决定模拟主持的成败。

下面我就详细地说明一下模拟主持的准备步骤。

1. 设计栏目

有了主题，考生马上就要想这些内容适合什么样的栏目。如果讨论的是堵车，那么这样的内容是不会出现在娱乐和美食节目里的，它一定会出现在"新闻焦点"之类的节目里。给栏目取名不难，在备考的时候就应该准备好各类节目的名字，一看内容合适就对号入座，这样可以节约时间。设计栏目的时候不仅是栏目的名字，还要设计好节目的风格和架构。这一点类似于即兴评述的小提纲，即先说什么，再说什么。模拟主持可以设计一些别出心裁的环节。例如，可以设计一个街头采访，借机把你想表达的意思通过别人之口表达出来。

2. 开头和结尾

无论是即兴评述还是模拟主持，开头和结尾都非常重要。一个新颖的开头和一个意味深长的结尾能给考生的表现增色许多。更为重要的是有了开头和结尾，就是一个完整的节目了。与即兴评述不同，模拟主持的开头一般较为固定：节目的第一段必须出现节目名称和主持人名称以及主题。结尾也有固定格式。节目要有头有尾，不能悄无声息就没有了。

3. 编辑组合

有的题目是一段新闻，考生不能完全照搬，这就需要考生进行删减，这时用到的是考生的概括能力。一般是先把题目概括一遍，然后加上自己的点评，这样才是完整的节目。在概括材料内容时，考生要学会抓重点，把次要的细节忽略掉，但概括的时候也不能过于简略，让人不知道你在说什么就不好了。概括后的内容也要让听的人了解事情的来龙去脉，能理解你的观点。

4. 串联成稿

有了开头、结尾和内容，一个模拟主持基本成型。这时候你要小声说一遍，看看是否还有不足之处：逻辑是否严密，用词是否准确。或者说还有哪里需要润色一下。串联完毕，你的准备时间也就用得差不多了。你要准备好了，那就上考场吧。

教师提示：

教师在这个阶段的首要任务是培养考生的节目意识，尤其要注意考生身份的变化。其次是培养考生主持人的感觉。节目主持人的类型意识也很重要。如果条件允许，教师应安排大量观摩课程，通过观摩课分析不同节目类型的语言特点，帮助考生找到主持人的感觉。在练习的时候，教师可以录制不同栏目的片头，请同学们在观看片头后主持节目，培养同学们的节目感觉。如果能进入电视台演播厅观看成熟节目主持人录制节目，那就更好了。

有的同学会觉得自己进步慢，或者某些毛病总是改不掉，这时候他就会着急。这时教师千万不要跟着着急，要淡定，并且告诉同学们一些方法，让他快点进步。比如，教师可以让他每天写学习日记，写优秀节目的分析文章。这样坚持下去，他就会感觉到慢慢进步了。

第五节　模拟主持的重要环节

1. 拟好栏目名

栏目名要简洁，尽量用四个字，切忌烦琐和词不达意，当然也别太难。例如，有的同学给栏目取名叫"深度新闻"，或者"娱乐多视点"，结果说得不深，或只有一个视点，反倒给自己找了麻烦，倒不如简单一点儿好；还有同学取的栏目名让人听不明白；也有同学拟的栏目名是万能型的，叫什么小李说事、今日话题、每周评论，这样的名字几乎什么内容就都可以往里放了。我给大家推荐几个栏目名，供大家参考。新闻类：新闻焦点、民生新闻、新闻一加一。娱乐类：娱乐焦点。生活类：美味厨房、王大厨教做菜、生活小贴士。

对于栏目名，大家要明白，它只是一个开端，考官不会因为你有一个出色的栏目名就录取你，更重要的是内容。栏目名只要不太出格就行，考生要把主要精力放在内容上。

2. 设计好节目开场白

开场白最好要简洁明了、开门见山，不要云山雾罩。有的同学喜欢加上两句节目的概括语,如:"点评时事,分析热点,欢迎收看……"这样固然可以。但是,有时候背不熟,反而会带来麻烦,还不如直接说好呢。这都是老师经过深刻教训才得到的宝贵经验,因为有些考官很心急,不等你说出核心观点,就拿出了他的撒手锏——喊停了。真宝贝还没有拿出来呢,就已经结束了,这样多委屈啊!

开场第一句和写文章一样有多种方法,多种风格,可以煽情,可以卖关子,可以朴实,也可以卖萌,只要能吸引住评委就是好的。我总是担心因为时间仓促,大家想不起来那么多的开头方式。或者有的同学很死板,喜欢生搬硬套。如果是这样还不如自然一点好。怎么选择开头呢?答案就是开头要和内容想契合,和内容契合的开头就是好开头。比如,悲伤的事情不要用幽默的风格开头,高兴的事不要弄得太死板。另外,就是根据你的性格设计开场白,如果天生比较严肃那就不要硬装幽默。结合这几个方面的因素,相信你一定能找到合适的开头。

从功能上来看,开场白起到开始节目、介绍节目内容的作用。它要告诉观众本期节目说的是什么,让观众判断是否收看。正因为如此,考生要把开场白说得热情,说得精彩。考生的声音可以略大一些,尽量吸引观众接着往下看。这和我们上网一样,如果题目不吸引人,我们就不会点开看内容。节目开场白一般有以下几种类型:

(1)开门见山式。它的特点是简洁明快,直接切入主题。例如:"今天的新闻焦点,我们聊聊停车难的话题。"

(2)设计悬念。为了更好地吸引考官,考生可以在节目开头设计戏剧性的冲突,或者设计悬念、提出问题,从而引出主要内容。例如:"朋友们,我们都知道去风景名胜区要买门票,但是最近有一家景区不仅不要门票,而且还发钱,这是怎么一回事呢,请关注今天的《齐鲁风貌》。"

(3)提问式。提问式开头就是在节目开头提出问题,引发观众思考。当然,这样的开头也能让节目显得不平淡。比如:"朋友们,欢迎收看今天的《天南地北山东人》。朋友们,你是否想过如果让你用一个词来形容你的家乡呢?如果让你选择一个词形容你的家乡,你会选择哪个词语呢?我想每个人的答案也都是不一样的。今天的节目里我们就一起关注一下大家心里的家乡。"

(4)情感式。如果说前面两种方式是诉诸内容,以故事吸引人,那么情感式则是以情感人了。比如:"欢迎您收看今天的《生活百事通》,我是主持人小亮。今天降温了,在这里提醒朋友们,一定要多加点衣服。另外,有可能下雨,您出门的时候别忘了拿雨伞。"

3.设计好节目结束语

考试的时候,节目结束语由于受到时间限制一般比较简单。节目结束语最直接的说法是:"这次节目就是这样,下次再见。"有的结束语还设计上热线电话、网址,这样做意义不大,显得有些烦琐。在模拟主持的最后部分,关键的不是结束语,而是在结束语之前的总结语。能否准确地总结话题,给出有力的结论对考生很重要。当然,在总结节目时,如果有画龙点睛的神来之笔,那就会更精彩了。如果考生能力很强,可以在这一部分多下功夫,我想一定会有丰厚的回报。同时,考生也要注意,结束语应该和稿件整体风格保持一致，不要前面很幽默，忽然后面很正式，给人以冰火两重天的割裂之感。

从功能上来说，节目结束语是节目结束的标志，告诉大家节目结束了，情感应该是依依不舍的。所以，结束语的语速可以放慢，这和考试的要求是一样的。考生千万不要心中窃喜，总算考完了，那样是错的。

结尾和开头一样有不同的风格，要么就是抒情派，要么就是幽默一族，要么是拔高，要么是追求平实之美。结尾切忌文不对题、生搬硬套。如果实在是能力有限，那就简单说几句也不为错。

附：开场白例子和结束语例子

开场白例子

（1）谈天谈地谈天下，聊你聊我聊民生。观众朋友们，大家好！欢迎收看今天的《聊天》。我是……

（2）东南西北来说事，这事那事都是老百姓的事。欢迎收看《有事说事》。我是……

（3）星期天，有一段视频引起了大家的关注，这段视频说的是有一位副县长也就是照片上的这一位，他看上去情绪比较激动，动作也比较夸张。据说，他还当场大骂捐资人。一个干部怎么能够有这样的言行呢？所以，这视频一出现，人们就议论纷纷，转载评论众多。那这段视频的内容到底是什么呢？我们先来看一看。

——《焦点访谈》

（4）观众朋友，大家好！位于江苏省北部的阜宁县在省内属于经济欠发达地区。那里并不富裕，阜宁县委县政府现在没有自己的办公楼，干部们正分散在一些地方凑合着办公。那么是不是因为财政困难没有条件盖楼，县委、县政府的工作人员才以身作则、因陋就简呢？

——《焦点访谈》

（5）观众朋友，大家好！欢迎收看《乡约》。我是肖东坡。我现在是在江苏省苏州市木渎镇白象湾风景区。2010年是咱们传统的虎年。虎，百兽之王。大家用带虎字说说对老虎的印象。来，就你，那个小姑娘！来那个大妈！一看您就是学富五车、才高八斗，老有才了。

——《乡约》

（6）有人说："生活就是咀嚼人生的酸甜苦辣。"事实上，随着岁月的变迁，再多姿多彩的生活最终都会趋向于平淡。平淡是蓝天的一片流云，轻轻盈盈地飘着，不紧不慢；平淡是山野的一朵小花，安安闲闲地开着，不妖不艳……大家好！我现在锁定的频率是90.7灌南电台。今天将要和大家聊一聊关于我们的生活。你觉得什么样的生活才是真，到底是平淡呢，还是其他？如果想跟我取得联系，可以发短信到短信平台……

——《夜话节目》

（7）悠悠漫步午后的睡莲池，在你耳边响起的也许是断断续续的古筝声，这是中国式的古典情调。掬一捧跳荡的珍珠，轻轻走过梦里的康桥，在你耳边响起的也许是洋溢着温馨与快乐的小提琴声，这是英伦式的浪漫情调。而今天的音乐杂志为大家带来的则是流露着些许悲伤、些许无奈、些许复杂的悠悠女声合集。我是小雨，抚平衣角，和着这些动人的声音开始你的音乐之旅吧。

——《音乐节目》

结束语例子

（1）应该说，人们在网络上给政府提意见、反映诉求是正当的行为，但是这意见该怎么提呢？是完整地说来龙去脉还是故意地断章取义？是对事实的客观表达还是为我所用、混淆视听、刻意炒作？提意见得讲规矩，不能乱来。利用网络泄私愤只能够误导公众、激化矛盾，把本来可以解决的问题复杂化。网上的一些消息看上去有图，有视频，可是却并不一定是真相。网民要擦亮慧眼，有自己的判断。当然，对于政府部门的工作人员来说，一言一行也需要谨慎自律，这样才能够树立形象、赢得信任。

——《焦点访谈》

（2）没有地，违法占用；没手续，顶风上马；没有钱，各出高招。阜宁县政府工作人员本应该是为人民服务的，现在却违法违规，为自己服务。作为政府工作人员，他们不可能不知法，但既然知法，为什么不怕法呢？法律和纪律到底有没有权威性，不仅取决于这些条文本身，关键还要看那些违反了法律和纪律的人能否受到应有的处罚。

——《焦点访谈》

（3）当人们非常投入地追求某种美好事物的时候，某种程度上它就鼓舞了生命的激情、承载了生命的重量。或许人们会由此化消极为积极，变被动为主动，由悲观到乐观，让不可能成为可能。李珍华和王晶的故事，又一次告诉我们，面对健康挫折这个人生难题的时候，该如何去做。好了，今天节目就是这样，咱们下期再见！

——《健康故事》

（4）观众朋友，今天的节目就到这里。本期节目的内容将刊登在栏目的联动媒体上，欢迎观众朋友浏览查询。今年是虎年，我祝大家生龙活虎，如龙似虎，如虎生翼，虎年行虎运。祝愿虎年，大家在各自岗位上，龙腾虎跃，虎虎有生气，虎步龙行，如虎添翼，威震八方，虎气冲天！

——《乡约》

（5）今夜，无论是否星光闪烁，离别就如远方飘来的歌声，已近在耳边。为你祝福的人是我。无论前方有怎样的急流漩涡，无论你会从一个深坑跳到另一个深坑，也无论这一别便是金光大道、一帆风顺，这些都不再重要。重要的是在以后，你一直都能够在生活当中，有寻找快乐的能力。就让过去的留给过去，未来的交给未来。歌在耳，箭在弦，今夜月光下的祝福会穿越时光的河水，一直飘荡在梦里的天空下。我是小亮，再见，毕业生！

——《校园节目》

（6）周：朋友们，今年春节联欢晚会又到了与大家说再见的时候了。

张：难忘今宵，难忘这不眠的除夕之夜！那是心中涌动的亲情与感动。
刘：难忘今宵，难忘这万家团圆的时刻！那是心中永存的真诚与祝福。
朱：难忘今宵，难忘这欢乐的情景。
董：难忘今宵，难忘这幸福的时光。
周：让我们在歌声中相约，相约明年的除夕之夜！
李：让我们在歌声中许下心愿，共同拥抱扑面而来的——
合：美好春天！再见！

——《央视春晚》

第六节　模拟主持的注意事项

1. 太花哨

有的同学想别出心裁，这是好事，但是设计的环节过多就会适得其反。播音主持考查的主要是考生的声音、气质及普通话。如果考生设计过多环节，一会儿请进嘉宾，一会儿又连线现场，反而会把自己弄得手忙脚乱，倒不如专心在语言上下功夫。

2. 没交流感

主持节目不同于平常一对一的聊天，它是一对众的交流。考生内心的感受应该是："大家好，我来告诉大家一件事情。"考生还应该想象到观众听到你说话后的反应，然后根据观众的反应来设计语言。比如："观众朋友，刚才我说有一只鸡有三条腿，是不是吓到你了呢？其实也不必害怕，专家告诉我们，真正的原因是……"

3. 过度口语化

有的同学觉得主持节目要亲切，要口语化，就把它变成了生活中的聊天，使用了大量的方言、俗语，语言也啰唆起来，这是一个误区。作为大众传播的节目，主持人需要适当的口语化，这是正确的，但是也有个分寸的问题。如果把握不好度，语言过于琐碎，也会对信息传播产生损害。

4. 逻辑不严密，事例不合情理

有的同学为了说明一个道理往往会口不择言，忽略了基本的生活常识。怎么避免这种现象呢？建议同学们在准备好稿件后，一定要反问自己这样说是否合理，观众看了节目是不是还会有疑问。如果感觉还有疑问就是自己没说清楚，或者说得不对，需要再斟酌、修改。

教师提示：

在这一部分中，教师的主要任务是教会同学们处理细节的东西。有些同学虽然能够完成模拟主持，但是节目开头、结尾等细节还存在问题，只是空有其形。教师要引导考生找对感觉，力争做到形神兼备。

第七节　各类模拟主持及案例

节目样式很多，每个学校的出题倾向都不一样，有的偏重新闻，有的想培养娱乐节目主持人，这就要求考生要有类型意识。通俗地讲，就是考生到哪一山唱哪一山的歌，不能用主持娱乐节目的感觉去主持新闻节目，也不能带着播新闻的感觉去主持体育节目。考生一看到题目就要知道这个材料适合哪个类型的节目，然后就按照那个类型的节目主持人的特点来要求自己。这点有点像我们平常穿衣服：一看今天要开会，就马上穿西装；一看今天打算出门玩，就马上穿休闲装。模拟主持也是这样。考生看到题目后，要找到合适的类型，按照类型的要求来主持节目。

一、新闻评论类

这是经常考到的一种节目类型。我们常见的《焦点访谈》《海峡两岸》《新闻焦点》《东方时空》都是新闻评论类的节目。这类节目是通过分析新闻事件表明观点，要比单纯地播报新闻更难一点儿。

这类节目的难点在于同学们的年龄小、阅历浅，很难对新闻事件作出权威的解读。但是，考生也不要过分担心，只要真诚和庄重一点儿，就会达到考官的要求。此类节目的内容多是关系国计民生的大事。主持这类节目时，态度一定庄重、严肃，不能嬉皮笑脸。当然，言论也不能太偏激。做到了这些，考生的分数基本就能及格。另外，由于涉及的问题多数很复杂，考生需要深入思考，不要总说套话，要有理有据、逻辑严密、观点正确，这样才能取得好成绩。

相对来讲，这类题目对同学们又是比较容易的，因为这类题目几乎和即兴评述一模一样，大家只要加上开头和结尾就完成任务了。从语速上来说，主持新闻评论类节目时，主持人的语速不能太快，语言起伏也不能太大，要以叙述为主。把道理说清楚是主持人最主要的任务。我们接下来通过一个案例来说明。

将下列材料改编成新闻评论类节目，时间2~3分钟。

9月11日晚，微博网友"砖石利剑"通过微博爆料称，有游客在故宫的铜缸上刻了一个心形图案,并在图中刻上了两个人的名字。该网友在实名认证的信息中显示为"故宫博物院珍宝馆讲解员"。其在微博中指出,该铜缸为清代乾隆年间所制。

一个至少有三百年历史的铜缸,被游客无端刻上字,犹如"佛头着粪"般大煞风景。两年多前,同是在故宫,在清宫遗存的铁缸上,一名叫梁齐齐的游客,刻下"到此一游"的字迹。据悉,故宫每年都会出现游客刻字现象。不独故宫,国内哪个名胜古迹,能逃过不被刻字的命运?

有的中国游客,还将这一陋习带到国外。南京少年丁某某,在埃及卢克索神庙的浮雕上,刻下"丁某某到此一游",有中国网友看到后感叹:"我们试图用纸巾擦掉这羞耻,但很难擦干净,这是3500年前的文物呀。"

考生答卷:

观众朋友们,大家好!欢迎收看今天的《民生焦点》。我是主持人小龙。最近啊,有件事情在网上引起了广泛的关注。话说,有游客在故宫的铜缸上刻了一个心形图案,并在图中刻上了两个人的名字。一个至少有三百年历史的铜缸,被游客无端刻上了字。大家对此都非常气愤。今天咱们就说说在风景名胜地乱刻字的不文明现象。

人们为何喜欢在名胜古迹上刻字呢?这是一个令人费解,但却并不复杂的问题。

有心理学家分析道:"刻字留名是占有欲的表现。往雅处说,这是追求'死后不朽'的国民心理;往俗处说,这跟狗撒尿圈地盘的原理相似。"在我们看来,在名胜古迹上刻字,无非有这么几种原因:第一是刷存在感,表明"我虽是过客,但曾来过";第二是扬名心理在作怪,希望像被刻字的文物一样传世,美名远扬。当然,还包括秀恩爱心理,让更多的人看到自己的幸福。

但是呢,在文物上刻字,已对文物造成了破坏。依照《治安管理处罚法》第63条规定,刻划、涂污或者以其他方式故意损坏国家保护的文物、名胜古迹,情节不严重的,处警告或者200元以下罚款;情节较重的,处5日以上10日以下拘留,并处200元以上500元以下罚款。

说到这里,大家可能发现了,乱在名胜古迹上刻字不仅是不文明,而且还有可能受到处罚。大家可不能再把它当成一件小事了。可是也有人说了,既然人们有这样的需求,名胜景区可否设置"到此一游签名墙"?这样既满足那些手痒想刻字留念的人,也吸引有才华的人畅抒胸臆,大发才情。设置签名墙,彰显了堵不如疏的治理艺术,值得一试。

目前来看,很多的景区还没有这样的签名墙。所以呢,在这里,主持人小龙还是劝大家不要在名胜古迹上刻字。毕竟风景是大家的,不能因为个人的需求影响大家的风景。好,本期《民生焦点》就是这些,咱们下期再会!

教师提示:

此类题目对于考生来说最大的困难是分寸的不当把握。很多考生不清楚一个新闻节目主持人该有什么样的语态,这是教师教授的重点。教师要让考生知道,广播电台、电视台是党和政府的喉舌，舆论监督是媒体的职责之一，惩恶扬善是媒体的责任之一；主持人要不卑不亢地传播信息，用事实说话。如果考生还是不明白，应让他们多看《焦点访谈》和《新闻联播》等节目。用心揣摩，这样才能明白新闻类模拟主持的奥秘。

练习：

1. 以"'国六条'出台，促进房地产业健康发展"为话题，主持一档节目。
2. 以"瓜农进城卖瓜难"为话题，主持一档新闻节目。
3. 以"今年移动、联通不断下调资费"为话题，主持一档新闻节目。
4. 在央视推出一档全新的《走基层百姓心声》特别调查节目中，央视记者街头采访："你幸福吗？"针对老百姓奇趣的各种回答，如果你是主持人，你会怎样来主持？
5. 陕西民工下跪讨薪，开发商曾花百万请明星。根据此事件主持一档节目。

二、新闻记者出镜类

这种形式大家并不陌生。我们经常在电视里看到这样的画面，前方发生了新闻事件，主持人在直播间里说："今天某煤矿发生塌方事故，我们的记者小方正在现场。小方，你好……"然后小方就开始说话了。我的问题是：假如你是小方，你会怎么说？

这种考试对考生来说有一定的难度，因为许多考生不知道现场记者是干什么的。这个难题不解决，考生就很难拿到高分。所谓现场记者，就是代替观众到现场看一看，把观众想知道的信息转述给大家的新闻工作者。在这种情况下，考生组织语言、完成现场报道就需要发挥想象力，把自己置身于特定环境中。要完成这类的主持，考生的生活经验就显得很重要了，因为要知道观众最关心的是什么，如果没有生活的积累是很难完成这样的考试题目的。

新闻记者出镜同样是报道新闻。考生要注意新闻要素的完整性，即时间、地点、人物、事件缺一不可。无论考生说成什么样，这些要素都要有，不然你报道的新闻就不是完整的新闻。考生在播报新闻时，要说得生动准确，尤其要注意客观公正，不能凭想象和猜测，不能有太多的议论。虽然说起来很复杂，但是如果你练习几次，就会找到窍门。

出镜记者还要注意语言的丰富和口语化，这点和即兴评述类似。台湾华视新闻主持人李砚秋在1991年华东发水灾时到大陆采访，表现得就非常好。在一次新闻报道结尾时，她站在齐腰深的水里说："自从大禹治水以来，历经几千年中国人还在同洪水搏斗，只是老天爷在发怒的时候就要找这块土地泄愤。土地无知，洪水无情，但苍生何辜？面对这片疮痍，真让中国人对中国人感到慨叹。"这段话生动而且易懂，又准确地描述了水灾当时的情况，是非常好的现场报道的范本。

现场记者在描述现场情况时，最好不要仅仅描述当时的情况，应该是以连线那一刻为原点，往前、往后各推一段时间，这些都是现场记者要报道的内容。比如，我们经常听到现场报道里这样说："刚刚过去的半小时是惊心动魄的半小时……据了解，大批救援部队将会在一个小时后到达，某领导也正在赶往现场的途中……"

由于此类题目多是选用一个大事件，比如某个节庆的开幕式现场，或者某次运动会的现场，这就对考生的状态提出了新的要求。它要求考生在瞬间融入假想的环境中去。假定考生是在户外做连线，除非一些灾难性的事件外，考生的音量要比平时高一点。通俗来讲，考生要有现场感，这是新闻记者出镜最主要的特点。

　　此类报道的思路是这样的：开头要介绍时间、位置、事件，然后介绍现场的情况，接着就是背景信息的介绍，最后是对事件走势的预测，结尾一般是这样一句话："好的，以上就是本台记者为您做的现场报道。"

　　为了更好地说明现场报道，我们来看一位同学的作业：

　　电视机前的观众朋友们，现在是北京时间20点30分，我在黑龙江省哈尔滨市东方学院附近为您做现场报道。就在一个小时前，这里发生了一起特大火灾。从现场可以看到，浓烟滚滚，不过火势已经得到有效控制，警方也拉起警戒线……

　　据了解，本次火灾是从仓库开始起火，然后……由于风比较大……所幸没有造成人员伤亡。

　　我们随机采访到了负责仓库的管理员，得知他当时正在休息，突然就起火了。目前，火灾的原因正在进一步调查之中。我也提醒电视机前的各位朋友冬天干燥，一定要小心火烛，避免此类事件发生。好的，以上就是本台记者为您做的现场报道。

　　再来看一个现场报道的范例：

　　观众朋友，我现在所在的位置是市民广场灯展中心。大家都知道这个灯展是咱们泗阳第三次的花灯展，也是泗阳知名度最大的而且是活动最多的盛会。据现场的工作人员介绍，花灯展主要有三大看点。一个是看最大的花灯。等一会我们带大家去现场看看。这花灯到底有多大呢？我这先保密一下。这里还有我们常见的小红灯，这种小红灯孩子们最喜欢，为什么呢？下面都有张纸条，可以猜灯谜。猜灯谜就是花灯展的第二看点。灯谜的奖品我已经拿了两个了，大家看看这些奖品是不是特别好玩？待会我们还要详细地给大家介绍。接下来呢，很快有表演队开始表演了。看表演是就花灯展的第三个看点。在我身后可以看到，他们已经在准备了，今天上场表演的是我们泗阳的第一个舞龙队，你看，他们已经开始了。这是第一舞龙队，舞龙头的是王大伯，王大伯能不能给大家展示一下，王大伯……王大伯为了这次演出做了充分的准备。这支舞龙队员的平均年龄达到了五十五岁。那么大一群老年人，他们舞得生龙活虎，你根本看不出岁月在他们脸上留下的痕迹。今天，我们泗阳如此热闹的花灯活动也只是我们泗阳几个展示点的其中一个。在这里，我特别希望大家别在电视机前守着了，赶快到花灯现场寻找你的乐趣和快乐，去感受一下我们泗阳这几年来的变化。另外，你可以看广场的大屏幕。我们泗阳电视台正在现场直播活动，我们会随时随地报道最新的信息。等一会儿我会带大家去看整个灯展当中最大的灯。它到底有多大呢？让我们一起期待。

如果想提高现场报道的水平，大家就要多练习。这是个难点，因为平时现场报道的机会几乎没有，只能靠自己虚拟练习。当你逛街途中发现有人在吵架或者发生交通事故时，你可以尝试停下来，观察一会，假定自己是电视台的出境记者做一个现场报道，然后自己录制下来。说完之后一定要重新听一下，找到自己的不足和优点。这样的方式还可以运用到学校运动会、元旦晚会、某个节庆仪式的开幕式现场等。

多看优秀记者、主持人的现场报道也是学习的好办法。从业界精英那里我们可以学到很多技巧。目前来看，央视的白岩松和蒋林都是此方面高手。下面，我就给大家提供几个他们做现场报道的范例，供大家学习。

汶川大地震期间，白岩松在报道唐家山堰塞湖泄洪时，做了这样一个出镜报道：

现在我就站在唐家山堰塞湖排险现场，在刚刚挖成的泄洪槽的里面。这个泄洪槽究竟是一个什么样的深度和宽度呢？拿我的身高来作比较，我的身高大概是一米七九，（往泥地里趴下）这个泄洪槽大概有我两个那么宽，将近四米。（站起来）但这还不是最窄的地方，从高度来看（走近泄洪槽壁），拿我的身高做比例，大家也可以大致明白这个泄洪槽挖了有多高……

《新闻1+1》蒋林和白岩松的互动：

白岩松：我觉得首先要关注你的位置。现在你离爆炸点，也就是核心的那个地方有多远？你的报道现场。

蒋林：我今天在离爆炸现场最近的时候，直线距离不超过一公里。我爬到这个楼上第15层的时候，透过天津海关的大楼，可以非常清晰地看到场面，就像刚才通过无人机所看到的这个画面。今天下午，一站在这个窗口，我就会觉得有刺痛感，而且蒸腾起来的这种浓烟的味道，在我们第15层的大楼上其实也可以闻到。

在今天下午，我接到了一次向外撤离的要求，其实这是因为今天的风向有了一个小小的变化：从面向我们这个海关大楼右侧的方向，调整到了海关大楼的左侧。其实可能只是调整这一点小小的角度，但是对于周边的不少救援抢险人员，包括我们现场报道的人员来说，可能又有了新的威胁。所以在今天下午，大概4点钟的时候，我现在到达的这个位置，距离核心现场是1.3公里，但是并不遥远。

白岩松：蒋林，我要打断你一下。其实我并不希望此时此刻，你离事故现场的距离非常近，1.3公里也已经足够近了。我也注意到你在准备报道期间，就没有戴口罩，现在连线也没有去戴。那么你是否接到相关的这种信息，比如说空气是否是安全的？是否有一些有害的物质？你们去采访时得到这样的一种提醒了吗？

蒋林：那我就把我今天下午的这种感受作一个梳理。到达核心现场，也就是说最近大概隔一公里的位置上，因为当时的风向是从我们身边擦肩而过的，所以其实浓烟是从我身旁大概50米的地方过去的。那么，在那个时候我是听不到现场有任何的爆炸声，也闻不到燃烧之后的味道。但是，当我爬到海关大楼上的时候，风向发生了变化，我就能够闻到那种味道，而且，直到现在我还觉得在说话的时候自己的鼻腔和嗓子，有一点小小的刺激，因为这毕竟是一个堆放化学品的仓库。

而我现在所站的这个区域，是和现在的风向成一个平衡的状态的，风是朝我们现在所说的、可能偏向于渤海那个位置继续吹的。那么，我们距离它的这个一公里的距离，其实就是一个平行于现在烟所飘的这样一个距离。

在我今天下午6点钟的时候，我得到过一个消息：北京军区防化团在相隔500米的范围之内，没有检测出氰化物。但是，这个消息其实只是停止在了今天下午的6点钟。我们也希望随时更新这样一个空气检测的信息。他们派出了很多的流动检测车，组成了一个环状，围绕在现在仍然在燃烧的区域内，但是现在，现场仍然在开一个协商会，所以没有能够拿到最新的消息。目前，在这个平行的风向内，我是闻不到任何的气味的。

白岩松：对不起，稍微要等一下，马上我们要继续连线在前方的蒋林。他身后的这种情况有所变化。蒋林，究竟后面的是火还是其他的什么发生了变化？

蒋林：好的，我只能够在这样一个范围之内描述一下我看到的一个最新情况。大概就是在我刚刚和你通话结束之后，在将近40秒的时间里，明显地我们可以觉得火光在变大，而且有一股白烟蒸腾起来。现在还不能够去确认这样一个光亮的增加，是因为有了新的燃点，还是以前的燃点更靠近我们了。

那么，还有一种情况是今天下午，我们听到消防部门对于他们抢险的一个情况说明。他们在预案处置的时候说到，他们可能会通过一种轻度爆破的方式，来把一些堆放的化学品炸开，然后让这样的一个环节——通过一种点对点的轻度爆破的方式，来进行一个灭火。我先把这个消息告诉大家，我马上去核实我们刚才身后到底是一个什么样的情况。岩松。

白岩松：谢谢蒋林！

教师提示：

这类题目的难点是现场感的体现，考生一定要有身临其境的感觉。就考生的身份定位来讲，这时候不仅是个主持人，更多的是一个现场记者的角色。与其他类型的题目不同的是，这类题目更需要手势的配合，对考生的要求略高，这也是教师重点教授的地方。

练习：

1.1月20日0时20分左右，位于上饶市广丰区洋口镇一烟花厂发生爆炸事件，目前伤亡情况不明。据当地居民称，爆炸引发剧烈震动，广丰区、信州区等地居民均感受到房屋震动。请做现场报道。

2.9月3日，纪念中国人民抗日战争暨世界反法西斯战争胜利70周年大阅兵在北京天安门广场举行。请做现场报道。

3.2015年12月25日，山东平邑一石膏矿发生坍塌。12月30日发现4名被困矿工。2016年1月29日22点49分，随着第4名被困矿工安全到达地面，被困在5号救生孔附近巷道里的4名矿工全部顺利升井！截至目前，此次事故共有15名井下被困矿工获救，另外有1人已确认遇难，13人仍失联。假定你正在第4名矿工升井的现场，请做现场报道。

三、生活类

相较于其他几类模拟主持，这类节目的模拟主持要简单多了。它的内容距离考生的生活比较近，容易发挥；题目也比较轻松，无非是做菜、游览公园什么的。这类节目的特点是轻松自然。抓住这个特点考生就极有可能考好。

这类题目的语言要更加口语化。考生要把材料中的书面语改成口语，尤其是一些"其""为"等单音节词要改成双音节词。语言要活泼、准确、幽默、自然。

如果考生恰恰热爱生活，喜欢做菜，爱帮家长干家务，那就太好了。因为这类题目考查的是考生的亲和力，考生正好可以发挥其长处。这类考题的目的是看看考生是不是一个热爱生活的人，热爱生活也是主持人的必备素质。考生平时要注意观察，不要做一个只会学习的书呆子。主持这类节目的诀窍是主持人要把自己的姿态放低，把观众想象成自己的好朋友，因为双方的距离感每消除一点，节目就会精彩一分。主持人要尽量放松，要试着热爱生活、感受生活，这样才会成功。目前，电视上这类节目非常多。大家可以参照央视的《回家吃饭》《走遍中国》等节目的语言风格进行练习。

生活类节目很多，厨艺节目、旅游节目、天气预报都是属于这个范畴。做这类题目的时候，你可以想象自己是在给你最好的朋友介绍一道菜的做法，或给你的亲戚讲述某风景区的美景。下面是一位同学的作业，大家可以参考一下。

观众朋友，大家好！欢迎收看本期的《百科全书》，我是主持人云霞。今天啊，云霞要给大家说的是祛除牙齿"内黄"的方法。大家可能要问了：什么是牙齿"内黄"呢？其实呀就是由于我们在发育期服用四环素类药物——也就是我们常说的抗生素所引起的牙齿发黄。而我们牙齿颜色的轻重和我们服用四环素的剂量和时间有关。剂量越大，牙齿的颜色就越深；时间越长，牙齿变色的范围越广。所以，在这里，云霞也要提醒我们的孕妇和七岁以下的宝宝不要使用抗生素类的药物，因为那个阶段是我们的牙齿容易受影响的时期。那么已经形成牙齿"内黄"的患者可能就会有所担忧了。在这里，云霞告诉大家，不要紧张，因为我们的牙齿"内黄"也是有祛除方法的。如果我们的牙齿"内黄"程度较轻，不影响美观那就可以不用处理。当然，您也可以采用牙齿内脱色漂白的方法。不过，云霞要提醒您，这种方法会给我们的牙齿带来一定的损伤。所以，云霞建议大家还是"三思而后行"。而我们牙齿"内黄"程度较重的患者可以采用牙齿贴面的方法进行处理。这种方法不仅可以遮盖我们牙齿"内黄"的程度，也可以修复我们牙齿表面的一些不平整的地方，使我们的牙齿变得更加美观漂亮。在这里，云霞也衷心地祝愿每个人都可以绽放出灿烂的笑容。好的，本期节目就是这些，欢迎收看下期节目！

教师提示：

主持节目的时候一定要放松，尤其是生活类的节目，这类节目的要求是内紧外松。太多同学是内紧外也紧，考生如果万分紧张地主持生活类节目就不合适了。要告诉考生的是，此时一定要放松，想着内容。还有很多同学难以在新闻类和生活类题目之间自由转换。教师可让考生多互动，比如请一位同学教另一位同学炒土豆丝。

对模拟主持人这类节目，考生一定要注意细节的描述，这是展现考生能力的关键。因为套话谁都会说，而细节不是每个人都能捕捉到的，这是考生加分的利器。就比如炒土豆丝，几乎每个同学都会说，先把土豆切成丝。这种说法就很平常，难以打动考官。如果改为："这个土豆丝呢，最好不要太粗，切成圆珠笔芯那样粗细最好。"这样就更形象了，这也是教师教授的重点。

练习：

1. 以"小学生上学或放学路上怎样遵守交通规则"为话题，主持青少年节目。
2. 以某一科教知识为话题，主持节目。
3. 根据某一案例，主持法律节目。
4. 以介绍怎么购车或购房为话题，主持服务类节目。
5. 介绍某一生活小窍门。
6. 主持一档天气预报的节目。
7. 请以"感谢对手"为话题，模拟主持一期节目。
8. 请以"童年"为话题，模拟主持一期节目。
9. 根据下列材料，把它改编成生活服务类节目并模拟主持。

康乐中心：既能美容还能治病？

在河北省深洋县，这样的小广告在很多居民楼里都可以看到。什么"包治各种性病、皮肤科，无效退款"，吹得都很厉害。

根据广告上的地址，记者和执法人员一起顺藤摸瓜，很快就找到了这样一家能耐不小的皮肤泌尿专科门诊。走近一看，说是门诊，其实不过是一个不足十平方米的小屋。也许是听到了风声，门诊里已经是空无一人，医生早已不见踪影，只留下了一些药。我们看到了用来治疗性病的消炎针剂和一些壮阳药品。

执法人员说，这是一个无证行医的黑诊所，已经不止一次查过它了，但它还是悄悄开业。执法人员当场没收了这家性病黑诊所的全部药品。离开这家黑诊所，执法人员又发现了一个奇怪的现象。这是一家名叫欣欣的康乐中心。欣欣康乐中心的招牌上写着服务项目是美容、减肥瘦身，它的门窗上却贴着"治疗"和"中成药丸"的字样。

进门后，执法人员发现，这家康乐中心并不大，一侧是三张床，床的旁边，可以看到刚刚用过、还未来得及摘下的输液瓶，床底下也存放着大量的输液药品。床的另一侧是一个柜子，里面放着大量的用于医疗的药品针剂。在里面的一个小房间里，执法人员又从一个柜子里查出了大量的西药和中成药。从药品的种类和数量上可以看出，欣欣康乐中心实际上是在从事诊疗活动的。

执法人员说："从表面上看，这是康乐中心的牌子，实际上我们发现了大量的药品注射器。这是无证诊疗机构,现在我们要封存这里的药品,把这个非法医疗机构依法取缔。"

四、综艺类

许多同学喜欢看综艺类节目。电视晚会、真人秀都属于综艺类节目的范畴。这类考题一般是让你模拟一段综艺节目的开场白,或者是节目的串联,并不是很难。考生只要掌握一定的技巧就能顺利完成。从语言表达上说,考生要抓住此类节目的特点,要热情,会烘托气氛。从语言状态上来说,这类节目有点像诗歌朗诵,要求考生声音饱满、语调昂扬。这样说可能让大家感到有点抽象,大家回忆一下春节晚会的节目主持就知道是怎么回事了。以下是某年央视春晚的开场白,主持人是朱军、李咏、周涛、董卿、泽群、芳菲。

朱军:中国中央电视台!
李咏:中国中央电视台!
周涛:亲爱的观众朋友们——
六合:春节好!
(这几句主要是说明什么台和什么时间)

朱军:盛世迎春,万象更新,这里是中央电视台2006年春节联欢晚会的直播现场!
李咏:送走金鸡,迎来瑞犬,伴随着普天同庆的喜悦,一年一度的春节联欢晚会,又和大家见面了!
(这几句主要是说明地点和什么事情)

董卿:国泰民安乾坤颂,张灯结彩大拜年!
泽群:在这辞旧迎新的时刻,首先我们向全国各族人民——
芳菲:向香港特别行政区同胞,向澳门特别行政区同胞——
周涛:向台湾同胞、海外侨胞,向全世界各国的朋友们,道一声——
六合:拜年啦!!
朱军:祝大家——
六合:新春快乐!万事如意!
(一起问候,必备元素)

朱军:观众朋友们!今年的春节联欢晚会,我们继续发挥开门办春晚的优势,更加展示新的亮点!
周涛:今天,全国各地方电视台都专门选派了主持人作为新春使者和我们一起张灯结彩大拜年!
(欢快的音乐声中,全国35家电视台新春使者上台联合大拜年。串联到第一个节目)

这是综艺类节目语言的基本情况，其他不同类型的综艺节目都是在这个基础上的简单变化。了解这一点，你就明白娱乐节目主持人大呼小叫的原因了：他们只是在拼命地烘托气氛，心里在想着，气氛热烈一点，再热烈一点。

这也是晚会开幕的标准样本，简洁明快，内容清楚。大家可能觉得这是一群人在主持节目，其实无所谓，这些话一个人说也行，也不会对节目造成影响。

晚会节目开场白有个显著的特点，就是要求考生一定要感情饱满地把声音放出来，语速适中，表情一定要笑得像花一样。这时候最容易看出一个考生的吐字质量即音质、音色，这也是考官考查的重点。

综艺类节目不仅有晚会还有综艺内容的话题节目，就是对娱乐事件发表观点的节目。这类题目有新闻节目的特点，又有娱乐节目的特点。它要求考生既要有理性的思考、独特的观点，又要有娱乐化的表达。总之，它相对难一点，需要考生全方位地去把控。接下来看一位同学的模拟主持的稿件。

读杂志，观天下！欢迎收看由宏宁为您主持的《杂志天下》。我们来看最新一期的《南都娱乐周刊》，文章标题"照妖镜"，文章介绍：从2014年开播、一路火到2015年的浙江卫视《奔跑吧兄弟》，用老少皆宜来形容它的人气一点也不夸张。邓超、郑凯、李晨等各位艺人在节目中卖力奔跑、放肆搞笑，"偶像包袱"掉了一地，让《奔跑吧兄弟》变成了照妖镜，呈现出国产明星在镜头前从未有过的真实。那大家不禁要问了：是什么原因让这个节目这么火爆呢？今天我们就聊聊这个话题。

要我说啊，改变中国艺人在观众心中固有的形象，使艺人能一改往常高高在上的姿态，甩掉偶像包袱为观众展现真实的一面，这就是《奔跑吧兄弟》一直红火的原因。因为观众不仅喜欢他们所塑造的角色，更喜欢他们真实的个人！

好，今天的《杂志天下》就到这里了。如果您想获取更多新闻资讯，请扫描屏幕下方的二维码，关注我们的微博、微信客户端，或拨打热线电话1066958820。读杂志，观天下，《天下杂志》话题多，明天中午咱们接着说。接下来是"天下言论"。

综艺类考题里还有一种出题方式，就是让考生写串联词。串联词，顾名思义，就是两个节目之间的衔接词，考生要对上一个节目进行总结，然后巧妙地引出下一个节目。写串联词考查的是考生发散型思维能力，就是看考生能否从两个节目之间找到某种联系，然后把节目串联起来，使上下节目衔接自然、流利，从而吸引大家关注下一个节目。

我们还是找个春晚的串联做范例。

李咏：董卿，把春节晚会比作视觉盛宴，应该说毫不夸张。节目里有好听的，也有好玩的；有开心的，也有感人的。接下来给大家来一个高难度惊险的怎么样？

董卿：好啊，下面我们就请大家来欣赏一个杂技《绸吊顶技》。各位请注意：这个曾获国际大奖的节目中很多令人惊叹的绝技，会让我们一饱眼福。

这是比较简单的一种串联词。当时刚有一位歌手唱完歌曲，李咏用好听和好玩引出杂技节目。再来看下面这个串联：

朱军：你真得让我吊到上面去？那我就吊到上面去。
周涛：你还真够实在的。
朱军：做人要厚道。
周涛：你这人还有个优点：好面子。
朱军：人活脸，树活皮嘛！
周涛：你这个人最大的优点就是喜欢顺着竿儿爬。
朱军：是，谁让是属猴的呢。——说谁呢？
周涛：我发现了一个比你更实诚的人，和一个比你更爱面子的人碰在了一起，闹出了很多笑话。
朱军：那就让我们一起来见识见识。

串联有多种方式，找到最恰当的方式不容易，但是找一个一般的方式却不难。我尝试着总结了这样几种方法：

1. 直白

"下一个节目《王小赶脚》，表演者：污水处理厂赵二……"这是最简单的串联方法，这种方法单洁明了，但现在很少被人使用，因为这种方法显示不出主持人的高水平，许多主持人不愿意随便浪费展示自己才能的机会。

2. 递进

"刚才的节目大家说好不好啊？那么接下来的节目一样精彩。听完了豫剧，我们再来听听京剧。有请赵小兰演唱《苏三起解》。"这样的方式基本体现了串联的作用。

3. 悬念

"我听说一对结婚四十年的好夫妻，最近吵架啦，这是为啥呢？为啥，为了外星人。啊，这吵架的原因可真够奇特的，真的吗？真事！这不还吵着呢。瞧他们来了，请看小品《吵架》。"

4. 煽情

女：他们说得可真好，把我想说的话都说出来了。
男：那是，同事们这一年在台领导的关怀和同事们的帮助下，不仅业务水平显著提高，各方面都进步不小。
女：是吗？
男：是啊，你看，那就是小龙——新来的小伙子，"7·18济南特大暴雨"的时候，冲锋在前，鞋子被水冲跑了都顾不得追，马路上拣起一双女式高跟鞋，穿着它，出色地完成了采访任务。

女：还有小敏，刻苦钻研股票知识。据说好多人听了她主持的股票节目，原来骑自行车上班，现在小轿车都开上了，发了大财。

男：要说这，可就多了，咱们台光广播奖、新闻奖就拿了好几个呢。

女：太让人高兴了！

男：高兴了怎么着？

女：唱啊，接下来请欣赏，小红和小龙带来的歌曲《你好吗》。

5. 转折

女：他们的表演还真有专业水平，咱们经济台真是人才济济啊。

男：是啊，咱们经济台是老将新兵齐努力，大家伙是齐心协力，在总台、频道领导的正确领导下，拧成一股绳，劲往一处使，团结奋斗。

女：那日子自然是芝麻开花——节节高了。

男：日子越过越好。

女：我们大家是梦里也会笑出声。

男：要说，笑，幽默，还得看喜剧小品。

女：小品，有啊，这不来了，漂亮姑娘王迎要现场出售老鼠药，我们掌声欢迎。

以上只是几种简单的串联方法。串联方法实际上还有很多种，大家可以发挥创新精神，按照自己喜欢的方式串联，目的只有一个：结束上一个节目，进入下一个节目。如果作为一项考试，某些举例略为简单，建议大家根据方法再充实，多说一点，让考官更好地了解你。

提高这部分技巧也很简单。电视里每天都有各式各样的晚会，看看人家是怎么串联的，触类旁通，水平就会提高。好的串联可以起到锦上添花、烘托气氛的作用；不好的串联，画蛇添足，让人不知所云。也有主持人借串联之名表现自己，表现好则好，表现得不好则是出丑。

最后的串联词是结束语。这通常也是没什么新意的，但是再无趣也要有，演出必须是完整的。下面是一个结束语的例子：

女：笑声，歌声——

男：汇聚成我们美好的生活。

女：火树银花不夜天，千家万户庆团圆。

男：今天我们在这里品尝丰收的喜悦。

女：今天我们在这里一起憧憬美好的明天。

男：让我们努力工作，在台领导的正确领导下，共创辉煌的明天。

女：让我们用歌声唱出美好的2017年！

男：请听歌曲联唱，《你好2017》。

女：晚会到此结束！朋友们，晚安！

从上面的例子可以看出结束语和开场白是有很大的不同的。如果说开场白以介绍主题为主的话，那么晚会的结束语就是以总结和展望未来为主题。从语态上来说，开场白是热烈、兴奋，结束语则是依依不舍和难忘。考生把握住这两点就有可能考好了。一般情况下，模拟主持人考试开场白得多，考结束语得比较少。我个人觉得了解结束语对说好开场白是大有好处的。

教师提示：

这类题目的难点是舞台感的培养。教师要想办法激发考生的想象力，让他们想象着自己就是在气氛热烈的晚会现场。教师也可以辅助以背景音乐等方式，帮助考生寻找感觉。时间允许的话，培训班也应该经常举办汇报演出，给同学们更多的练习机会。

除了多阅读高水平的节目主持稿之外，多练习也很重要。现在网络发达，一些大型晚会的主持词在网上很容易找到，大家不妨模仿着主持一遍，这样对提高水平大有好处。如果觉得气氛不够，你还可以提前录制好背景音乐，然后在背景音乐的衬托下练习，这样就更容易找到感觉了，当然有实践机会就更好了。学校里的元旦晚会以及各种艺术节都是天赐良机，能否抓住机会就看你是不是真的用心去争取了。

练习：

1. 以"生旦净末丑"为话题，主持戏曲节目。
2. 以"我爱世界杯"为话题，主持一档体育节目。
3. 模拟主持一档选秀的节目。
4. 模拟主持春节联欢晚会的开场和结尾。
5. 模拟主持元宵联欢晚会的开场和结尾。
6. 模拟主持社区联欢晚会的开场和结尾。

五、自备模拟主持

有的大学很有意思，模拟主持让考生自备，真会懒省事。这样做对考生也有好处，考生有自主权。考生自己可以事前准备一篇主持稿，考试的时候表演给考官看。那么问题来了，该选择什么样的稿子呢？应该做什么样的准备呢？依我的经验来看，考生可以参照自备稿件的选择和准备方法，找自己擅长和喜欢的类型、方式。一般来讲，选择新闻类稿件的比较多，因为这类稿件能体现考生的内涵和思想。我建议大家尽量选择这一类的。由于是自己准备，同学们可以和自备稿件一样，对自备的模拟主持进行细致的准备，最好选择既有场景描述又有理论分析，还有煽情的稿子，这样可以体现考生全方位的才能。考生还可以作一些别出心裁的设计，比如拿一张照片作为道具或主持中间加上一段唱，等等。

自备模拟主持对临场反应快的同学来说不是好事，因为他们的优势无从施展了。那就在精心准备上下功夫吧，要使出全部力量以达到最好的效果。撰写稿件是最基础的工作。

稿件写好后还要听取各方面的意见，不断地修改，不断地完善。最后，还要把改好的稿件背熟，力求出现在考场上的是最好的自己。

自备模拟主持还有着装的问题。由于是自己准备的内容，所以着装和节目类型就能够保持一致。如果你自备的是新闻类的，那就穿正式的西装吧，这样可以让你看起来更像一个节目主持人。不仅是服装，发型也要注意，头发不能太花哨。当然，如果你自备的是娱乐节目，这个可以放宽要求。

1. 自备模拟主持例稿

世界那么大，我讲给您听。各位观众，大家好！欢迎收看本期的《游山玩水听天下》。我是主持人暖暖。

今天我们去哪儿看看呢？有观众反映说，春天太过干燥，想去一个泉水叮咚的地方，可是趵突泉已经去过好多次了，想请暖暖给推荐一个新的去处。七十二名泉之首的"趵突泉"依靠乾隆皇帝"第一泉"的御笔早已驰名天下。可是您知道七十二名泉中排居第二的是哪一个吗？就是素有"小泉城"之称的百脉泉。

百脉泉位于山东省济南市第一县级市章丘市境内，远离省城的喧嚣，在济南七十二名泉中名列第二。千古第一才女李清照就诞生在这里，著名的《如梦令》便创作于此。大家请看（图1）这清澈见底的明水湖，湖光潋滟，虽没有西湖的奢华，但却是众泉水汇集而成，这一点是西湖所不能比拟的。若驾轻舟畅游于此，是不是有"沉醉不知归路"的感觉呢？您再看看这幅图片（图2）。您可别惊讶，这墨汁怎么还喷出来了呢？这口泉叫作"墨泉"，因泉井深幽、水色苍苍如墨而得名。泉水自泉眼翻腾涌出，翻落于石砌方池内，常年不竭，堪称一绝。人家不仅不是墨汁，而且泉水还极适宜饮用呢！此外，百脉泉泉群中还有龙泉、梅花泉、金镜泉、清水泉、荷花泉、鱼乐泉、张公池等泉眼，可谓因势向形、各具情态。有的如珍珠串链一般小巧精致，有的像狮子捉象般声势浩荡，还有的碧如明镜清澈见底。春天的百脉泉景区，万物复苏，花香怡人，正适合游人的观赏。

世界这么大，今天说到这。以上就是本期节目的全部内容了。如果您有想去的地方但由于各种原因无法到达，不如通过下方的方式和我们联系让，暖暖讲给您听。竖起耳朵，用心倾听，《游山玩水听天下》，下周同一时间，我们不见不散。

2. 自备模拟主持素材

（1）小区140张百元钞从天飘落，两小伙捡到等候失主。

前天上午9点多，在南京六合区南门花语馨苑小区里，100多张百元大钞突然从空中飘落下来，散落至5栋2单元一楼前的草坪上。约20分钟后，这一堆"铺在"楼下草坪上的钱，被楼上搞装修的两位小伙意外看到，跑下楼捡起来。在现场等候失主无果后，他们赶紧报警。经清点，这一堆钱多达14000元。

据介绍，当时约在上午9点多，在花语馨苑小区5栋楼前，一阵钞票雨飘落之后，140张百元大钞落在了楼下的草坪上。

约20分钟后，正在同一幢楼14层为一户业主家做装修的两位工人小伙，因为喷漆的原因感觉气闷，一起走到阳台上准备透透新鲜空气。就在其中一名小伙打开阳台窗户往下看的时候，他隐隐约约发现一楼下面的草坪上散落着许多红红的纸片。该小伙看这些红纸片好像是百元大钞，但又不敢相信自己的眼睛，赶忙喊同伴帮忙辨认。

随后，两名小伙赶紧跑下楼，来到草坪上仔细查看。近距离一看，发现草坪上到处散落着百元大钞！

这么多百元大钞是谁的呢？怎么会散落在草坪上？两小伙观察发现，周围并没有人。再往楼上看，除了几家业主阳台上晾晒的被子和衣服外，楼上所有的阳台窗户上，也看不到人影。两名小伙感到奇怪，一边原地守候失主前来认领，一边报警。

接到报警后，当地的雄州派出所民警很快赶到现场，发现两小伙仍然坐在草坪上等候着。看到民警来了，两小伙把情况作了介绍，把捡到的部分钱交给民警，再三声明两人没有拿一分钱，随后便悄然离开了。

在小伙的指点下，民警又将散落在草坪上的百元大钞一张张捡起来，再加上小伙交上来的，竟然多达140张，也就是14000元现金。这么多钱怎么撒得到处都是呢？民警怀疑可能是楼上哪户业主晾晒衣被时，不小心将藏在衣被中的钞票抛了下来。而粗心的业主到现在还没有发现，多亏了这两个热心的小伙。

民警拿着钱，上楼逐一查找，但并没有发现丢钱的业主。民警到达现场后，很快，小区的多位居民就知道了有人丢钱一事，虽然数目不详，但都知道额度还不小。因暂时无法寻找到失主，民警便嘱托小区的保洁员，帮着在小区多问问，如有丢钱的业主，可到派出所核实后领取。

上午11点30分左右，家住花语馨苑小区5栋8楼的业主陈女士下班回家了，听到邻居们都在议论楼上掉钞票一事，吓出了一身冷汗。原来，陈女士的母亲最近住院，她刚从银行取出14000元现金，回家后便将钱塞在被子的一角，准备当天晚上下班后给母亲送去。可能这钱是自己晒被子时撒下来的，她赶紧跑回家，果然发现钱不见了。

陈女士急匆匆赶往雄州派出所。她告诉民警，当天上午9点准备出门上班时，发现天气好了，便匆忙将床上的被子抱到阳台上去晾晒，没想到自己塞在被角的14000元钞票散落到楼下面去了，自己当时忙于上班，竟然没有发觉。

经过民警核实，证实确是陈女士所丢。陈女士从民警手里接过钞票，经过清点，发现分文不少，非常开心。陈女士从民警口中得知，两个发现草坪上钞票的小伙都是年轻人，20多岁。她表示一定会联系楼上这两名小伙，当面表示感谢。

——《扬子晚报》记者梅建明

（2）6月"中国好人榜"发布，山西省两人上榜。

6月30日，中央文明办发布6月份"中国好人榜"，共有108位助人为乐、见义勇为、诚实守信、敬业奉献、孝老爱亲的身边好人光荣上榜。其中，山西省郝飞跃、李秀英榜上有名。

1990年出生的郝飞跃是柳林县公安局巡特警大队接处警中队四分队的一名协警。2014年2月25日，郝飞跃所在分队接到110中心紧急指令：清河公园有人落水，情况危急，请火速出警。巡特警大队火速出警，并且在车上制定了由会游泳的郝飞跃执行主要救援的紧急救援方案。一到事发现场，郝飞跃就跳下汽车冲向岸边，衣服都来不及脱，就飞身跨过防护栏跳入冰冷的河中，拼命游向落水者，借助岸边扔下的绳索和队友的帮助将落水者抢救上岸并送往医院。经医护人员的奋力抢救，落水者脱离了生命危险。郝飞跃由于救人时用力拉着牵引绳，手指皮肤被磨得皮肉开裂。

李秀英，一个普通的农村女性，她捐肾救弟，为弟弟创造出生命的奇迹。2014年7月19日，李秀英的弟弟李国珍被确诊患有尿毒症、双肾功能衰竭。经过医院诊治，医院提出要延续生命必须换肾。对弟弟李国珍来说，如果不能早日进行肾移植，他的生命只能以分钟计数了。经过近亲属肾源配型，她和弟弟肾源配型成功。得知消息后，李秀英主动提出将自己的一个肾换给弟弟。医生深有感触地对李秀英说："我从事肾移植手术多年，常见的活体肾移植主要是父母捐给孩子，而姐姐捐肾给弟弟的，实属罕见。"她还特别告诉李秀英，捐一个肾脏会对今后的日常生活产生影响，而且一旦唯一的肾脏受到损害就会危及生命。但李秀英仍然决定为弟弟捐肾，并做通丈夫和三个儿女的工作。2014年8月28日换肾手术成功，弟弟李国珍的生命得以延续。李秀英在经过调养后身体功能基本恢复，但她现在不能从事重的体力劳动，成为半失能妇女。

教师提示：

对于这项考试，教师的主要任务是帮助考生寻找合适的稿件。这类稿件再没有比改编报纸上的社会新闻更合适了。寻找稿件时，要选那些故事性强的、正能量的、有对话的。稿件要符合考生气质，要扬长避短。节目稿也要精心打磨，避免出现低级错误。要寻找能体现考生实力的新鲜稿件。

练习：

1. 自备一期娱乐节目。
2. 自备一期新闻节目。

练习：

1. 将"石头、哲学、剪子、联系、布"等关键词用于你的节目中，形成话题。
2. 用"松树、公共汽车、月亮"编一段富有哲理的话。
3. 模拟主持"综艺快报"。
4. 模拟主持春节晚会开场。
5. 在一次校园歌手大赛中，一位播主的《好汉歌》赢得了观众喝彩。请联系参赛的最后一位选手的《不见不散》进行串联主持。
6. 在"中法文化年"开幕现场模拟中国记者在法国香榭丽舍大街做现场报道。
7. 以"一个违反交通的肇事者无能力赔偿受害者"为话题，模拟主持一起节目。
8. 以"世界无车日"为话题，模拟主持一起节目。

9. 以"李嘉诚全面从大陆撤资"为话题,模拟主持一起节目。
10. 以"酒后闹事儿"为话题,模拟主持一起节目。
11. 请以"分享"为话题,模拟主待一期节目。
12. 请以"如何面对失败"为话题,模拟主待一期节目。
13. 请以"读书与学习"为话题,模拟主持一期节目。
14. 请以"感谢对手"为话题,模拟主持一期节目。
15. 请以"隔阂"为话题,模拟主持一期节目。
16. 请以"外面的世界"为话题,模拟主持一期节目。
17. 请以"感动"为话题,模拟主持一期节目。

第六章　艺考生常见问题解答

1. 即兴评述太官方化怎么办？

学生可可：李泊老师，我做即兴评述时，他们说我说的话太官方化了，怎么办？

答：这个问题还真是很普遍，也不能完全怪你。许多同学习惯了听老师的话，信书本上的道理，很少自己想问题，不自觉地就养成了说话不接地气的习惯。还有的同学把即兴评述想得太神圣，总想用些书面语，把话说得冠冕堂皇一些，就显得很官方。这些都是不好的习惯。即兴评述要真诚。学生要说学生话，要符合自己身份，不能光唱高调，说点生活化的语言就好了。

思考问题首先要从自身认识出发。这不是让你放弃从更高的高度去思考问题，而是让你先从普通人的角度去思考，然后再延伸开来。思考问题还要注意词语的选择。我们知道官方的语言是不同于普通百姓的语言的。他们喜欢打官腔，动不动就是研究一下、看看政策之类的话。我们普通人说话是不能打官腔的。要摒弃官方语言，尽量说白话，说实在话，说通俗的话，甚至可以引用俗语、歇后语等。平时说话就要尝试改变自己的语言特色。如果还是不行，那去买菜吧，你可以一边买菜，一边听菜市场的人聊天。他们的语言都自然、通俗、生动，那种语言及风格是你努力的方向。

2. 读文章不带感情怎么办？

学生弯弯：李泊老师，他们说我读文章不带感情，像白开水一样。我怎么才能有感情地朗读课文呢？帮帮我吧。

答：朗读课文不带感情怎么办呢？这是许多考生头疼的事。没有就找啊，哪里找呢？感情不像一瓶矿泉水，不是在超市可以买到的。感情藏在哪里呢？别急，李泊在这方面经验丰富，一定会帮你找到它。

刚开始读课文你会无处下手，不知所措。没关系，罗马不是一天建成的，一口吃不成胖子，咱们一步一步来。拿到一篇稿件首先要想一个问题——这稿子讲的是一件高兴的事，还是一件悲伤的事情呢？这样划分几乎可以涵盖所有的文章，有点像小时候看电影时问这个人是好人还是坏人。一个人是这样，一篇文章也是这样，很多的方法都是相通的。如果你找到这个答案，那就容易多了。也可能有些文章你看不出是悲伤还是快乐，这也没有关系，那是作者把感情基调隐藏起来了，需要你多下点功夫，甚至找点资料，查一查作者写这篇文章的时候是什么样的心情，或者仔细想想作者为什么要写这篇文章，可能你最后才发现作者写这篇文章时有点淡淡的哀伤，这也是一种感情基调。一篇文章绝对不会没有感情基调。

找到了文章的感情基调还不够。文章中作者的感情很可能是变化的，他一会高兴，一会忧伤。那这该怎么办呢？你需要根据作者的变化而变化了。你读文章其实就是在替作者说话，要把文章理解成一个人感情变化的过程。如果你明白这一点，文章的感情基调就基本能找到了。

找到了文章的感情基调先不要着急去读，接下来还有事要做。你只是找到了感情基调，不一定找准感情基调，要知道悲伤也是有程度的，就像丢100块钱和丢5块钱的忧伤是不一样。有感情地读文章就和人穿衣服一样，也要给文章穿一件合体的衣服，这样读出的文章才能感人。

找到了感情基调，还需要准确地表达感情。相对于寻找感情基调来说，表达感情还算较容易的。可以想一想，你高兴的时候是怎么说话的，悲伤的时候又是怎么说话的。读文章和说话是一样的。如果你只是体会到了作者的感情基调，但是表达不出来，那还是不行的，原因就是你基本功不扎实，你拥有的技术完成不了你大脑下达的指令。这就需要继续练习基本功，要让自己的声音能表达各种不同的感情，或愤怒，或忧伤，或快乐，或者平静。读快的时候要快而不乱，慢的时候要稳住。

表达感情要准确。心里要清清楚楚地知道文章的感情。如果你对文章的感情调子就是模模糊糊的，你读出来的文章也很难是清清楚楚的。

听了我说的话，亲爱的弯弯同学，你是不是已经知道了怎样寻找文章的感情调子了？是不是有信心能够感情充沛地朗诵文章了呢？记得，一定要投入哦。因为感动了自己才会感动别人。这次就说到这里，有问题再问我吧。

3. 有的学校考试不正规怎么办？

考生何帅：李老师，我参加艺考了，可是我发现有的学校考试不正规。我该怎么办呢？

答：同学们经过长时间的刻苦学习，精心准备，终于来到了考场，对考试抱着美好的向往，有着各种神奇的想象，觉得自己会遇到和蔼的老师、善良的同学。然而，现实就是现实，世界上不仅仅只有美好，还有丑恶和无奈。现实常常冷酷得让他们不知所措。

精心准备的自备稿件读一段就被喊停啦，还没有看清楚考官的长相就已经离开考场了，两个小时的排队换来1分钟的考试……落差是这样的大，让人猝不及防。我想告诉考生的是，生活就是这样。对你来说那是决定命运的时刻，对老师来讲可能就是普通的生活。考生要学着适应，千万不要一看考官不重视就心中恼怒，有的还就此认为社会黑暗呢。最可怕的是考生第一场遇到这样的考官后，会主观地认为以后的考官都是这样的，从此后考试态度也开始随意起来，这是十分错误的。万一下一场考试考官很认真，那你不上心的态度，不就又要错失良机了吗？学校有好坏，考官水平有高低，考试那么多场，遇见几个"个性"考官不足为奇，重要的是一定要保持良好的心态，积极认真地展示自己，才会获得最后的成功！

4. 播音主持专业考试的录取率高吗？

考生"浩气凛然冷若冰霜正襟危坐执行力强的容嬷嬷"：李泊老师，您好，我想知道播音主持专业考试的录取率高不高？学播音主持难不难？好就业不好就业？另外，我的文化课考试分数只有300多。我该怎么办呢？

答：录取率是个很奇妙的东西，有时候即便录取率是百分之九十九，如果你不努力也会成为那没被录取的百分之一。有人报考了20多个学校，结果没有一所学校录取他；有人只报了几个，结果每个学校都要录取他。可见录取率是多么不可靠。记住努力最可靠。就现实而言，招生人数还是很多的，希望还是很大的，但是如果不努力，那这些就都没有了。再说学播音主持难不难，这也是个很有趣的问题。正常的普通文、理分数线都比学播音主持专业高了100多分，你少用100多分和普通考生一样上大学，这样好的事情，每个人都看到了，你觉得会容易吗？当然不会，而且学播音主持是文化、播音双线作战，一边失误就满盘皆输了，不容易啊！学任何艺术都需要努力，成功的事情没有很多是容易的。千万不要有侥幸心理。再说就业吧。这问题还没法回答。你目前的文化分只有300多，学播音还有上大学的可能，不然真的很难办。大雁还没有打下来，先不要考虑怎么吃吧。

5. 参加培训班之后，私下还应该下哪些功夫？

考生小花：李泊老师，考试需要的知识和技能都能从培训班学到吗？有的同学说，要想考上好大学，还要自己下功夫，那我应该下哪些功夫呢？

答：这位同学问的问题非常好。我猜她一定是询问了已经考上大学的师兄，想寻找能够金榜题名的妙招，这是很好的习惯。多吸取成功者的经验，自己也就能进步得更快一点。

小花问的这个问题很多同学都想过。我想很多同学还会有这样的认识：我报了培训班了，那所有的一切，培训班都会帮我处理好，我只需要服从就可以了；培训班上课枯燥无趣，请个假，逃几次课到外边呼吸新鲜空气也不影响什么。岂不知这都是认识上的错误。培训班的教学质量高低先抛开不讲，单纯逃课就不对，培训班又不会给你退学费，这一点就吃大亏了。再者，上大学事关自己的人生道路，怎么能够随便地把希望托付给别人呢？你对自己的前途都不认真，别人就更不会在意了。

培训班的老师也好，自己找的老师也罢，都只能在一定程度上帮助你进步，更多的还是靠自己努力。有很多的技能在培训班你是无法学到的，老师也是没有办法教授的，只能自己体会。比如自信心，这不是老师告诉你要自信，你马上就会自信了，这需要你一次次地进行练习，需要多参加活动，多参加比赛，经验多了，你就不紧张了，自信就有了。再如即兴评述的素材，这也是教师无法教授的，需要考生自己积累。考生每天看报纸，看杂志，积少成多，素材自然就丰富了。

综合来看，考生要明白学习是给自己学的，不是完成别人交给的任务，明白这一点才能进步。在这个前提下，我要告诉你的是，为了配合老师的教学，也为了你能考上好的大学，目前做的这些是远远不够的，需要再加把劲。

首先，你不要仅仅局限于培训班所使用的教材，要找到更多的播音主持专业考试书来看。每一本书都有各自的优点，背后都有一位全国著名的播音主持专业考试老师。这样的书看多了，你的眼界就会开阔，你也会学到更多的知识。其次，如果你有时间和精力也不要局限于看播音主持专业考试的书，其他的少儿节目主持培训类、表演类、舞蹈类的书籍都要看，它们对你的考试都有帮助。

如果你还有精力，我建议你多到现场听音乐会、朗诵会，甚至跟着爷爷奶奶看地方戏。这些都对你的考试有很大的帮助。如果你真的想进步，不妨多找几位老师，每个老师的教学方法都不一样，万一某位的方法特别对你的胃口呢，所以这招是可行的。

总起来说，如果你真正愿意去学习，办法总比困难多；付出多了，成绩自然就好了。

6．怎样回答考官的提问？

考生小雪：李泊老师，考场上回答考官的提问，答得多好，还是少好？

答：这是个很具体的问题，有点复杂，却很容易就能得到答案。答案就是说得多好。考试就是去展示自己的，总是藏着掖着那就没必要去参加考试了。所以，考官一旦问你问题，就预示着你比其他考生多了一次机会，多了展示自己的机会，这是千金难买的机会呀。所以你应该多说，把你所知道的说出来，把你的能力充分地展示出来，不要浪费这样的好机会。尽管如此，还是有同学不愿意多说。有个同学这样告诉我：考场上，老师问她为什么喜欢播音，她回答说因为缘分。嗯，这样回答也不错，但是太过简单。这位同学非常大方地把送上门的展示自己的好机会毫不留情地拒绝了。这多么让人痛心啊！其实考官问的是她对播音主持的理解，她应该借机会把自己对播音主持的理解介绍一遍，展示出她与众不同的内涵，但是她没有。我非常惋惜地问她为什么不多说几句呢，记得当时她这样回答我："说太多会觉得啰唆，人家压根就不怎么待见我。"终于得到答案了，原来她有一个错误的假设，她提前预设了考官不喜欢她。是的，不喜欢你的人，多说一句也惹人烦恼。这个逻辑是成立的，但是这个逻辑的前提是错的，所以答案肯定不对，考官如果不喜欢你就不会搭理你的，更不会多问你问题。考场上人很多，时间宝贵，他问你了，说明他对你感兴趣，他是喜欢你的。这问题归根结底还是她不自信。作为主持人，自己要相信自己，千万不要自卑，那样很危险。

在考场上，我强烈地建议大家如果有机会一定要多说，一问一答不利于良好氛围的创设。记住，在考场上没有机会，创造机会也要多说，多说才能成功。

7．读新闻像领导讲话怎么办？

学生爱艺：李泊老师，他们说我读新闻跟领导讲话似的，我该怎么改？

答：我有三招送给你。小艺啊，你要明白，读新闻只是把别人不知道而你知道的事告诉别人。你们之间不是领导和下属的关系，也不是长辈和晚辈的关系，而是平等的关系，所以你一定要心平气和、不卑不亢，像和好朋友说话那样。有的同学可能从小就是班干部，或者家里有人当官，不自觉地养成了那样的说话习惯，这是非常不好的，一定要改掉。问题的另一个原因是不自信，总是担心别人不听自己读新闻，心里紧张，所以想以气势压人，这也是不好的。现在广播电视竞争激烈，观众稍微动下手指就能换台。所以只有尊重观众，和颜悦色地说才能让人家听下去。最后一招，读的时候多想新闻的内容，这样读出来就不会像领导讲话了。毕竟新闻稿和领导的讲话稿是两码事。总之，这是心态问题造成的。读新闻要有亲和力。你也可以多练习读情调温柔的稿子，慢慢地就能改掉这个烦人的毛病了。

8. 说话怎样去掉方言味?

学生阿童水：李泊老师，我已经很少说闽南话，为什么说出话来方言腔调那么重？

答：小水啊，你要明白，语言是受环境影响的。你生活在福建，闽南话说了18年了，说话带闽南味正常。虽然这种情况不好改变，但是也不是没有办法。首先，你要搞清楚闽南话和普通话的差异，我是说它们之间主要有哪些明显的不同之处。然后，你把与普通话不一样的地方改掉，这样你的普通话听起来就会标准很多。你要给自己营造一个说普通话的氛围，多听新闻，多说普通话，慢慢地你的普通话也会标准起来。建议你下载一期《新闻联播》存在你的手机里，没事做了就听，这个方法效果很好哦！

如果你觉得这个方法还不够过瘾，那么我建议你多出门旅游。在外地，强迫自己说普通话，这样对你也有帮助。如果旅行的机会少，那我建议你多逛街，到大商店里去，假装买衣服用普通话和别人交谈。总之，多给自己锻炼的机会，也许某天你就会发现自己的普通话标准极了。

9. 怎样听广播？

考生丝丝：李泊老师，学习播音主持是听重要还是说重要？我知道听广播很重要，可是应该怎样听广播呢？

答：听重要还是说重要？我觉得都重要。这话虽然等于没说，但却是实话。通常反方同学认为，自己啥也不懂，听也白听，而且原计划要听技巧的，不知不觉就会被内容吸引，变成听热闹了，听完一遍，啥感觉也没有。正方同学认为，只要听就是好，多熏陶一下总归是好的。两边都有道理。我是倾向于正方同学的，听了就有进步的可能；如果不听，那一点收获也没有了。

听的好处很多。耳朵跟不上，嘴巴就别想跟上。人哑了可以不聋，但是耳聋了基本就哑了。为什么呢？你一琢磨就明白了这个道理了。你耳朵都听不出来，你嘴巴怎么能跟得上呢？耳朵能听，嘴巴才能跟上来。当你耳朵能听出来对方说话的意思，你就可以动嘴了。

这个问题反映的是理论和实践的老问题，理论和实践两者缺一不可。有的同学知识渊博，很多新词张口就来，说起话来头头是道，可是如果不多听多练，不懂得播音技巧，没有实际的播读能力，懂再多对播音主持专业也没有用。有的同学很刻苦，每天都练，再加上理论的学习，自然就会进步很快。

就听广播来讲，我觉得多听是基础，听多了自然就能听出技巧和窍门。再加上理论学习的基础，你就会在听的过程中慢慢体会到理论对实践的指导作用，就能做到既能模仿别人的技巧，吸收别人的长处，又能知道别人为什么这样读。触类旁通，慢慢地你就会有很大的进步。

说到这里，你是不是也打算多听广播了呢？在这里，李泊有几条建议想告诉你。一是要听最好的广播，如《新闻和报纸摘要》《新闻联播》等。二是要坚持。三分钟热度总是不行的。第三要听练结合。有个同学不仅每天听《新闻联播》，而且从网上把文稿下载下来，自己照着播一遍，一个月后他的进步就非常明显。这个方法可以推广。第四是要综合练习。

比如《新闻联播》，既要听，又要看，还要结合播音员的眼神表情一起来模仿学习。

学播音主持的方法很多，就看你是不是真正用心练了。如果你坚持不懈地练习，就一定能有丰厚的回报。

10. 学播音需要上小课吗？

考生王小二：李泊老师，学习播音一对一是不是不太好？有个学姐告诉我说，一对一学习时老师少，到考试时考官多了，人就会很紧张。我感觉一对一上课，课堂气氛不活跃，一对一上课到底是好不好呢？

答：从费用上看，很明显的是一对一学费贵，上培训班便宜些。学习效果上看，一对一上课，老师只辅导你一个人，效率比较高些。在培训班里，一上午你可能只能读两次；一对一的小课呢，一个小时的时间里就是你一个人在读，老师在不停地给你指导，效率自然会高，学的东西就多了。这样看上去，自然是上小课好。但是，上小课也有缺点。老师在短时间内不断地、密集地给你传授知识，你可能无法完全消化掉老师教的东西。再分析一下大课。一群人在一起学习，分给你的时间就很少，大部分时间你是在听别人读，只有几分钟时间老师给你指缺点。这样的好处是，你有大量时间去消化，并且在听老师给别人指缺点的时候，你可以对照自己，做到触类旁通。而且，在培训班，你能了解大家的水平，以及自己与他们相比时的优点和不足，有利于更好地认识自己。

事实上，我们学艺术，口传身授是最好的方式。小课有其得天独厚的优势，它的教学模式也是符合艺术规律的，但是由于各方面的原因，很多同学无法上小课。所以我建议，在培训班认真听讲的同时，可以在课余找老师单独辅导一下。这样更符合实际情况，也更有利于同学们水平的提高。

从其他角度来说，由于同学们刚刚接触播音主持，一般正规大学播音系的学生都能做你们的老师。再者，学播音，老师教只是一个方面，更主要的是靠自己练，这一点或许是最重要的。

还有的同学打算上小课，也需要上小课，可是受制于找不到好老师或者家庭条件不够宽裕，看着其他同学上小课了，心中着急。对于这部分同学，我想说，现实是必须面对的，如果想法不切实际那就不要去想。不能上小课那就让自己更加刻苦吧，在培训班也能取得很好的效果。

11. 学播音的大忌是什么？

考生花万骨：老师，学播音的时候最怕犯的毛病是什么？

答：这个问题我很有感触。我接触的学生很多，各种各样的都有。有的学生自身条件一般，却考上了很好的大学；有的学生条件不错，却名落孙山。其中的奥秘在哪里呢？我总结了一下，原因很多，但其中有两条是学播音的大忌，同学们一定要注意。

第一，好高骛远。这类同学心气很高，张开闭口就是中国传媒大学、中央戏剧学院等名校，还时不时地透露自己认识的某个学姐的同学考上了中国传媒大学等名校，甚至对名校周围的环境也很熟悉，声称考上了一定去吃什么云云。但是他却不在专业课上下功夫，整天看不上这个老师，瞧不起那个同学，自以为自己了不起。考上名校需要过硬的实力，不是你对名校了解得多，也不是名校曾经多少次在你的梦中出现，它就能录取你，而是要具体到每一个字的读音上。"千里之行，始于足下。""不积跬步，无以至千里。"建议大家把每一秒都用在学习上，这样才能到达胜利的彼岸。

第二，避重就轻。也有一部分考生，不知道出于什么原因，对重要的基础训练不重视，不下功夫，对于一些次要的因素却分外上心，甚至对穿什么样的衣服、梳什么样的发型都要仔细地研究。才艺表演也是万分努力，唯独对于怎么分析稿件不上心。后来我明白了，他们是觉得基础练习太枯燥，而那些次要的如减肥、护肤又很好玩，所以她们就把大量的时间用在那上面了。学播音不是为了好玩，一定要分清孰重孰轻、有的放矢，这样才会进步。考试的时候，哪怕你穿得再漂亮，身材再好看，如果普通话不过关，也是不会考上任何大学的。

以上两种是学播音的大忌，沾上一点学业前景就不妙了，大家一定要注意。

12. 进考场先鞠躬好吗？

考生瑶瑶：李泊老师，进考场的时候是进门先鞠躬后问好，还是先问好再鞠躬呢？

答：我想我必须认真地回答你的问题，因为你很认真。但是，我不得不说你认真得有点过头。考试再重要，也只是生活里的一件事情，只要按照你的习惯就可以了，两种都可以。考试主要还是比声音，大家应该把更多的精力花在那上面。类似这样的问题还有很多，我接下来就集中回答一下。

例如："李泊老师，考场量身高严吗？"这个问题让我该如何回答呢？我只能说有可能严，有可能不严。每个学校，每个量身高的考官的标准是不一样的。既然是这样，那这个问题就没有意义了。我的建议是个别身高不够高的同学在填表时候可以适当多写一点，但不要多写太多，因为你会出现在考官面前，视觉误差可能有一点，误差太大，是无论如何都会露馅的。

例如："李泊老师，高跟鞋是粗跟好还是细跟好？"这是个奇怪的问题。鞋子是要搭配衣服的，没有好坏，只有合适不合适。有的同学穿不惯高跟鞋，穿上后走路像机器人，那就不要穿。所以适合最好，不是越高越好。如果你计划穿高跟鞋，那最好先练练穿高跟鞋走路，走好了再去考试。

例如："李泊老师，哪种才艺得分高？"这是很危险的想法。猛一看这个问题问得好，但这里面有很多的陷阱，才艺本身占分就不多，没有自备稿件和即兴评述重要，为此花大量时间练才艺远不如把时间花在即评等环节上划算。表演什么样的才艺是重要呢？我认为你能表演好的才艺最重要。所以，才艺展示时，我建议大家用已有的、有基础的才艺，"临时抱佛脚"学来的才艺总不是太好。如果非要一个明确答案，那只能相对来讲，和播音有关的才艺就会得分高点。如果考官觉得你的才艺对播音不仅没有好处反而有坏处，那得分就肯定高不了。

13. 什么样的人适合学播音主持专业？

考生听雨：最近，我一直在问自己是不是适合走播音主持这条路，是不是应该去参加播音主持专业考试。问了别人，有人说适合，有人说不适合，好让人发愁呀！

答：这个问题不好回答，因为这关系你一生的命运。男怕入错行。每个人选择职业都应该慎重，再慎重。按照我个人的理解，除了一些有明显声音缺陷的人，每个人都可以学播音主持专业，只要努力就一定能进步。但是，就现在来讲，在高中二年级这个时间点上，这个问题要慎重。

就现实来讲，有人学播音主持是因为热爱这个专业；有的是因为文化课不好，考虑一年后很难考上好的学校，而学播音主持专业，文化课分数相对低很多，这样就能考上大学。这是一条很好的路，看起来是这样，许多人都想到了。但是，每个人学播音的条件是不一样的：有的长得帅、声音好，有的就略差一点；有的人学起来容易，有的人学起来难。这种情况是现实存在的，这也是选择时要全面考虑的。

该不该学播音呢？我认为应该是这样的：既然目标是上好大学，那一切都要围绕这个目标而努力。学播音，不是单纯的爱好，不是没有时间限制的，而是在相对有限的时间内，在播音主持专业考试录用标准面前，花费同样的时间和精力，达到录取的要求。如果觉得能达到录取要求就赶快学习，如果不能就不如把精力用在学文化上，专心干好一件事。具体讲，学播音又有一定的现实条件，如果这些条件不好，那就更应该慎重考虑了。

（1）身高。女生要不低于1.60米，男生要不低于1.70米。如果低于这个高度，那就要在专业上下功夫了，用专业征服考官了。

（2）声音。如果你声音干涩、发哑、吐字不清、鼻音过重，这就得慎重考虑了。这些都是很难改变的，可能生活中交流不受影响，但是做播音员就不那么合格了。

每年都有不少学播音主持的学生没有拿到过关证，原来的文化课又耽误了，这是我们不愿意看到的。所以，关键时刻，需要冒险和勇气，更需要理性的分析。

14. 性格内向就不能学播音吗？

考生小小手：李泊老师，我性格内向，这对我考即评有影响吗？我好难过。

答：人的性格各种各样，每种性格都有优缺点。对于播音来说，性格外向有一定的优势，但性格内向也有长处：性格内向的人思考得比较多，想得多说得少。对于即评来说，这部分同学可能很难以花哨的技巧和声势取胜，但是完全可以靠精彩的内容和独特的观点来打动评委的心。实践证明这是完全可以做到的，许多考生都是这样做的，也都获得了成功。

这个问题的背后是怎样发挥长处的问题。如果你性格外向，那就发挥自己的优势，以情感人；如果性格内向，那不妨在内容上多下功夫，以才华征服考官。考生要学会扬长避短，不要总是盯着自己的不足伤心，只有这样才能获得最后的胜利。

内向性格的考生怎么提高自己的水平呢？既然你爱静不爱动，那就多读书，多思考吧，每天养成记练声日记的习惯。要记住，别人靠颜值，靠张扬个性而获胜，而我们取胜的法宝是内涵，只有强化这一点才能考上好大学，千万不要放弃努力啊。

15. 学播音主持该做哪些准备？

考生聪明豆：李泊老师，我高二了，打算暑假集训。我平时应该做些什么准备呢？

答：冬去春来又是一年。高三生在拼文化课，高二的艺考生还在路上。有的同学在憧憬着暑期集训，准备到时候大干一场。那么李泊告诉你，如果高二暑假集训真有点晚了。许多同学很早就接触了播音主持，和他们竞争一定要努力再努力。如果你打算暑期集训，建议你平时可以这样练习，到时候会学得更快，进步神速。

（1）学播音是听说之术、口耳之学，多听多练是进步的法宝。在开始正式学习之前多听多练非常重要。建议下载一期中央人民广播电台的《新闻和报纸摘要》节目，反复收听，普通话也会越说越标准。

（2）虽然没有正式学过播音，但是大声朗读同学们都会。建议你每天读几首古诗，读半张报纸，以培养语感。在读的过程中，自己会发现许多问题，把发现的问题记下来，等到集训的时候问老师，带着问题学习进步会更快。

（3）播音主持的考场不同于平常的考场，需要考生有大方的气质，通俗讲就是不怯场。同学们平时要多练胆量，有当众说话的机会不要放过，各种演讲比赛要多参与，这样到考试的时候就不紧张了。

（4）即兴评述是播音主持考试的难点，需要考生知识面广、思维敏捷，这些都需要长时间学习才能进步。所以，考生要加大阅读量，关心社会热点。新闻里说央视不允许有污点的艺人出现在春晚。不要像平常一样看下热闹就过去了，要主动思考为什么。养成爱思考的好习惯，集训时再学一下技巧就不难了。

以上是李泊多年教学经验的总结。接触了那么多的播音主持考生，我深知只有多练习，用心练，经过精心准备，同学们才能取得优异的成绩。在此也祝福大家学习顺利，进步快乐！

16. 自己该怎么练声？

考生樱桃老婆子：李泊老师，你能推荐一套适合自学的练声方法吗？

答：艺考结束了，新的一拨同学又该备战下一年的考试了。但有些还没集训，不会练声，就不断地问我："李泊老师，我平时怎么练声呢？我想在集训前就能有一定的水平。"同学们的心情我能理解，也很支持这样的想法：毕竟早接触，早下手，以后学习起点更高，更容易获得好成绩。好的练声效果是需要时间积累的，现在开始练习，对同学们大有好处。为了满足同学们的愿望，李泊本着科学务实的精神为大家设计了一套练声方法，供同学们自学。希望可以帮助那些可爱又刻苦的同学们。下面是一份基础的声音训练计划表，各位可根据自己的情况有选择、有针对性地组合操练。如果是早上练声，热身是必须要做的，让嗓子快点醒来。有的同学喜欢练声前先跑步，这样就要注意，一定等呼吸平稳后再开始练声，不然对声带有损害。

（1）气泡音：若干次。

（2）搓脸：10秒。

（3）转颈：10次。

（4）松下巴：10秒。

（5）提颧肌：10次，手辅助和自行交替进行。

（6）咀嚼：若干次。

（7）半打哈欠：5次，10秒。

（8）撮唇：10次，20秒。

（9）合口左右撇唇：10次（左、右为一次），30秒。

（10）转唇：8×8拍，30秒。

（11）双唇打响：30次，30秒。

（12）弹唇：1分钟。

（13）顶腮：30次，30秒。

（14）刮舌：20次，20秒。

（15）伸卷舌：20次，20秒。

（16）立舌：10次，30秒。

（17）转舌：若干次。

（18）弹舌：若干次。

（19）喊"阿毛"或"小兰"若干次，分别想象其在100米处和200米处。

（20）数"枣儿"：要求尽可能一口气数20个以上"枣儿"，2次，2分钟。

提示：要清晰有力，不强求个数，要循序渐进。

（21）绕口令：任选10段，10分钟。（必选《八百标兵》《调到敌岛打特盗》）

提示：气息下沉，声音放出来，读清楚，由慢到快。

（22）声母、韵母字词练习：每个声母、韵母都要练到。

（23）四声练习：结合气息，抓住要领，用手划着轨迹线，力求准确到位。

（24）针对不足强化训练：如果存在前后鼻音不分等不足，要专门加强这一部分字词的练习。

（25）句的练习：可以选用古诗，六首左右。

（26）声音阶梯练习：从低到高，再从高到低，如此循环。一定量力而行，不可盲目追求高度。

（27）新闻练习：建议选用最新的新闻，500字以内为宜。

（28）文学稿件练习：每周换一篇，多种风格的稿件最好。

每次练声结束后，一定要总结练声经验，查找不足和收获，好的状态要记住，不足之处下次练习要改正。李泊设计的这套练声方法，专门针对初学者和业余爱好者。有的同学如果掌握了其他的练声方法，也可以加进去。

练声要时刻想着要领，不可敷衍了事，为练而练。练声讲究的是持之以恒，要多练习，坚持练，这样下去一定会有丰厚的回报，你的声音将会漂亮得连你自己都不敢相信！

17. 遇到"个性"考官怎么办？

考生蓉姑娘：李泊老师，听说有些考官很有"个性"，怎么对付他们呢？

答：考生有"个性"，怪人年年有，今年特别多！有考生读着读着自备稿件，忽然停下来要接电话，让考官等一会儿，原因是爸爸来电话了，不接会挨揍……艺考不仅考生忙着"搞怪"，考官也会出各式各样的"怪相"。如果你遇到他们，李泊告诉你，见招拆招才能赢。

（1）东拉西扯型。这样的考官逮着考生问东问西，如："你家是枣庄的啊，是不是天天吃枣啊？你看窗外有棵树，你就给我介绍一下这棵树好不好？"许多把考场想得过于神圣的孩子都被弄得不知所措。其实不用怕，考场就是一次展示。他和你聊天是看你突发情况下普通话咋样啊，或气质如何啊。你只要小心应对，真诚回答就能化险为夷。

（2）热心示范型。有的考官很热心，当场会指出你的不足，如："同学，你这个音读得不对，应该是这样。对，你发一遍我听下，要不你给我读几个词吧……"出现这种情况千万别怕，李泊告诉你，放松心态，积极应对就可以了，千万不要无所适从。考官这样说是觉得你有点紧张，让你放松，看看你的真实水平。

（3）"出格"发问型。有的考官会以迅雷不及掩耳之势问一些很直接很大胆的问题，如："喂，5号女生，旁边的3号男生是你喜欢的类型吗？"这时候千万不要装羞涩，扮哑巴，大方地回答最好。当然，一些奇女子的回答也不甚可取，如："老师你说什么呢？我有男朋友！"还有的考官专门选"出格"的问题来问："你怎么看男士？你喜欢很'娘泡'的男生吗？"这时候只有诚实回答最好。

（4）深藏不露型。相比其他考官的张牙舞爪，这类考官可能是深藏不露型的。他们一般表情和蔼，温文尔雅，不说笑话。李泊告诉你，这类人其实最可怕。他往往轻描淡写地就把你的底牌翻出，而你还浑然不觉。比如，他曾问我的学生："你看不看新闻啊？"（其实他觉得这个学生适合播新闻）我的糊涂学生却回答："不喜欢，我喜欢看选秀的，热闹。"有时也会问："你文化课这么好，是不是学霸啊？"（考官其实是在试探这个考生是不是书呆子）这个同学以为考官在夸他，忙着点头，深表同意。对付这样的考官就要开动脑筋了，多想想他为什么这样问，这样才能找到最好的答案。在考场上最重要的是自然大方的气质、处变不惊的气概，那样你将不怕任何"个性"考官，这不正是对主持人的要求吗？

18. 考生上考场千万不要这样。

考生猎鹿人：李泊老师，我要去考试了，考场上有什么需要注意的吗？

答：要说注意事项我能说很多。但只要你自信地走进考场，那你所做的一切就都是正确的。具体到一些细节，播音主持考生要注意这考场九大禁忌，千万不要触犯。

（1）走路随意。有人大摇大摆进考场，也有人谨小慎微像罪犯过堂，还有人机械僵硬像部队集合，这些都不好。考生应该自然大方，面带微笑。

（2）死盯考官。有的考生好像打算用眼神杀死对方，目不转睛地看考官……这是不对的。应该目光柔和，平等善意地和考官交流。

（3）散发异味。这个就不说了。有人考前吃了韭菜饼，再加上几瓣大蒜；还有人太紧张，放了一个屁……画面有点不敢想。

（4）小动作多。如抠抠衣角、咳嗽几声、弄弄头发、脚步挪一下，有的还吃手指、系鞋带，这些都不要出现。

（5）质问考官。有人眼见自备稿件被打断，十分恼火，就冲动犯傻了。最出名的故事是，有考生问考官："老师，你会唱《小星星》吗？"考官回答："下一个！"

（6）跑步离开。有的考生眼见终于完成考试，迅速跑步离开考场。这样做考官就会认为你刚才的镇定是伪装的。

（7）找人帮忙。有的考生喜欢出新，请考官帮忙配合自备。千万不要随便找人帮忙。

（8）卖弄悲情。有的考生电视选秀节目看多了，在考场上大演苦情戏："俺家穷，家里只有一只羊，连牛都没有……"考场上没有同情分，哪怕你哭得梨花带雨愁断肠，也只是浪费几张面巾纸而已。

（9）炫耀名师。有的考生总是担心考不上，在考场就说出自己老师的名字。如：我的老师是央视的名主持人，他都夸我读得好……这是非常不好的。考官会想："这有什么了不起的，你是你，你老师是你老师。"老师会心生反感，考生这样的做法也就弄巧成拙了。

19. 考生皮肤黑怎么办？

考生小女孩很乖：李泊老师，俺皮肤比较黑，影响成绩吗？

答：经常有考生问我："李泊老师，我长得黑，咋办啊？是不是要抹很多的粉？要不要增白呀？"我总是笑着回答："你多虑了，皮肤黑在生活中可能有些人不喜欢，他们认为'一白遮百丑'。但是在播音主持上，却是小小的优势。如果皮肤太白，上镜会反光；肤色黑点，吸光，反而显得自然一些。"听到我这么说，那些脸黑的孩子们总是会心一笑，开心地走了。在播音主持的艺考中，有许多东西是可以忽略的，比如过分在意身高。当然身高不够，主持晚会是比较麻烦，但是也不是没有出路。个子矮的女生可以找个子矮的男生搭档。如果女孩过高，找不到搭配的男孩也很麻烦。

我们都知道何炅的个子就不高，但是人家一样主持得很好。这里面有很多窍门，电视台的椅子都是可以调节高度的，当你坐下来，个子的问题就可以忽略了。所以还是那句话：个子不高，专业来补，这已经是被无数事实证明正确有效的观点。李泊再次告诉亲爱的同学们，考场上，只有过人的专业水平才是唯一制胜的法宝，快点去练声吧！

20. 怎样才能不紧张？

考生小牛：李老师，我总是紧张，怎样才能不紧张呢？

答：紧张的来源很多，每个人也不一样。有的人明明不紧张，看到大家紧张了，自己也跟着紧张起来。紧张还有一些生理和心理上的原因。我觉得在这里多说无益，还是多想想怎么对付才是正事。

在取得成功之后，很多人会发现，许多很难的事情是在无意之中完成的。有的人描述考试就像一场聚会，没有感觉就过去了；有人觉得自己运气好，自己当初是傻大胆。这只是其中的一个方面，很重要的原因是由于当时没有过多地考虑难度和重要性，以一种轻松的心态去面对，反而获得了成功。

既然这样，那就什么也不想地去考试，把考试当成平时的一次练习，或许可以得到更好的成绩。

也有人喜欢想很多，这也想，那也想，绕到圈圈里无法自拔。怎么办呢？你只需要想这样几个问题，一切就会迎刃而解了。

紧张多是来源于怕，怕丢丑，怕考不上。如果分析一下，你会发现这些都不用怕。怕丢丑？考官又不认识你。怕考得不好？没有人会跑去告诉你的同学和家人，更不会因此成为他们取笑你的理由和谈资。你需要这样想：使劲耍吧，不耍白不耍，反正已经给了报名费。

"怕考不上"这个担心也要去掉。现在有这个专业的学校很多，你不会只报一个学校，这个不成还有下一个呢！万一都不行，我再努力一年，或许可以考上更好的学校呢。有了这样的心态更容易命中。如果紧张地带着各种杂念参加每一次考试，那结果才可怕呢！

我们常说，往最坏处打算，往最好处努力。另外，即便是所有的不好都发生了，又能怎样呢？天会塌下来吗？你就被驱逐出地球了吗？不是，这些结果都是可以接受的，既然最坏的结果你都可以接受，那你还怕什么呢？如果这样想，你会发现考试没什么大不了的，轻松的心情不请自来了。

考试比的就是实力，来不得半点虚假。如果你真的很努力，你会发现，那些考试项目你已经很熟悉了。熟悉的东西是不会带来紧张的，就像你放学回家的路，你会因紧张而走错吗？当然不会，你已经太熟悉了。考试也是这样。那些题目难不住准备充分的你，到时候让你紧张，你也不会紧张的，因为你已经努力了，一切已经成竹在胸，可以从容地去面对一切了。还是继续练声，好好准备吧。

如果你总是有点不放心，还可以在考试前吃上一根香蕉，据说那东西有镇定的作用。真的是这样，而且香蕉还可以润嗓子，一举两得。

平常练习的时候，你还可以经常告诉自己：我是最好的，我能考好。到开始考试的时候再说一遍，接着就会进入到你熟悉的情景中去，紧张的感觉也就自然消除了。

有的时候大家会惊异：为什么那个女孩那样从容，那个男生为什么显得成竹在胸，在考试将要开始的关键时刻，还有闲心和人家谈笑风生，如此处乱不惊，真乃神人也！个中原因除了人家可能准备得充分，实力出众之外，个人气质的培养也是很重要的因素。有的考生由于家庭教育和环境等原因，从小喜欢旅游，热爱读书，关心时事，眼界开阔，对事物的分析和承受能力超过了同龄人。这种能力和素质对考试是大有好处的。有的考生到过西藏和三峡。高原的苍茫、大山的巍峨，震撼着他的心灵，让他对生命有了新的理解。有的同学喜欢体育，一些体育明星的经历让他对胜负有了新的认识。还有的喜欢读书，书中许多强人化险为夷的经历让他心驰神往。这些都对他的承受能力有很大的帮助，在面对人生中这样一次考试的时候，自然要从容一些了。

总而言之，大家要注意综合素质和独立能力的培养，让自己独立地做一些事情，克服一些困难，不要任何事情都依靠父母和老师。这样，潜移默化之中各种能力都会显著提高。

能力强了，见多识广了，紧张也就会离你远去了。

21. 怎样才能做一个自信的考生？

考生小瓶盖：李泊老师，虽然我很努力，老师也说我练得可以了，但是我还是不自信，我该怎么办呢？

答：许多刚开始学播音的同学都会不那么自信，表现出来的是胆怯、说话声音小、字音也不舒展等等。这是必须要解决的问题。我们的目标是有大方舒展的声音、不卑不亢的气质、阳光灿烂般的性格、独当一面的气势。怎么解决这个问题呢？

首先说自信。自信是对自己能力的认可，就是不心虚。可是有的同学说："我才刚学，哪里来的实力？哪里来的自信呢？"这是错误的想法。自信的来源有很多，可以来自实力，也可以来自对梦想的追求。如果你认为未来是光明的，虽然现在不好，但是未来会好，这也会给你带来自信。这就是自信的故乡，我认为这是自信的主要来源。如果说自信来自实力，那么人外有人，天外有天，人永远都不会有自信了。一个歌德可以让所有的诗人放下手中的笔，但是并没有，大家依然在刻苦写作。当你心中想着美好，美好就会靠近你，这也是对自信的生动解释。

解决了这个问题，我们再说为什么要自信。自信和实力是两码事，自信的目的是让你现有的能力得到充分发挥，而实力是你通过学习达到的能力。如果你不自信，现有的实力也难以得到发挥。这是更糟糕的事情，所以无论如何都要自信。

再来说害怕。有的同学告诉我："李老师，我害怕，所以不自信。"你怕什么呢？练习的时候怕别人笑吗？这个可以理解，人都有虚荣心，希望得到赞扬，不喜欢嘲笑。但是你怕就能避免被人嘲笑了吗？不能，怎么样才能避免呢？答案就是表现好，自信能让你表现好。就算是你自信了，还是有人嘲笑你，你也不要难过。他们的嘲笑，善意也好，恶意也罢，都能变成你成长的动力。

考场上也有人害怕，我问他怕什么，他说怕考不上，我说我理解。但是问他只报考了这一所学校吗？他说不是。我说那就不要怕了，这个不成，还有下一个呢。还有学生告诉我："老师，我怕考官。"我说："那就更不要害怕了，他们不会跳起来打你的，大家是平等的，你们往日无仇，近日无怨。而他们最喜欢自信大方的孩子，不喜欢怕他们的孩子，所以你不要怕。"

22. 考场上心里该想什么？

考生阿丁：李泊老师，考试的时候，我的心里该想什么呢？

答：人在正常的状态中，会看见什么，然后想到什么。如看到老虎就想跑；看到蛋糕就想吃；我现在写书，想的是如何让读者能明白我的意思。那么一个考生在读稿件的时候，应该看什么？想什么呢？许多同学对此是一知半解，相当模糊的，虽说大家想什么、看什么，别人很难知道，但是通过听你朗读却能感受到。有的同学读稿子很苍白，再热闹的文章，他也能读成白开水。这个时候，就可以判断，他的脑子是空白的，他的眼神是空洞的。相反一些读稿子非常好的同学，我们却能很敏锐地发现他的心理变化，能感受到他的所思所想，能看到他眼神的变化、心理的波动。这一点在我们看一些演技派演员出演的电影中可以更直接地感受到，有的观众还会跟着角色一起纠结，一起悲伤。

讲到这里，我想告诉大家的是，演技派演员演戏时的态度就是我们要的状态。一个优秀的考生，一个可以把稿子诠释完美的人，他的内心世界一定是丰富的，他的眼神也一定是灵动的，是跟着稿件一起变化的。那怎么做到这一点呢？我想他首先要了解稿件中提到的景物，这样在读的时候他的脑海才会浮现出相关的影像来。比如我们熟悉的"床前明月光"，朗读的时候脑海中就要出现同样的场景，然后由场景触发出相应的感情，再把感情体现到你的声音上、面部表情上，这样才是正确的方法。大家可以以此为标准来判断自己读得好与不好。

还有的同学，不管读什么都是一样的调，都是每句开头高、结尾低，听起来似乎也有变化，但是如果没有相应的心理感受，则依然是失败的朗读。不要以为老师不知道你心里在想什么，你的声音已经泄密了。相反，如果你有内心的感受，老师也一定能感受得到。所以在朗读的时候，内心的感受一定要丰富、细腻。只有如此，才能朗读好。最后再回到阿丁的问题上来。考试的时候你心里想的是稿件的内容、你准备的提纲，其他的就不要想了吧。

23. 学播音该怎样入门？

考生：李泊老师，您好！我是2017年的艺考生。在决定成为播音主持专业生之前我就对声音方面的东西很感兴趣。所以，提早一年我就买了您的书来看，现在还是会经常翻看。但学着学着，我越来越觉得始终走不进真正的那个门，一直在外面徘徊。我对自己的声音也开始不自信。因为我喜欢配音，所以自己琢磨了声音化妆，现在嗓子有点找不到朗读的感觉，该怎么办呢？

答：在这里我给你个建议。如果是以艺考为目的，最好还是找个老师，或者参加一个培训班。在那里，老师会给你直接的指导，比你这样瞎猜节约时间，效率也会高很多。如果你想一直自学也不是不可以。我不知道你说的"走不进真正的那个门"是什么意思，播音主持是不是真的有这样一扇门呢？我想这是极不重要的，因为有和没有都不会对你的水平产生影响。你说对自己的声音感到不自信，我觉得这是个关键问题。我们学播音主持，首先要知道什么是好的，什么是坏的，确切说要知道什么样的声音是优秀的，没有标准就没有努力的方向。我不知道你的水平到底怎么样。我觉得你就是陷入了这样的误区。如果是这样，你就要想想自己想要什么样的声音，这样你才能正确评价你的水平。

就我个人的分析，我觉得你还是略显浮躁了一点，这是前进路途上的正常现象，所以我还是建议你刻苦练习。你要相信终有一天"精诚所至，金石为开"。至于你说的找不到朗读的感觉，我倒可以告诉你：当你朗读一篇文章，你要被文章感动，打心眼里把文章读给大家听，这就是朗读的感觉；如果你在朗读的过程中感到疲惫，或者觉得没意思，那则是错的。

再来说说你说的那个"门"。我觉得可能是一种方法。方法其实很简单，书里面写得很清楚，关键就看是不是真正去实践。最后，我要告诉你，不妨投入地读一次，那时候所有的问题都会迎刃而解。

我觉得你最主要的还是练得少,这也是一个普遍现象。很多同学才练了一个星期就期望和那些练了一年的同学读得一样好,这是不可能的,也是不现实的。如果这样,人人都能当播音员了。播音主持的进步离不开大量的练习,没有一定的积累时间,进步是很难的。我觉得你不要着急,刻苦练,认真练,功夫下到了,你想要的一切都会不请自来。

24. 他该放弃学播音吗?

考生水滴石穿:我是一名普通的高一理科生,我想学播音主持,但是家长和老师都很反对我。他们认为学播音会影响成绩,会分心,最后播音也没学好,文化课成绩也落下了。就我目前的情况来看,老师说如果我再努力些,可能会考上一本,很反对我学播音。他们想的就是没前途什么的。我想问一下,学播音对文化课成绩影响很大吗?学播音这条路有很多人走,但是最后还是很难找上工作吗?理科学播音合适吗?希望老师能指点一二。

答:根据你的情况,如果真的有希望考上一本的话,那还是一心学文化课吧,除非你真的很喜欢播音,而且天赋又很好——有很好的声音、身材,学习后有希望考上中国传媒大学、中央戏剧学院等名校。如果有十足的把握,达到这样的要求可以尝试。不过这是有风险的,所以你最好还是通过文化课成绩走进大学,这样你的路会宽些。把播音主持当爱好吧,它对提高素质有很大帮助。学播音和文理科关系不是很大,以后找工作和个人实力有关系。这些都不是问题。

可能你觉得我的回答有些武断,这是有原因的。在我多年的教学经历中,曾经多次遇到过类似事件,我都劝他们通过文化课成绩走进大学。事实证明,在这个时间点,这样选择是对的、稳妥的。因为依照常理推论,集中精力做一件事比分心做两件事更容易成功,所以我劝你全心去学文化课,这样看似牺牲了你对播音主持的爱好,其实不然。我们播音员、主持人喜欢复合型的人才,你学其他专业同样也是为做一个好主持人做准备,这是不矛盾的。很多名主持人都不是学播音主持专业出身的。现在就让我们选择最稳妥的方式走向成功吧。

25. 读稿件时声音往下掉怎么办?

艺考生果果:最近不知道怎么回事,读稿件声音一直往下掉,新闻感不好,我该怎么办呢?

答:读稿件声音往下掉是常见的毛病,很多考生都是开头高、结尾低。有的是读一篇文章,开头声音高,慢慢地越来越低,或开头第一段声音最高,到最后一段就声音很小了,这就是俗称的声音往下掉。为什么会出现这种现象呢?原因有两种:一种是考生不理解稿件,或者不喜欢稿件,越读越没有意思,越读越没劲,就会越读声音越小,草草了事;还有一种是能力不高,或者是气息不够,或者是唇齿力度不够,句子读到一半已经没劲了,心有余力不足,被迫掉下来。在这两种原因中,后一种比较容易解决,只要多下点功夫,多练习,就能改善。如果是第一种原因则需要费些力气了。你要想,任何一个作家写文章都是先铺垫再有高潮的,不可能写文章越写越低落的。所以在读稿件之前一定要仔细分析,不打无准备之仗，不读没有准备的文章。理解了文章就不会出现读着读着往下掉的毛病了。至于读句子往下掉的原因更多是考生没有划分好句子节奏，或者读到句尾就没有力气了，想高，高不上去。考生如果有这样的毛病，可以刻意地改正一下，但也要避免走向另外一个极端。解决的办法就是每一句的最后几个字猛地用力——有人说这也是毛病，叫"砸夯"，这也是不好的。真正解决的方法就是根据内容，该重就重，该轻就轻，错落有致，丰富多彩。

至于你提到的第二个问题——新闻感，这也是许多同学比较头痛的问题。在我看来，就艺考生目前的水平来看，这个问题倒是可以忽略。什么是新闻感呢，我个人理解，就是读的新闻要像新闻。那怎么才能读的新闻像新闻呢？无非是把新闻的特点读出来。新闻有哪些特点呢？首先是时新性，然后就是真实性，这是新闻最主要的特点。如果你把握住这两个特点，那你读的新闻就会像新闻。现阶段，同学们应该在内容上下功夫，仔细分析新闻稿，理解稿件，吃透稿件，然后自然地读出来，新闻感就有了。

26. 读稿子蹦字怎么办？

考生暖心：李老师，您好！今天，我的播音老师说我的声音发扁，而且读句子像读字一样，一个一个往外蹦，说我的口腔打不开，我该怎么练习呢？求帮助！谢谢！

答：后口腔打不开是初学播音者容易犯的错误，不难改，但是需要时间和大量的练习。后口腔打不开，声音就发扁，语流就不好。只要解决了打开后口腔的问题，一切都会迎刃而解。体会打开后口腔很容易，重要的是保持状态，这就需要大量的练习。半打哈欠的感觉就是后口腔打开的感觉，张大口咬苹果也能体会到。后口腔打开的具体感觉就是你感觉后口腔变大了。但是到读文章的时候，后口腔不自觉地还是落下来，又回到原来的样子。这时候你不要着急，应该加强一些辅助的练习，慢慢地状态就能稳定住了。要多做口部操，锻炼咬字器官的肌肉，大量做咀嚼练习。然后，在练声和播读前要知道自己是什么样的状态，先看看自己后口腔是否打开，是否保持微笑，气息有没有下沉，这些都做到位了再开始练习。这很重要，这样才能保证你每一次练习都是在正确的基础上进行的，而不是错误地重复。

你还提到了蹦字的问题。专业上讲那叫语流不好，它和天赋有关系，但更多的还是播稿习惯不好。有的同学拿过来稿子，一遍不看马上就读，这是很坏的习惯。正确的方法是应该先不出声地看上几遍，设计好停连基调再读。而在读稿子的时候也不是单纯地念字出声，而应该是读意思，像讲述一件事情一样。具体到读稿件的时候，也不是看见哪个字读哪个字，而是读前一个字的时候，眼睛的余光已经在看下面的几个字了。还要注意抱团和意群，平时要多听、多读。每篇稿件都先充分备稿，播稿的时候心中有数，这样你就能流畅地读稿件了。

27. 怎样才能猜透评委的心？

考生渺小的草：如何能猜透评委老师的心呢？

答：考场上很多事情是意料之中的，比如要考自备稿件、即兴评述，这些都是简章中写明了的。也有一些是无法预知的，比如考官的提问，天知道老师会问什么样的问题。最常见的有，你文化课能考多少分呀，你为什么要考我们学校呀。有些同学照实回答，有些出了考场还稀里糊涂，不知道自己答得好不好。

怎么解决这个难题呢？我想首先要弄明白考官提问的目的。考试的目的是选拔人才，学生有前途他脸上也有光，这也是考官的招生目的。当他对你感兴趣的时候才会提问。这里面有两种原因：一种是觉得是你非常优秀，好奇你为什么会这样好，他们会提问；还有一种情况是觉得你还可以，是他们学校可要可不要的学生，这时候也会提问。他们想看看你是不是有潜力，如果觉得你压根没有希望，那就不会问你，就是说他们已经不要你了，就没必要再管你的事情了。仔细来看这几种情况，我们会发现，只要是问你，那么你就是有希望的，这是好事。不问呢，两种情况：一种是觉得你非常优秀，要定了，不需要啰嗦了；一种是没戏，走你的吧。综合来看还是问你好点，所以一定要积极应对，认真回答，而且你的回答一定要给自己加分，不要减分。

了解了考官的心思，接下来就是针对考官的心理有的放矢了。我认为在考场上，考生的主要任务就是展示优点，通俗点说就是千方百计地夸自己，这个意识一定要有。明白了这一点，那么无论考官问你什么，你都能清晰地知道他的意图，然后作出正确的回答。比如，有时候考官会问你最喜欢的一个主持人是谁，最喜欢的一个历史人物是谁。有的同学本能地会想：我没有最喜欢的主持人，怎么办呢？我觉得他问的是你的理想是什么，你想成为什么样的主持人，因为你喜欢一个主持人，肯定是想变成他那样的。所以，这个问题可以等同为你的梦想，你要成为什么样的主持人，只不过比上一种问法更巧妙、更婉转一些，也更容易得到真实的答案。当我们把考官的目的破解之后，回答也就容易多了。这时候，无论你有没有最喜欢的主持人，都要说上一个，而且要说优秀的主持人，以显示你目标远大、积极向上，如说何炅、汪涵、谢娜、董卿等，这些都可以。

解决了这个问题，接下来就是怎么回答的问题了。考官问你最喜欢的主持人，不是让你说个名字就完成任务，更重要的是为什么。这考查你的分析能力，也相当于一个小的即兴评述。你的回答一定要有理有据。比如说，你最喜欢的主持人是谢娜，你可以说："老师，我最喜欢的主持人是谢娜，因为我觉得她很时尚、活泼，能给我们带来快乐，我以后也要做这样的主持人。"这个回答基本合格，因为你说出了谢娜主持的基本风格，也表达了你的志向。你也可以换个方式回答。如果你很喜欢白岩松，你可以说："有一次我看他主持的节目，他帮助了很多人，从此我就喜欢上他主持的节目了。"这样回答也很好，表现你也是个有爱心的人。

解决了一个问题，其他的问题也就不难了。你可以参照这个问题的回答方法去回答考官所有的问题。

28. 考几个学校最好？

考生小强：李老师，快考试了，学了这么久，但是我还是不知道自己水平怎样。那我该考几个学校呢？

答：每当到了要报名的时候，选择学校又会成为许多考生头疼的事情。许多考生把一本报考名录翻得稀烂，思前想后，几番更改，多次请教高人，还是举棋不定、痛苦不堪、不知所措。这个问题最简单的解决办法是根据自己的精力、财力和能力，把众多的高校分出一、二、三等（可分为有把握的、有希望、很有把握的这样几类），每个等级各选一个报考。你可以在自己最想要的层次上多选一个，以增加保险系数。有的考生考了一大堆，却都在一个层次上，要么学校的水平不高委屈了自己，要么学校太好和自己实际水平有距离自己很难考上。这个问题最好集中一两天解决，一旦确定就不要再更改，否则打乱了复习备考计划，得不偿失。

在选学校的标准上，我的观点是一些开设专业较长、综合性的学校对学生的成长有好处。因为进了学校就不单单是学专业的事情了，整个学校的学术氛围、知识积淀会对学生产生很大的影响。

就目前情况来看，一些热门学校比较难考，不仅专业课要求高，而且文化课分也高，竞争激烈。位居第二梯队的一些高校，如果考生有足够的信心可以去尝试一下，真的考不上也没有关系，因为一些不知名的大学一样可以培养出人才来。播音员、主持人是一个讲究实力的职位。如果满嘴方言哪怕拿数个名校的毕业证也不会有人聘请的。反之，如果实力超群，学历差点也一样可以扬名天下。一切的关键在于自身努力的程度，老师和学校只是外在因素，并不是决定性因素。

所以，我建议大家先考取一所大学解决学习深造问题，然后再利用充裕的时间努力奋斗。如果真的喜欢那些名校可以以后考它们的研究生，切不可高不成低不就，非某学校不上。那样，很可能浪费了精力和时间，还会影响以后的发展。

怎样判断一所大学好与不好呢？以下几个因素很关键：一是师资力量。老师的水平关系到学生的成就，没有好老师，难出好学生。这个可以从相关网站上获得，也可以打听往届的学生。二是学校的历史与规模。一个相对完整的学科建制和比较长的办学历史对学生的成长有好处，有利于学生成长为复合型的人才。三是地域。地域对学生影响非常大。一般来讲，南方高校多偏重实用，教学氛围活泼；北方高校注重理论，有利学生的逻辑思维发展。同学们可以根据自己的喜好和特点来选择。四是文化课分数。一般综合类大学对考生的专业要求不是很高，对考生的文化课成绩要求苛刻；专门的艺术类大学对考生的专业素养非常看重，相对地对文化课就不是那么严格了。你是属于哪一种呢？可根据自身情况选择学校。

几乎每个同学都会选一些保底的学校，说到这些学校他们都很轻松。每当听到他们这样说，我就很害怕。或许在某些同学眼里，他的保底学校都很不咋样，但是千万要注意，任何正规的学校都有一颗上进的心，它们招生也是优中选优的，断不会什么学生都要。所以，有时候保底学校也不可靠，一不小心就会漏了。这个问题有两种解决办法：一个是继续刻苦练习，增强实力；另一个是在报考的时候，尽量把姿态放得低一些，谨慎些，尽量选的学校别那么高。很多同学心高气傲，他的保底也是名校，万一到时候一个也没有考上那可怎么办啊？宁可考上了不去，也千万别落得没学可上。

每年报考的时候都会有一些名字很好听的学校许诺"只要考就录取"，招生老师的态度很热情。对于这样的学校，我劝同学们千万别去。哪怕复读一年也比在不正规的学校浪费人生要好，切记！

29. 遇到怪题目怎么办？

考生花小姐：老师，如果考题是图画或者一组几何图形该怎么办啊？

答：这样的题目比较少见，但是很多培训机构喜欢在开拓思维的时候用这样的题目来启发大家。在这里我想说的是，不管题目如何花样翻新、千奇百怪，其根本都是让大家根据一个主题说一段话。洞晓这个秘密，再难的题目也就不成问题了。就像怪精变化多端，孙悟空的火眼金睛一眼就看出它的原形，艺考生也要有这样的能力。这样的题目多是没有具体指向的，也就是说无论怎么说，只要你能自圆其说那就是成功的。一般遇到此类题目，要分情况对待。如果是单幅图画就想图画揭示了一个什么样的主题，当找到这个主题后，它就会变成曾经练习过的题目了，比如说幸福、执着。这些大家都很熟练了，也就不难了。此类题目唯一的难点就是找主题，突破这一点几乎就万事大吉了。如果题目是多幅图画，我们就要思考每一幅图画之间的联系来确定主题了。比如，题目是一个三角形和圆形，你就要想这两个图像分别代表的意义。如果你认定它们可以比喻为人的性格，那答案就出来了：圆形代表圆润和谐，三角形代表做人的原则。那么你就需要在这两者之间进行对比，或者强调某一方面，或者说两边都可以。这样又是一个普通的即评了。

应对这样的题目一定要胆大心细。胆大指的是要大胆想象，心细是要做到叙述严谨，具体的程式是先描述图画，然后评述。

30. 怎么快点进入状态？

考生小琴：老师，我总是进入状态慢，怎么办？

答：慢就是不快。我们拿自备稿件为例，许多同学往往前几句读得不好，或者基调不对，或者情感表达错误，甚至结巴、蹦字，但是读过一段之后，情绪放松下来了，进入状态，水平开始发挥，彰显出真实的本领。

在考试中出现这样的情况是很危险的。有些考官没耐心，会把开头几句当作你的真实本领，你的发挥会在他心中留下不好的印象，影响得分。开头几句往往是非常重要的。一般这时候，考官精神集中，如果发挥好，得分就会高，后面哪怕小有失误也无妨，我们常说的"先声夺人"就是这个道理。反之，如果开头不好就很危险，有些考官还会直接喊停，让你满腹的才华没有发挥的机会，所以开头很重要。有的考生还会刻意把能展示声音实力的段落提前，就是防止考官没耐心，后面不仔细听。

进入状态慢的原因主要有：考生来到陌生的环境，不能很好地进入状态；在考生备考的时候，由于刚接触朗诵，没找到感觉。

那么怎么改正这种错误呢？虽说是万事开头难、头三脚难踢，但是如果用心还是可以处理好的。我想有这样几点应该注意。

首先，正确认识开头。这只是你出声的开始，并不是你情感的开始，你的情感要先投入进去，才能出声，先有情，再有声，以情带声，而不是反之。这方面的例子很多。我们看电视里的综艺晚会，有些歌手都是先在前奏的时候又蹦又跳，然后出声。朗诵没有前奏，但是自己心里要有。比如大家比较熟悉的《乌苏里江放歌》，第一句是："每每听到这优美的旋律这深情的歌声，我的眼前便有一条江。"那你在开口前，就应该提前进入状态，就像你真的听到了熟悉的旋律，然后慢慢开口，而不是上来就读。不要怕这时候停顿的一两秒，考官都是业内的专家，他们理解你的用意。

其次，平时多练习开头。你把它背得滚瓜烂熟，到时候就不会有太差的发挥。如果你平时功夫下到了，就能很快进入状态。你也可以自己进行模拟考试，这个不麻烦，自己练就可以，只练开头那一点，多重复几遍，到了考场上，你也会有很好的发挥。备考的时候再给自己一个心理暗示：我一定会读好的。自己默念几遍，效果也很好。

31. 读稿子无法集中精力怎么办？

考生宝宝：老师，我读稿子的时候容易走神，这可怎么办啊？

答：这种错误一般出现在考场上。有的人到了考场紧张不起来，意识不到考试的重要，懵懵懂懂的，不能集中精力地考试，在考场上东瞧瞧，西望望，抠抠衣服角，表情默然，或者傻笑，让人着急。

作为一个考生，首先要端正考试态度。高考很重要的大道理我不想讲，我只是想说考试是释放自己的过程，只要把自己全部的能量都释放了，那就是成功，最后的结果不重要。什么是释放呢？就是把你的优点全部展示出来。这就是你在考场上的正确认识。你也可以想，反正报名费都交了，还那么贵，我一定要好好地展示自己。这样你才能集中精力，超水平发挥。

当你有了这种状态，你就有了明星范，有了气场，有了舍我其谁的气质，就会感染考官，也就会有高分数。

作为艺考生，体力也很重要。有的同学体力好，哪怕考试前在校园里找考场找得发疯也没关系，进了考场照样能精神百倍。而有的就不行了，有的同学考试前一晚会紧张得失眠，眼睛红红的，就去考试了，体力不支，精力也就很难集中。有的还会晕倒在考场上，吓得女学生魂飞魄散，所以一个强健的身体也是非常重要的。老人们说，身体是革命的本钱，这话不错。

一旦走神怎么办呢？人不是机器，何况电脑还有短路死机的时候呢。这时候，我告诉你，首先不要慌。原因是什么呢？无论是你的自备稿件还是即兴评述，考官都不知道你的底稿。这时候，你一旦走神，那就想起什么说什么吧，没准一会你就记起来了，考官还以为你就是这样安排的呢。这样，危机即可平安度过。

32. 总是卡壳怎么办？

考生兰兰：老师，读文章容易卡壳怎么办？

答：读文章卡壳的突出表现是播读不流利，总是磕磕绊绊。出现这种情况的原因是什么呢？有两种：一个是心理上的不自信，或嘴快过脑子，即脑子慢。"嘴快"，脑子没有想起来呢，嘴里已经没词了，所以支支吾吾。另一个原因就是不自信，总是自我怀疑：我读得好吗？我说得对吗？这样下去声音也就断断续续的。而考生的能力是能够顺利完成考试的，正是这些杂念造成不能正常发挥。有的考官能发现问题，因为这是明摆着的事情：大姑娘、小伙子，长得壮壮的，又不是营养不良，怎么可能说话气虚、不能顺利地读完一个句子呢？这是不可能的，所以他们有时会提示考生要把声音放出来。作为考生，要尽量避免这种情况，不要给考官添麻烦，因为他们已经够忙的了。

这种现象产生的原因，除去心理因素，还有一点不可忽视，那就是练习不够，嘴皮子不利索，绕口令、口部操练得少。这两项练习比较枯燥，有很多同学不愿意去练，而这是非常重要的练习。到了考场，会比平时紧张很多，嘴皮子就不听使唤，肌肉僵硬，有的腿还会发抖。也许你平时能顺利地读下来，这时候却不能。那怎么办呢？没有什么好办法，就是要平时多练习，考试前也要重点练习，候场的时候也要练。大量的训练才能抵抗考场紧张带来的肌肉紧张，让嘴皮子不成为你发挥的障碍。

卡壳，专业点说叫语流不好。有的考生天生语流好，听着舒服、顺当；有的就差点。我们平常说话都是有对象的，自然顺当，而忽然变成自己说、别人听，周围安静得掉下一根针都能听到，不习惯这也正常。但是，这是我们行业的特点，这个难点必须克服，我们干的就是自己说别人听的话。为了考上理想的学校，要马上转换过来。除了多练习之外，还要主动寻找"说"的感觉。播的最高境界是说，要让每一位观众觉得你就是在给他说一件事，只给他一个人说。考生在播读的时候，虽然眼前没人搭话插嘴，但是也要想象着有人在兴致勃勃地听，这样你的语流就会顺当一些。

改掉卡壳的毛病，还有一个方法，就是找准语句的逻辑，让它变成众多的意思群。你理解稿件了，说一件自己明白的事情，自然就不会紧张，也就流畅了，也就不会出错。

做到这一切是不是就不会卡壳了呢？不是，只是会少一些，有时候还是会有零星的卡壳。有的考生把这个看得很重，一旦卡壳就大为惶恐，心想：完了，这下考砸了，没有希望了。结果呢，越紧张越卡壳，最后果真完了。这样想是大可不必的。有个很好的例子，大家都看过篮球比赛，再大牌的明星也会罚篮不中，但这并不影响他在球队中的位置。两种情形的道理是一样的。偶尔的卡壳不可怕，可怕的是语音不准、把握不住基调等。所以，即便在考场上出现卡壳，也不要过度紧张，可以重复一遍，也可以不重复直接往下读，只要卡壳不是太多就不会影响你的分数。

33．练声好却读不好怎么办？

考生帘外雨：老师，我练声时表现得很好，但是读稿件感觉不好，别人说这是练声和播读两张皮，该怎么改正呢？

答：这种情况出现得比较少，但一旦出现，影响就非常大，我还是要郑重地回答一下。怎么理解这种现象呢？表面看就是练声的时候，声音很好，理解得也到位，但是一旦正式读稿件，就回归到原来不好的水平，感觉像两个人。这种现象非常像体育运动员。有的运动员是比赛型的，一到比赛就来劲，往往能超常发挥；有的运动员是训练型的，训练水平很高，一到比赛就发挥失常，只能发挥七成水平。那么艺考生练得好却读不好的原因是什么呢？我认为归根结底还是练声有问题。练声是为读稿件服务的，有的同学不明白这一点，只是老师让怎么练就怎么练，不能很好地把练声和读稿件挂钩。要解决这个问题，有两种办法：一种是在练声的最后，一定要练上几遍自备稿件，把练声的好状态带到读稿件中去；二是单纯习练读稿件的时候，也要先读几个四字词，把练声的好感觉带到读稿件中来。道理很简单，就是以好的字音带动不好的字音，慢慢地把所有的字音都练好。换言之，就是用读得好的文章带读得不好的文章。加大练习量，各种题材、各种内容的稿件都要读，这样就能读好所有的文章。

我们常说，比赛是训练的镜子。比赛会把训练中的问题暴露出来，播音主持备考也是那样，考场上出现的所有问题都能在练声中找到原因。读稿子有毛病，那就是练声有问题，一定要查找训练中的问题，及时调整训练。比如，某个字音读不准或前后鼻音分不清，都要在练声中加大练习量，有针对性地练习，这样才能慢慢进步，成为完美的考生。

还有的同学，学了播音主持却在生活中依然说家乡话，这是个不好的习惯。我们常说"拳不离手，曲不离口"，学了就要说。你每一分钟都说普通话，这样在考场上也会有好的表现。

34. 什么是正确的考试态度？

考生杰森：老师，考生应该怎样调整自己的心态呢？我觉得我同学高估了自己，整天牛气哄哄的。

答：你的同学非常不好，千万不要学他。这是为什么呢？原因是他不能正视自己和考试。一个事实不容忽视：许多艺考生是因为文化课不好才来参加艺考的，许多人把文化课学习中不好的习惯带到了艺考备考中来。须知，有些毛病在文化课学习中是缺点，在艺考备考中也是缺点，必须改掉。

有的考生因为这样或那样的原因，会高估自己，以为自己在培训班里是上游水平，在同学们羡慕的目光中不禁飘飘然起来。这种状态对艺考来说非常可怕，因为我们的朗诵稿件等同于艺术创作，稍微的心理变化就会体现到考场上来。而朗诵则是个比较脆弱的东西，一些小的失误就会把整场考试搞砸，所以一个正确平和的心态是非常重要的。

还有一点必须明确，大家的竞争对手不是培训班里那几十个人，对手来自全国各地。有的来自北京、上海等大城市，他们有着更为优越的学习条件。所以，我们不妨把目光放得远大一些，须知"人外有人，山外有山"，只有刻苦学习，当一个艺考备考的学霸，才有可能取得更大的胜利。

有的考生高估自己倒不是看不起其他考生，而是觉得艺考对自己是小菜一碟。自备稿件、即兴评述都已经是狗撵鸭子——呱呱叫了，考试也没有啥神秘，不就是展示一下吗？开始有这样的心理，也不是什么坏事，可以让他在考场上多几分自信和从容。可是如果过于随意了，就不好了，考官会觉得你不认真，这会影响你的分数，因为他们都愿意招个谦虚认真的学生。还有一点，现在的考试，学校花招很多，各种形式，千奇百怪，虽说内里差不多，但是如果准备不足很容易被这些花招吓倒，一时缺乏应对，影响最后成绩。所以，任何时候一个虚心认真的态度都是必不可少的，这个态度应该贯穿你的一生。

35. 怎样学播音主持进步快？

考生白熊：播音主持艺术的学习规律是什么？

答：这位同学问得好。每门艺术都有自己的规律，遵守艺术规律是进步的基础。"走哪一山，唱哪一山的歌"是艺考生的分内之事。所以搞清楚播音主持艺术的学习规律有利于水平的提高，能起到事半功倍的效果。

有些同学文化课成绩不够好，难以考上好的本科学校，才学播音主持；有些同学是为了躲避繁重的文化课学习才学播音主持。他们可能都觉得，学播音主持真好玩，说说笑笑，一节课就过去了，比学英语、数学有趣多了。如果你有这种想法，那我可要给你泼冷水了。你的感觉是不错，学播音主持比较有趣，但要想学好并不比文化课容易，某种程度上说比学文化课还难。所以，思想上一定不能有轻视艺考的想法，必须拿出百倍的努力才能成功。

隔行如隔山，播音主持艺术自有其独特的地方。接下来我就把它的学习特点告诉大家。

（1）播音主持是个熟能生巧的艺术。你练声多了，自然水平就高。付出和所得成正比。

（2）播音主持的进步有时是突变。也许前十天你变化不大，但是第十一天就有可能迎来飞跃，这考验大家的耐心，大家一定要坚持。

（3）播音主持是口耳之学、听说之术。掌握了这个规律，多听多练，就一定能成功。

（4）播音主持更需要大家动脑筋。如果不动脑，只是机械地练习，进步就会很慢；反之，就学得快。

（5）学艺术，不疯不魔不成活。如果不沉浸在其中，像疯子一样，疯狂地爱上播音主持，就不会成功。什么时候发现自己还有不足，那就是你爱播音主持爱得还不够深。

（6）学播音主持强调个性。一定要相信自己的眼睛，一定要坚持自己的想法，没有主见很难成功。个性是艺术最重要的因素。

（7）学播音主持需要沟通。闭门死学不是好办法，应该多和同学、老师交流，这样更利于取长补短，进步得才会快。

（8）学播音需要博采众长。播音主持是综合艺术，考生要多涉猎各种艺术门类。

36. 即兴评述准备得很好，可是上台就忘了该怎么办？

学生小霞：李老师好！我即兴评述的时候，在台下准备得很充分，可是一上台就只能说其中一点。他们说我一开始挺好，后来就是自己挖了个坑，自己跳了进去。

答：多练几次，多上台几次就好了。不紧张了，就能把准备好的东西说出来了。你现在出现的情况有两个方面的原因。首先是紧张打败了你的记忆。记忆不牢固，紧张很强大，所以记忆败下阵来，这很正常。第二个原因，紧张是难免的，而记忆可以更加强大。说到底还是自己对话题认识得不深刻，或者说原本就很脆弱，稍微有点紧张就弄得一塌糊涂了。不要光怪紧张，还是记忆出了问题。

面对一道题目，在你上台前必须要有清晰的思路、无可辩驳的论点、妙语如珠的串联。如此上台无论发生什么样的事情都不会影响你了。如果你上台前做不到这一点，只是模糊地觉得自己应该怎么说，那么稍微出点状况，你就会卡壳，导致失败。怎么避免这种情况发生呢？首先是文化底蕴的增加，这个我已经在本书中多次强调，这里就不重复说了。给你一些技巧上的建议吧。上台之前一定别记具体句子，因为那么多的句子，时间有限，你肯定记不完整，所以你应该记提纲。考试的时候按照想好的提纲说，这样等于又一次对题目进行了完善，说着说着没准就会想起更好的事例、更巧妙的句子，这样要比完全照搬准备好的稿子好很多。考试的时候还会出现一种情况，就是说到最后了，忽然想起前面忘记说了一个例子，有人会补充着再说上，这是不可取的，因为这会破坏即评的完整，即便真去弥补，也要想一个巧妙的方法，要不着痕迹地过渡过去。

　　再好的技巧也需要熟练才能很好地运用，尤其是在即评时。即评是综合素质的体现，哪一点存在问题都会满盘皆输，所以建议你还是要多练，多下功夫。努力了，所有的拦路虎都会跑得远远的。

　　37. 即兴评述遇到政治类、经济类的题目怎么办？

　　李老师：我是一个女生，平常不怎么关心政治类和经济类的话题，要是即评遇到这样的题目该怎么办啊？

　　答：播音员是政府喉舌，就应该了解政治和经济的发展，这是分内之事。因为你们年龄稍小，出政治、经济类题目的学校并不多，大多是社会话题，你也不要紧张。一般政治类的题目你们政治课都学过，反倒容易一些。不过为了你们能考上更好的大学，我还是劝你多扩展一下自己的知识面。播音员、主持人是个杂家，这也是播音员、主持人的魅力所在。我劝你多留意一下《新闻联播》的头条新闻，那往往是非常重要的事情。尤其是在你参加高考的那一年要了解国家的经济方针是什么、重大的科技发现有哪些以及有没有轰动一时的经济事件。如果你可以阅读当年的政府工作报告那就更好了，那里面包罗万象，涵盖了我们生活的方方面面。

　　做好了这些还不算是完成任务，更大的拦路虎在后面。即兴评述的考题不像政治课考名词解释，直接告诉你应该回答什么，它们喜欢把问题藏在题目里。这就涉及一个审题的问题。要找到问题的关键，因为论点不是明示的，有时候是藏在事件当中。如果你看到这样的题目，首先脑海中要有这样的意识：这是和哪个经济问题有关呢？是转方式、调结构还是医疗改革呢？然后展开即评。如果题目很直接那就要找到合适的事例来说明。有时候题目讲得不是很清楚，你并不非常确切地知道什么意思。这时候就需要你进行发散性思维了，要努力想这个问题的上一层是什么，上上一层是什么，直到找到自己能说的角度，这样才算真正地解决了问题。

　　38. 学播音怎样才能运气好？

　　考生小杰：李老师，为什么有的同学运气总是很好，考试能抽到简单的题目？

　　答：这问题很难回答，你难倒我了。其实不仅学播音有运气的成分，世界上其他的事情也有运气的成分。比如，某运动员打比赛，恰巧对手拉肚子，身体不好，他就赢了，这就是运气。我们学播音也是这样。有的同学平时一般，但是恰巧考试那天状态来了，发挥出很高的水平，就考中了；有些倒霉的，考试的时候感冒得一塌糊涂，成绩就不用想了。

这都是很难说清楚的事情。

仔细想想，我还是嘱咐你几句得好。运气是可遇不可求的，所以还是不要管它得好。有人说，好运气来自努力，这话也没有说错。你努力了，可以战胜一切困难，所以有没有好运气就无所谓了。真的是这样。有同学考试期间感冒，很不幸。但是，如果她平时注意锻炼身体，身体素质很棒，哪怕再大的寒流也不能把她击倒。有的同学考试抽签抽到第一个或者最后一个，自己觉得前景不妙，觉得第一个考试，考官不知道考生整体水平，不敢给高分；觉得最后一个考试，考官虽然了解了考生的整体水平，但此时筋疲力尽，归心似箭，精力无法集中，忙着收拾杯子书本，着急用餐，根本无法专心听考生说什么。同时，最后一个出场考试，考生经过了无尽的等待，也可能状态不在，表现不佳。这怎么破解呢？我想还是个人的实力。如果你和其他考生水平差不多，可能这时候考试得分会比他们低；如果你非常出色，照样能令考官眼前一亮。是金子总会发光，高手不管是第一个考还是最后一个考都会得高分。所以，实力才能打败坏运气，是不是这个理呢？

39. 学播音遇到瓶颈期怎么办？

考生小黄：最近进行专业练习遇到了瓶颈期，怎么也好不了，练声也不太想练，尤其是即兴评述这块怎么也不能说得和别人不一样。我想有自己的特色，我一点也不想千篇一律。

答：首先对这位同学进行表扬，他有一颗上进的心，想与众不同是非常宝贵的品质。怎样才能做到与众不同呢？首先要有一个与众不同的你，这样才会有与众不同的即评。如果你就是个一般人，怎么可能会有新奇的思想呢？就目前来讲，你要多读书，多思考，想得比别人多，思考得比别人深，见得比别人多，你也就会和别人不一样了，这个时候你的即评也是有新意的。

你还提到了练声瓶颈的问题，这也是正常现象。前进的道路是曲折的，人有时候进步慢，有时候进步快。我只是要告诉你，一定要坚持练习，大量的练习才能带来进步。即兴评述也是这样，熟练中才能找到窍门。突破瓶颈期和与众不同一样，不是空喊口号喊出来的，而是脚踏实地、刻苦练习获得的。

学播音主持和学其他技能一样，都是刚开始容易点，慢慢地越来越遇难。就像百米赛跑运动员，从15秒提高到13秒容易，而当成绩来到10秒附近，再提高0.01秒都很难，这时候就靠勇气和坚持了。

40. 艺考生的三年学习计划。

考生野象：我现在高一，计划以后走播音主持这条路。我是个爱制订计划的人，你觉得我该怎样规划自己的生活呢？

答：这位同学真的棒。凡事预则立，有一个很好的计划很重要。我有一个学生就在进入高三的时候列了个详细的计划。他的计划具体到每一天怎么复习，让人叹为观止。这样的方法很有用。他最后考上了很好的学校。所以一听到你问这个问题，我就非常高兴。

具体到你个人，我无法具体给你很详细的计划，但是我想把学播音各个阶段的任务告诉你，以便你备考。对于一个艺考生来说，接触越早越好，高一开始不算晚。就目前来讲，文化课仍然是你学习的重要任务，因为艺考不仅仅看专业课成绩，还要看文化课成绩两样都好才能被录取。学好文化课的同时，在业余时间可以学习播音主持方面的知识，多听新闻，多看联欢晚会，多朗诵。这一阶段是培养兴趣和打基础的阶段。你要了解广播电视，了解主持人，然后做一些基本的练习，这是高一的任务。到了高二就不一样了，因为一般情况下高二暑假就要去集训。高二集训前就要做一些针对性的练习了。这时候要多读各种类型的稿件，收集即兴评述的资料，也要考虑才艺展示的项目。而当暑假来临，集训开始，就需要专心学播音主持了。最初的时候是练习语音，这是重中之重。然后，在这一阶段学习快结束的时候定下自备稿件，艺考的衣服也要准备好，这是暑假的工作。到了高三上学期，特别是到了临考前的冲刺阶段就主要是专项练习和临场技巧的准备了。这是艺考生要走的路。可能你觉得才高一，时间有的是，可是时间是转瞬即逝的，你一定要珍惜时间。考生有点像拣蘑菇的小姑娘，谁拣得多，到考场上就能换更高的分数。希望你明确各阶段的任务，抓住点滴时间，自我加压，取得最后的胜利。

41．播音主持考试可以穿裙子吗？

考生梦想满天星：老师，播音主持考试可以穿裙子吗？我买了好多衣服，想考试的时候穿，可是哪件都觉得不满意，怎么办呢？

答：嗯，考试当然是可以穿裙子的，只要不是男生。不过我觉得穿裙子不是问题，关键是穿什么样的裙子。一般来说，太短则不好，因为太不庄重了，而考场是个正式的场合。

说起艺考生的服装，这也是很劳神的事情，很多同学为此操碎了心。具体到播音主持专业考试，整体的着装要求是青春、阳光、帅气、符合学生身份，不要穿奇装异服和扮成熟。其他的穿衣原则和生活中的原则差不多，一样是根据肤色、脸型、气质等来选择搭配。

女孩子可以穿毛衣、校服、运动装，选择的余地比较大。如果腿比较粗就不要穿很紧身的牛仔裤了，脖子短就不要穿高领的毛衣，个子如果有点矮就穿一双底高点的鞋子吧。其他的一些着装知识同学们一定知道不少，在这里我就不详细说了。

男同学的着装也要符合整体的着装要求，突出青春朝气，一定要大方得体。社会上的韩流之类的服装千万不要冒险尝试，那些服饰不适合考试，考场不是大马路。

着装要根据自己的气质。如果是长得很正，一套得体的西装就不错；如果很时尚，一套运动装也很好。另外还要注意，女生不要弄成假小子，男生不要搞得女人气。长头发也要剪了，进了学校再留也不迟！

这样说大家可能还是有些糊涂，那我再说得具体点吧。影响穿衣服的因素有很多，简单地说，就是场合、年龄和时间；通俗讲就是要符合场合，符合年龄，符合季节。具体到艺考生，大家来看一下该穿什么样的衣服。

首先看场合。考场，很严肃的地方，甚至决定人一生命运的地方。这样的地方要求大家正装为主，一些太随意的、逛街的衣服则不适合。比如，那些透明的裙子、胸口开得很低的打底衫、花花绿绿的烦琐的连衣裙等等就不要穿了。对女生来说，最适合的衣服是小西装套裙。

其次看年龄。考生一般都在十七八岁左右，是上学的年龄，这个时候你的衣服也应该是符合你的年龄的：女生不能穿得太成熟，男生不能太老气；所选颜色应该以亮色为主，以对应你的青春朝气。

最后看季节。考试一般在冬季，穿夏装会显得很怪异。大家为了美可以穿得薄一点，但是穿着太清凉会让大家感觉不舒服，也容易感冒，最好不要这样。不要穿半袖和短袖，推荐西装外套、长款羽绒服。

艺考时穿衣服还有三点特别需要注意。

（1）穿衣最好符合自备稿件的特质。如果你选择的是悲惨的稿件，那就穿得素雅一点，如果穿得很喜庆，稿件的感染力就会大打折扣。如果是选择的是《我的中国梦》那样的稿件，最好穿得隆重一点，穿大红色衣服，再带上胸针，这样效果会更好。

（2）衣服的价格。看起来这个问题可以忽略，其实不然。现在很多同学喜欢到网上买衣服，有些衣服的质地很差，小西装满是线头，扣子摇摇欲坠，尤其是考官近距离观看的时候更加不好，所以最好还是选些质地、板型差不多的，这样会显得更正式。

（3）上镜好看。播音主持的考试很多都有录像，衣服不仅要平时好看，还要上镜好看。一般来说，面料平整、不反光的衣服就可以。最好不要穿蓝色的，因为背景是蓝色的。有密集小点花纹的也不好，看起来容易眼花，很细的细条纹也不好，最好的颜色是纯色的。

我说了这么多，如果你还是不知道穿啥好，那我再告诉大家一个总的原则，咱们参加播音主持的考试，你只要穿得像主持人的样子就行了。也可以照搬电视上主持人的着装，人家穿啥你穿啥。当你出现在考场的时候，要让考官觉得这人就是干主持人的料，千万不要让大家觉得这个人适合干厨师，他是不是走错门了。

艺考生着装还有个问题。现在大家普遍都去网上买小西装，只要质量不差，也是可以的。那样的衣服，不见得让你出彩，也不会丢分。如果你不愿意在穿衣上费心思，这样做我也不反对。

穿上喜欢的衣服，漂漂亮亮地参加考试是多么幸福的事啊！祝愿同学们都能买到最美丽的衣裳，考上心仪的大学。

42. 临近考试，水平还是不高怎么办？

考生图图：老师，还有一周就要联考了，我的水平还是不够好，我该怎么办呢？虽然我很后悔以前不努力，但是这也无法弥补了，你有什么办法吗？

答：你的心情我能理解。每年都有这样的人。虽然世界上没有卖后悔药的，但是一些弥补的方法还是有的，恰巧我就会。按照我的方法做吧，临时抱佛脚，用处也很大。

事已至此，常规的方法肯定失灵，该下猛药了。我的建议是这时候最好找一个优秀的辅导老师，让他全天陪伴你，不仅给你上课，而且陪你练习，主要目的就是提高你的自备和即评水平。这样一周下来，你的水平就能提高不少。如果你无法做到这一点，那就要靠你自觉了，自己加大练习。凭我的经验，这样多半是靠不住的，很多同学练着练着就去玩了。

除了以上方法，如果你想逆袭，我还有一招。我建议你马上去书店，抓紧时间大量阅读艺考辅导书籍。既然技术上无法短期提高，那就在认识上提高吧。每读一本书，对播音主持的理解就会加深一层。这样无形中也就提升了你的气质，对考试大有帮助。

马上就要考试了，要想大幅度地提高水平似乎已经很难，那就在一些细节上下功夫吧。首先你要选一套合适的衣服，最好选质地好的，这样才能脱颖而出。或许有的考官会想，这个考生虽然水平低点，但是看起来气质还不错，给他一个学习的机会吧，这样你的目的就达到了。

有人说态度决定一切，我觉得有道理。尤其是在你水平不是很高的时候，就更需要一个积极的心态了。具体的做法是：不在考官面前装深沉了，要有礼貌，尊敬考官，时刻保持微笑。通俗点说你要表现得乖一点。没有人不喜欢乖孩子。专业不好，性格好，也能增加被录取的机会。

就播音主持的考试来讲，虽然有具体的标准，但是由于是人工打分，不同考官的审美倾向不同，或者考官那一刻的心情都对考生最后的分数有影响。基于此，我给大家提供了这些方法。但是我还是希望同学们不要走到这一步，应该是提前刻苦练习，成功就是水到渠成的事，那样最好了。

43. 主题讨论是什么？

考生尘幕：李老师，我听说有的学校考主题讨论，我不知道这是什么，你能给我讲讲吗？

答：所谓主题讨论就是几个考生同时进考场，主考官给大家一个共同的话题，请考生分别陈述自己的观点，时间为1分钟左右。然后，各位考生再一起讨论，自由发表演说，展开讨论或辩论，其间考官可以适时打断或提示考生。一般而言，考官给出的话题都是开放性的话题，考生不必担心无话可说，但需考生调动相关的知识储备，紧密围绕自己的学习和生活的某些层面展开讨论，这样会显得更有说服力。

首先是陈述观点环节。由于时间较短，很多技巧可能无法施展，那就直接切入主题吧，最好张嘴第一句话就要表明观点，如："我认为这个观点是错的！我的理由是……"在讨论或辩论的过程中，考生要注意以下几点：一是观点鲜明，论据真实。考生要毫不含糊地亮出自己的观点，不要闪烁其词；引用的实例必须真实可靠，否则将不攻自破。二是听辩冷静，应对灵活。要专注地听其他考生的论述，透过纷繁的语言表述抓住对方的要害，发现别人言语中的疏漏之处并采取相应的反驳对策。三是逻辑严密，句句在理。考生要熟练运用逻辑推理这个武器，紧扣话题的分歧所在。为此，考生必须讲究语言的条理性，措辞严谨、用语精当，才会更有分量。四是思路开阔，以点带面。论辩时，要沉着冷静、思路清晰，面对争论焦点要作多角度思考和分析，选择最佳突破口。要做到这一点，就别忘时时提醒自己，不能限于固定的思维模式，要善于以点带面、小中见大。

在辩论中，有的考生会觉得不好意思，没勇气说话；有的同学反应慢，想很久才能想起一句。这些都是需要加强学习的。考场不是爱面子和害羞的地方，需要勇气和胆量。也有同学误以为声音大就是好，就会有高分，这也是误区。考场上要以理服人，不能强词夺理、胡搅蛮缠，真正有价值的观点和铁一样的逻辑才是加分利器。

有的同学没有主心骨，只会附和别人，甚至风吹好几面倒，一会儿反对，一会儿支持，这也是辩论大忌。而有的同学则有统领全局的视角，一看辩论失控，马上就能出言规范秩序，甚至把话题推向深入，这才是给考官留下好印象的法宝。

主题讨论还要注意风度。有的考生为了多说一点儿话，礼貌也没有，自己口若悬河，不让别人张嘴。这样做看似出尽风头，其实不好，考官很烦。考生要注意，这是主题讨论，不是单独的论点发布会，要注意和其他人的交流，不能不管其他人问什么都避而不答，只是自说自话，或者全体不吱声、面面相觑。

下面我给大家提供一些主题讨论题目，供大家参考、练习。

（1）成才主要靠社会还是个人？
（2）做人与做事哪个更重要？
（3）青春偶像剧对于青少年的发展利大于弊还是弊大于利？
（4）愚公应该移山还是搬家？
（5）为什么许多中学生喜欢音乐却不喜欢音乐课？
（6）京剧如何才能走进当代年轻人的心中？
（7）青少年是否应该有偶像？
（8）大学生是"无业可就"还是"有业不就"？
（9）爱表现是优点还是缺点？
（10）学业压力大有利于成才吗？
（11）对歌手而言，素质和包装哪个更重要？
（12）中学生要不要统一服装？
（13）家庭与事业哪个重要？
（14）青年人更应有自我意识还是群体意识？
（15）"弄斧"偏到"班门"好吗？

44. 你会复读吗？

考生聆听：李老师，我今年考得不好，我想复读，您觉得可以吗？

答：我实在不想回答这个问题，因为我希望大家第一次考试就能考上理想的学校。可是，现实有时是残酷的：有人没有考上任何学校，有人被不喜欢的学校录取。当然，也有的人心气很高，号称考不上中国传媒大学就去复读。所以思虑再三，我觉得还是回答这个问题。

首先说该去复读的。如果你是报考失误，或者是专业过了许多名校，但文化课没有考够分数，我觉得这是可以复读的。或者通过这次考试，你意识到了自己的不足，找到了学习播音主持的窍门，如果给你机会重新来过，你会做得比以前更好，再也不贪玩了，知道怎么样练声了，那我是支持你复读的。很多同学都这样：第一年懵懵懂懂；第二年开窍了，文化课和专业课成绩大爆发，结果考上了很好的学校。

再来说说不该复读的。有的同学专业课表现一般，文化课只有300多分，即便再复读一年，水平也提高不了多少，如果这样还是安静地接受一个专科学校比较好。曾有个同学第一年考了个不怎么样的本科学校，嫌不好，不去上，结果第二年一个本科学校也没有考上，只好去上专科了，还不如第一年就走了呢。有的同学比较固执，非名校不上，而且意念坚定。我很想为她叫好，但是我又想每个学校都有自己的长处，即便是你考不上那个最好的学校，如果能上一个差不多的学校也很好。而且名校招生名额少，很容易被一些不可知的因素干扰，这是你的优秀无法克服的，所以不如先去上大学。如果你是这两种情况，那就快去准备一个拉杆箱去报到吧，复读不适合你。

45. 该去哪个大学呢？

考生初夏：李泊老师，托您的福，感谢您的书，我这次高考不仅拿到了5张专业过关证，而且文化分也很高，哪个学校都能考上，可是问题来了，我是该去专业艺术类的院校，还是去综合性的大学？大家意见都不一样，我想听一下您的观点。

答：这真是个甜蜜的烦恼。首先恭喜你取得了如此优异的成绩。在选择学校方面，我个人的观点是在保证录取的情况下，首选那些艺术类的名校。如果没有把握就选择那些"211""985"的综合类大学，因为这些大学师资力量有保证，学术氛围好，毕业后也好找工作。其次选那些专业类的普通艺术院校。不是说它们不好，它们也有自己的优势，对专业来说可能更有帮助，但是我一直觉得播音主持需要的是复合型人才，综合类大学有利人才的成长。而且毕业后找工作，学校名气大也有好处。很多大台招聘都要求211大学毕业。最后才是选择那些民办三本。至于那些不正规的大学，大家最好别去。

每年到了报考的时候，很多同学都来问我类似的问题。很多人喜欢听信别人说这个学校不好但是专业老师好这样的话。对此我不敢苟同。名校是由出色的教师支撑起来的。可能某些学校教师也不差，但是大环境上来讲还是很难比上名校。我劝大家这个时候千万不要糊涂，认真作出命运的正确选择。

46. 兼学编导好不好？

考生季节：李泊老师，很多同学不仅学播音，还兼学编导和表演，这样好不好呢？

答：不好。学习其中的一个都很难，更不要说学两个了，这是最基本的常识。那为什么还会有人去学两个呢？也许有人觉得万一考不上播音，没准可以考过编导呢。这个想法表面看没问题，实际上很难。每个专业都有各自的特点，除非进行专门的刻苦训练，不然很难达到录取的要求。所以，备考的关键时刻，分心学其他专业得不偿失。

还有人觉得，学编导或者表演对播音有好处，这话也是对的。学编导能提高分析问题的能力，学表演能增强表现力，这些都没错。关键是对播音最有好处的就是专心学播音，如此舍近求远，非常不合算。

还有同学告诉我，某人学播音，结果播音没有拿到合格证，编导却拿到了合格证，我不否认有这样的事情。可能那个同学恰巧有编导需要的素质，学播音是选错了行。但是大多数时候，这样的奇迹是不会出现的，所以大家还是不要有幻想得好。

我曾仔细分析过这个问题，觉得有的同学可能学两门专业是因为虚荣。"你看我在培训班学了这么多，真是太值了。"我认为这种想法不可取。还有的是受了培训班老师或同学的蛊惑，不情愿地选择兼学，这些培训班可能是为了考生着想，也可能是为了多收学费。这个道理不复杂，大家一想就明白了。

那什么时候可以兼学呢？我的意见是：如果你真的非常优秀，精力充沛，可以分一点时间学表演或编导，但是一定要有主有次，不要丢西瓜、捡芝麻。总起来讲，我是不支持兼学的，因为那样易分心。

47. 声音冷冷的，好不好？

考生范明：我一直以为播读新闻就得是语气冷冷的，这种感觉对不对？

答：肯定不对啊。我猜你是被新闻播音员严肃的表情迷惑了。很多同学刚开始播读新闻的时候都会犯这样的错误。他们看到电视里的新闻播音员一脸严肃地坐在那里播报新闻，就以为新闻是冷冰冰的，是没有感情的，所以就有播新闻应该是语气冷冷的感觉。

首先，新闻的语气是根据内容来定的。也许你看着新闻播音员表情变化不大，但是那并不是没有态度，没有表情，那是播音员把自己的感情放在句子的处理上，用停连重音等技巧在表达自己的观点。

所以，我还是要提醒大家，无论读什么都要用感情去读。真正理解了稿件，用心表达，这样才是成功的播读。

48. 声音平怎么办？

考生小莲：老师，我念新闻、散文之类的稿件或文章，声音没有高低起伏的变化，应该怎么练？有时候知道这个词该读重音，感觉自己也加重了，读出来的感觉就是不对，有时候自己读自己录音，听完录音感觉音调就可平了。

答：我们知道人的性格是不一样的：有的人温柔，有的人脾气火爆，有人即便发火声音也很小，有些人即便是平常说话也像与人吵架一样。这就产生了小莲说的现象：自己觉得明明加重了，可是听起来还是觉得平。既然是这样，我们就不妨再夸张一些，让自己读文章的声音幅度再大一些。这样对比感就出来了，小莲说的问题也就迎刃而解了。

学播音，每个人的情况都不一样，大家一定要了解自己，扬长避短。与小莲的问题相反的是有些感情丰富的同学则感情起伏过大，声音忽高忽低。这样也是不好的，这样的同学就需要略微收敛一些了。

读文章时，感情平淡是初学播音易犯的错误。除了刚才说的原因，还有一部分同学是因为感受不深造成的。他只是粗略地理解了稿件，并没有真正地被稿件的内容打动，只是随便一读，这样读文章肯定是平淡的。试想，如果你真的被文章感动了，你读起来还会像白开水一样吗？所以要解决这个问题就要双管齐下：一方面深入理解，另一方面丰富表达技巧。这样才算是真正解决了问题。

49. 即兴评述不生动怎么办？

考生左耳：我总感觉我的即兴评述虽然流利，观点也正确，但是没有亮点，吸引不了评委。我该怎么办？

答：即评想要吸引别人，除了新颖的观点之外，语言的技巧也是重要因素。由于大家是高中生，掌握的词语有限，表达思想的方式也多雷同而单一。在这种情况下，如果在语言技巧上下些功夫，就会有与众不同的效果。

接下来我从文学名著《金光大道》中找几个例子说明这个问题。

（1）"饿得前胸贴后背。"——饿，一般说成瘪肚子就行了，这里用的是一种夸张的修辞手法。

（2）"割身上的肉都不怕痛。"——这种形容的基础都是来自于对自己身体的感受。

（3）"忙得脚丫子朝天。"——忙是一种状态，但却用一种身体器官来表现，使抽象的概念表现得生动形象。

（4）"出口成章，像卖瓦盆，一套一套的。"——语言与瓦盆，取两者意象上的相似；"一套一套"，实际上根本不是形象上的形似，而是人类对它们的感受的相似。

这些语言是不是非常生动和准确呢？如果你的即评有这样的语言，是不是也会瞬间变得生动呢？这些语言是从哪里来的呢？有些来自书本，更多的是来自生活。建议你平常注意大家的谈话，有生动的语言就记下来。这些语言如果真的能用到即评之中，就会给你带来无穷的好处。

50. 声音发虚怎么办？

考生果果：他们总是说我声音虚，我该怎么办呢？

答：这是初学播音主持易犯的错误。出现这种情况的原因是有些同学习惯了小声说话，或者天生性格比较温柔。做播音员，这样的发声方式是达不到要求的。有的同学稍加调整就能让声音洪亮有力起来，而有的则需要进行专门的练习。

气息是发声的根本，气足了声音就会洪亮。我们常说，体虚则气弱，体壮则有力。许多生病的人说话都是有气无力的，而身体强壮的人则常常声若洪钟。所以，要想声音洪亮有力，首先要有强壮健康的身体。如果你恰巧比较瘦弱，那可以每天跑3000米，或者做100个仰卧起坐，这对你的气息都会大有好处。而事实上，许多同学声音虚和身体关系不大，只是发声习惯不好。如果是这样，我建议你每天加强气息的练习。练气息并不是单纯数枣，其他一些方法的效果也很好，比如夸张四声、大声读故事。练习的时候一定要掌握正确的方法：全身放松，气息下沉，提打挺松一个也不能少，这样才会有好的效果。多读一下气势豪迈的作品，比如《沁园春·雪》《满江红》，都会对增强气息有很大的帮助。只要你坚持练习，就一定能克服声音发虚的不足。

51. 我尖音或者平翘音不分怎么办？

考生萧萧：我刚学播音，老师说我有尖音，我该怎样改？

答：尖音是非常严重的语音缺陷，通俗理解就是"j""q""x"这三个声母发音不准确。一般女孩子容易犯这样的错误，男孩子较少，但也不是没有。一旦有了尖音，对于播音主持来讲就是重大问题。作为学播音主持的考生，发音标准是最基本的要求。尖音就像衣服上的一个破洞，考官就像买衣服的顾客，衣服款式怎么样且不说，有洞的衣服是不会买的。

所以尖音问题一定要解决。具体解决的方法有很多，每个地方的老师使用的方法也不一样。总起来讲，许多同学的尖音是因为舌尖跑到两齿中间造成的。而发音时舌尖的真正位置并不在那里，发音部位是在舌面和硬腭前部。此时，舌尖是下垂的，发音时舌尖不形成阻碍，而尖音则把舌尖视为形成阻碍的发音部位。掌握这一点改掉尖音的毛病也就不难了。还要提醒你的是，真正彻底地改掉尖音并不容易。刚开始调整时可能读词能读正确，但是到句子中又会是老样子。还有的人一紧张尖音就会冒出来。这些都是因为练习的量不够造成的，所以只有加大练习才能彻底改正，没有任何其他的捷径。

与尖音类似的语音缺陷还有前后鼻音不分和"n""l"不分等等，都需要同学们认真对待。通过调整练习，力争出现在考官面前的是一个完美的你，这样才能考上理想的大学。

52. 准备两篇自备稿件好不好？

考生真有才：老师，艺考时最好有两篇自备吗？我问别人她们都说两篇最好。

答：艺考时准备两篇自备有两个好处。第一，可以根据不同风格的学校选择不同的稿件。在艺考的招生中，不同大学的风格是不一样的，有得喜欢稳重点的，有的喜欢张扬个性的。如果是这样，考生就可以准备两篇不同风格的自备稿件，可以针对不同学校的喜好，选择不同的稿件。通常来说，南方的学校喜欢活泼的，北方的则偏爱稳重的。第二，准备两篇自备稿件对综合能力的提高是有帮助的，考生可以在比较中提升水平。

准备两篇自备稿件的不足则主要来自精力方面。备考时间紧张，有些考生底子较差，一篇还准备不好，准备两篇就更来不及了，结果哪一篇也没准备好，反而影响了最后的成绩。到底要不要准备两篇自备稿件呢？我的观点是主要看精力。如果精力允许，则可以这样做；如果实在忙不过来，还不如专心准备一个。也可以一篇为主，一篇为辅。这就是我的回答。

53. 艺考主要看颜值吗？

考生彩霞：老师，上一届的学生说一般的播音主持艺考时最主要看颜值，真的吗？

答：是有这样的情况。还有很多同学说某学校的初试就是看脸，长得丑的都刷掉。还有的转述评委的话，说得有鼻子有眼的。据说某高校评委说，如果技巧不会，他们可以教，但是长得不好，他们没有办法，所以只能选颜值高的。这话貌似很有道理，其实不够实事求是。估计很多相貌普通的同学听到之后都会很伤心，认为自己前途迷茫，可是事实真的是这样吗？

在传媒行业中，形象好无疑有很大的优势，播音主持艺考以貌取人也没有错。可是问题的关键是，我们身边真的会有那么多高颜值的人吗？实话实说是没有的，很大一部分人都是相貌平平。这就意味着，任何一个高校都不可能把一群高颜值的人招进了，总是还会有很多低颜值的人考上大学，所以低颜值的人是完全有机会的。

再来看看我们的大牌主持人，现在声名显赫的有很多颜值都一般。长期以来，很多观众都在责怪主持人没内涵，光是长得好看。各大高校也都注意到了这个问题，在课程设置和教学中更注重文化素质的培养。所以，在招生的时候他们也会关注考生的内涵，不再仅仅偏重于形象。说到这里，彩霞同学，你是不是重拾信心了呢？如果颜值不高，那就努力练习吧，让自己更有内涵，声音更加动听，这样你也会梦想成真的。

54. 学播音主持是理科好还是文科好？

考生赵梨花：老师，学播音主持是文科好还是理科好呢？

答：我个人觉得文、理科学播音各有优势。文科生浪漫一些，理科生更注重理性思维，这都是播音主持需要的。但就现实来讲，学文科似乎优势更大一些：文科涉及的知识面广，包含政治、地理、历史等各科知识；文科更加注重培养学生的文化内涵，学习氛围相对活跃；文科的学习也为以后的交际提供良好的发展。事实上，艺术类招收的文科生确实比理科生多。艺术类的专业和别的专业不一样，是要提前考证的，有过关证才能报考。招生简章就会告诉你，文科招收多少人，理科多少人。

如果你恰巧理科成绩比较好怎么办呢？这也没有关系。我觉得还是要发挥你的长处，毕竟高考的时候一分价值千金，还是选个你擅长的吧。

55. 状态不好怎么办？

考生任记忆盘旋：李老师，我有时候感觉自己状态不好，读稿件总是出错，即评也不流畅，可是我状态好的时候不是那样的。这是为什么呢？我该怎么办？

答：状态偶尔不好这种情况确实存在，也可能是生物钟作怪：考生有时候能发挥正常水平，有时候能超水平发挥，有时候则会很差。我是怎么看这个问题的呢？我也曾想过怎样能把考生的状态调整到最好，让他们以最好的状态出现在考场上。我成功过也失败过。后来我明白了，调整状态是一方面，更重要的是实力的提升。

很显然，状态的波动是有幅度的，它只会在一定范围内波动。状态好和状态差虽然有差距，但是绝不会差得离谱，这个道理如同我们说的瘦死的骆驼比马大。就拿我们播音主持来说，状态不好的时候可能感情会不到位，可能会结巴，但是吐字质量和声音状态变化不大，不可能状态好的时候能说标准的普通话，状态不好就是满嘴方言。所以，解决这个问题的根本方法就是不断提升自己的实力，让自己的实力即便是在状态不好的时候也能比其他考生好，那你就成功了，这就是得救之道。

后来，我的一位学生的经历也验证了这一点。他是个非常刻苦而认真的同学，考试的时候由于过于紧张，太在乎考试，用力过猛，造成状态不好，导致联考考得一般。我对他说："这次是由于状态不好没有发挥出应有水平，你不可能永远状态不好，自信地去参加校考吧。"果然，他考上了很好的学校。

再换个角度来看状态这件事。考官都有丰富的经验，你下了多少功夫，他们都会发现，哪怕你状态不好，他们也会发现你的潜质。同样，一个平时不刻苦的人到了考场上，无论状态多么好，也是很难取得好成绩的。所以，你再也不要为状态发愁了，认真地学习吧。

56. 零基础怎么学播音？

考生小龙儿：李老师，我现在高二了，对播音很感兴趣。可是，我什么也不知道。零基础该怎么学播音？您能给我讲讲吗？

答：我经常会收到这样的问题。每当这时候，我总是有些尴尬。这问题好大，我该怎么回答呢？后来，我细细思考了一下，觉得他现在是最需要帮助的时候，我还是认真地回答这个问题吧。

首先，你要了解播音主持专业是干什么的。这个专业通俗地讲就是培养播音员、主持人的，以后的工作岗位是电台、电视台。当然，现在社会发展了，其他地方也可以去。

其次，你要知道学播音的要求。对一个高中生来说，文化课考分不能太低，声音没有明显缺陷，外表也要看得过去，还要有一定的文化素质，这些条件都满足了，才可能通过播音主持专业考试。当你了解了这些，心中自会作出自己适不适合学播音的判断。如果合适，那你应该做一些具体的工作了。要养成听、看新闻的习惯，每天都要看《新闻联播》；每天试着读文章，最有用的方法是每天读半张报纸。在这个基础上，你再去买一些关于播音主持方面的辅导书，尝试着按照书上的方法练习。坚持一段时间，你就有了一定的基础，也有了辨别能力。那时候再去上培训班或者找老师单独辅导，学起来也就快多了。那时候你就不是零基础了，而是一个已经入门的播音主持专业的考生了。

57. 播音主持艺考能裸考吗？

考生西柚：老师，您好！我开学上高三，想参加一回播音的艺考锻炼锻炼自己，但是没有参加过正规的学习，想求助一下我现在应该怎么做？

答：你的心情可以理解。很多同学都有一个美好的梦，但是，总是有这样或那样的问题阻碍着人前进的路：可能是家里经济条件不好，也可能周围没有好老师。所以，他们想自学播音，然后参加艺考。也有的是因为父母不支持，还有的是因为学了编导等其他专业，想考播音主持。总之，不管什么原因，最后的问题就是：完全靠自学能去考播音主持专业吗？

答案是能，但能不能考上说不准。如果你真的天资很好，颜值高，声音好，也能考上。如果素质一般，单凭个人自学，有的能考上一般的学校。如果没有经过任何学习就想考上名校，这显然是不现实的。从历史上看，裸考的人有的会拿到一般院校的过关证，这是可以实现的。从考生的角度分析，去培训班学习自然会提高水平。但是，有时候如果运气不好，遇到水平不高的老师，不仅学不到知识，还会学来一堆坏毛病。假如这个考生本身素质很好，可能裸考也能考上好大学，但如果遇到笨蛋老师，则一块璞玉就可能被毁了。因为从老师的角度来讲，他们宁愿要一张白纸一样的考生，这样他们可以在上面任意画美丽的图画。如果考生在外面学了一些坏毛病，再改起来就很难，所以这样的学生他们也不喜欢。从这样的角度看，裸考也是有优势的。试想，在培训班那模式化训练出来的类似考生外出现一个清新自然的你，是不是也是一件很美妙的事情呢？

如果打算裸考，那就多从其他角度提升自己，多看书，多听，多练。你的每一分努力考官都看得见，也祝你取得好成绩。

58. 靠模仿能得高分吗？

考生美丽草原：李老师，我们培训班有个同学模仿《新闻联播》播读，非常像，大家都夸她，我却觉得不对劲。请问：这样真的好吗？读成这样能考上大学吗？

答：我可以确切地回答你，这样不好，非常不好。艺术最讲究个性，需要的是独具个性的人。至于能否考上大学，这个说不准，万一考官看走眼了呢。但是考上名校是不可能的。考官们多年招生，一眼就能看穿。至于一些略差的学校倒有可能蒙混过关。

可能你会问，考官是怎么发现他在模仿别人呢？可能问他的时候，他都不承认自己在模仿，说是加入了自己的理解。在这里，我想告诉大家，你读得好坏，不是你自己说了算，而是由听的人来判断的。你总说自己天下第一，如果别人不买账也是白搭，所以好和坏不是自己任性说了算的。也可能这位同学觉得自己已经有创新，但是效果还不明显。判断是否完全模仿非常简单，不比分清真花和塑料花难。首先，考生模仿的人肯定是播读得好的人，而这个人要比考生年龄大很多，那个人的声带、口腔肌肉等要比考生成熟许多。考生正值青春年少，各种器官都在最佳状态，是不可能出现那种成熟的声音的，所以只要一听就知道是假的。再次，播音讲究的重音停连等技巧，必须是发自内心的，有感而发的。而模仿来的重音和停连只是一个空架子，没有内涵，这也是很容易发现的。模仿得再好，也是偷来的锣儿——敲不得，塑料花再像真花也没有香气。别人说，模仿死得快，我看这话非常有道理。这也能回答为什么那么多人模仿明星模仿得很像，但是永远成不了明星的原因。中国有个成语——徒有其表，是说的就是这种事吧。很可惜，每年艺考都有几个这样的考生，觉得模仿得很像，打算以假乱真，但是结果总是很惨。我至今没有见到一个这样的学生考上好一点儿的大学，这多么让人痛心啊。

59. 为什么总是没进步？

考生卢青：我有一个困惑，我是2017届播音主持考生，是暑假开始才参加集训的，学播音主持12天了，算是短期集训吧。我总是感觉我的气息不够，后口腔打不开，声音也不够浑厚，读新闻时语感差。这是为什么？我该怎么办？

答：经常会有人这样问我："哎呀，老师，我压喉，我该怎么办？老师，我方言也重，我该怎么办？""怎么办呢？练啊！""我练了啊！""你每天练多久呢？""练半个小时。""哦，那是练的时间不够，每天练一个小时吧。"这是我与考生的一段话。

后来我想想，这是学和思的问题。有的人光学不思，而有的人光思不学。那些来问我的人好多都是爱思考的，他们光顾想怎么解决自己的问题了，却没有实际练习。对这部分同学来说，哪怕我告诉你1000种好方法，你不练习，那也是枉然。

我觉得很多人对学播音主持有一种误解。他们先是觉得说话谁还不会呀？后来又觉得那没有什么难的，只要稍微一练，就能轻松考上大学了。这都是大错特错的，没人能随随便便成功，哪怕是一丁点儿的进步也需要刻苦的努力。所以，当你发现你这里不好，那里有问题，不要乱问，要刻苦地科学地练习。功到自然成，功夫不到是不会成功的。有位哲人说过，不经过黑暗，是不会迎来黎明的。作为一个艺考生，如果没有经过刻苦的训练，没有赶在启明星升起之前就起床练声，没有在月上中天的时候仍在思考即兴评述，是不会在考试中取得好成绩的。曾有同学向我哭诉："老师，我实在受不了了，我们老师对评述要求特多，每天放学四个评述，背两三个主持稿，还要读文段，给老师回新闻，好累啊……"我的回答是："快去练习吧，只有这样才会让你在专业上取得好成绩，你的那些问题都会迎刃而解，这是唯一的路。"

60. 能读好字却读不好句子怎么办？

考生晓彤：李老师，我前后鼻音不好，经过练习，单独读一个字能读对，但到句子里就又错了。我很苦恼，该怎么办呢？

答：看得出来，这位同学很委屈，心理苦。在模拟考试的时候也有很多同学对我说："老师，我原来想的不是这样的，刚才我自己读的时候一点也不结巴。""老师，我原来能分清楚平翘舌的，读字没问题，不知道为什么到句子里就还是读错。"说实话，同学们的情况，我也理解。大家都是学播音的，你们经历过的许多事情，我都经历过。我要毫不留情地告诉大家，也许你有太多的理由，但是到了考场，就没有人管你这些了，考官只看你的当场表现。你发挥好了，他们就会认为你有水平；你犯错了，他们就会认为水平不高。这很像赛跑，哪怕你平时跑得再快，比赛那一次跑慢了，就不会给你金牌。

我们再来看你的不足。你能读对字，说明你具有把字音读正确的能力；到句子里就读错了，说明你对发音方法和技巧掌握得还不牢固，坏习惯还占据了上风。你需要继续练习，当你熟练到说梦话也是标准的普通话的时候你就成功了。

我们学普通话，进步的规律是这样的：先读对音节，再读对字词，然后是读对句子。你现在的情况是只完成了一半任务。考试是读句子，不考读字，所以你还是继续努力吧，不要苦恼了。

61. 学播音越早越好吗？

考生皮卡丘：李老师，有人说学播音主持越早越好，是这样吗？

答：确切地说是这样的。因为学播音是要下苦功夫的，需要长时间的练习才能见效。学得早，时间充足，学起来从容，自然比"临时抱佛脚"效果要好很多。有些同学很会规划自己的人生，很早就确定自己的兴趣和特长，从初中或者小学就开始确立目标，有意识地学习普通话。我家附近有一所小学，每当周一，那里就举行升旗仪式，有一个稚嫩的小童声就开始主持。我猜这个孩子如果继续不间断地主持下去，再加上专业的指导、练习，考上中国传媒大学不是问题。

有的同学可能说："老师，我已经来不及了，我现在都上高一了。"那也无妨，相对高二才开始学习的同学来说，如果你现在开始，还算是早的，只不过在这个时候又有新的要求。大家都知道，通过播音主持专业考试进入大学校门，需要两个分数：一个是文化课分，一个是专业课分。必须两者都达到录取要求才能考上大学，缺一不可。你已经是高一学生了，文化课就不能放松了，所以你在开始接触播音的同时，也不能放松文化课的学习。我想你可以制订一个详细的计划，合理安排文化课和学播音的时间比例，然后严格执行这个计划，这样学习效果会更好。

62. 我有文身能学播音吗？

考生东方青年：老师我腿上有个文身，穿长裤看不出来，我能学播音吗？我很担心。

答：当然可以学播音。我想考官不会在考场上扒考生衣服，所以没有关系。每当有人这样问这样的问题，我总是会想，同学们的独立思考能力哪里去了，遇到问题，就不会用自己的脑子想想吗？为什么总要问呢？就拿这件事来说，稍微一想，只要你的文身不是在脸上、脖子上等容易裸露的部位，就不会影响考试。生活常识告诉我们，大家见过文身的歌手和运动员，但没人见过文身的主持人，更没有人文了胳臂播报新闻，所以自然会得出结论：隐秘部位的文身不影响考试。

很多同学把艺考想的过于神秘，其实它只是考试的一种，不会比考航天员难。从更广的角度来看，艺考和高考也只是你生活中的一部分，即便失败也不会有太大的影响。如此说来，过分重视和轻视都是不对的。就现实来讲，重要性不需要强调，因为大家都知道，只是有些同学神经绷得太紧，这样不好。有的同学太紧张了，觉得自己发的每一个音都有毛病，觉得自己哪里都不好。还有的同学不注意基础学习，却对一些细枝末节，或者比较深奥的问题非常关注。须知，学习是循序渐进的，总是先解决简单问题，再学习难一点儿的知识。就像学走路一样，总是想着先走稳当了，不跌倒，再去想怎么跑起来。而有的同学在走路还摇晃的时候就想着怎样超越博尔特了，这真是过虑了。大家是艺考生，考官只考查你是否具有播音员的潜质，并不会对你有过高要求。总而言之，我还是建议同学们放平心态，认真努力地过好每一天。那样，成功就会自己来到你身边。

63. 考播音只是刷脸，看气质吗？

考生小铁子：老师，我每天早上都练声，我觉得自己长得一般，就要专业课成绩好点才有学上。可是，我们班有两个同学说，艺考就是刷脸，看气质，只要状态好就能过，说我这样练白搭。我听了很生气。他们说的对吗？

答：好惊险，你差点儿上当。他们这样说是错的。最让人痛心的是，这样认为的人还不少，但幸好你没有信。在艺考生中间，有这样一些学生，他们不打算通过刻苦获得成功，觉得自己很聪明，总幻想凭借小聪明考上大学。所以，当别人刻苦练声的时候，不知道出于什么目的，就会说些风凉话，每年都有这样的同学，而且不少。他们觉得自己在考场上耍个机灵，卖个萌，就成功了。我告诉他们，那太天真了。

我再来从考官的角度说说这个问题。考试的时候颜值和状态是很重要，但是这都不是最重要的。考播音不是应聘模特，满嘴方言的考生长得再好有什么用呢？至于状态更是很虚无缥缈的东西，你在考场上展现的是你练声的成果，练得好就考得好。而我们学习的语音、技巧不会因为状态的好坏发生大的改变。我从来没有听说过大舌头因为状态好变成伶牙俐齿的人。所以，单纯靠状态去考试，无异于自寻死路。

总之，我认为，只有在刻苦努力的前提下，颜值和状态才会起作用。它们会锦上添花，但是不会雪中送炭，只有刻苦练声才会带来实力的提升。

第七章 即兴评述素材大全

1. 先干好一件事

有位年轻人新进一家公司,老板只交给他一项简单的工作。他觉得不足以表现自己的才能,就前去要求多给他一点儿事做。

老板说:"我打个比方。如果我丢给你一个球,你必定很容易就能接到。当你把球拿稳之后,我再丢给你第二个球,你必定也能接到。但是,如果我同时丢给你两个球,你非但不能很保险地全部接到,恐怕连一个都接不到。同样是希望手里有两个球,何必非要一块接呢?"

做事时,两件事可以同时去做,但千万不要同时开始,想着同时成功,必须把其中一件事稳住之后,再做另一件,免得手忙脚乱,全都失败了。

2. 角度问题

一对夫妇逛商场。女的看中一套高档餐具,坚持要买。男的嫌贵,不肯掏钱。导购一看,悄悄对男的说了一句话,男的一听马上掏钱。导购员对男的说:"这么贵的餐具,你太太是不会舍得让你洗的。"人没有什么观念不可改变,关键是从哪个角度思考问题。

3. 逆向思维

女生公开投票选班花。相貌平平的小梅发表演说:"如我当选,再过几年,在座姐妹可以向自己的先生骄傲地说,你们上大学时候,比班花还漂亮!"结果,她全票当选。说服别人支持你,不一定要证明你比别人优秀,而是让别人觉得,因为有你,他们才变得更优秀,更有成就感。

4. 最后的胜利

我问佛:"有人羞我、辱我、骂我、悔我、欺我、骗我、害我,我将何以处之?"佛曰:"容他、凭他、随他、尽他、让他、由他、任他、帮他,再过几年看他。"人生难免要受些委屈和伤害,与其耿耿于怀、郁郁寡欢,倒不如坦坦荡荡、泰然处之。只有经受住狂风暴雨的洗礼,才能练就波澜不惊的淡定。

5. 方向问题

一个推销员把所有产品的优点向一家庭主妇一一介绍,主妇毫无反应。推销员最后问道:"府上究竟缺少什么?"主妇直截了当地说:"钱。"我们总在提受众。什么是受众?其实就是买得起或可能买东西的人。盲目制定营销策略会让你对根本没可能的人用尽力气。

6. 失败是成功之母

一位年轻人问乔布斯："你的智慧从哪里来？"乔布斯答道："来自精确的判断。"年轻人又问："精确的判断从哪里来？"乔布斯回答："来自经验的积累。"年轻人再问："那你的经验又从哪里来？"乔布斯真诚地回答："来自无数错误的判断。"

7. 蜗牛精神

能到达金字塔顶端的动物，一是苍鹰，二是蜗牛。苍鹰是因为拥有傲人的翅膀；而蜗牛能爬上去就是因为认准了自己的方向，并一直专注地朝着这个方向坚持，不为道路上的小风景停留下来。它们要的都是最高的位置，看到最好的风景。

8. 危机感

老虎抓到一头鹿后要把它吃掉。鹿说："你不能吃我！"老虎愣了一下，问为什么。鹿说："因为我是国家二级保护动物！"老虎大笑道："总不能为了二级保护动物而让一级保护动物饿死吧！"时刻保持危机感，不要让自己那点优势把自己害死。

9. 忘记过去

一个卖瓷碗的老人挑着扁担在路上走着。突然，一个瓷碗掉到地上摔碎了，但是老人头也不回地继续向前走。路人看到后，觉得很奇怪，便问："为什么你的碗摔碎了，你却不回头看一下？"老人答道："我再怎么回头看，碗还是碎的。"

10. 集体的力量

老师问弟子："一滴水如何能不干？"弟子沉默不语。老师说道："一滴水，风可以将它吹干，土可以把它吸干，太阳可以把它蒸发掉。想要它不干涸，只有让它融入大海。"一个人无力独撑天下，要想获得成功，就得学会与人合作。独木难成林，再强大的个人都不如一个团结的组织。

11. 比耐力

两只乌龟在田边趴着一动不动。老农看到了，对一旁的专家说："它们在比耐力，谁先动谁就输了。"专家指着一只龟壳上有甲骨文的乌龟说："据我多年研究，这只乌龟已死五千多年了。"另一只乌龟伸出头来，说："死了也不说一声，害得老子在这里干等。"装死的乌龟大笑说："你输了吧，专家的话你也听！"

12. 有利有弊

三人出门，一人带伞，一人带拐杖，一人空手。回来时，带伞的湿透了，带拐杖的跌伤了，空手的人好好的。原来，雨来时，有伞的大胆地走，却被淋湿了；走泥路时，拄拐杖的大胆走，却常跌倒；什么都没有的，大雨来时躲着走，路不好时小心走，反倒无事。很多时候，人不是跌倒在缺陷上，而是跌倒在优势上。

13. 宽容

一滴墨汁落在一杯清水里，这杯水立即变黑，不能喝了；一滴墨汁融在大海里，大海依然是蔚蓝色的大海。为什么？因为两者的肚量不一样。不熟的麦穗直直地向上挺着，成熟的麦穗低垂着头。为什么？因为两者的分量不一样。宽容别人，就是肚量；谦卑自己，就是分量。两者合起来，才是一个人的质量。

14. 执着

青年换了许多工作，没有一个工作干时间长，就找禅师抱怨："我不喜欢重复。"禅师回答道："佛祖一生，都在重复讲他在菩提树下的觉悟。"人这一生，如用1%的力气选择，用99%的心重复，每一次都能感受新鲜的力量；如用99%的力气选择，1%去重复，他只能不断重复失败。简单事情重复做，你就是专家；重复事情用心做，你就是赢家。

15. 适合

笼中的鹦鹉安逸，野外的乌鸦自由。鹦鹉羡慕乌鸦的自由，乌鸦羡慕鹦鹉的安逸。于是，二鸟便商议互换。乌鸦得到了安逸，但难得主人欢喜，最后抑郁而死；鹦鹉得到了自由，但长期安逸，不能独立生存，最终饥饿而死。做最好的自己，不要羡慕他人的幸福，也许那并不适合你。

16. 方法

老师问："有个人要烧壶开水，生火到一半时发现柴不够，他该怎么办？"有的同学说赶快去找，有的说去借，有的说去买。老师说："为什么不把壶里的水倒掉一些呢？"世事总不能万般如意，有舍才有得。人生的许多寻找，不在于千山万水，而在于咫尺之间。

17. 事实胜于雄辩

朋友小李刚结婚不久，便开了家化妆品店，生意好得不得了。有一天，我去店里玩，见一个40多岁的女顾客问小李："这款化妆品效果怎么样？"小李："哦，这款我不熟悉。请等一下，我妈帮你介绍。"说着把他老婆拉了过来。顾客直视其老婆足足十分钟，什么也没问就掏出钱包："买。"

18. 学会委婉

一害羞男孩在教室自习，看到一个很中意的女孩。眼看女孩看完书要离开了，害羞的男孩憋红了脸上前搭讪："同学，能借我10块钱吃面条吗？我钱包丢宿舍了，这是我的学生证。你给我手机号，回头还你钱。"女孩想了想说："行吧。"女孩正掏钱时，男孩又说："要是能借20块钱，我请你也吃一碗。"

19. 专注

一只鼬鼠要与一只狮子决战，狮子果断地拒绝了。鼬鼠说："你害怕了吗？"狮子说："如果答应你，你就可以得到曾与狮子比武的殊荣；而我呢，以后所有的动物都会耻笑我竟和鼬鼠打架。"不要被不重要的人和事过多打搅，因为成功的秘诀就是抓住目标不放，而不是把时间浪费在无谓的琐事上。

20. 年轻应该奋斗

年轻人不要试图追求安全感，特别是年轻的时候。周遭环境从来都不会有绝对的安全，如果你觉得安全，很可能暗藏危机。真正的安全感，来自你对自己的信心，是你每个阶段性目标的实现。而真正的归属感，在于你的内心深处，对自己命运的把控，因为你最大的对手永远都是自己。

——李嘉诚

21. 普通话的重要性

两头牛在一起吃草。黄牛问黑牛："喂！你的草是什么味道？"黑牛答道："草莓味！"黄牛靠过来吃了一口后，愤怒地喊道："你是个骗子！"黑牛轻蔑地看了黄牛一眼，回答道："我说草没味。"

22. 进步的妙招

①别人休息的时候，你在加班，或参加各种培训班；
②别人嘲笑你的时候，你在闷头苦干；
③别人想着如何找工作的时候，你在想着如何做得更好；
④别人抱怨的时候，你在思考解决之道；
⑤别人在想着归入哪一派时，你在寻求专业突破；
⑥每天坚持写专业心得。

23. 学会放弃

有一种鸟能飞越太平洋，它需要的只是一小截树枝。它把树枝衔在嘴里，累了就把树枝扔到水面上，落到上面休息；饿了就站在树枝上捕鱼；困了就在树枝上睡觉。如果小鸟衔的不是树枝，而是鸟窝或食物，那它能飞那么久吗？人生亦然，能舍得，便能成功。放下包袱，方能攀上高峰！

24. 不要好高骛远

弟子问大师怎样才能实现人生的目标。大师没有回答弟子，而是问弟子："你能用石头砸中前面的那棵树吗？"弟子捡起地上的石子，一连扔了好几次，都没有砸中。"太远了，砸不中。"弟子说。"但我可以砸中。"大师说。只见大师向那棵树走去，在离树二三米的地方停住，捡起地上的一块石子向树扔去："你看，这不是砸中了吗？""离这么近，我也砸得中的。"弟子说。"知道吗？我之所以扔得中，是因为把目标拉近了，把目标拉近到自己够得着、自己砸得中的地方，不好高骛远，这样才能砸中目标。"大师说，"要实现人生的目标，也是如此。"

25. 今天最重要

一个青年去寻访住在深山里的智者，想向他请教一些人生问题。一天，他找到了大师，便问大师道："请问大师，在人的一生中哪一天最重要？是生日还是死日？是初恋开始的那一天，还是事业成功的那一天？""都不是，生命中最重要的一天是今天。"是啊，今天才是我们拥有的唯一一财富。昨天不论多么值得回忆和怀念，都像沉船一样沉入海底了；明天不论多么辉煌，都还没有到来；今天不论多么平常、暗淡，都在我们手里，由我们支配。确实，对我们每个人来说，今天都是我们唯一的资本，也是我们唯一的机会。那么，现在我们最应该做的就是：忘记昨天，忘记明天，牢牢地把握住今天。

26. 纳达尔的金钥匙

在那次世界级的网球大赛开始前，按照惯例要先抽签。抽签的结果很快出来了，有一个小组因为成员大都是实力强大的选手，被称为"死亡之组"。

一名记者知道这个消息后，第一时间赶到了抽签现场，用摄像机记录下了被抽进"死亡之组"的选手们的表情。除了一些名将之外，大多数人都是掩面叹息。参加这样的世界大赛的机会非常难得，谁不想走得更远？可是，看着这个强手如林的小组，很多人都近乎绝望了。

就在这时，记者发现一个小伙子默默地拿起球袋走开了。记者清楚地记得，这个叫纳达尔的小伙子也是这个"死亡之组"中的一员。记者悄悄跟着纳达尔，发现他正在僻静的角落里反复挥拍，不断地纠正自己动作上的错误。"你都这么不走运，被分进'死亡之组'了，还训练干吗？"记者一边走过来，一边问道。

"我不知道别人是怎样看待命运的，我只知道，一个人只要努力，就能为自己赢得好运！"纳达尔说完之后，再也没看记者一眼，而是继续练习。

27. 相信自己

日前，阿根廷全国几乎所有的媒体，都报道了同一则消息：41岁的男子伊尔雅特虽然连小学都没毕业，却在35岁时重拾书本，苦读6年后取得了律师执业资格证书。

当记者问伊尔雅特是什么力量支撑他有如此坚强的毅力和意志时，伊尔雅特回答说："是一句话的力量，让我重新燃起了学习和生活的希望。"

伊尔雅特35岁时，已是一名公交司机，收入虽然不是很高，起码生活有了保障。2004年夏的一天，公交车上来了一位叫劳拉的中年女乘客。她听着伊尔雅特风趣幽默的语言，禁不住大笑起来。于是，她对伊尔雅特说："看得出，你是一个非常有潜力的人，你应该继续去读书，然后考取律师执业资格证！"那一刻，伊尔雅特呆住了，对劳拉嗫嚅道："我这样大的年龄，能行吗？"劳拉鼓励他道："你没有去尝试，怎么就知道自己不行呢？要相信自己！"伊尔雅特接受了劳拉的建议，第二天就报名布宜诺斯艾利斯大学法律系，准备考取律师学位。

劳拉女士的那句话，时刻激励着伊尔雅特不断奋进。辛苦的付出获得了丰厚回报。经过6年的刻苦学习，他终于在2009年12月取得了律师资格，迎来了他人生的重大转折。

28. 钢琴之王的宽容之举

在音乐界，李斯特的大名几乎无人不晓。可就是这样一位集万千宠爱于一身的音乐界天才，面对普通民众时并不是恃才孤傲，而是保持着一种平和宽容的心态。

一天，功成名就的李斯特路过德国的一个小镇，恰逢小镇里一位钢琴师将要举行演奏会。演奏会的海报上公然说，钢琴演奏会的女钢琴师是李斯特的学生。李斯特甚感奇怪，因为他不记得自己教过这样一个学生。为了弄明白这件事，他亲自登门拜访，来到了这位女钢琴师的住处。

那位女钢琴师是一个青年人，见到李斯特，大惊失色，浑身颤抖，脸色苍白，好半天才抽泣着诉说了自己艰苦的孤儿身世，冒充李斯特的学生完全是为了生计。她跪在李斯特面前，请求宽恕。恍然大悟的李斯特并没有生气，而是把姑娘扶起来，和蔼地对她说："让我们来看看有没有可以补救的办法。"李斯特要她把晚间演奏的曲子弹一遍给他听，并且边听边给以指点。

李斯特的平易近人消除了女钢琴师的紧张和恐惧。带着对李斯特的无限崇敬，女钢琴师全神贯注地弹起了自己的曲目。结果，她演奏得十分出色。李斯特满意地点了点头，热心地为她纠正了几处处理不当的地方，并进行了一些指点。然后，李斯特微笑着对女钢琴师说："现在，我不是教过你弹琴了吗？今后，你就是我的学生了，你可以放心大胆地打我的招牌。"

李斯特宽容别人，不计较别人的过错，使自己和别人都得到快乐，同时也为自己赢得了尊重。大师之所以是大师，除了专业领域的技艺精湛之外，还有一分做人的宽容。

与人交往，宽容是一种高贵的道德品质，是心灵的成熟，同样也是一种生存的智慧、生活的艺术。宽容大度之人，使人感到亲切、自然、可敬、可佩，使别人乐于与他接近，愿意与其共事，心折气服。

雨果曾说："世界上最宽阔的是海洋，比海洋更宽阔的是天空，比天空更宽阔的是人的胸怀。"正因于此，后人将李斯特与法国作家雨果并称为一对"精神上的孪生兄弟"。可见，在思想上，两位大师的心是相通的。正是这样一种心胸、一种风度、一种魅力，"钢琴之王"才得到了无数乐迷的敬仰与爱戴，成就了一世美名。

29. 庖丁解牛

从前，有一个叫丁的厨师，特别善于宰牛。梁惠王知道后，便请他为自己宰牛剔肉。

庖丁宰牛剔肉时，凡是他手碰到的地方、肩靠到的地方、脚踩到的地方、膝盖顶着的地方，都发出淅沥沥、哗啦啦的和谐响声。只见他挥刀一刺，哗的一声，骨肉便分开了。一切声响，都和音乐的节奏一样。看到这里，梁惠王拍手称赞说："啊，太好了！太好了！技术怎么能达到如此神奇的境地呢？"

庖丁放下刀子回答说："我知道宰牛的规律，这比掌握一般的宰牛技术更进一步。我刚开始宰牛的时候，眼中所见的是一头完整的牛，不知从什么地方进刀。三年以后，我对牛体结构已完全了解。呈现在眼前的，已不再是一头完整的牛了，我知道该怎样剖开牛体。到了现在，我宰牛的时候，不用眼睛去看，而是凭精神去接触牛体，感觉器官的功能都不用了，精神的作用活跃起来了。"

30. 竹篮打水亦不空

每天早晨，爷爷都会早早起来，在餐桌旁诵读一本圣典。孙子也照样学样地在一旁模仿。

一天，孙子禁不住问道："爷爷，我试着像您一样诵读这本圣典，可是我怎么也做不到全部读懂，而且读懂的那部分，合上书就忘个精光。您说读这个有用吗？"

爷爷没有回答他的问题，而是转身把煤炭从盛煤的篮子里放入火炉，然后对孙子说："你把这篮子拿到河边，给我带一篮子水回来。"男孩照着爷爷的吩咐做了。可是在他到家之前，水就从篮子里漏光了。他喘着粗气对老人说："爷爷您看，一点用也没有啊！"

"你觉得没用吗？"老人说，"看看这篮子。"

男孩这才疑惑地看着篮子，突然意识到篮子跟他刚拿到手里的时候不一样了。这已经不是那个盛过煤炭的脏篮子了，它从里到外都变得干干净净了。

爷爷这才对男孩说："孩子，你也许读不懂或者记不住圣典里讲的东西，但是在你诵读它的时候，从内心到外表都在潜移默化地发生着改变。世上没有无用功，竹篮打水也不空啊！"

31. 一切都是最好的安排

从前，有一个国王，他最喜欢的事情是打猎。他的宰相最喜欢说的一句话是："一切都是最好的安排。"有一天，国王兴高采烈地到大草原上打猎。在追逐一只花豹时，国王不小心被花豹咬断了手指。回宫以后，国王越想越不痛快，就找来宰相饮酒解愁。宰相知道了这事后，一边举酒敬国王，一边微笑地说："大王啊！少了一小块肉总比少了一条命好吧！想开一点，一切都是最好的安排！"一切都是最好的安排是一种豁达的人生态度。

32. 善与恶

南山和尚有两名弟子。一天，大弟子外出化缘，得了一担鲜桃，便挑着桃子乐滋滋地往回赶。路过李家庄时，大弟子内急，就把桃子放在树下，然后找地方方便去了。回来时，他见一大群人正围在树下吃桃子，就大喊道："那是我的桃子，不许吃。"听到喊声，人们"哄"的一声，散了。

回到寺里，大弟子向南山和尚抱怨："李家庄的人太可恶了，居然偷吃桃子。"南山和尚慈祥地笑着说："不怪他们。"

过了一阵子，二弟子下山化缘，一不小心摔伤了腿，倒在了李家庄的村口。村民发现了，就把二弟子抬回家中，还请来医生给他治疗。伤好后，二弟子回到寺里，把经过告诉了南山和尚。

南山和尚笑着问大弟子："你还说李家庄的人可恶吗？"大弟子挠着头，说："上次是挺可恶的，这次怎么友善了呢？"南山和尚说："大善大恶的人，毕竟是少数。大多数人，都和这李家庄的村民一样，是些普通人，既有小善，也有小恶。你给他们一个善的契机，他们就表现为善；你给他们一个恶的契机，他们就表现为恶。所以说，恶要原谅，善要引导。你把一担桃子丢在树下不管，还怪别人偷吗？"

33．天使为什么会飞

韩红走红之后，心态发生了变化，言谈举止在不经意就流露出明星的派头，因此常招来一些友人的非议。有一次，张越请韩红去做嘉宾。韩红看了看摆在面前的茶杯，不放心地问："这杯子洗干净了吗？"听她这么一说，张越连忙要去重洗。韩红说："怎么你去洗呢？工作人员呢？""为来这里的客人倒茶的活儿，一直都是我在做。"

节目做完后，张越给韩红讲了自己经历过的一件事。有一次，张越外出采访，上公厕时把钱包落在车里。她对看厕所的阿姨说，保证一会儿把钱送来。可那位阿姨不答应。"我是张越，不会赖你这两毛钱的。""什么张越、李越的，我一概不认识，我只知道收钱。"

"你知道天使为何会飞吗？"张越问。韩红摇了摇头。

"天使之所以会飞，那是因为她把自己看得很轻。"张越语重心长地说，"咱们要想在竞争残酷的主持人界、娱乐圈里不昙花一现，就要保持平和的心态，把自己看轻。"

君子赠人以言。张越的一席话让韩红如醍醐灌顶。在后来的工作和生活中，韩红与人相处特别注意摆正自己的位置，注意小节。为此，同事和朋友们逐渐改变了对她的看法，她也真正融入圈子里了。她的人气指数一路上升，在娱乐圈里拥有了良好的口碑。

34．八吊钱，一世情

梅兰芳15岁那年，不幸染上了白喉病。若治疗不及时，白喉病会危及生命。李宣倜得知情况后，不由得心急如焚，马上跑到梅家，找到梅兰芳的祖母质问道："小孩都病得这么重了，为啥还让他登台演出，这不是要孩子的命吗？"祖母顿时泪下，叹息道："三爷，您有所不知，我们全家都靠这孩子每天唱戏赚的8吊钱来维持生计。他一天不唱，一家人就揭不开锅，我也是迫不得已呀！"李宣倜当即吩咐："那好，从明天起，你每天派人到我家去取8吊钱来，马上送孩子去治病，治好了为止。"

对于贫病交加的梅家而言，这无异于雪中送炭。梅兰芳的祖母大为感激，果然每天到李家去取8吊钱。全家的生活来源有了保障，梅兰芳就不必再去演出，每天待在家里安心养病。40天后，梅兰芳病情痊愈，重新登台。李宣倜接济梅家，完全是出于爱才心切，以他当时的显赫地位，自然没把这300多吊钱放在心上，但梅兰芳对此番恩情终生不忘！

抗战胜利后，梅兰芳名满天下。而李宣倜已沦为"汉奸"，妻离子散，穷困潦倒，蜗居在上海的一间小公寓里，无依无靠，晚景凄凉。富贵时的朋友早已消散，别人对他唯恐避之不及。但梅兰芳从不避嫌，不光每月资助他200元生活费，还经常派上海的弟子去陪他聊天解闷。梅兰芳每次到上海演出，必先把李宣倜接来吃饭，依然毕恭毕敬，喊一声"三爷"。

35．请你拧盖儿

这天一上班，老总就吵着说水杯盖子拧不开了。几个身强力壮的大学生听到后都跑来帮忙。但任凭他们使多大劲儿，杯盖就是纹丝不动。

大气物理专业毕业的小王说："沏茶时水是热的，现在凉了，杯里的气压降低，大气压迫瓶盖儿，所以拧不动，应该用热水泡，使内外气压平衡方可拧开。"

老总点头，命人取来沸水泡杯，但还是拧不动。小王沉默了。

生化专业毕业的小许说："我看您这茶水很特别，可能是它在高温下与塑料盖发生了化学反应，生成了一种类似碳酸钙的坚硬物质，最好等它完全变凉，使其变脆，方好拧开。"

老总默许，众人又取了冷水来冰，但仍旧拧不动。小许也沉默了。

这时，在公司做保洁员的高中生小丽走过来。她好奇地打量着那个水杯，禁不住拿起来用力向右拧了一下，没拧动。她想了一下，又用力向左一拧，拧开了，几滴茶水溅在她的手上。

众人大为惊讶："原来是向左拧的，我怎么没想到？"

小丽说："当你用钥匙开不开门时，你可以用手推，或许门根本就没锁上。"

36．有时要走些弯路

那些爬上树的蔓有一个共同的特点：它们从地面开始不是直着爬树的，而是绕着树干螺旋状向上爬。为什么要这样？想想，道理其实很简单。那些蔓纤细、柔弱，自己根本无法直立，如果顺着树干直着向上爬，根本就站立不起来、攀附不住。即便它们能爬上一段，也不稳固、不牢靠，即使没有风吹草动，也会自己跌落下来。而绕圈向上爬，则首先抱住树干，保证了稳固，然后才有可能稳步地以螺旋状上升。这样，走的是弯路，虽然慢些，但最终是成功地爬了上去。

看着缠绕在树干上的蔓，我突然发现它们很有意思：它们一道道地均匀分布，紧抱树干，很像一个个阶梯，螺旋上升；它们知道自己不能直上直下"一步登天"，就绕着弯儿前进，给自己创造了成功的阶梯。

这并不能说明那些蔓聪明，而是它们的天性使然。但我却说明了一个道理：有些成功，不可能一蹴而就，需要走些弯路。恰恰，弯路就是走向成功的阶梯。

37．大师的弯腰

法国著名画家亨利·卢梭，小时候生活在法国西北部的拉瓦尔市。他的父亲是一名铁匠。父亲希望他将来能成为一个合格的接班人，于是经常传授他一些打铁的知识。

卢梭进入学校读书以后，接触到了更多的知识，发现自己真正喜欢的是画画，而不是打铁。每每放学回家，他几乎满脑子都想着绘画。即便是在给父亲做帮手的时候，他想着的也是怎样把飞溅的火星画出来，或者想着怎样把客户的笑容画出来。

为此，卢梭耽搁过许多父亲安排给他的工作。有一次，卢梭因为绘画忘了给火炉加煤，使火炉的火彻底灭了。父亲回来后，看到这样的情况，大发雷霆，不仅把卢梭重打了一顿，还把卢梭的画笔和画纸都扔进了门口的玉米地里！卢梭没有哭，没有喊，只是在完成了父亲安排的任务之后，悄悄地跑到外面，弯腰捡起了画笔和画纸。

经过多年的努力，亨利·卢梭最终成了法国甚至是世界绘画史上一颗璀璨的明星！

"我有过三次弯腰的经历，都是为了捡起被人扔掉的画笔，但我的弯腰不是妥协，不是逆来顺受，而是一种与命运的抗争，一种对梦想的坚守！"1890年，亨利·卢梭在日记本上写下了这样的句子。

38. 是蝴蝶，就不怕翅膀上的雨水

3岁那年，她的父母离婚了。因为家庭的贫困，加上血统的原因，一家人备受歧视。母亲带着她过着四处漂泊的生活，因无法支付租金而寄宿在朋友家的地板上。

即使是这样，她却从未掉过眼泪。因为母亲曾是一名歌剧演唱家，小小年纪的她受母亲影响，4岁时，就迷恋上了音乐，常常跟在母亲身后学唱歌。

13岁起，她开始了音乐创作；14岁，她找到了几个录音棚，担任他们的后备试音歌手；高中毕业，她不顾家人的反对，带着稚嫩的梦想，到了纽约。

刚到纽约时，她只能在酒吧里做招待，与人合租狭小的房子，常常在客厅地板上铺一张床垫过夜。她每周常常只能靠一包干酪通心粉艰难度日。在经济极为拮据的几个月，她甚至只能靠附近熟食店老板施舍的硬面包和冰水填饱肚子。

然而她没屈服。在昏暗的灯光下，她不停地写歌，写到手发麻，累到趴在桌上睡着。她热切地盼望着有一份合约，出一张唱片。

一年后，她与环球唱片公司旗下的Island唱片签下合约。在新公司，她很受赏识。两年后，她凭借新专辑到达了乐坛的巅峰。这张专辑的销售量位居当年全球销量第二位，国内冠军。此后，她的歌曲一直在各大音乐榜单上排名第一，她的歌曲受到全世界各地乐迷的喜爱，她因此被称为流行乐坛天后。

蝴蝶有一个特点：翅膀上布满了鳞片，鳞片中含有大量的脂肪，仿佛给蝴蝶穿上了一件"防水雨衣"。她一直相信自己是一只美丽的蝴蝶，雨再大都不会打湿为梦想而飞的翅膀。终于，她成功了，迎来了自己绚丽的春天。她就是玛丽亚·凯莉。

既然生活道路是如此的曲折、复杂，人们就应该坦然地去面对。

39. 马云的三次高考

马云之所以让当今的无数草根创业者崇拜，一个很大的原因就是马云也曾跟我们一样，是一个普通得不能再普通的人。他高考屡战屡败，屡败屡战。试想，如果马云在第二次高考失败后，听从了父母的劝告，去学习一门手艺，安安稳稳地过他当临时工的生活，

那么，还会有今天的马云吗？还会有今天的阿里巴巴吗？对马云而言，人生路上的三次高考，早已成为他生命旅程中最宝贵的精神财富。

40. 欧阳修百里追文

北宋著名文学家欧阳修曾受一位挚友之托，写了一篇题目为"昼锦堂记"的文章。欧阳修字斟句酌，反复推敲，把文章写好后，便命一差官骑马给友人送去。

可是到了晚上，欧阳修突然想起了什么，马上命令一个仆人道："你赶快骑快马去追那送文章的差官，让他把文章带回来！"

欧阳修为何一定要把文章追回呢？原来是为了添上两个"而"字。《昼锦堂记》开头有这样两句："仕宦而至将相，富贵而归故乡。"原稿中没这两个"而"字。欧阳修将文章追回，就是为了把"而"字添上去。

为了添两个字，竟如此劳神费力，是小题大做吗？不是。虽然不添这两个字，文章开头也无语病，但添上后，语气便与原文大有区别，即由直而曲，由急而缓，表现出欧阳修文章曲折舒缓的艺术风格。

欧阳修严谨的创作态度堪称我们学习的楷模。文学家尚能如此，作为学生，我们更要从小养成认真修改作文的好习惯，努力达到"语不惊人死不休"的佳境。

41. 从"林一轮"到"超级丹"

刚进国家队的时候，林丹被安排在由地下室改造成的宿舍里。那里不仅阴暗、潮湿，而且收不到信号，发短信时必须站在床上，等短信发出去再坐下。但对林丹来说，最让他难受的不是地下室的恶劣条件，而是无处不在的压抑气氛。林丹总会听到不少流言蜚语，说他自身没什么能力，是靠走关系才进的国家队。而林丹的许多队友都已经在不同的比赛场合获得了世界冠军，这让他十分自卑。在食堂吃饭的时候，林丹根本不敢抬头看人，低着头用最快的速度吃完就走。

在这样的氛围下，林丹反复告诫自己：如果不能改变，那么就要承受，在承受中突破自我。终于，他迎来了比赛的时刻。他以完美的表现战胜了对手李宗伟，到了生命里第一个奥运冠军奖杯。获胜之后，林丹兴奋地将球拍抛向天空，激动地在地下打了几个滚，然后同教练们紧紧拥抱在了一起。毕竟，那一刻，他等得太久太久！

42. 发光的棒棒糖

1987年，美国弗吉尼亚州的两个邮递员汤姆·科尔曼和比尔·施洛特无意中看到一个小孩手里拿着一种能发出绿色亮光的荧光棒。他俩没有像别的成年人一样一笑而过，而是马上开始琢磨了——这玩意看起来很有意思，但能派上什么用场呢？这两个人开始天马行空地胡思乱想。最后，他们抓住了其中的一个好点子——把棒棒糖放在荧光棒的顶端。这样，光线就会穿过半透明的糖果，显现出一种奇幻的效果，而在夜间这种效果则更加明显。

这两个人随后申请了专利，并把他们的"发光棒棒糖"专利卖给了美国开普糖果公司，赚到了奇思妙想的第一桶金，共4.75亿美元。

这是一个令发明者头晕目眩的天文数字。这一切都是从路边一根小小的绿色荧光棒开始的。

43. 上帝并不会偏爱谁

好莱坞著名影星奥黛丽·赫本童年时，由于家庭贫困，经常忍饥挨饿，甚至一度只能依靠郁金香球茎及由烘草做成的"绿色面包"充饥，并喝大量的水填饱肚子。长期的营养不良，使她身材特别瘦削。虽然如此，赫本仍然不断地练习她最爱的芭蕾舞。听说她梦想要当一个电影明星时，所有的同学都嘲笑她白日做梦，说一阵风就可以把她刮走。面对大家的冷嘲热讽，赫本从不气馁，终于成功扮演了《罗马假日》中楚楚动人的安妮公主。假如，她当初因为自己过于消瘦而放弃理想，就不可能成为世界级的影星。

无论是谁，都有不完美的一面。这就好像你数学功课差一点儿，手工却是最棒的，说明你心灵手巧。做自己喜欢的事，坚持下去，用刻苦和勤奋来弥补缺陷，才能找到属于自己的路。

44. 悬崖上的树

一棵枣树，孤零零地长在悬崖上，像是一只即将起飞的雄鹰。这棵枣树枝繁叶茂，上面青翠欲滴的果子把树枝压弯了腰，构成了一道亮丽的风景。这棵枣树的命运是悲惨的，它本来也可以生长在肥沃的土壤中，但被上帝安排在这里，便注定了要经受凄风苦雨。你看，它的腰身被雷电劈成了三个树杈；还有枝干，一截一截的，都是疙瘩，那是被山风吹断了，又重新长出来的印记。也正是它长在招风惹雷的悬崖上，才有了许多劫难。正是这些劫难，让他成了一棵与众不同的树。

命运有时会把人推到意想不到的浪口，消极沉沦只会让人一事无成，甚至走向毁灭。唯有做一棵与众不同的树，才会成为最绚丽的风景。

45. 被人嘲笑的"傻小子"

20世纪80年代初，日本钟纺株式会社的一家分公司由于业绩不理想，正面临停产。公司里，大家都人心惶惶，得过且过。

这天，集团董事长武藤穿着工作服独自一人来到公司。他刚走进办公楼，就被几个人的笑声吸引了。"隔壁那小子真傻，公司马上关门了还在忙活。"另一人附和道："是啊，到头来还不是白忙活一场。"透过窗户，武藤看到那几个闲聊的人正是部门管理人员。他无奈地摇摇头。

随后，武藤走向隔壁的办公室，想知道那个傻小子是谁。他刚走到门口，就与一个小伙子撞了个正着。武藤看到他抱着一大摞文件正要出门，生气地问："你是要把这些当废品卖了？"小伙子有点迟疑地答："这是我整理的文件。你是新来的吗？还不知道吧。听说公司要解散了，不过我觉得还是应该做好收尾工作，直到最后。"武藤看了看小伙子整理的几大本文件，夸奖道："你是我在这里看到的最负责任的员工！"

没过多久，这家分公司就倒闭了。小伙子被调到武藤身边做了秘书，多年后成了公司的总裁。

成功中很多偶然恰是必然的结果，正是小伙子认真负责的态度，为他赢得了机会。

46. 不要做那棵含羞草

在一个小小的同学聚会上，有个漂亮女孩在喋喋不休地诉说她东家的不是。女孩说那东家是个死板的法国老太太，经常指责她这里做得不对，那里又做得不对；跟她聊天，又说她的法语发音不对。

正在漂亮女孩义愤填膺的时候，有个胖女孩凑上来，轻声问她："那你是不是不愿意再做下去了？如果你辞职，能否把照顾那位法国老太太的工作介绍给我？"

漂亮女孩一听，说："那好啊，我正求之不得呢。"

后来，胖女孩成为那位法国老太太的护工。漂亮女孩说："她肯定要受这待人苛刻的老太太的气。"

但谁也没有想到，胖女孩成为老太太的护工后，短短几个月，就和老太太相处得非常好。更让人不可思议的是，这位老太太还动员她在法国的社会关系，让胖女孩到法国大学去深造。

许多人都觉得非常奇怪。胖女孩解释说："老太太的确很苛刻。人就像一株含羞草，一遇上外界的小小侵犯，就会把自己重重保护起来。其实，如果换一种角度，换一种思维去理解，这个刻薄的，但又精致的老太太难道不是自己的一位生活指导老师吗？"在批评面前，你所选择的只能是：你承认自己的缺点吗？你愿意改变吗？

47. 坚持方能卓越

前几天，听了一位专家的讲座。专家讲道，有一个女同志，为了教育好自己的学生，在七年的时间里，坚持每天给学生家长打一个电话，每天写一千字的教学札记。结果是，七年之后，她由一个普通的教师成长为一个全国著名的教育专家。

近乎神话，但我相信这是真的。其实，这本来也没有什么难做到的，难在天天如此。

人的一生中，有多少时间是浪费了呢？算起来，应该有很多吧！如果拿这些时间来做一些正经的事情，恐怕你已经成为富翁了吧！

大人物是什么？是以前不断奋斗的小人物而已。如果你现在开始不断奋斗，将来，大人物中，也许就会有你的存在。我相信下面这句话是正确的：不为自己成为大人物，只求问心无愧，不辜负大好时光吧！

48. 给自己一个悬崖

有一个人捡到一只小鸟，就将这只小鸟带回家里，给他的孩子玩耍。孩子将小鸟与小鸡一块饲养。慢慢地，小鸟长大了，人们发现这只小鸟原来是一只鹰。虽然这只鹰和鸡相处得很好，但只要有人家里丢鸡，人们就怀疑是这只鹰吃了鸡，强烈要求主人将这只鹰处死。这家主人舍不得，但迫于大家的压力，便决定放生这只鹰。但是，不管主人将它放到什么地方，它总能回到村里来。有一个人说他有办法，他将鹰带到了一个悬崖边上，将鹰向深渊里扔去。那只鹰一开始，就像是一块石头掉下悬崖，直直地向下坠落。眼看就要到崖底了，鹰突然展开了翅膀，竟然奇迹般地飞了起来，而且越飞越高，越飞越远，再也没有回来。

鹰本来是有翅膀的，能飞很高很远。但是，在一群鸡的世界里，它已经被同化了。没有经过锻炼，又贪恋温暖舒适的鸡窝，渐渐地，鹰也就失去了翱翔蓝天的勇气和信心。要是没有人将它扔下悬崖，它永远不可能飞上蓝天，寻找属于自己的世界。

人总是对现有的东西不忍放弃，对舒适平稳的生活恋恋不舍。但是，一个人要想让自己的人生有所突破，就必须明白这个道理：在关键的时刻，应该把自己带到人生的悬崖边上，在看似深渊的边缘，人才有可能获得另一片蓝天。

49．珍珠

很久很久以前，有一个养蚌人，想培育一颗世界上最大最美的珍珠。

他去大海的沙滩上挑选沙粒，并且一粒一粒地问它们愿不愿变成珍珠。那些被问的沙粒，都摇头说不愿意，只有一粒沙子答应了。因为，它一直想成为一粒珍珠。

旁边的沙粒都嘲笑它，说它太傻，去蚌壳里住，远离亲人朋友，见不到阳光、雨露、明月、清风，甚至还缺少空气，只能与黑暗、潮湿、寒冷、孤寂为伍，多么不值得。那粒沙子还是无怨无悔地随养蚌人去了。

斗转星移，几年过去了，那粒沙子已成了一颗晶莹剔透、价值连城的珍珠。而曾经嘲笑它的那些伙伴们，有的依然是海滩上平凡的沙粒，有的已化为尘埃。

50．司马光刻苦学习

宋朝的司马光出生于官宦世家，从小机智过人，勤奋好学，刚满20岁就考上进士。他为官清廉，公务之余常读书，立志写一部通史，供人参阅借鉴。为了利用时间读书，他特意制作一个圆木枕头。枕头的妙用是：人睡觉时身子只要一翻动，它就会滚动，人也就惊醒了，可以继续研究学问，因此被称"警枕"。如此学习的结果是，司马光终于取得了成功，成为一位学识渊博的人，著名的史学名著《资治通鉴》便出自他手。

51．邓亚萍的成功之路

众所周知，邓亚萍从小就酷爱打乒乓球。她梦想着有朝一日能够在世界赛场上大显身手，却因为身材矮小、手腿粗短而被拒于国家队的大门之外。但她并没有气馁，而是把失败转化为动力，苦练球技，凭着持之以恒的努力催开了梦想的花蕾，如愿以偿地站上了世界冠军的领奖台。在她的运动生涯中，她总共夺得了18枚世界冠军奖牌。邓亚萍的出色成就，不仅为她自己带来了巨大的荣耀，也改变了世界乒坛只在高个子中选拔运动员的传统做法。

52. 玄奘苦学佛法

玄奘是唐代的一位高僧。为了求取佛经原文，玄奘从贞观元年八月离开长安，万里跋涉，西行取经，终于到达印度。前后17年，他学遍了当时佛教的各种学说，回国后著有《大唐西域记》一书，为佛教和人类进步、世界文明作出了重大的贡献。

53. 厉归真学画虎

五代画虎名家厉归真从小喜欢画画，尤其喜欢画虎。但是，由于没有见过真的老虎，他总把老虎画成病猫。于是，他决心进入深山老林，探访真的老虎。经历了千辛万苦，在猎户伯伯的帮助下，他终于见到了真的老虎。通过大量的写生临摹，他的画虎技法突飞猛进，笔下的老虎栩栩如生，几可乱真。从此以后，他又用大半生的时间游历了许多名山大川，见识了更多的飞禽猛兽，终于成为一代绘画大师。

54. 沈括上山看桃花

"人间四月芳菲尽，山寺桃花始盛开。"当读到这句诗时，沈括的眉头便凝成了一个结。"为什么我们这里花都开败了，山上的桃花才开始盛开呢？"沈括曾不止一次地想这个问题。为了解开这个谜团，沈括约了几个小伙伴上山实地考察一番。四月的山上，乍暖还寒，凉风袭来，冻得人瑟瑟发抖。沈括茅塞顿开，原来山上的温度比山下要低很多，因此花季才来得比山下晚呀。凭借着这种求索精神和实证方法，长大以后的沈括写出了《梦溪笔谈》的不朽著作。

55. 陆游书巢勤学

南宋诗人陆游从小就刻苦勤奋、敏而好学。他的桌子上摆的是书，柜中装的是书，床上堆的也是书；他的房子被称作书巢。他勤于创作，一生留下了九千多首诗，成为我国历史上一位杰出的文学家、史学家、诗人。

56. 刘勰佛殿借读

夜深了，佛殿里忽然传来朗朗的读书声。小和尚们吓坏了，以为里面有鬼，立刻报告给老和尚。于是，老和尚带领小和尚捉鬼，没想到"鬼"原来是一个叫刘勰的穷孩子，他在借佛灯读书呢。刘勰经过刻苦学习，终于成了伟大的文学理论家和文学评论家。

57. 蒲松龄草亭路问

清代文学家蒲松龄在路边搭建茅草凉亭，记录过路行人所讲的故事。经过几十年如一日的辛勤搜集，加上自己废寝忘食的创作，他终于完成了中国古代文学史上划时代的辉煌巨著——《聊斋志异》。

58. 宋濂冒雪访师

明朝散文家宋濂自幼好学，不仅学识渊博，而且写得一手好文章，被明太祖朱元璋赞誉为"开国文臣之首"。宋濂很爱读书，遇到不明白的地方总要刨根问底。一次，宋濂为了搞清楚一个问题，冒雪行走数十里路，去请教已经不收学生的梦吉老师，但老师并不在家。宋濂并不气馁，而是在几天后再次拜访老师，但老师并没有接见他。因为天冷，宋濂的脚趾都被冻伤了。当第三次去独自拜访梦吉老师的时候，宋濂掉入了雪坑中，幸被人救起。梦吉老师被宋濂的诚心所感动，耐心解答了他的问题。后来，宋濂为了求得更多的学问，不畏艰难困苦，拜访了很多名师，最终成了闻名遐迩的散文家！

59. 居安思危

洪水未到先筑堤，豺狼未来先磨刀。一只野狼卧在草上勤奋地磨牙，狐狸看到了，就对它说："天气这么好，大家在休息娱乐，你也加入我们队伍中吧！"野狼没有说话，继续磨牙，把它的牙齿磨得又尖又利。狐狸奇怪地问道："森林这么静，猎人和猎狗已经回家了，老虎也不在近处徘徊，又没有任何危险，你何必那么用劲磨牙呢？"野狼停下来回答说："我磨牙并不是为了现在，你想想，如果有一天我被猎人或老虎追逐，到那时，我想磨牙也来不及了。而平时我就把牙磨好，到那时就可以保护自己了。"

做事也应该未雨绸缪、居安思危，这样在危险突然降临时，才不至于手忙脚乱。"书到用时方恨少"，平常若不充实学问，"临时抱佛脚"是不行的。有人总抱怨没有机会，然而当升迁机会来临时，由于平时没有积蓄足够的学识与能力，以致不能胜任，他们也只能后悔了。

60. 乐观者与悲观者

乐观者在每次危难中都看到了机会，悲观者在每个机会中都看到了危难。

父亲欲对一对孪生兄弟作"性格改造"，因为其中一个过分乐观，另一个则过分悲观。一天，这位父亲买了许多色泽鲜艳的新玩具给悲观孩子，又把乐观孩子送进了一间堆满马粪的车房里。

第二天清晨，父亲看到悲观的孩子正泣不成声，便问："为什么不玩那些玩具呢？""玩了就会坏的。"孩子仍在哭泣。父亲叹了口气，走进车房，却发现那个乐观的孩子正兴高采烈地在马粪里掏着什么。"告诉你，爸爸，"那孩子得意扬扬地向父亲宣称，"我想马粪堆里一定还藏着一匹小马。"

乐观者与悲观者之间的差别是很有趣的：乐观者看到的是油炸圈饼，悲观者看到的是一个窟窿。

61. 多一门技艺，多一条路

在一个漆黑的晚上，老鼠首领带领着小老鼠出外觅食。突然，传来了一阵令它们肝胆俱裂的声音，那是一头大花猫的叫声。它们震惊之余，更各自四处逃命。但大花猫毫不留情，穷追不舍。终于，有两只小老鼠走避不及，被大花猫捉到。大花猫正要吞掉它们之际，突然传来一连串凶恶的狗叫声。这声音令大花猫手足无措，急忙狼狈逃命。

大花猫走后，老鼠首领从垃圾桶后面走出来说："我早就对你们说，多学一种语言有利无害。这次我就用新学的语言救了你们一命。""多一门技艺，多一条路。"不断学习实在是成功人士的不二选择。

62. 豪猪的生存之道

豪猪，又称箭猪，身上披有尖刺，这些尖刺可以用来防御掠食者。豪猪的刺锐利，但很容易脱落，会刺入攻击者的身体中。它们的刺有倒钩，挂在皮肤上很难除去。有一年冬天特别冷，很多动物都被冻死了，豪猪们也被冻得四肢僵冷，于是就挤作一团相互取暖。但它们身上的尖刺刺入彼此的身体中，伤害了自己，也伤害了同伴。因为这个原因，它们又开始远离彼此，因此，又有豪猪相继被冻死。在这种情况下，剩下的豪猪面临着一个艰难的选择：或者接受同伴身上刺的伤害，或者从地球上消失。最终，它们作出了明智的选择：重新挤作一团，相互取暖。在这个过程中，它们懂得只有不怕被同伴的尖刺所伤，才能得到同伴的体温。这就是豪猪的生存之道。其实，人类也是如此。那些一味在你面前说好话的人，并不是你的真朋友。真朋友是那些看到你有缺点就给你指出来而不管你高兴不高兴的人。说出你缺点的那个时刻，虽然令人尴尬，但只有知道了自己的缺点，你才有可能去改正。所以，请善待对你伸出尖刺的朋友，他们能让你更加完美。

63. 目标的重要性

美国的哈佛大学曾经做过一个耗时25年的测验。25年前，一群意气风发的大学生从美国哈佛大学毕业，即将开始各自的事业人生。他们的智力、学历、面临的环境条件都相差无几。在临出校门时，哈佛大学对他们进行了一次关于人生目标的调查。结果是这样的：27%的人没有目标，3%的人有清晰而长远的目标。

25年的时间里，哈佛大学一直在对这群学生的发展进行跟踪调查。最后，他们发现结果是这样的：3%的人，25年间朝着一个方向不懈努力，几乎都成为社会各界的成功人士，其中不乏行业领袖、社会精英；剩下27%的人，由于生活没有目标，过得很不如意，并且常常抱怨他人和社会。在他们所有的抱怨中，一个共同的原因是世界"不肯给他们机会"。

其实，他们之间的差别仅仅在于：25年前，他们中的一些人知道为什么要前进，而另一些人则不清楚或不很清楚。

64. 磨难和安逸

深山里有两块石头。第一块石头对第二块石头说："去经一经路途的艰险坎坷和世事的磕磕碰碰吧，能够搏一搏，不枉来此世一遭。""不，何苦呢，"第二块石头嗤之以鼻，"安坐高处一览众山小，周围花团锦簇，谁会那么愚蠢地在享乐和磨难之间选择后者？再说那路途的艰险磨难会让我粉身碎骨的！"于是，第一块石头随山溪滚流而下，历经了风雨和大自然的磨难，依然义无反顾，执着地在自己的路途上奔波。第二块石头讥讽地笑了，它在高山上享受着安逸和幸福，享受着周围花草簇拥的畅意抒怀，享受着盘古开天辟地时留下的那些美好的景观。许多年以后，饱经风霜、历尽尘世之千锤百炼的第一块石头和它的家族已经成了世间的珍品、石艺的奇葩，被千万人赞美称颂，享尽了人间的富贵荣华。第二块石头知道后，有些后悔，现在也想投入到世间风尘的洗礼中，然后得到像第一块石头那样拥有的成功和高贵，可是一想到要经历那么多的坎坷和磨难，甚至疮痍满目、伤痕累累，还有粉身碎骨的危险，便又退缩了。一天，人们为了更好地珍存那石艺的奇葩，准备为它修建一座精美别致、气势雄伟的博物馆，建造材料全部用石头。于是，他们来到高山上，把第二块石头粉了身、碎了骨，给第一块石头盖起了房子。

故事虽短，但是说明的道理很深刻：磨难是人生的财富。

65. 史玉柱的故事

史玉柱的创业史可以分为上下两部分——1997年之前的巨人和1997年之后的巨人。1997年之前史玉柱是个天不怕地不怕的人，高呼口号要做中国的"IBM"，横冲直撞，最后惨败，留下一栋荒草肆虐的烂尾楼，外加几亿元巨债。"死"过一次后，才知道"死亡"的滋味。1997年，史玉柱如履薄冰、小心翼翼，卖脑白金、投资银行股、进军网络游戏，在一片废墟上，转眼创造了超过500亿元的财富。

从这个故事中，大家不难发现就是拥有500亿的史玉柱也有过人生的最低谷。但是重要的是他没有放弃，所以最后他起死回生了。可见，永不言弃的精神是多么重要。

66. 窗户

有个太太多年来不断抱怨对面的太太很懒惰："那个女人的衣服永远洗不干净。看，她晾在院子里的衣服，总是有斑点。我真的不知道，她怎么连洗衣服都洗成那个样子"。

直到有一天，有个明察秋毫的朋友到她家，才发现不是对面的太太衣服洗不干净。细心的朋友拿了一块抹布，把这个太太的窗户上的灰渍抹掉，说："看，这不就干净了吗？"

原来，是自己家的窗户脏了。

67. 提醒自我

有个老太太坐在马路边，望着不远处的一堵高墙，总觉得这堵高墙马上就会倒塌。见有人向墙那边走过去，她就善意地提醒道："那堵墙要倒了，远着点走吧。"被提醒的人不解地看着她，依旧大模大样地顺着墙根走过去了。那堵墙没有倒。

老太太很生气："怎么不听我的话呢？"又有人走来，老太太又予以劝告，但是没人听她。三天过去了，许多人在墙边走过去，并没有遇上危险。第四天，老太太感到有些奇怪，又有些失望，便不由自主地走到墙根下仔细观看。然而就在此时，墙倒了，老太太被掩埋在灰尘砖石中，气绝身亡。

提醒别人，往往很容易，但能做到时刻清醒地提醒自己却很难。所以说，许多危险来源于自身，老太太的悲哀便因此而生。

68. 董遇"三余"时间

东汉末年,有一个名叫董遇的人,从小就爱学习。不管走到哪里,他的身上总是带着书,一有时间就坐下来读。后来,董遇成了大学者。

有人问董遇:"你是怎么读书的?"董遇回答:"我遇到读不懂的书,就反复地看,反复地读。"这个人又问:"反复读一本书,哪有那么多时间呢?"

董遇说:"那就利用'三余'的时间。"

这个人好奇地问:"什么是'三余'的时间?"

董遇说:"冬天是一年的剩余,夜晚是白天的剩余,下雨天是晴天的剩余。只要用好了这'三余'时间,就有时间读书了。"

69. 陶侃惜光阴

陶侃是晋代的名将,曾为东晋的建立立下过汗马功劳。可是,他小时候却很贪玩儿,不愿用心读书。母亲很为他着急。一天下大雨,陶侃没去上学,就在母亲的织布机旁玩儿。母亲就让他背书。当他背到"光阴似箭,日月如梭"的时候,母亲问他这两句话是什么意思,他答不出来。母亲告诉他:"意思是日子很快就过去了,像织布机的梭子一样快。你现在读书这么不用心,日子就这么过去了,是不是很可惜呢?"陶侃听了之后,便下决心好好读书。从此,陶侃终日苦读,学业渐渐好了起来,为以后的事业打下了坚实的基础。

英国诗人、戏剧家莎士比亚说得好:"放弃时间的人,时间也放弃它。"时间比金子还要珍贵,因为再多的金子也买不到时间,这是至理之言。

70. 狼来了

从前,有个小孩每天上山去放羊。小孩觉得很无聊,便大喊:"狼来了!狼来了!"山下的农民听到喊声,连忙放下手里的活,上山打狼。小孩哈哈大笑道:"我是闹着玩的!"大伙很生气地说:"你怎么可以撒谎呢?"说完他们又干活去了。第二天,山下的农民又听到山上传来"狼来了"的喊声,又连忙跑上山。原来,又是这个小孩在骗人。第三天,狼真的来了,无论小孩怎样喊,都没有理他了。

71. 小约翰拼地图

牧师正在准备布道的稿子,他的小儿子却在一边吵闹不休。牧师无可奈何,便随手拾起一本旧杂志,把色彩鲜艳的插图——一幅世界地图,撕成碎片,丢在地上,说道:"约翰,如果你能拼好这张地图,我就给你25分钱。"牧师以为这样会使约翰花费整整一个上午的时间,这样自己就可以静下心来思考问题。但是,没过10分钟,儿子就敲开了他的房门,手中拿着那份拼得完完整整的地图。牧师对约翰如此之快就拼好了一幅世界地图感到十分惊奇,便问道:"孩子,你怎么这样快就拼好了地图呢?"小约翰说:"这很容易。在另一面有一个人的照片,我就把这个人的照片拼到一起,然后把它翻过来。我想如果这个人是正确的,那么,这个世界地图也就是正确的。"牧师微笑着给了他儿子25分钱,对他说:

"谢谢你！你替我准备了明天讲道的题目。"牧师明天讲到的题目是"如果一个人是正确的，他的世界就会是正确的"。

72. 刻舟求剑

战国时期，楚国有个人坐船渡江。船到江心时，他一不小心把随身携带的一把宝剑掉落江中。他马上掏出一把小刀，在船舷上刻了一个记号，说："这是我宝剑落水的地方，所以我要刻上一个记号。"

船靠岸后，那个楚国人立即从船上刻记号的地方跳下水去捞取掉落的宝剑。他捞了半天，仍不见宝剑的影子。他怎么可能找得到宝剑呢？船继续行驶，而宝剑却不会再移动。像他这样去找剑，真是太愚蠢可笑了。

73. 叶公好龙

从前，有个人叫叶公，他非常喜欢龙。在他的家里，墙上画着龙，柱子上雕着龙，床的盖的东西上面都绣着龙。天上的真龙听说叶公喜欢龙，就来到叶公家拜访他。真龙把长长的尾巴伸在厅堂里，把头探进窗户里张望。叶公看到天上的真龙后，吓得魂飞胆破，脸色都变了，急忙躲了起来。原来，叶公喜欢的不是真龙，而是那些画的、绣的、刻的假龙。

74. 郑人买履

郑国有个人想去买双鞋。他先比量了一下自己的脚，然后把量好的尺码放在座位上。他匆忙到了集市上，忘了带那尺码。他已经拿到鞋子，却说："我忘记带尺码来了。"于是又转回家去取。等到他赶回来，集市已散了，他终于没有买到鞋。有人问他说："你为什么不用自己的脚试一试鞋子的大小呢？"他回答说："我宁可相信尺码，也不相信自己的脚！"

75. 自相矛盾

楚国有个既卖盾又卖矛的人。他称赞自己的盾说："我这盾牌很坚硬，没有东西能把它刺穿。"他又称赞自己的矛说："我这矛很锋利，能刺穿任何东西。"有人说："用你的矛去刺你的盾牌，会怎么样？"这个卖矛和盾的人不能够回答了。

76. 守株待兔

战国时期，宋国有个农夫种了几亩地，在他的地头上有一棵大树。一天，他在地里干活，忽然看见一只兔子箭一般地飞奔过来，一头撞在那棵大树上，一下子把脖子折断了，蹬蹬腿就死了。这个农夫飞快地跑过去，把兔子捡起来，高兴地说："这真是一点劲儿没费，白捡了个大便宜，回去可以美美地吃上一顿了。"他拎着兔子一边往家走，一边得意地想："我的运气真好，没准明天还会有兔子跑来，我可不能放过这样的便宜。"

第二天，他到地里，也不干活，只守着那棵大树，等着兔子撞过来。结果，他等了一天什么也没等到。他仍不甘心,从此,天天坐在那棵大树下等着兔子来撞死。他等呀等呀,直等到地里的野草长得比庄稼都高了,连个兔子影也没有再见到。

77. 鸿鹄之志

秦朝末年,有一支农民起义军,它的领袖名叫陈胜。陈胜青年时代,曾经给有钱的人家做雇农,替别人耕地。有一次,他停下耕田,走到田埂上休息。他因失望而叹恨了好久,对另一个雇农说:"我们当中如果有人富贵了,可不能忘掉别人。"

一同当雇农的人都笑话他:"你给人家当雇农,怎么会有富贵呢?"陈胜长叹一声说:"唉,燕雀怎么会知道鸿鹄的志向!"

陈胜、吴广起义之时,陈胜因为有远大的志向和坚忍不拔的品质,得到了众人的拥护,成为农民起义军的领袖。

78. 对症下药

华佗是东汉名医。有一次,官吏倪寻和李延都感到头疼发热,来找华佗看病。华佗诊断病情后,给倪寻开了下泻药,给李延开了发汗药。两人感到奇怪,问华佗为什么同样的病用不同的药。华佗说:"倪寻的病是由内伤引起的,李延的病是外部受凉而引起的感冒。病因不同,治疗方法也不一样。"他们回去后按华佗的要求服药,很快病都好了。

孔子是春秋时代的思想家。一次,孔子和他的几个学生在一起讨论问题。学生子路问孔子:"听到一个很好的主张,是不是应该马上去做呢?"孔子说:"家里有父亲兄长在,你应该先向他们请教再说,哪能马上去做呢?"学生冉有也这样问,孔子说:"听到了就去做。"学生公西华就问孔子:"您老人家为什么给他两个不同的答复呢?"孔子就说:"冉有做事退缩,所以我要鼓励鼓励他;子路胆量过大,做事武断,所以我要抑制抑制他。"

对症下药:比喻针对具体情况决定解决问题的办法。

79. 文天祥救国

文天祥是南宋时期的一位民族英雄。他本来是个文官,可为了反对侵略、保卫国家,勇敢地走上了战场。那时候,元朝派出大军,要消灭南宋。文天祥听到消息,拿出自己的家产,招募了三万壮士,组成义军,抗元救国。有人说:"元军人那么多,你这点人怎么抵挡?不是虎羊相拼吗?"文天祥说:"国家有难而无人解救,是我最心疼的事。我力量虽然单薄,也要为国尽力呀!"

后来,南宋统治者投降了元军,文天祥仍然坚持抗战。他对大家说:"救国如救父母。父母有病,即使难以医治,儿子还是要全力救治!"不久,他兵败被俘,坚决不肯投降,还写下了有名的诗句"人生自古谁无死,留取丹心照汗青"来表明自己坚持民族气节、至死不变的决心。他拒绝了元朝的多次劝降,终于实现了舍生取义的理想,慷慨就义。多少年来,文天祥的救国精神,代代相传,已经成为中华民族共同的精神财富。

80. 陈嘉庚舍财办教育

要改变落后面貌，就得兴办各种实业；要兴办实业，就需要各种有用的人才。所以，发展教育、培养人才是最重要的。爱国的人们看清了这一点，纷纷兴办教育，著名华侨领袖陈嘉庚就是突出的一个。他在新加坡创办橡胶等实业，有了很强的经济实力后，首先就想到要为祖国的教育事业出力，于是在家乡厦门，出钱兴办了几十所学校，有幼儿园、小学、中学，还有大学。他认为：教育是立国之本，兴办学校是国民的天职。本着"取之社会，用之社会"的想法，他把办企业挣的钱大部分用在办教育上。为了兴办学校，他毫不吝惜家财，自己却过着十分简朴的生活。

1932年，他的企业受到冲击，收入减少。一家外国企业集团想乘机把他的一部分企业收过去，条件是不再出资办学。陈嘉庚断然拒绝，并说："我宁肯让企业倒闭，也不停办学校。"后来，企业被迫停产，但他仍然尽力筹集资金，保证学校教学活动正常开展。在陈嘉庚的努力下，厦门的教育十分发达，出了许多优秀人才。这位爱国华侨在他临终时留下遗嘱：把自己的300多万存款全都捐献出来，作为办学经费和兴建华侨博物馆，一分钱也不留给子孙后代。

81. 詹天佑修铁路

清朝末年，我国派出了第一批出国留学生，他们都是些少年。有个12岁的少年叫詹天佑，十分聪明好学，立志为国效力。他学习工程技术，毕业以后就回到了国内。可清朝政府对本国的人才不信任，像修铁路这样的工程，就让外国人主持。詹天佑尽管有才干，也只能当助手。

1905年，中国要修建北京到张家口铁路的消息传开了。英国和俄国都争着要修，因为他们知道这条铁路的重要性，掌握了筑路权就会有巨大的收益。英俄双方争执不下，遂向清政府明示，如果此铁路，中国政府自行修建，两国将不再相争，并威胁说中国如果不让他们修，他们就什么也不提供。他们以为中国人离开他们肯定修不成这条铁路。

清朝政府这才让詹天佑担任总工程师。有人对他不放心，说他自不量力、胆大包天，劝他不要承担这项难度非常大的工程。詹天佑说："京张铁路如果失败，不但是我的不幸，也会给中国带来很大损失。外国人说中国工程师不行，我则坚持由自己来办！"为了给中国人争口气，他把全部精力都投了进去，和工人们一起吃住在工地，细心勘探，大胆试验。经过4年艰苦奋斗，中国人终于成功地修筑了京张铁路。这是中国人自己设计施工的第一条铁路，极大地鼓舞了中国人民的志气。詹天佑为祖国赢得了荣誉，就连那些瞧不起中国工程师的英国人也对他表示由衷的敬佩。

82. 苍蝇与蜜蜂

一天，一只苍蝇遇见了以勤劳、聪明著称的蜜蜂。苍蝇问蜜蜂："高贵的蜜蜂，您是怎么保持飞行方向的？"蜜蜂骄傲地回答："如果我迷了路，我就向着光亮的地方飞，那里总是正确的方向。"正在它们说话的时候，一个小男孩把它们抓住了，用一个玻璃瓶把它们倒扣在窗台上。为了逃命，蜜蜂开始运用它那寻找光亮的智慧；苍蝇则完全失去了方向，煽动着翅膀四处乱窜。这时，一阵风吹来，玻璃瓶被刮倒了，瓶底向着窗户，那正是阳光照进来的地方。

蜜蜂向着阳光的方向发起了一次又一次地冲击，却一次又一次地撞在厚厚的瓶底上。而苍蝇撞来撞去，不到两分钟就撞到了出口，获得了自由。

当苍蝇再次来到玻璃瓶边上时，蜜蜂已经精疲力竭地昏倒在瓶壁上。苍蝇不禁感叹："这么聪明的蜜蜂，竟然没有找到逃生的路！"

没有什么真理和经验是无界限的。获得的经验纵然是可贵的财富，但只有不断思考经验的边界，你才不会被其压垮。

83. 致富之道

有个工匠手艺很好，做出来的东西精巧而又耐用，所以他的生意很好，赚的钱也不少。可是工匠好吃、好穿、好玩，因而钱虽然赚得不少，老是不够用。

工匠的邻居是个大富翁。他听人说这个富翁原来很穷，后来不知为什么，钱就渐渐多了起来。工匠便想去请教富翁，问他如何才能有钱。

到了富翁家，他先说明来意。富翁听了，微微一笑，说："这个嘛，说来话长，却也很简单，你且等一等，让我先把灯熄了，再好好对你说。"说着，顺手就把灯关了。

工匠原也是个聪明人，一看这个情形，马上便明白了，立刻高高兴兴地站起来，说："先生，谢谢你，我已经都明白了，原来致富之道就在于'勤俭'二字，是不是？"

勤是勤劳，俭是节俭。卖力工作固然能增加收入，但还要懂得当用则用、当省则省的道理，这样才能积贮财富。

84. 翠鸟的悲剧

一只翠鸟在岸边的土坡上哭泣。小花猫不由地问道："翠鸟，你为什么哭得如此伤心？"翠鸟说："我的三个小宝宝都被淘气的小孩子们给掏走了！"小花猫有几分不相信："你们的家在又高又陡的山崖上，是很安全的呀！"翠鸟说："我是那么疼爱我的小宝宝，我不愿让我的小宝贝受到一丝一毫的委屈和伤害。看着小宝宝调皮好动，我怕窝做在很高的地方，万一小宝宝摔伤了怎么得了！我就在低处做了一个窝让小宝宝们搬了进去。小孩子踮起脚就能摸到我们的窝了。我的小宝宝被捉走了。我真后悔呀！我深爱着我的小宝宝，最终却害了我亲爱的骨肉！"说完，翠鸟又悲鸣起来。

小花猫安慰翠鸟："事已至此，你也不要太伤心了。你的爱，你过分慷慨的爱害了你的孩子们，这是溺爱。溺爱并不是真正的长远的爱，它导致了窝毁鸟亡的悲惨结局。蒲公英母亲留给孩子们的遗产就是一把远飞的小伞，它让孩子们去独自闯天下，自立自强。为孩子长远打算，培养它们自立自强的意识和能力，这才是真正的爱呀！"翠鸟听了小花猫的一番话，惭愧而又自责地低下了头。

85. 欲速不达

一个商人在集市上的生意很红火，卖完了所有的货，钱袋装得满满的。他想天黑前赶到家，便把钱袋捆在了马背上，骑着马儿出发了。

中午时分，他到了镇上并休息了一会。当他想继续赶路时，马童牵出马来对他说："老爷，马后腿的蹄铁上需要加颗钉子。""由它去吧，"商人回答说，"这块蹄铁肯定能撑到走完这六里路，我要急着赶路呢！"

他骑着马儿继续往前走，但不久以后马就开始一步一瘸的了，再过一会儿就开始踉踉跄跄，最后终于跌倒在地，折断了腿。那商人只好扔下他的马，解下钱袋背在背上，步行回家。等他赶回家时天已经黑了，只听他嘀咕道："都是那颗该死的钉子把我害惨了。"

86. 商鞅的立木为信

春秋战国时，商鞅在秦孝公的支持下主持变法。当时战争频繁，人心惶惶，为了树立威信，推进改革，商鞅下令在都城南门外立一根三丈高的木头，并当众许下诺言：谁能把这根木头搬到北门，赏金十两。围观的人不相信如此轻而易举的事能得到如此高的赏赐，结果没人肯出手一试。于是，商鞅将赏金提高到50金。重赏之下，必有勇夫。终于有人站出来将木头扛到了北门。商鞅立即赏了他50金。通过这一举动，商鞅在百姓心中树立起了威信，商鞅的变法就很快在秦国推广开了。新法使秦国渐渐强盛，为秦国最终统一东方六国奠定了基础。

87. 周幽王烽火戏诸侯

周幽王有个宠妃叫褒姒。为博取她的一笑，周幽王下令在都城附近的20多座烽火台上点起烽火。烽火是边关报警的信号，只有在外敌入侵需召诸侯来救援的时候才能点燃。诸侯们见到烽火，纷纷率领兵将匆匆赶到，弄明白这是君王为博妻一笑的花招后又愤然离去。褒姒看到平日威仪赫赫的诸侯们手足无措的样子，终于开心一笑。五年后，犬戎大举攻周，幽王烽火再燃而诸侯未到，因为谁也不愿再上第二次当了。结果幽王被逼自刎，褒姒被俘虏而去。可见，"信"对一个国家的兴衰存亡起着多么重要的作用。

88. 白岩松的幸福

2009年，白岩松的身边走了两个朋友：6月份，央视名嘴罗京因患淋巴癌去世；8月份，浙江卫视年仅28岁的新闻主播梁薇心脏病突发病逝。白岩松感慨之后又有了新的想法，他要给自己减负了。他不仅开始控制体重，还辞去了三个制片人的职务，只保留了一个"新闻评论员"的名头。同行们都知道白岩松很有一套养生方法，就把他成了大家的养生顾问。白岩松也大方地给人家"把脉开方"。他以精神疗法为主，就是让人们保持积极向上、开朗乐观的心态。

10年过去，有许多人问他理解的幸福是什么，他的回答是："幸福一定是可持续性的，有一种感恩的感觉。幸福是每个人内心的感受，就像穿鞋子，舒服不舒服只有自己知道。

花三万块钱给你做双金鞋子，穿着不舒服也不会感觉到幸福。"

89. 爱因斯坦的悔悟

爱因斯坦16岁那年，由于整日同一群调皮贪玩的孩子在一起玩耍，致使几门功课不及格。一个周末的早晨，爱因斯坦拿着钓鱼竿准备和那群孩子一起去钓鱼。父亲拦住了他，心平气和地对他说："爱因斯坦，你整日贪玩，功课不及格，我和你的母亲很为你的前途担忧。"

"有什么可担忧的？杰克和罗伯特他们也没及格，不照样去钓鱼吗？""孩子，你千万不能这样想。"父亲充满关爱地望着爱因斯坦说，"在我们故乡流传着这样一个寓言，我希望你能认真地听一听。有两只猫在屋顶上玩耍。一不小心，一只猫抱着另一只猫掉到了烟囱里。当两只猫从烟囱里爬出来时，一只猫的脸上沾满了黑烟，而另一只猫的脸上却干干净净。脸上干净的猫看见满脸黑灰的猫，以为自己的脸也又脏又丑，便快步跑到河边洗了脸。而黑脸猫看见脸上干净的猫，以为自己的脸也是干净的，就大摇大摆地到街上闲逛去了。"

"爱因斯坦，谁也不能成为你的镜子，只有自己才是自己的镜子。拿别人做自己的镜子，天才也会照成傻瓜。"

爱因斯坦听后，羞愧地放下鱼竿，回到了自己的小屋里。

从此，爱因斯坦时常拿自己作为镜子来审视和映照自己，并不断地自我暗示：我是独一无二的，我没有必要像别人一样平庸。这就是爱因斯坦之所以成为爱因斯坦的原因。

一千个人有一千种生活方式，有一千个生活愿望，不同的生活方式和愿望，就会产生不同的生活态度。你可以参照别人的态度确定自己的态度，但你永远不能照着别人那样做。

你必须看清自己，并清楚自己想追求什么。你的未来如何，不取决于别人怎样做，而是取决于你自己怎样做。

90. 高贵的自由

有人问丘吉尔的母亲，是否为自己当首相的儿子感到骄傲。她说："是的，我还有一个儿子正在田里挖土豆，我也为他感到骄傲！"人的一生要面对许多人，要经历许多事，但无论如何都要活得自由而高贵。其实，这也不难，学会平视权威，你会变得气宇轩昂，即高贵；学会尊重法律，你会活得心安理得，即自由！

91. 姚明：动力来自目标

目标是一个人想要达到的境地，是一个人努力想要得到的结果。动力与目标又有何联系呢？如果说从目标的起点到终点是一段路，那么走完这段路的动力便是实现目标的强烈愿望。目标的起点就是制定目标，目标的终点就是达到目标。很多人都有过这段路的历程。比如姚明。

很多人都知道姚明有高大的身躯，可高大的身躯不见得就一定是好事。姚明小的时候，个子就很高了，当然，他的脚也特别大。有时候，父母要给他买双鞋，可能要跑遍整条街，有时还买不到——他的脚太大了。——这种情形只有定做鞋子。姚明听说进 NBA 能有定做鞋子的"特权"。于是，姚明定了一个目标——要进 NBA，这样就不必为鞋子而烦恼。姚明成功了，他走过了一条"路"——达到目标的路。不容忽视的是他为了达到目标，付出了艰辛的努力。又是什么赐予了他动力呢？当然是目标，是对于实现目标的渴望。姚明是那一段"路"的"胜利者"。可见动力确实来源于目标，目标的高低，决定了"路"的长度，也决定了动力的大小。

92. 乐观

罗斯福在当选美国总统之前，家里被盗，朋友写信安慰他。罗斯福回信说："谢谢你的来信，我现在心中很平静。第一，窃贼只偷走了我的财物，并没有伤害我的生命；第二，窃贼只偷走一部分东西，而非全部；第三，最值得庆幸的是做贼的是他，而不是我。"

美国前总统里根，在任初期，有一次被枪击中，身负重伤，子弹穿进了胸部，情况危急。在生死攸关的时刻，里根面对赶来探视的太太所说的第一句话竟是："亲爱的，我忘记躲开了。"美国民众得知总统在身受重伤时仍能保持幽默本色，相信康复应该指日可待。他的幽默稳定了因受伤而可能产生的动荡局势。

事情的好坏不重要，重要的是从哪个角度去看待。

93. 掌握自己的情绪，才能掌握自己的未来

一次，英国首相丘吉尔在公开场合演讲。从台下递上一张纸条，上面只写了"笨蛋"两个字。丘吉尔知道台下有反对他的人等着看他出丑，便神色从容地对大家说："刚才我收到一封信，可惜写信人只记得署名，忘了写内容。"丘吉尔不但没有受到不快情绪的控制，反而用幽默将了对方一军，这招实在是高！

94. 鲁迅的好学精神和读书方法

鲁迅的脑子，就是万有文库，"取之不尽，用之不竭"。这除了他有非凡的记忆力之外，就是他的勤于学习、好学不倦的精神，以及有用的读书方法。

鲁迅先生工作时总是聚精会神。为了防止外人打扰，他总是深夜工作。有一次，差不多是深秋，天快暗了，他还在那里拿着笔写啊写啊！夫人许广平打算劝他休息一下，双手放在他的肩上，哪晓得他却满脸不高兴。本来，许广平就有些孩子气，满心好意，却得到这般回应，就感到很难过。稍后，鲁迅给夫人解释道："写东西的时候，什么旁的事情是顾不到的，这时最好不理他，甚至吃饭也是多余的事。"

鲁迅的工作态度是兢兢业业、一丝不苟的。他亲手校对书稿时，每行的高低，字的大小、偏正，全页的位置，他都仔细察看，严加改正，不惜再三变更，直到满意为止。至于字句的正误，那就更不必说了。所以，校稿，也许使人觉得厌烦，但等到书一出版，是没有不满意的，没有不博得良好声誉的。

鲁迅研究学问有坚持不懈的精神。鲁迅认为需要学某一种学问，便埋头专门钻研，坚持不懈。比如社会科学，原先他并不十分注意。但1927年，革命转折时期，严酷的阶级斗

争现实，使鲁迅深深感到进化论思想的偏颇。由于革命的需要，他刻苦学习马列主义理论。从1929年起，三四年间他几乎每天手不释卷。这样刻苦学习才使他后来以杂文的形式多次发表对教育的评论和意见，痛击国民党反动派压制学生思想、镇压学生抗日救国运动的反动教育政策，深刻剖析了封建的买办的法西斯教育的实质。一文刊露，群丑敛声。鲁迅先生终于用阶级观点看待问题、分析问题，逐步形成了共产主义世界观，成为无产阶级伟大的革命战士。

鲁迅认为，读书不应无重点地乱读一气，什么书都去涉猎。他还认为就是同一本书，也不必每章、每节"一视同仁"。有一次，他在指导清华大学文学系学生许寿裳的儿子许世瑛读《抱朴子》时就指出：该书"内篇"宣扬神仙方药、鬼怪迷信，是错误的，可以不读；"外篇"论述人间得失，臧否世事，有不少正确的言论，这就是要读的重点。

鲁迅认为，平均使用力量，会白白地浪费时间和精力；采取"重点进攻"的方法，会比平均使用力量收效好很多。

95. 上课打瞌睡的男孩

在1979年到1980年间，在哥伦比亚大学，一个政治科学系的大一新生在课堂上总是无精打采。他喜欢坐在教室左后方的一隅，听得无趣，便索性呼呼大睡。

他叫李开复，此君并非厌学，而是对政治科学越来越隔膜。如此蹉跎到大二，他决定快刀斩乱麻——转系，改学自己感兴趣的计算机专业。

兴趣是什么？美式的教育认为，兴趣就意味着天赋。李开复在计算机系如鱼得水，两年后毕业，成绩居于全系之冠。

26岁的李开复功成名就，当上卡内基梅隆大学最年轻的副教授。如今，李开复正在按照他本人的意愿，在神州大地进行"创新工场"试验。他会成功吗？我想这是毫无疑问的。那么，他的成功最主要的原因是什么呢？诚如他自己所言："人生在世，时间非常短，如果你总是不敢做想做的事情，那么一生过去了，留下来的只有悔恨，只有懊恼，在生命终结时，却发现自己从来没有活过。"

96. 胜在险中求

一位长跑运动员初次参加比赛就夺得冠军，并且破了世界纪录。记者将他团团围住，向他询问成功的缘由。出乎意料的是，这位优胜者把骄人的成绩归功于一只狼。他说："三年前我开始练长跑，训练基地就在山岭之间。每天凌晨两三点钟，教练就让我起床，独自一人到外面训练。我尽了最大的努力，可是成绩一直不理想。有一天早上，我正在途中奔跑，忽然听见身后传来零星的狼叫。那可怕的声音越来越急促，距离我也越来越近，好像就在身后。我断定自己被狼盯上了，只得玩命地往前奔跑，甚至连头都不敢回。那天训练结束，我跑出了惊人的好成绩。教练走到我的身边，问我何以一夜间取得突破，我说我听见了狼的叫声。教练诡秘地开导说，看来不是你不行，而是你的身后缺少一只狼。后来，我才知道，那天早上根本就没有狼，我听见的狼叫是教练模仿出来的。从那以后，每次训练我都想象有狼在身后追赶，成绩就不断提高。今天参加这场比赛，我照样想象身后有一只狼,我竭尽全力地奔跑,所以取得了成功。"

人的成功有时是被危险逼出来的。歌德就说过:"人的潜能就像一种强大的动力,有时候它爆发出来的能量,会让所有的人大吃一惊。"

97. 文彦博树洞取球

宋朝的时候,有个政治家叫文彦博。他小的时候非常聪明,又特别肯动脑筋。有一天,他和几个朋友在外面踢球玩儿,忽然球滚到树下一个很深的洞里。大家有的用手掏,有的用棍儿捅,但树洞又深又曲,怎么也取不出来。这时,文彦博想了一个好办法。他让别的小朋友用桶打来水,灌到洞里。水灌满了,球果然浮了上来,小朋友们很容易地拿到了球。大家都夸文彦博聪明,能想出这么好的办法。

98. 教养

说起教养,我想起了一位朋友讲述的他亲历的一件事:几年前,她乘国际航班时,身旁坐着个八九岁的德国男孩儿。飞机到达目的地停下后,她习惯性地将身上盖的毯子往座位上一放,准备下飞机,却发现旁边的德国男孩儿将自己用的毯子十分整齐地叠起来,放进之前装毯子的塑料袋里,然后塞进前面的靠背里。男孩子的行为让我那位朋友感到很惭愧。她赶忙将毯子重新拿起,也像那男孩子一样认真地叠起来。但前后叠了三遍,总不及男孩儿叠得整齐。朋友说,这是她此生感到最惭愧的一件事情。

对德国男孩儿那看起来自然而然的行为,我的朋友由衷地感叹道:那就是教养!

99. 乌龟的意见

格洛丽亚·斯坦姆是女权主义运动的领导者兼作家。学生时代,在一次地理考察中,她做的一件错事给她上了人生中最重要的一课。

在史密斯大学演讲时,斯坦姆和听众分享了这次经历:"考察中,在蜿蜒的康涅狄格河畔,我发现了一只巨大的乌龟趴在一段路的护堤上。它显然是从河里爬上来的,经过了一段土路才来到现在这个地方。它还在继续前进,随时有被汽车压死的危险。"

"同是地球上的生物,我觉得帮助它是责无旁贷的。于是我走上前,连拉带拽,最后总算把这只乌龟从路障上带回岸边。这期间,它还不断愤怒地想咬我一口。"

"当我正要把乌龟推回河里时,地理学教授走过来,并对我说:'你知道,为了在路边的泥里产卵,那只乌龟可能花了一个月的时间才爬上公路,结果你要把它推回河里!'"

"哎,我当时懊恼极了。不过,在后来的岁月里,我发现那次经历给我上了人生中最生动的一课,它时刻提醒我不要犯主观臆断的错误。不管你是激进主义者还是保守主义者,在做有关'乌龟'的决定时,都不要忘记听听乌龟们的意见。"

现实生活中,我们在作出某项决定时,往往是打着"爱"的旗号,结果恰恰是带来"恨"的回报。原因其实很简单,就是没有"听听乌龟们的意见",越俎代庖地犯了主观臆断的错误。学会倾听,与其说是一种技巧,还不如说是一种品质。

100. 仅有天赋是不够的

如果你和美国男子游泳队教练鲍勃·鲍曼待上一段时间，你就会明白为什么有些人在自己的领域会从优秀步入卓越。就像鲍曼的爱徒菲尔普斯那样，从一位优秀运动员成了纪录创造者。菲尔普斯在历届奥运会和世界游泳锦标赛上的成绩是惊人的，他总共获得22枚奖牌，其中有18枚金牌，这在世界泳坛上毫无疑问是一个极其伟大的成绩。从与鲍曼的交流中可以知道，即使是菲尔普斯这样的选手，仅有天赋是不够的，要想取得卓越的成就三个日常习惯是不可或缺的。

（1）愿景

"我的运动员不会有为什么我们要待在游泳池的疑问，也不会有我们这一天在泳池里要做什么这样的问题。"根据鲍曼的说法，他们的愿景就是能够游出一个足以赢得奖牌的机会。鲍曼的策略是教育他的运动员注重过程，而不是结果。在鲍曼看来，人无法认定或者预测谁赢得比赛的金牌；如果你游的足够快，那么结果是水到渠成的；奖牌只是有形的回报。但鲍曼相信作为一个领头者和一位想要达到巅峰状态的个体，更重要的是每天能够追求卓越，提醒自己或者自己的团队别忘了终极愿景，这个日常习惯会让你永载史册。

（2）心理预演

愿景和心理预演就像一枚硬币的两个面。鲍曼说："你必须要计划你的内部'取景框'。像菲尔普斯，在比赛前几个月，他会进入一个轻松的状态，每天他会花两个小时在泳池里进行心理排练，他认为自己赢得了胜利，他会嗅下空气，尝一下水，听听一些声音，看看表。"鲍曼还认为，菲尔普斯一步步地让自己跳出来，以一个旁观者来看自己，就像站在看台上的观众一样，他认为自己也能克服障碍。例如，如果他在一场比赛中落后了，他知道自己应该怎么做，然后就针对潜在可能出现的场景去练习。根据鲍曼的说法，心理预演已经被证明是一个很成熟的技术，它几乎可以让每一次努力都达到顶峰。"大脑无法分辨那些形象是想象还是真实的东西。如果你可以创建一个清晰的精神图景，并想象自己去如何实现它，那么你的大脑会立即找到达成目标的办法。"这是鲍曼的经验总结。

（3）练习

就一个人即使拥有天赋（像菲尔普斯臂展便达到了2.01米），但如果不通过长时间的练习，那他也无法取得优异的成绩。为了备战2004年奥运会，菲尔普斯一年训练365天，而这样的状况持续了六年！鲍曼说："我之所以了解是因为我亲历了这一切。圣诞节、新年还有生日都无一例外，菲尔普斯要比我们见过的任何人训练都更刻苦。"

观众往往认为，那些取得大成就的人，之所以有过人表现都是因为与生俱来的天赋，因为看起来他们赢得都很轻松，但事实并非如此。练习中的优异表现是可以输入你的大脑，而这对你找到巅峰状态是极大帮助的。这样，当在比赛的某一天，你能够清楚地了解自己的想法，还有身体会怎么做，也坚信这一点。因为在之前你已经练习了几十次、几百次，或者像菲尔普斯那样做了成千上万次。这三个日常习惯可能无法让你去参加奥运会，但只要坚持这样做，那么在真正的比赛中你就有很大机会超越你的竞争对手。

101. 学会变通

一位老者悠闲地散着步，忽然听见远处传来一阵打骂声。他好奇地走过去，看见一位母亲正在大发雷霆地打骂自己的孩子，孩子吓得哭成了一团。老者急忙上前去阻止，说："这位太太，有话好好说，别打孩子呀！"

母亲气呼呼地说："这孩子太顽皮了，让他写完作业再出去玩儿，他偏不听，非偷跑出去玩儿。让他回去写作业，他还一脸不服气，真是气死我了。"

老者听完笑笑说："这位太太你没听过'朝三暮四'的故事吧？"

母亲摇摇头，有些不好意思地说："我没念过几年书，就因为没文化一辈子吃苦受累，所以我希望我的孩子能有出息。"

老者感叹地说："有谁不希望自己的儿女成龙成凤呢？可是小孩子是需要教的，你听我给你讲。"下面是老者讲的故事。

战国时代，宋国有一个养猴子的老人，他在院子里养了许多猴子。日子一久，这个老人和猴子竟然能沟通讲话了。

这个老人每天早晚分别给每只猴子四颗栗子。几年之后，老人的经济越来越不宽裕了，而猴子的数量却越来越多，所以他就想把每天的栗子由八颗改为七颗。于是，他就和猴子们商量说："从今天开始，我每天早上给你们三颗栗子，晚上还是照常给你们四颗栗子，不知道你们同不同意？"

猴子们听了，都认为早上少了一个，于是一个个开始吱吱大叫，而且还到处跳来跳去，好像非常不愿意。

老人一看到这种情形，连忙改口说："那么我早上给你们四颗，晚上再给你们三颗，这样该可以了吧？"

猴子们听了，以为早上的栗子已经由三颗变成四颗，跟以前一样，就高兴地在地上翻滚起来。

这就是"朝三暮四"的故事。

母亲认真地听完，若有所思地想了半天，对孩子说："你在这里玩儿吧，妈妈回去做饭，记得玩一个小时后回去写作业。"

孩子欢呼了一声，高兴地跑开了。

母亲笑着问老者说："应该是这样吧？"

老者冲着母亲竖起了大拇指说："这样就对了，大家也就习惯把'朝三暮四'理解为没有原则、反复无常了。可是我觉得，它还有一层意思，就是对待一样的事情需要变通。就像孩子在学校学习了一天，放学回来应该顺着他的意儿让他出去玩儿一会儿，缓解一下学习的压力，这样我想孩子回去后完成作业也会又好又快的；反之，你让他先写作业他就非常反感，不但不想写还对学习生出了厌烦之心。"母亲听完后，认真地点了点头。

102. 王献之练字

王献之的父亲王羲之是一位杰出的书法家。王献之受父亲的影响，自幼爱好书法。他对父亲写的字非常羡慕，很想有一天能赶上父亲。

开始练字时，他的热情很高，劲头也很足，可是时间长了，就觉得天天同笔墨打交道，有点乏味。再加上一天到晚坐在那里写呀写的，累得腰酸背痛，他感到实在不好受。

一次，他实在忍不住了，问父亲："父亲，您的字为何写得那样好？"王羲之笑了笑，说："你要想知道秘诀的话，明天早上到院子里来。"

第二天，王献之早早来到院子里，发现父亲已经在那儿练字了。王羲之见儿子来了，指着院子里那18缸水说："书法没有秘诀，只要你写完这18缸水，字自然而然就好了。"王献之深受启发，便夜以继日地练字。

转眼，一年又一年过去了。功夫不负有心人，当写完这18缸水后，王献之终于成了一名伟大的书法家。

凡事要获得成功，没有终南捷径，只有坚持不懈地努力。学会坚持，就一定能成功。

103. 鳗鱼的启示

古代的时候，日本渔民每天都出海捕鳗鱼。因为般舱很小，回航的时候鳗鱼差不多死光了。有一位渔民，他的船舱和捕鱼的工具跟别人没有什么不同，但他每次回航时鳗鱼都是活蹦乱跳。所以，他的鳗鱼卖得很好，价格甚至超过了别人的一倍。

不出几年，这个渔民就成了富翁，直到弥留之际他才将其中的秘密告诉了他的儿子，原来他在装鳗鱼的船舱里放上一些鲶鱼。

鳗鱼和鲶鱼天生爱斗，鳗鱼为了对抗鲶鱼的攻击被迫竭力反抗。在处于战斗的状态下，鳗鱼的生存本能被充分地调动了起来，所以都活下来了。

他对儿子说鳗鱼之所以死是因为它们知道自己被捕了，等待它们只有死路一条，生的希望破灭了，所以在船舱过不了多久就死光了。

渔夫还告诉儿子一定要勇于接受挑战，因为在挑战面前生命才充满生机和希望。

104. 人生的蛋糕

男孩向祖母倾诉生活中的不如意——在学校的生活让他极不适应。其间，祖母一直在烘焙蛋糕。她问孙子是否愿意品尝一下，男孩欣然答应了。

"来，喝点食用油。"祖母说。

"讨厌！"男孩说道。

"那么来两个生鸡蛋吧！"

"太恶心了，奶奶！"

"那么你愿意吃点面粉还是一些发酵粉？"祖母问。

"奶奶，我都要吐了！"男孩回答道。

"是的，这些东西单独品尝起来味道很差。但是当它们以恰当的比例和正确的方法混合在一起时，美味的蛋糕就做成了。"奶奶说，"上帝的做事方式也一样。很多时候我们会想上帝为什么要让我们经历这么多苦难。但是上帝知道，当他按照自己的顺序把困难排列好时，美妙的人生就开始了。"

无疑，蛋糕是对人生最好的诠释：生活中的酸甜苦辣，经过有机组合，丰富的人生便产生了。

105. 机智的夫妻

午夜，妻子被尿憋醒，睡意蒙眬地打开卧室灯去厕所。就在灯亮的那一瞬间，妻子隐约看见一个黑影闪到了客厅的窗帘后面。

妻子一激灵，人一下子清醒了。她一边不慌不忙地向厕所走去，一边想着最近的新闻报道。新闻里说，本市出现了一名入室抢劫杀人的歹徒，已经作案多起，手段残忍之极，从不留活口，至今尚未抓获归案。这黑影该不会就是那个歹徒吧？如果是，该怎么办？

从厕所出来，她故意打了一个哈欠，趁机往窗帘下面瞧了一眼，一双男人的脚赫然站在那里。她强忍着狂跳的心，慢慢地走进了卧室，悄悄叫醒了丈夫，在他耳边小声地说了刚才看见的情景。丈夫的眼里露出了一丝恐惧的惊慌，把眉头紧皱，想着主意。

夫妻俩四目相对，两手紧紧地握在一起，悄悄开起了枕边会议。这时客厅里传出了微小的声响，夫妻俩紧张得心都快跳出来了。

就在这时，丈夫突然狠狠地抽了妻子一个嘴巴说："贱货！告诉你多少遍，睡觉时不要碰我的头发。"

妻子大声哭喊着说："你这个人蛮不讲理，这么多年的夫妻，你竟然对我说打就打，我早就忍受够了。"说完她套上衣服，冲出了卧室，打开门跑了出去。他们就像一对经常吵架夫妻一样。

丈夫看见妻子跑出去，哪里很肯罢休，冲到厨房拎起一把刀，说："贱货，看我今天不宰了你。"他边说也边冲出了屋门，然后把门在外面锁上。

躲在窗帘后的歹徒刚想动手抢劫的时候，就听见他们的吵闹声，只好躲回窗帘后。

最后，歹徒发现夫妻俩先后跑了出去后，也想随着出去，可门已被锁上了。他想跳窗户逃跑，发现窗户全都被关死了。就在他吃惊的时候，远处传来了警车的鸣叫声……

106. 农夫圈地

有一个农夫，每天早出晚归，耕种着一小片贫瘠的土地，累死累活，收效甚微。一位天使可怜农夫的境遇，就对农夫说，只要他跑一圈，圈内的土地就全归他所有。

于是，农夫兴奋地朝前跑。跑累了，他本该停下来休息一会儿，然而，一想到家里的妻子、儿女们需要很多的土地，又拼命地往前跑。

有人告诉他，他该往回跑了。可农夫根本听不进去，他只想得到更多的土地和更多的金钱。

最后，他终于心衰力竭，倒地而亡。生命没有了，土地没有了，一切都没有了。膨胀的贪欲使他失去了一切。

故事发人深省。欲望是人前进的动力，人活着，当然要努力奋斗往前走。但人在前行的路上不能盲目，应当知道"往回跑"。不然，你就会陷入迷茫，步入绝境。

107．黄马夺冠

白马、黑马和黄马是同胞兄弟。它们的身体条件差不多，也都有着将来在草原赛马会上成为冠军的美好愿望。

它们的妈妈是上一届赛马会的冠军。经过长期训练后，它们和妈妈比试，结果都输给了妈妈。观看比赛的羚羊对它们进行了一顿讽刺挖苦。白马怕再一次遭受别人的讽刺，再也不敢和妈妈赛跑了。

黑马和黄马毫不气馁，继续坚持锻炼，风雨无阻。不久，它俩的奔跑速度有了很大提高。有一次，它俩又和妈妈赛跑，竟不分胜负。观看比赛的黄牛爷爷不停地赞扬，夸它俩将来一定有出息。

面对赞扬，黑马心里乐滋滋的，认为自己的本领已经到家了，于是就不再刻苦锻炼了。只有黄马毫不松懈地锻炼。

终于，在一年一度的草原赛马会上，黄马凭着自己过硬的本领，夺得了金牌。

白马和黑马非常委屈地问妈妈："我们兄弟三个，身体素质都差不多，为什么黄马成功了，我们失败了？"

妈妈感慨地说："孩子，只有黄马既耐得住失败时别人的嘲讽，又经得起胜利后他人的赞美，不管外界怎么评价，一直朝着目标不松懈，你们做到了吗？"

108．九类行为纳入旅游不文明记录

国家旅游局日前修订形成了《国家旅游局关于旅游不文明行为记录管理暂行办法》（以下简称《办法》）。《办法》明确将中国游客在境内外旅游过程中发生的因违反境内外法律法规、公序良俗，造成严重社会不良影响的行为，纳入"旅游不文明行为记录"。这些行为包括：扰乱航空器、车船或者其他公共交通工具秩序；破坏公共环境卫生、公共设施；违反旅游目的地社会风俗、民族生活习惯；损毁、破坏旅游目的地文物古迹；参与赌博、色情、涉毒活动；不顾劝阻、警示，从事危及自身以及他人人身财产安全的活动；破坏生态环境，违反野生动植物保护规定；违反旅游场所规定，严重扰乱旅游秩序；国务院旅游主管部门认定的造成严重社会不良影响的其他行为。

《办法》明确将从事旅游经营管理与服务的工作人员在从事旅游经营管理和服务过程中因违反法律法规、工作规范、公序良俗、职业道德，造成严重社会不良影响的行为，纳入"旅游不文明行为记录"。这种行为主要包括：价格欺诈、强迫交易、欺骗诱导游客消费；侮辱、殴打、胁迫游客；不尊重旅游目的地或游客的宗教信仰、民族习惯、风俗禁忌；传播低级趣味，宣传迷信思想；国务院旅游主管部门认定的其他旅游不文明行为。

"旅游不文明行为记录"信息保存期限为1年至5年，实行动态管理。旅游不文明行为当事人违反刑法的，信息保存期限为3年至5年；旅游不文明行为当事人受到行政处罚或法院判决承担责任的，信息保存期限为2年至4年；旅游不文明行为未受到法律法规处罚，但

造成严重社会影响的,信息保存期限为1年至3年。

——《人民日报》(2016年06月01日11版)

109. 过分强调职业冷热是社会浮躁的表现

近日,麦可思研究院发布的《2016年中国大学生就业报告》公布了2016年中国热门及冷门职业,其中"中小学教育""互联网开发及应用""金融(银行、基金、证券、期货、理财)"均是社会需求量增加最多的职业类,而"机械""仪器仪表""建筑工程""电子"则是社会需求量降低最多的职业类。

看到这样的新闻,毕业生们的心情可谓五味杂陈。对于热门专业的学生而言,求职需求的上升意味着就业机会的增加,自然欣喜不已。而对于冷门专业的学生而言,或许会面临就业岗位"僧多粥少"的局面,难免忧心忡忡。

欣喜也好,忧虑也罢,体现的是个体对于自身职业发展的思考。若放在社会层面,则意味着市场发展趋势的变动,意味着职业选择观念的改变。俗话说:"三十年河东,三十年河西。"职业的冷热变化其实不足为奇。20世纪80年代初,正值改革开放的初期,社会主义市场经济体制尚未确立,青年所选择的大多是文史哲、数理化一类的基础学科,财经、商贸、法律、艺术类的专业并非首选。不过,随着经济形势的变化,前者很快趋于冷寂,"学好数理化,走遍天下都不怕"的豪迈口号,变成了"造原子弹"不如"卖茶叶蛋"的无奈调侃。一时间,出没于谈判场合的白领、在法庭上口若悬河的律师、在电视上侃侃而谈的主持人,成为人们羡慕的对象。顺应这种需求,高校纷纷开办相关专业,并不断扩招。一时间,几乎所有的大学都有经管、新闻、法律专业。

而当这些所谓的热门专业趋于饱和之后,其所带来的人才过剩问题,便成了尾大不掉的难题。以法学专业为例,由于开办条件相对容易,在21世纪初,各大高校掀起了开办法学专业的热潮,一时间人人争当法官、律师,这才逐渐造成人才过剩,加上近年来法律行业求职门槛提高,使得许多毕业生不得不转行。入校前的"香饽饽"成了毕业时的"冷馒头",这种滋味难免有些苦涩,而这背后也有职业选择盲从、高校定位错误的原因。

职业,对于个人而言是安身立命的饭碗,直接关系到自身的生存与发展。由此来看,学生们选择热门专业是很正常的事。然而"人人想选"并非"人人都选",所谓热门专业、冷门专业只是相对的概念。尤其是那些应用性强的专业,容易随市场波动,出现冷热变化不定的情况。况且,专业并非职业,它只是选择职业的基础。如文史哲专业,更多体现的是自我文化修养的提高,而非某种特定的技能。如今我们把专业完全等同于职业,将高校的职能定位为短、平、快的职业培训,无疑与高校追求卓越、提倡创新的理念背道而驰。

职业有冷热,专业无好坏,过分强调职业的冷热是社会浮躁的表现,也容易给个体的职业选择带来负面影响。与其一拥而上,不如理性对待。同时,我们也应该反思近十几年来的职业发展状况,进一步平衡政府、高校、市场三者之间的互动关系,以真正实现人尽其才的目标。中国要想走向人才强国,靠的是长远的规划,而不是短时的利益。"风物长宜放眼量",看得远,才能走得更远。

110.《京华时报》：破除"没公车不下乡"的说辞

公车改革实施以来，"围着轮子转、隔着玻璃看"式走马观花的下乡走访减少了，取而代之的是各地开展政府购买服务或集中调配车辆的形式，提高了公车的利用率。但记者在湖南、河南、山西等地采访时发现，个别地方干部抱怨申请不到公车，或车补不到位等，出现了"没公车不愿下乡""尽量少下乡"的情况。

此前，曾有官员受访时称，车补实施后，用车肯定不方便，"能不出差就不出差"。果不其然，从记者的调查可知，抱有这种心态的官员并非少数。没公车就不下乡，像是撒娇，更像是赌气，又带有一点叫板的意味。其潜台词很明显——你不把我伺候好，我就不干事；你夺走了我的福利，我就给你点颜色看看。

当然，这只是我的推断。但是，从一些基层官员"没公车就不下乡"的现象来看，一些涉事官员明显背离了两个本分。

其一，下乡是职责所系，实属本分。有没有公车都应该下乡，岂可讨价还价？正如有学者所称："在没有公车的年代，老一辈的基层干部不也都坚持下乡吗？"享乐在前，拈轻怕重，为了不干事便生硬找借口，这是对自身职责的背弃。

其二，一些官员本就不该享受配备公车福利，被拿走公车名正言顺，如果再拿公车说事，消极工作，就属于无理取闹。进而言之，这是对公车改革的阻挠，也是对中央政见的不配合。

基层事务多、工作繁忙、很辛苦，这是事实，但是，如果一名官员动辄以没有公车为由不愿下乡，就是值得立即重视的现象和问题。其实，所谓的"没有公车"，很多时候，只是一些基层官员找到的借口而已。即便公车为他们配备好了，他们就一定会兴致勃勃地下乡？未必！"只要精神不滑坡，方法总比困难多。"只要想下乡，总会有办法；只要有一颗为老百姓服务负责的心，总会突破现有难题尽力下乡的。

如何破除没车不下乡的说辞？一方面，监管部门要实地调查，探究所谓的"没公车不下乡"是否属实，如果所下的乡与官员的实际办公地确实相隔遥远，且山路崎岖，没车确不方便，那就应该协调派车，否则既要马儿跑又要马儿不吃草，未免苛责；另一方面，如果查实相关官员纯粹找借口，那就应该依法依规处理，毫不留情。

习近平总书记曾批评一些官员为官不为："我们做人一世，为官一任，要有肝胆，要有担当精神，应该对'为官不为'感到羞耻，应该予以严肃批评。"破除为官不为，需要双管齐下，除了完善考核评价和激励机制，还应该将其上升到违法违规的高度，毕竟中央多次强调，为官不为也是腐败。

"为官避事平生耻"。不下乡怎能接地气？怎会有底气？不下乡，如何察民情、知民意？不下乡，又如何肩负使命、改革创新？只图享乐，不愿做事，就不该再当官。

111.专项治理"校园恶少"别光指望批评教育

背景：国务院教育督导委员会办公室印发的《关于开展校园欺凌专项治理的通知》，要求各地各中小学校针对发生在学生中间，蓄意或恶意通过肢体、语言及网络等手段，实施欺负、侮辱造成伤害的校园欺凌进行专项治理。该文件指出，要通过专项治理、加强法制教育、严肃校规校纪、规范学生行为，来促进学生身心健康，建设平安校园、和谐校园。

《京华时报》发表兵临的观点：据统计，2014年至2015年，光是媒体曝光的校园欺凌、暴力事件就多达43起，其中不光有以多欺少的暴力殴打，更有脱光衣服甚至逼吃大便这样的欺凌侮辱。一些极端个案的情形，让人很难相信那些事情会是在校学生所为。集中的专项治理整顿能在短期内迅速形成执法的威慑效应，第一时间激活学校的监管职责，同时也能快速引起全社会尤其是家长的关注和重视，从而推动各方力量参与到这一社会畸形现象的治理中来。或许人们需要反思：为什么培育人的机构却屡屡发生践踏人的恶性现象？是我们的孩子出了问题，还是学校的教育有问题，抑或是我们这个社会本身出了问题？这样分析可能有些过于宽泛，但在某种程度上，孩子就是包括家庭和学校在内的整个社会机制的"产品"。这种"产品"质量的好坏，决非全由基因决定，它更取决于每一个锻造环节是否有严格完善的"质量标准"。以此追问校园欺凌现象的症结，我们需要的不仅仅是一次大规模的专项整治，更需要遵循"人"的教育目标和规律，检讨并改进我们的教育制度和相关法律制度。

小蒋随想：校园暴力与欺凌的成因有许多，仅举两例供诸位思索。其一，当下的传媒极度发达，内容管理与分级却滞后。网络上充斥着大量不健康的内容，网络游戏与影视剧中的暴力与凶杀情节不胜枚举。这些东西常常未加筛选，就被青少年"吸收"乃至效仿。一些未成年人并不觉得实施暴力是违法犯罪，反而觉得很"酷"，欺辱同学很"爽"，还要拍视频上传网络显摆嘚瑟。其二，对于青少年违法与犯罪，仅是批评教育越来越显露出不足，处置手段的匮乏与尴尬明摆着。在某些案例中，14周岁以下青少年犯下杀人重罪，不承担刑事责任，进而再次杀人，引发了法律究竟是保护未成年人，还是客观上放纵犯罪的强烈争议。现实中，一些不良少年也因此对违法有恃无恐，从"小恶"一步步升级，直至犯下不可挽回的重罪。治理校园欺凌，避免"小恶霸"的形成，有关方面不能头疼医头，需要考虑并着手弥补更多短板。

——人民网

112. 拿什么管住"景区刻字留名"的坏毛病

背景：随处乱涂乱画是最常见的旅游不文明行为。海拔5000多米的珠峰大本营也未能躲过这种劫数——"到此一游""我来了"等签名刻画随处可见，珠峰大本营每月至少要清理两次。因为劝阻经常无效，管理部门将引入游客"黑名单"制度，并在媒体曝光。

《京华时报》发表铁永功的观点：到一个有纪念意义或者平时去不了的地方，总想留下点"我来了"的痕迹，这可能是人之常情。如果是帝王将相、名人大家留下的，还会成为景点，传为佳话。长城砖上刻的也不全是汉字，世界各地各种语言都有。所以，对于所谓不文明行为，首先要有明确区分。基本标准是：影响了他人或公共秩序，或者会对环境和文物造成破坏。如果为了满足自己的需求而影响别人观赏，或者对文物造成损伤破坏，则属于明显的不文明行为，严重的还涉嫌违法犯罪。尤其是明显违法的行为，应该依法从重处罚，包括纳入"黑名单"，提高违法成本，形成威慑力。珠峰大本营遇到的尴尬，固然有一些游客素质不高的原因，但是否也与景区过度开发、超过环境承载能力有关？还有，既然大家这么喜欢留下点印记，不如在条件允许的情况下，设立签名处、涂鸦墙等设施，引导游客有序留言、合法涂鸦，这不仅"解救"了那些文物和公共设施，说不定还能创造新的景点。

小蒋随想：据说，在北京八达岭长城上，近年刻字行为已大大减少。这不是因为游客的文明素养提升，而是八达岭长城的城砖乃至地砖上已被刻满各国文字与人名，实在没有"空地儿"给新来的游客"留念"，这种"极致"令人愕然。反观国外的一些景点，不文明刻字现象确实较少，绝大多数中国游客到了境外也能遵守当地风俗。在某种程度上，这说明国外景区的管理水平较之我们要高。但也要看到，八达岭长城上的各种外文刻字，也表明一些外国人的文明自律并不总能保持在较高水准。换言之，或好或差的环境，或高或低的管理水平，对于人的行为的影响是深刻而明显的，文明与不文明行径之间的"效仿性切换"值得深思。而引导行为的一大关键是，"没有规矩，不成方圆"。讲文明首先要设立规矩、遵循法治，让人们清楚地知道自身行为的界限，越界就要受到相关法规的惩处。相对于无形的道德与自律，法律法规具象而清晰，会对人产生现实的约束。通过外部约束产生内在约束，久而久之才会习惯成自然。

——人民网

113. 初中生"管闲事"救女教师该不该鼓励

背景：几天前，青岛一名女教师在公交站附近，突遭一名陌生男子拖拽。该教师惊恐万分，几度朝路人大声呼喊"我不认识他，快救救我"，但车站附近的成年人无一出手。最终4名放学准备回家的初中生挺身而出，组成人墙挡在陌生男子与女教师中间，并让周围人拨打110报警，歹人才落荒而逃。

《京华时报》发表汤嘉琛的观点：报道中有个细节：一名见义勇为的初中生起初以为当事双方是情侣在吵架，但经仔细观察发现女教师感到很害怕，似乎确实不认识拖拽她的男子，于是决定与同学一起出手相助。与那些视而不见或仅选择围观的成年人相比，这几位小英雄最大的区别在于，他们在"要不要管他人家事"这个问题上没有纠结太久。在欧美国家，别说在公共场所遇到女子被强行拖拽，即使听到疑似邻居责罚小孩的声音，人们也有可能报警。我始终觉得，中国人心中的善意并不少，但在"要不要管他人家事"的问题上，我们确实更纠结，甚至有些担心"好心没好报"。其实大家不妨想想：如果真是误会一场，出手相助也不会有什么损失；但万一当事人真需要帮助，而自己选择旁观，悲剧就有可能发生。鼓励大家多关心他人、见义勇为，并不意味着鼓励每个人都莽撞、冒失地当"英雄"。见义勇为也是需要智慧的，遇到他人呼救的情形，冷静地分析形势，采取有效的攻防策略，最大限度地鼓动周围的人一起施以援手，更容易真正把"闲事"管好。

小蒋随想：这件事又让我想到某些地方的管理者以"不鼓励未成年人见义勇为"为由，拒绝向英勇牺牲的少年颁发"见义勇为"证书与称号。说实话，一想到这种名义上是保护未成年人、实际对社会正义向善副作用极大的"违和"决定，就如鲠在喉。如果本例中挺身而出的初中生只是一个人，又不幸被歹徒所伤，会不会重蹈"小英雄流血又流泪"的覆辙？一些成年人确实"成熟"，但这种"成熟"是建立在见识或听闻了一系列"好心没好报""少管闲事为妙"的实例的基础之上，这种世故与冷漠对社会是喜是忧？一些青少年为何敢挺身而出，是因为他们确实"单纯"，他们的义举纯粹是出于人性善良的本能，这何错之有？如果"管闲事"总要面临被讹诈的风险，倘若某些判决还存在"若非你肇事，干嘛管闲事"的混账逻辑，假使成年或未成年的见义勇为者以及其家属得不到应有的褒扬与抚恤，假如"好人法"始终千呼万唤不出来，人们怎么可能"心无旁骛"地管闲事？此外，上文的另一个观点，我很认同。就是在"勇为"的同时，要学会"智为"。救助他人并保护自己，需要机智与技巧，这很值得培养。

——人民网

114. 大学校长"个性"出彩，更要有使命担当

背景：这几年，贵州大学校长郑强一直站在风口浪尖上。他的言论受到不少网友推崇，但同时也伴随着巨大争议。他被称为"愤青教授""最受大学生喜爱的校长"。喜欢他的人，认为他特立独行、勇于改革；不喜欢他的人，认为他哗众取宠、热衷炒作。

《新京时报》发表曹旭刚的观点：从个人利弊得失考量，一个大学校长只有尽可能地融入集体面孔中，才可能"如鱼得水"，抑或规避"不应出现的风险"。但从理想角度审视，作为执掌高等学府的掌门人，倘若谁都是一副"学官"气派，又如何能指望其领导的大学能够"兼容并包，自由开放"？不能说，像郑强这样的"个性校长"就一定是成功的；也不能说，诸多"学官"型大学校长就一定是失败的。但相比"学官"校长，让"个性校长"成为潮流，更有利于办好大学，更有利于学生的成长与发展。毕竟，"个性校长"的个性，多少会在大学事务中得以体现。同样，"学官"校长的"官架子"，也会潜移默化地影响大学的方方面面。郑强主持贵州大学的功过有争议，但这不妨碍公众对于大学校长"个性面孔"的呼唤和喜爱。不同的大学，就该拥有不同的精神气质。大学校长对于大学气质的塑造，至关重要。

《京华时报》发表王石川的观点：拼接不同人眼中的郑强形象，便能逐渐接近真实的郑强。比如，他幽默有趣，极其健谈，"没有架子，真实"，善于与学生打交道；比如，"学生有什么问题，可以给校长信箱写信，甚至可以直接跑到校长办公室反映，一般很快就得到回复"。这样的校长自然讨学生喜欢。从郑强身上，我们应该看到大学校长所应具有的优秀品质。比如，有开放精神。有网友感叹非常羡慕贵州大学的学生，也对郑强佩服得五体投地，原因在于他在大学四年里居然不知道校长是啥样。比如，有开拓精神。如果一个校长混日子，不敢改革，不敢得罪人，也不敢有任何创新，即便他被师生称道，也不是一个合格的校长。从蔡元培、梅贻琦到朱清时、李培根，这些校长有个共同特点，他们都有教育家的特质，不是汲汲于名利的官僚；他们都有追求有抱负，也都在能力范围内做了事，留下了东西。世上没有十全十美的校长，励精图治，问心无愧，足矣。

小蒋随想：西方国家的大学私立的较多，大学校长的一个重要任务就是"找钱"，因而对校长的社会活动能力以及人格魅力的要求较高，加上"教授治校"思维与机制，西方国家的校长一般没有"官气"。而我国的大学多数是公立的，是有行政级别的，校长多是

行政任命而来,"仕而优则学"的校长不在少数。公立大学吃财政饭,带来僵化与惰性;行政化令高校遵循长官意志。这些都影响着国内大学校长的脾性与作为。所以,国内出现个别有个性的、敢说话的大学校长,一些人就觉得新奇,这打破了人们印象中对高校领导"四平八稳念报告"、宛如老干部的印象。郑强确有一些言论引发争议,比如他说:"为什么中国空姐要有研究生专业,不就是推个车倒个饮料吗?""为什么天上倒水的就要比地上倒水的好看?"对媒体而言,这就是炒作题材。对贵州大学的学生而言,则更看重"有问题可以直接跑到校长办公室反映,一般很快就得到回复"以及"校长很真实,没架子"。大学校长应该是什么样的,其实没有"标准答案"。唯一可以肯定的是,大学校长应该为学生与老师服务,校长权力蕴含义务,更该有使命担当。

——人民网

115. 品味杨绛先生的"清茶之香"

中国著名女作家、文学翻译家和外国文学研究家、钱钟书夫人杨绛25日在北京协和医院病逝,享年105岁。至此,杨绛与丈夫、独女都走完了人生路,她笔下的"我们仨"悄然谢幕。(参考消息网5月25日)

杨绛先生的女儿钱瑗曾说:"妈妈的散文像清茶,一道道加水,还是芳香沁人。"所谓"文如其人",杨绛先生本人也如一道清茶。不论是贤淑地"相夫教子",抑或是深厚的文学造诣,还是长久的淡泊名利,杨绛先生身上淡如茶的态度和香如茶的味道都让亲人、朋友、旁人感到舒适、敬佩和羡慕。

品味先生的"最美爱情"。青年男女们都羡慕钱钟书与杨绛之间的爱情,因为他们在"我没有订婚"与"我也没有男朋友"之间演绎着一见钟情的浪漫,在"才子佳人"与甘愿做"灶下婢"之间演绎了过半世纪的情缘,在"蔚然而深秀"与"最贤的妻子,最才的女"之间秀尽了夫妻间的恩爱。如果说爱情是上天给予人们的礼物,那么钱钟书与杨绛的相遇一定是上天的安排。只是除此之外,他们能将爱情演绎得如此完满,世人更愿意相信这源于杨绛对丈夫相濡以沫的相守、甘愿做"灶下婢"的付出和舍命保护丈夫手稿的惊人胆识。正是杨绛先生对丈夫这份难得的守护和扶持,才越发让人敬佩。

品味先生的才华横溢。"最贤的妻,最才的女"不仅是国学大师钱钟书心目中的妻子,也是世人眼中最真实的杨绛先生。杨绛先生作为"最后一位称呼先生的女性",她在把家打理得井井有条的同时,从来没有忘记对文学、艺术的追求。对文学、文艺的深深爱恋和追求,让杨绛先生既可以陪丈夫游学、和丈夫对坐读书,也能翻译《堂吉诃德》,创作《称心如意》《我们仨》《走到人生边上》,哪怕百岁高龄,仍然笔耕不辍,出版新书《洗澡》的续作《洗澡之后》。如果说文字是杨绛先生的事业,那么她对文字孜孜不倦的追求和不负才女之称的文学成就,着实让人们敬佩。

品味先生的淡泊名利。杨绛出身名门、才华横溢,却一生淡泊名利、恬静温润。杨绛曾在自己百岁寿辰时感言:"我今年一百岁,已经走到了人生的边缘,我无法确知自己还能往前走多远,寿命是不由自主的,但我很清楚我快'回家'了。我得洗净这一百年沾染的污秽,随时准备回家。"确实,杨绛先生做到了"春风大雅能容物,秋水文章不染尘"。

她生活极其俭约，一张纸连背面还要再用一次，却将自己和钱钟书攒了近千万的稿费捐给清华大学"好读书"基金会，而且为了不让别人给自己过生日，她可以选择躲进医院。用杨绛翻译英国诗人兰德诗作《生与死》中的几句话来描述她的淡泊名利，就是"我和谁都不争，和谁争我都不屑；我爱大自然，其次就是艺术；我双手烤着生命之火取暖……"杨绛先生这份对名利的"不屑"很是难得。

　　杨绛先生就如一道清茶，温润淡雅、芳香沁人。如今斯人已逝，但芳香永存。唯愿"杨绛先生一路走好，终与钱老、阿瑗（其女）团聚，无须再一个人怀念'我们仨'"。

——人民网

116. 别总"踩着别人脚步走路"

　　散发传统文化气息的故宫日历、印有"个性话语"的折扇、以"御花园彩石甬路"为主题的五彩耳钉……近来故宫博物院及其文创产品吸引了不少人的目光。一时间，把故宫文化"带回家"，在朋友圈晒一晒"来自故宫的礼物"，成为风尚。在晒景、晒娃、晒自拍居多的朋友圈，"百年文物"缘何走红？"既富有时代气息，有意思，也饱含历史厚重感，有韵味。古典基础上的点滴创新，铸就了故宫文创产品'活着的灵魂'。"一位网友的评价，道出了其中的缘由。倘若原封不动地把日历、折扇搬到市场，即便有人青睐，恐怕也很难引一时风骚。相反，不管是与互联网"联姻"，还是接地气的创意，正是在渠道和内容上的更进一步，才让这些"高大上"的文化飞入寻常百姓家。

　　其实，文化最忌炒冷饭，最讲求创新创造。从写就一篇翰墨短文，到熔铸一个城市的精神文化，无不需要贯注创新之魂。清代画家郑板桥自幼爱好书法，勤学苦练、临摹各家字帖，可总觉得自己进步不大，为此深感苦恼。他的妻子一语点破："人各有一体，你体是你体；人体是人体，你老在别人的体上缠什么？"郑板桥猛然醒悟。此后，他力求创新，开创出了"板桥体"。"踩着别人脚步走路的人，永远不会留下自己的脚印。"一味固守，千篇一律，只会让文化丧失活力；善于推陈出新，呼吸现代新鲜的"氧气"，才能不断让文化的枝叶舒展，绽放新芽。

　　反观当下，一些文化现象仍值得我们反思。比如，有的书籍，毫无创见不说，内容还东拼西凑，被人戏谑为"垃圾书"；有的综艺节目，千篇一律地从国外引入相似模式，结果水土不服，观众不买账；有的电影，奉行"拿来主义"，剧情场景总是"借鉴"他人作品，屡陷抄袭漩涡；等等。正如美学家朱光潜的批评："老是那样四平八稳，没有一点精彩，不是'庸'就是'俗'，虽是天天在弄那些玩意，却到老没有进步……一稳就定，一定就一成不变，由熟以至于滥，至于滑。"从这个意义而言，故宫"文物"的走红，既是一种警醒，更是一种启示。

　　"只见汪洋就以为没有大陆的人，不过是拙劣的探索者。"很多时候，我们慨叹无法抵达新的彼岸，究其缘由，与其说是因为文化创新思绪干涸，倒不如说是因为对自身挖掘得不够透彻。《南史》曾载，宋文帝时有一位名为陆澄的学士，好学博览，行、坐、食，手不释卷，时称"硕学"，可其晚年想撰写一部《宋书》，却始终不成。原因在于，他书是读了很多，却一知半解。时人王俭戏称："陆公，书橱也。"囫囵吞枣，难免思绪"短路"；

甘做"书橱",何谈文化的创新性发展和创造性转化?

"有时需要离开常走的大道,潜入森林,你就肯定会发现前所未见的东西。"文化创新这条新路上,或许有绊脚的石头,或许有挡路的枯枝,但不管怎样,一番披荆斩棘之后,我们必将发现一个更丰富、更精彩的世界。

——《人民日报》(2016年05月30日04版)

117. 为高考学生带病上课,四川教师坚守讲台到最后一刻

央广网成都6月3日消息 据中国之声《新闻晚高峰》报道,高考在即,51岁的卢雄英却再也等不到把学生们送进考场了。这名四川犍为县清溪高级中学的高三数学老师,于5月26号因突发脑溢血抢救无效去世。

在这之前约半个月,卢老师突感不适到医院检查,医生让她住院,她拒绝了。她说:"我还有一帮高三的娃儿要带。"她说服了所有人,一边输液治疗,一边坚持上课,直到5月24号下午,倒在办公室门口。

目前,学校校长已经接替了卢雄英的课程。同学们把对卢老师的思念转变成学习的动力,大家都暗暗憋着一股劲,希望用好成绩来回报卢老师!

118. 成都一中学校长发明"英语麻将"帮学生学英语

2016年5月31日,四川省成都市机投中学,初三学生们在教室里玩起了"英语麻将"。这种"英语麻将"由26个英文字母组成,各个英文字母出现的频率不一样。校长田精耘根据英文单词中各个字母出现的频率进行统计,得出了每个字母出现的概率。比如,字母"i"一副牌里有8张,字母"b"就只有两张。学生们利用摸起来的牌组词,组词越多分越高,赢家还得将和牌词语组成句子和故事,牌局才算完。这样的"麻将"不仅可以帮助学生记忆单词,同时也锻炼了学生的词根联想记忆能力。(《华西都市报》记者吴小川)

119. 家长是孩子的朋友

2016年,中国青年报社会调查中心通过问卷网,对2001名3岁以上孩子的家长进行了一项调查。结果显示,58.3%的受访家长认为自己在孩子心中扮演着朋友的角色,57.7%的受访家长感觉自己家庭中亲子关系、夫妻关系一样亲近,69.3%的受访家长表示自己需要亲子关系方面的指导。

120. 我国已连续七年成为世界机动车产销第一大国

环境保护部大气环境管理司司长刘炳江近日向媒体通报,环境保护部日前发布《2016年中国机动车环境管理年报》,公布了2015年全国机动车环境管理情况。年报显示,我国已连续七年成为世界机动车产销第一大国,去年全国机动车保有量增长了6个百分点。机动车污染已成为我国空气污染的重要来源,是造成灰霾、光化学烟雾污染的重要原因。机动车污染防治的紧迫性日益凸显。

121. 淡泊名利，看重"权力"

多年前，在一次采访中，白岩松问："对于一个男人来说，权力、财富、金钱，什么是最有力量的？"采访对象的回答是"权力"。这很出乎他的意料，追问为什么。对方说你不觉得权力应该掌握在有梦想的人手中吗？权力应该是个中性词，不好也不坏，关键是看谁在用它。这句话对他触动很大，并促使他想，话语权不也是这样吗？"当我拥有这样的权力的时候，要往好处用。这实际上就是更多地承担。"自出道以来，白岩松以"能说"和"敢说"闻名，也因此时常被卷入舆论漩涡中。但是他坚持认为，主持人是掌握话语权的人，有责任说出应该说的话，即使被非议也在所不惜，相反若只说人人都爱听的废话就是失职。事实上，他珍惜说的权利。直到现在，他作为主持人说的每句话，都由自己撰稿。这在主持界几乎绝无仅有。

122. 不相信天才

白岩松坦言："我觉得人过了一定岁数就不会相信天才的说法。""做好节目靠的是下笨功夫和苦功夫。"《新闻1+1》栏目做医改报道，虽说这个题目白岩松已经关注十几年了，但这次的选题恰恰是医改方案让人看不懂。"我还是硬着头皮让自己看懂，它太难看懂了，但你必须得出结论。那么，我几个小时就盯着医改的资料。所以说任何精彩的背后都有人们的笨功夫在里头，没有无缘无故的成功。其他人如果花同样的时间可能会做得比我还好。"

123. 有人情味儿的新闻

很多人喜欢李梓萌，都是从她那独树一帜的播音风格开始的。在播《国际时讯》时，她总是略微倾斜地坐在桌前，语言轻松活泼，好像身边的一个朋友在向你讲述今天发生的新鲜事儿。刚开始，观众对她的播音风格有着截然不同的两种评价。有观众认为她亲切自然，也有观众认为她动作和表情太夸张，"眉毛挑得太高""晃来晃去的，都快从屏幕里跳出来了"等等。然而，随着时间的推移，她的这种风格开始逐渐被大家接受。李梓萌说，无论是过去的《国际时讯》还是现在的《早间新闻》，她一直寻找着一种个人的独有的风格。做播音这行，不能只当一个传声筒，一定要根据自己的理解做进一步的加工，把它真正变成"我的新闻"。只有这样，从自己口中播出的新闻才能有一种人情味儿，更为观众所接受。

124. 公益人——周涛

周涛热心公益事业。她曾主持1998年央视抗洪救灾大型募捐演出，还多次随"中国明星足球队"为希望工程、国家体育基金会募捐义赛。她曾随青联慰问团赴广西壮族自治区慰问演出，还多次主动无偿地到基层老少边穷地区进行演出。仅央视"心连心"艺术团的演出活动，她就参加了40余次。

125. 演员——周涛

周涛不仅是主持人，她还登台表演小品、相声。《马路情歌》《让一让，生活更美好》《学相声》《新闻人物》《唱我心中的歌》《我要演警察》等作品，让观众们看到了周涛多才多艺的一面。此外，她还曾客串过《越来越好之村晚》《阳光天井》《谁说我不在乎》等影视作品。周涛热爱写作，除了《感动》，还曾出版《真情絮语》《西部情缘》《赴韩日记》《韩国启示录》等多部散文集。

126. 柴静的新闻观

柴静说，新闻报道中要求的准确、客观、公正、平等、求实等这些观念，与人性中蒙昧的本能是相抵触的。所以，采访是"呈现而非评判，是认识而不是改造"。"认识到自己的弱点，你才会对他人和这个世界有一份宽谅。我们不需要与谁为敌，我们只需要共同解除我们身上的蒙昧，从中看见他人，看见自己……而社会的进步也就由一个个独立的人试图自我完善的过程中得来。"

127. 隐藏自己

蔡康永说："好的主持人本来就应该隐藏自己，他的功能就是尽最大可能让访谈对象说得更多。主持人，不应该靠讲自己的事情来吸引观众。如果人们在任何媒体上都能看到某位影星的身影，那么何苦又要花钱去看他的电影呢？如果主持人到处发表言论，那么人们就没必要去看他的节目了。"他又说："我也会看到很多明星，与'粉丝'分享很多生活琐事。但我的想法是，好东西让人们一天只吃一顿，人们反而会比较珍惜，就像很多品牌流行的'限量版'。这些是蔡康永限量版真心话。"

128. 这些职业资格证被取消了，不用再掏钱花时间去考了

6月1日召开的国务院常务会议决定，在两年内已分五批取消272项职业资格许可和认定事项的基础上，再取消招标师、物业管理师、市场管理员、插花员等47项职业资格许可和认定。至此，近两年来，共有319项职业资格许可和认定事项被取消。国家行政学院教授竹立家表示，取消部分职业资格认定后，就业的门槛可以降低，这有利于就业。"中国现在处在改革的关键时期，面临最重要的问题就是需提供更多的就业岗位——人们有工作，才能营造一个稳定的改革环境。"

129. 乡村"单腿教师"：要是没人来我还顶着

61岁的李祖清是广西桂林灌阳县洞井瑶族乡野猪殿小学的一名教师，去年领了退休证。但由于暂时无人接班，这位"单腿教师"仍站在讲台上。他钉子一般站了整整40年，培育无数学生。"山里小娃仔读书不容易，没人来，我愿意在这儿继续顶着。"

130. 家风正才能政风清

近年来，一些腐败案件呈现"贪腐亲兄弟，寻租父子兵""一荣俱荣，一损俱损"的家族式特征，引起了广泛关注。防止家族式腐败，除了完善相关制度、堵住权力寻租漏洞之外，还要注重家风的特殊教化作用。从一定意义上说，家风正才能政风清。

家风是一个家庭或家族世代相传的整体性的精神品格和精神风貌。培育和形成良好的党风、政风与社会风气，正家风是基础性工作。家庭是社会的细胞，既是个体生理生命的成长之地，又是个体文化生命的养成之所；既是人们的精神家园，又是连接个人与国家、社会的天然纽带。"天下之本在国，国之本在家，家之本在身。"良好家风的基本社会功能，在于能以个人修身为起点，达到"齐家、治国、平天下"的理想境地。因此，家风必然向政风、民风延伸和辐射，成为影响乃至决定社会风气的重要因素。

家风具有基础性地位，往往成为构筑个人精神品格的第一块基石。家庭是人生的第一所学校。家风的熏陶和濡染对于个人形成稳定而成熟的价值取向、人格品德、情感意志、生活态度等有着决定性作用。正像"岳母刺字"等美德故事和《朱子治家格言》等传统典籍所显示的，良好的家风在为人生确定基本方向和底色方面具有重要作用。党员领导干部从家风入手保持清廉本色，应注重以下几个环节。

注重德行培育。家风好坏与贵贱贫富没有直接关系，关键在于能否真正培育德行。应该说，良好的家风都有一个共同特点，那就是从注重德行、培育德行的高度规范人的行为举止，把"做有德君子"作为对家庭或家族成员的基本要求。这在当下尤为重要。面对市场经济中负面因素的冲击，以德行作为人之所以为人的精神追求，通过提升道德境界筑起精神堤坝，对于有效抵御拜金主义、享乐主义侵蚀，形成良好的家风、政风与社会风气，无疑具有不可替代的重要意义。党员领导干部要从小事做起，积善成德，做到"于细微处见精神"。

划定行为底线。正家风，应为自己和家庭成员的行为划定不可逾越的底线。我国早在春秋战国时代就开始流传的"礼义廉耻，国之四维"的古训，对传统家风的形成与发展产生了重要影响。在我国优秀传统文化中，无论居家还是处事，不做有损人格、辱没祖宗的事，成为人们对自己和家庭成员的底线要求。这对于党员领导干部具有启示和借鉴意义。只有树立和坚持底线思维，行为、办事才不会逾越底线，不逾矩、不违法。

发挥表率作用。家庭或家族核心成员的示范带头作用，是良好家风得以形成的前提之一。子帅以正，孰敢不正？党员领导干部带头落实中央八项规定精神，要求别人做到的自己首先做到，要求别人不做的自己坚决不做。这样良好的家风才能逐渐形成，才能带动党风、政风和社会风气的好转，从而形成"家风正，政风清"的局面。

成员普遍践履。家庭或家族核心成员的示范带头作用对于形成良好家风固然重要，但良好家风的巩固、传承和发扬光大则要依靠家庭或家族成员的普遍践履。只有每个成员都能自觉从我做起，良好的家风才会世代相传并不断得到弘扬。可见，党员领导干部不仅要从自身严起，而且肩负着从严管理配偶、子女等身边人的责任。

——《人民日报》（2016年06月06日07版）

131. 米芾创新

米芾是宋代四大书法家之一。他年轻时学习书法很刻苦。为了练字,他借了很多晋代和唐代名家真迹来临摹。当他把古人的真迹和自己临摹的作品一道归还原主时,连主人也分辨不出真假来。别人对他说:"你写字太像古代的人,唯独没有自己的面貌,这样是不会有成就的,希望你要发挥自己的特长,不能食古不化。"他听后慢慢冲破古人的束缚,发扬自己的长处,到晚年终于形成了自己独特的风格。

132. 不赚奶粉钱

央视少儿节目主持人董浩在接受记者采访时,谈到自己从1977年入行到现在,虽然也曾面对各种金钱诱惑,却都捍卫了自己对职业的使命感。董浩谈到自己入行以来的那么多年,感慨地说:"从1990年到现在,我至少推掉了9个亿的广告代言收入,什么奶粉广告呀,一年至少有几千万元的广告代言找到我。因为我喜欢孩子纯粹的世界,这也是种职业使命感,有钱难买我乐意。"董浩还开玩笑地说:"我都54岁了,总不能现在为了钱违背自己的原则,那不是等于告诉看我的节目长大的孩子们'钱是老大'吗?这可不行!"

133. 欲望和理性

小天鹅听见一个老人在叫卖"一根羽毛换取两只虫子",就忍痛拔下一根羽毛换了两只虫子,美餐一顿。第二天,妈妈带着小天鹅飞翔于天空。妈妈说:"等你羽毛丰满了就可以飞得更高更远,得到你所需要的一切。"小天鹅虽点头,但心中仍惦记着虫子的美味。第三天,它一狠心拔下三根羽毛换了六只虫子,吃得非常高兴。以后,它成了老人的常客。不久,小天鹅发现自己飞翔的本领远不如从前。但出于吃虫的欲望,它继续拔毛换虫,直到有一天它再也飞不起来了……小天鹅羽毛没了,老人也不见了。最后,它悲惨地含恨而逝。

许多事物只能满足人的一时欲望,但有的人为它付出的代价太惨重,有理性的人需要认真掂量啊!

134. 扎根

一位植物学家说:"根系有多庞大,树冠就有多庞大。"是啊,你的根系制约着你的树冠与果实。试问,一棵没有根系的树木,能遮天蔽日?一座没有根基的高楼,能屹立不倒?从李时珍遍尝百草编撰《本草纲目》到徐霞客遍走华夏独写《徐霞客游记》,从郦道元遍访水域注释《水经注》到蒲松龄摆摊设茶创作《聊斋志异》,哪一位成功者不是"向下发出根芽",才"向上生出嫩叶"开花结果的呢?哪一位不是苦苦扎根于生活底层,才收获丰硕成果的呢?

135. 合作

非洲的尼罗河里生活着一种全身碧绿的虾子,当地人都叫它"绿虾"。这种绿虾的奇特之处不在于它的颜色,而是它的生活方式。绿虾的一生都生活在鳊鱼的嘴里,这听起来似乎令人难以置信。但令人惊奇的是,相对于瘦小的绿虾来说,鳊鱼是庞然大物,而绿虾在鳊鱼的嘴里生活得优哉游哉,丝毫不担心鳊鱼会吞下自己。后来,渔民们终于发现了其中的奥秘。原来,弱小的绿虾有一门绝活,那就是会不停地晃动自己身体来吸引其他小鱼成为鳊鱼的美餐。如果没有绿虾的帮助,鳊鱼觅食将会变得很困难。而绿虾呢,也乐于为鳊鱼效劳,因为一旦离开鳊鱼的保护,它们很快就会成为其他生物嘴里的快餐。

对于鳊鱼和绿虾来说,它们是相互利用的关系。绿虾被鳊鱼利用,是借助强者的力量来保护自己;鳊鱼被绿虾看重,是为了方便自己觅食。如果不是被对方利用,绿虾和鳊鱼或许就永远也找不到自身存在的价值。

不仅是动物界,人类也是如此。当你被别人利用的时候,你也在提升自己、成就自己,并从中发现自身与众不同的价值,从而找到适合自身发展的生存之道。

136. 贪婪的代价

一个沿街流浪的乞丐每天总在想:假如自己手头有两万元钱就好了。一天,这个乞丐无意中看见一只跑丢的很可爱的小狗。乞丐发现四周没人,便把狗抱回了他住的窑洞里,拴了起来。这只狗的主人是本市有名的大富翁。这位富翁丢狗后十分着急,因为那是一只纯正的进口名犬。于是,这位富翁就在当地电视台发了一则寻狗启事:如有拾到者请速还,付酬金两万元。

第二天,乞丐沿街行乞时,看到这则启事,便迫不及待地抱着小狗准备去领取两万元酬金,可当他匆匆忙忙抱着狗又路过贴启事处时,发现启事上的酬金已变成了三万元。原来,大富翁寻狗不着,又电话通知电视台把酬金提高到了三万元。

乞丐似乎不相信自己的眼睛,向前走的脚步突然间停了下来,想了想又转身将狗抱回了窑洞,重新拴了起来。第三天,酬金果然又涨了。到了第七天,酬金涨到了让大家都感到惊讶时,乞丐这才跑回窑洞抱狗,可想不到的是那只可爱的小狗已被饿死了。乞丐还是乞丐。

137. 敬业

曾听说过一个女孩大学毕业后从事金融方面的工作,但是她最喜爱的是美术。很多人都为她感到惋惜。谁知,多年后她成了行业的佼佼者。面对朋友好奇的询问,她坦白地说:"其实我还是不喜欢金融,但是你坐在这个位置上,就要担负起责任。"面对不可预料的未来,若没有这般尊敬生活的心态,又如何与众不同、脱颖而出呢?因此说,不要抱怨苦累,不要抱怨老板苛刻,热爱工作,智慧就会光临。

138. 金子发光分地方

美国媒体做过一个社会实验:一名男子来到华盛顿特区的一个地铁站里,在他面前的地上,放着一顶口子朝上的帽子。他用一把小提琴演奏了6首巴赫的作品,在45分钟演奏的时间里,大约有2000人从这个地铁站经过,只有6个人停下来听了一会儿,大约有20人给了钱就继续以平常的步伐离开了。他总共收到了32美元。没有人知道这位卖艺者是世界上最伟大的音乐家之一的约夏·贝尔。他演奏的是世上最复杂的作品，用的是一把价值350万美元的小提琴。而在两天前，他在波士顿一家剧院演出，所有的门票售罄，聆听他演奏的乐曲，平均得花200美元。

139. 个性就是真实地追求自我

李咏初次担任《幸运52》主持人时，由于担心自己没有其他娱乐节目主持人那样英俊潇洒，以至说话吞吞吐吐，遭遇彻底的失败。回到家后，他垂头丧气，忧愁满面。可是，他的妻子哈文只是微笑着对他说："不管怎么样，我只希望你能坚持自己的个性，永远，永远，我相信你一定会是最好的。"真是一语点醒梦中人，李咏如同迷途的羔羊找到了家园。第二天，他精神焕发地来到主持台上，用自己的热情真诚地同嘉宾们交谈，让自己敏锐的反应能力和机智幽默的语言风格充分展现出来。他鲜明的个性在谈话中闪光，使《幸运52》一炮走红。

140. 走自己的路，让别人去说吧

有这样一个笑话，爷爷带着孙子，牵一头毛驴出门，路人讥笑他们有驴不骑。爷爷骑上毛驴，路人指责爷爷不顾孙子。爷爷慌忙滚下驴来，把孙子扶上了毛驴，路人又批评孙子不孝顺。爷爷和孙子一起骑在毛驴上，路人谴责爷孙俩残忍。最后，爷孙无奈，只好抬着小毛驴走。

其实，爷孙俩完全可以爱怎么骑就怎么骑。由此可见，不管别人怎么评价，做最真实的自己才是正确的选择。只有做自己的主人，主宰自己的生活，坚持自己的风格，掌握自己的命运，才能抵达成功的彼岸。

141. 把握现在

艾森豪威尔年轻的时候，一次晚饭后跟家人一起玩纸牌游戏。由于连续几次都抓了很坏的牌，他开始不高兴地抱怨。妈妈停了下来，正色地对他说道："如果你要玩儿，就必须用你手中的牌玩下去，不管那些牌怎么样！"他听见母亲又说："人生也是如此，发'牌'的是上帝，不管怎样的牌你都必须拿着。你能做的就是尽你全力，求得最好的效果。"很多年过去了，艾森豪威尔一直牢记着母亲的这句话，再没对生活存在任何抱怨。相反，他总是以积极乐观的态度去迎接命运的每一次挑战，尽己所能地做好每一件事。他从一个默默无闻的平民家庭走出，一步一步地成为中校、盟军统帅，最终成为美国历史上第34任总统。艾森豪威尔逝世后，约翰逊在给他的悼词中称赞他"勇敢和正直"。他的这种勇敢和无所畏惧的性情正是承袭了母亲当年的教诲：人生如打牌，既然发牌权不在你手里，那么你能做的只有用你手里的牌打下去，并努力打好，除此以外，你没有任何选择！

142. 豁达的心态成就事业

有一次，一位年轻的女记者不无悲悯地问霍金先生："霍金先生，卢伽雷病已将你永远固定在轮椅上，你不认为命运让你失去太多了吗？"霍金的脸上却依然充满恬静的微笑，他用还能活动的手指，艰难地叩击键盘。于是，宽大的投影屏上缓慢而醒目地显示出如下一段文字：我的手指还能活动，我的大脑还能思维；我有终生追求的理想，有我爱和爱我的亲人和朋友；对了，我还有一颗感恩的心……人们深受感动的，并不是因为他曾经的苦难，而是他直面苦难时的坚守、乐观和勇气。人生如花开花谢，潮起潮落，有得便有失，有苦也有乐。如果谁总自以为失去的太多，总受到这个意念的折磨，那才是最不幸的人。

143. 患得患失的后羿

后羿是我国古代传说中有名的神射手。有一次，夏王让后羿射一块一尺见方的兽皮和一个直径一寸的靶子，并对后羿说道："你如果射中了，我就赏给你一万两黄金；如果射不中，我就削减你的封地。"后羿听后顿时心神不宁，持箭向兽皮射去，没有射中，又向靶子射时，也没有射中。夏王就问其他人："后羿一向是百发百中的，为何今天却连一下也射不中，这是因为什么呢？"有一个人回答道："后羿之所以射不中，是因为他心里既要为射中得到一万两黄金而喜，又要为射不中受到削减封地的惩罚而忧。要是能免除这些外在的喜忧，那么天底下的人都能成为像后羿那样的射手了！"

144. 目标

目标能决定人的生命价值。常言说：心有多大，世界就有多大；站得多高，看得就有多远；规划有多长远，目光就能看多长远。当年挥笔写下"孩儿立志出乡关，学不成名誓不还"的毛泽东，用辛勤的努力，实现了救国救民的人生目标，成为共和国的伟大领袖。当年，还在上小学的周恩来，就立下了"为中华之崛起而读书"的宏大志向，并为之奋斗了一生，成了共和国的首任总理。"杂交水稻之父"的袁隆平，很早就立下了远大的目标，要让水稻高产，解决人们吃饭的问题。经过几十年的奋斗，袁隆平终于实现了这一目标，成就了一代人的梦想。

145. 最后一公里

《尚书·旅獒》有云："为山九仞，功亏一篑。"《论语·子罕》中记述道：子曰："譬如为山，未成一篑，止，吾止也！譬如平地，虽覆一篑，进，吾往也！"这两句名言告诫我们，做事要善始善终，不能半途而废，在功败垂成之际，只要能坚持走完最后一公里，就能得到完满的结果。

146. 愈挫愈勇

牛顿天资愚钝，屡受同学们嘲讽，但他勤奋好学，努力拼搏，最终成为著名的物理学家。贝多芬出身极差，父亲好赌，母亲染病，后来他自身失聪。这一切不利的条件，都没有成为他前进的绊脚石。他在音乐的天空驰骋着梦想,坚持做最好的自己,终于成为世界乐坛一圣。所以,古今中外的成功人士,没有不是靠内驱力推动自己前进的。

147. 爱迪生的灾难

1914年12月,一场大火使爱迪生的实验室化为灰烬,直接造成经济损失超过200万美元,他多年的科研成果也在大火中付之一炬。大火最凶的当儿,爱迪生24岁的儿子在浓烟和废墟中发疯似的寻找他的父亲。爱迪生平静地看着火势,他的脸在火光摇曳中闪亮,他的白发在风中飘动。爱迪生在灾难面前,表现出了惊人的冷静。他看着一片废墟说道:"灾难自有它的价值,瞧,这不,我们以前所有的谬误过失都给烧了个一干二净。感谢上帝,这下我们可以从头再来了。"火灾刚过去三个星期,爱迪生就开始着手推出了他的第一部留声机。

灾难是不以人的意志为转移的。它能给人带来巨大的痛苦,也能给人带来创新的动力,关键在于你应该怎样对待它。

148. 孝敬父母的布莱尔首相

英国前首相布莱尔是一个对父母很有爱心很孝顺的人。他的父亲在42岁那年突患中风,母亲挑起了家庭的经济重担,照顾生病父亲的任务落在布莱尔身上。他对病榻上的父亲很有耐心,照顾得尽力尽心。

多年来,尽管公务繁忙,布莱尔不忘经常打电话给父亲。尽管中风后的父亲说话不是很流利,但布莱尔总能够耐心和父亲沟通。

孝敬父母不但是子女应该回报父母的爱,更是做人最基本的原则。

149. 被斥责的勤奋

现代原子物理学的奠基者卢瑟福对思考极为推崇。一天深夜,他偶尔发现一位学生还在埋头实验,便好奇地问:"上午你在干什么?"学生回答:"在做实验。"卢瑟福不禁皱起了眉头,继续问:"那晚上呢?""也在做实验。"

勤奋的学生本以为能够得到导师的一番夸奖,没想到卢瑟福居然大为光火,厉声斥责说:"你一天到晚都在做实验,什么时间用于思考?"勤奋的学生遭到斥责,感到很委屈。殊不知大师是在给他传授真经。很多时候,人们宁可让岁月淹没在仿佛很有价值的忙碌中,却极不情愿拿出时间进行思考,以至于思维在低水平的层次上徘徊,最终一无所获。如果说智慧是创造的源泉,那么思考便是智慧的起点。

150. 别让端午节沦为"舌尖上的节日"

"五月五,过端午,赛龙舟,敲锣鼓,端午习俗传千古。"端午节是我国重要的传统节日。每年的端午节,家家户户都会吃粽子,插艾叶,很多人都会佩戴香囊,这是端午的传统习俗,这样的习俗背后有着深厚的文化积淀和丰富的时代价值。可是不知从什么时候起,端午节在一些人眼中只剩下了"吃"和"玩",传统的节日内涵渐渐被吃粽子和假日游玩所替代。这无疑是值得反思的。

端午节是一个有着深厚文化积淀的节日。每项习俗背后都有着很多讲究，有着一定的依据。比如，吃粽子是为了纪念爱国诗人屈原；插艾叶、佩戴香囊是为了祛病防疫、辟邪化煞、健康身心。这些都是端午的节日内涵。可是如今，这些节日都变成了吃喝玩乐。有人惦记着端午节的粽子，却不知道吃粽子背后的象征意义；有人只惦记着端午放几天假，计划着假日出游，却不了解设置这个节日的意义，更不知道节日隐含的文化价值。缺乏了这些认知，端午节成了"吃喝节""游玩节""购物节"，端午节沦为"舌尖上的节日"，沦为一场商业盛宴，却独独没有应有的文化气息。因此，有必要对端午文化进行传承和弘扬，进行重视和保护。

2004年，有媒体报道了韩国江陵端午祭将申报联合国教科文组织"人类非物质文化遗产代表作名录"的消息。这对我国来说，无疑是一个巨大的冲击和深刻的警示。作为端午节真正的发源地，却被他国抢先申遗，这样的结局为我们的端午文化敲响了警钟。

如何保护端午文化？笔者认为，有必要掀起一场"端午节保卫战"，对端午文化进行拯救和保护。首先，从国家层面做好制度设计，出台一些政策，实施一些文化项目，对端午文化进行一些有意识地引导。如：挖掘端午文化遗址遗迹，建立端午文化博物馆；建设端午文化主题公园、景区；创作、生产端午节日文化产品，比如拍摄端午文化宣教片、举行全国性的端午晚会等；对保护和弘扬端午文化的先进行为进行奖励或资金扶持；等等。

其次，在个人层面，每个人都应该多渠道积极了解端午文化，理解端午文化的时代内涵和精神价值，吸取端午节的爱国营养，凝聚民族精神，积极参与端午文化宣传活动，自觉传承和保护端午文化。

再者，互联网时代如何过端午节是一个崭新的话题。这就需要对传统的文化进行时代化演绎，结合时代特点，赋予端午新的内涵。比如开发端午动漫、游戏，在网上开设端午主题专区，利用微博、微信等新媒体展示端午风俗、文化、诗词等，形成覆盖网上网下的端午文化氛围。

端午节是一个文化富矿，蕴藏着丰富的文化元素，比如爱国文化、民俗文化、健康文化。做好端午文化的"守矿人"，每个人都责无旁贷、义不容辞。

——法制网

151.专业"冷热转换"：观察社会的"晴雨表"

根据中南大学招生办公室主任赵晓霞的描述，2000年以来，中南大学的地矿类专业就像坐上了"过山车"：前几年毕业生供不应求，到大三就被抢订一空；这两年很多矿山停产，这个专业一下又成了冷门。

"社会认可度、经济大形势以及国际形势都对专业的冷热变化有很大的影响。"她说。

第三方社会调查机构麦可思近日发布的一项调查显示，"互联网开发及应用""中小学教育"成为2015年毕业生社会需求量持续增加的职业。有专家表示，这些专业的升温与"互联网+"和全面二孩政策等大政方针有着紧密联系。

近年来，一些地方高校的新增专业引人注目。如宁夏大学新增"葡萄与葡萄酒工程"

专业，北方民族大学新增"水利水电工程""中国画"等专业，宁夏师范学院新增"阿拉伯语""汉语国际教育""网络工程"等专业。

"高校专业设置的变化是社会经济发展的一面镜子，折射出社会的价值取向和发展进程。"安徽大学政治与社会学院副院长范和生说，"比如现在国家强调加强哲学社会科学、知识产权和基础科学专业的研究，相关专业的转热就反映了这一需求"。

教育部有关负责人表示，各地高校的专业设置基本都是契合当地经济社会发展需求的。近4年来宁夏高校先后新增本科专业64个。从2015年审批通过、2015年秋季可安排招生的22个专业来看，新增专业紧密结合自治区经济发展方式转变和产业结构转型升级要求，不少专业是自治区新兴产业和人才紧缺的专业。

日前，教育部、国家发改委、财政部印发的《关于引导部分地方普通本科高校向应用型转变的指导意见》，将地方高校的办学思路引向服务地方经济社会发展和培养应用型、技术技能型人才上去。

范和生认为，高校专业设置要考虑引领社会创新和进步，不能一味地跟随市场。

152. 身边的大国工匠：熬出来的放射科"神探"

耿道颖从小的梦想就是救死扶伤，但绝没有想到，会以"破案"的方式实现。在复旦大学附属华山医院，凡是争执不下的片子，都要请放射科副主任"老耿"过目定案，因为她读片的准确率超过90%。

以"破案"的精神来读片，这是耿道颖几十年来的坚持。为此，她不仅要了解"从头到脚"的各种疾病在影像学上的表现，还要结合其他检验报告及患者的生活习惯等进行综合判断分析，进而从患者的病史和症状中找突破口和诊断证据。

曾经有个韩国男性患者，剧烈头痛，被其他医生诊断为脑内恶性胶质肿瘤。可耿道颖对着片子上阴影的形状看了半天，感觉它更像寄生虫。"如果盲目开刀会造成瘫痪！"她提出了不同意见。

经过血液鉴定，果然证实该患者脑内为裂头蚴感染。手术从他脑内取出了一条21mm长的死亡虫体。

"读片不只用眼睛，更要用心。"耿道颖说。正因如此，片子上任何细小、可疑的异常，都逃不过她的"火眼金睛"。

"做一个好医生，也要有点匠心精神。"在耿道颖看来，无论哪行哪业，要干到极致，离不开悟性，但更需要坚持。

所以，她用最简单也最难的方法培养学生：每周一的上午8点至9点是她和学生固定的读片会时间，拿出5个病例的影像进行诊断。"学生考我，我也考学生，等病人术后病理检查就会证明我们的对错。"除此之外，他们每周还要看上百张图像，掌握典型病例的判断。

正是这些坚持，让耿道颖在"阅人无数"后"修炼得道"，往往几分钟就可以找到疑难杂症的病灶；也正是这些坚持，让耿道颖读片诊断从不用"大概、好像、可能"的字眼，而是"一说一个准"。

153. 该怎样看待"旗开得胜""马到成功"等高考新"迷信"

据媒体报道，为了孩子在考试期间休息好，不少家长订好了"高考房"。房间号带吉利数字"6"的、出过状元的"状元房"、风水绝佳的"风水房"等等，更是成为抢手货。同时，多地出现"旗袍妈妈团"为考生加油，寓意"旗开得胜"。此外，还有爸爸穿马褂，寓意"马到成功"。而此前，毛坦厂中学万人送考的震撼场面中，头车司机属马，车牌尾号为666。

【正方】祝福考生就是"最大的政治"

谁都知道，住进"天价高考房"里的考生，未必会有挤着公交车回家睡觉的孩子成绩好；穿旗袍或马褂的家长，也未必能给孩子带来好运。但家长不会管这些。想尽办法给考生创造最好的条件，最大限度地让孩子有一个良好的状态奔赴考场，几乎成了所有家长的共同选择——既然高额择校费都愿意掏，既然为了上学不惜卖房、买房，那在高考期间订几间酒店房，用各种方式讨个好彩头，又有什么奇怪的呢？

虽然如今的高考，已经黯淡了"独木桥"的意味，但在当下社会中，高考依然算得上是一种成本最低、相对公平的"改变命运的方式"，依然承担了浓重的社会期待。因此，高考压倒一切，为了高考不惜一切代价，就是完全可以理解的。

从旁观者的角度来看，高考中的种种"疯狂"景象，确实有些匪夷所思或不甚划算。可对于考生及家长来说，为考生营造一个 良好的高考氛围，此刻就是"最大的政治"，这一点没有丝毫道理可讲。毕竟，考场如战场，谁都不愿意孩子因为某些细节问题"马失前蹄"。

每年高考前夕，舆论总是习惯性地将目光投射到河北衡水中学、安徽毛坦厂中学等"高考工厂"身上。尽管众人皆知，这些学校如"集中营"一般的管理方式存有许多让人诟病之处。可是，对于身处其间的家长及孩子来说，全心全意如苦行僧一般学习，只能是唯一的选择，也是最好的选择。

因此，在这些重重压力，以及高考基于现实的重要性下，一些家长们创造出一系列高考"习俗"来讨个好彩头。其实这和逢年过节张灯结彩图个吉利和好运的想法没什么区别。为了祈盼丰收，我们创造了"年年有余（鱼）"；为了祈盼孩子考好，家长们创造了"旗开得胜"。这都是再正常不过的大众心理，是家长对孩子最朴素的祝福，没有必要大惊小怪。所以，无论是围观者还是社会公众，还是对高考的各种"疯狂"，多一些理解，多一些宽容吧。

高考从来都不是轻松的，高考经常会让人感到压抑。但是，高考对于大多数中国人而言，依然是一种值得付出的选择，依然是一场值得寄予美好期待的考试。用喜庆的方式为它祝福，为它祈祷，没有什么不好。

【反方】高考"迷信"或许适得其反

妈妈穿旗袍寓意"旗开得胜"，爸爸穿马褂寓意"马到成功"。每年高考季，总少不了考生家长迷信送考的新闻。有人说迷信不过是对考生的一种心理按摩，不妨给高考迷信留有一席之地，但这到底能对考生成绩的提升起到多大作用，值得商榷。

一个普遍的道理是：高考成绩的决定性因素是实力。深厚的知识积淀、系统的答题训练、灵活的题目应对技巧以及一颗强悍的心脏，是取得好成绩的根本保障。如果平时不好好学，考前住的房间号再吉利，又有什么用呢？

迷信在某种程度上固然可以缓解心理紧张，增强信心，但这种减压方式不具有普遍性。能够减压、增强信心的只能是足够强大的实力。靠汗水浸泡出来的信心，比任何形式的求神拜佛都靠谱得多。

而且，若过分重视考生备考的环境，有时候非但不能给考生减压，反而会形成一种心理暗示，给考生带来压力。这就更容易带来心理学上的詹森效应：在高期望值与紧张情绪的带动下，考生在关键时刻发挥失常。

实质上，平日系统的心理训练本就内蕴在长期的备考活动中。家长与学校平时多对考生进行心理辅导，开展心理素质拓展活动，自然能帮助考生形成稳固的抗压心理机制。在这种厚实的心理训练下，考生才能对考试过程中随时发生的意外应付自如。

我不认同高考迷信，还因为现代教育讲的是科学的逻辑训练与科学价值的传扬。而迷信，恰恰与这种价值相悖反。考生一边在考卷上解答着现代科学知识，一边叩问鬼神，奇耶怪哉。

说到底，扎实的知识与心理训练之于高考，如车之两轮、鸟之两翼，缺一不可。而迷信不过是虚幻的。当年算命的说我能考上"山大"，没想到我没考上山东大学，却考上了山西大学。我反正相信自己的经历。（王言虎）

——《新京报》

154. 毒跑道

近两年来，校园"毒跑道"事件层出不穷，学生家长怒发冲冠……集中爆发的校园"毒跑道"事件已经成为一个全国性事件，而其产生的根源之复杂、持续时间之长、涉及地域之广、带来危害之大可能超乎想象。新华社记者调查发现，"毒操场""毒跑道"之所以一路"绿灯"查不出来，其背后是劣质产品盛行、低价中标、违规施工、标准缺失、验收不严等问题作怪，是相关环节的监管形同虚设。

155. 2.5天休假

2015年8月，国务院办公厅下发《关于进一步促进旅游投资和消费的若干意见》，首次提出鼓励"周五下午与周末"2.5天休假。近一年来，已有河北、江西、重庆、甘肃、辽宁、安徽、陕西、福建、浙江和广东等10个省份正式出台意见，明确提出鼓励有条件的地方和单位实行新的休假模式。

专家表示，随着经济社会的发展和民众消费能力的增强，弹性休假也将会越来越有市场。中国未来研究会旅游分会副会长刘思敏认为，鼓励推行2.5天休假，一方面，有助于丰富假日体系，让民众更多享受一场"说走就走的旅行"；另一方面，当前经济发展已到了一定程度，不少企事业单位也具备了实行新休假模式的条件。

"这种模式在时间上恰到好处，将催热自驾游、家庭游等短途旅游。"中国旅游智库秘书长石培华说，统一休假容易导致出游高峰叠加，会造成社会资源的浪费，而2.5天休假则可促进民众错峰出游，节约出行时间，提高出游效率。

南开大学旅游与服务学院副院长徐虹认为，推行"2.5天休假"模式，有助于刺激旅游消费。由于平时假期短暂，游客都选择在黄金周或小长假旅游，这会导致旅游目的地无法均衡服务游客，而推行"2.5天休假"模式可以调解旅游市场中的供求结构矛盾。

不过，针对新的休假模式，也有不少忧虑的声音：一些地区和部门关于周末"2.5天休假"的先行先试符合发展趋势，但如何在法律规定范围内落实好弹性作息制度，使政策在具体执行过程中不走样、不偏差，值得重视。

国家旅游局规划财务司司长彭德成表示，弹性作息要在遵循国家法律规定每周40小时工作时间的前提下，将周五下午工作时间提前安排到其他工作日中，使周五下午腾出来与周末结合外出休闲度假，而不是缩短每周法定工作时间、周五下午直接放假。他说，优化休假安排的目的是进一步提高人民群众的生活品质、激发居民旅游消费的热情，同时刺激经济增长、抵御经济下行的压力。

有专家表示，一方面，要鼓励固定的2.5天休假，另一方面也要真正落实"带薪休假"。北京交通大学旅游专家王衍用认为，目前制约旅游消费需求释放的，不是旅游动机，也不是消费能力，而是带薪休假是否能贯彻落实。

为此，专家建议，推行周末2.5天休假，首先，要建立严格的监督机制。劳动监察部门对重点企事业单位进行不定期检查，发现有规不依现象不要姑息。其次，工会方面加强对职工带薪休假权益的积极争取和切实保障。最后，还要建立健全职工权益追溯机制，在职工权益受到侵害时，通过集体协商机制维权等。（《经济日报》记者郑彬）

156. 机器抢走人类饭碗？专家：应学会与它们共存

参考消息网6月14日报道　西媒称："未来我们将看到更多科幻场景，工作岗位将变得更少。"这是《第二次机器革命》一书的作者、麻省理工学院教授安德鲁·麦卡菲的预测。与此同时，富士康公司裁员6万，以机器人取代人工的传闻正甚嚣尘上。

据西班牙《先锋报》6月12日报道，我们人类在社交、创意产业和手工业等领域拥有自己的优势，但我们在捍卫自己的领域时需要做得更好。机器人正在承担着此前难以想象的任务：在酒吧中供应饮料、在酒店送餐到客房、在超市清点库存、检查飞机机身……当然，这些都是取代了原本人类的位置。

牛津大学学者卡尔·弗雷和迈克尔·奥斯本认为，不出20年的时间，美国一半的岗位都将自动化。他们对新创造的岗位是否能够弥补流失表示怀疑。诺贝尔经济学奖得主丹尼尔·卡内曼相信，在未来，机器人甚至可以取代首席执行官的位置："没有任何证据表明，一位专家的判断优于智能方式构建的公式。"

不过经济合作与发展组织几天前公布的一项研究报告称，中期来看只有9%的岗位将被机器取代。报告认为，这一自动化的过程将非常缓慢，其中会遭遇经济、司法和社会的羁绊，而就业者们将会适应科技以及由机器人催生出的新职业。

报告称，这些机器人需要制定程序、安装和保养。"如果近距离观察这场讨论，会发现自动化正在帮助我们保留和创造就业岗位。"国际机器人联合会主席杰夫·布伦施泰因表示。这一乐观态度当然不为所有人认同。"我必须提醒的是，很多政府似乎并不因就业机会潜在和大量的损失而担忧，目前亟待保障向数字化就业的均衡过渡。"欧洲工会联合会秘书长彼得·谢勒指出。

报道称，这场噩梦其实是很老套的。约翰·梅纳德早在20世纪30年代就撰文表示："我们都会经历同样的灾难：科技发展导致的失业。"然而仔细一想，少了机器人我们已经无法生活。哥伦比亚大学经济学家杰弗里·萨克斯说："机器人在高速公路上收费，给我们指引方向、擦鞋、帮我们消灭敌人。"

这一现象如今正越走越远。麦肯锡全球研究所的报告称，先进的机器人及其应用，与物联网、人工智能、自动汽车和三维打印相结合，2025年将带来的年均经济冲击可接近44万亿欧元。一个新的时代已经开始了吗？

卡塔卢尼亚工业工程技术专家佩雷·霍姆斯几十年以来都在对这一现象进行研究。他认为工业机器人产业已经非常成熟，在汽车制造业中，50%的工作都已经自动化。

而我们所讨论的也并不是非常先进的机器。"都是非常初级的，很多时候是智能度很低的机械手臂。"霍姆斯说。

西班牙人工智能协会主席拉蒙·洛佩斯·曼塔拉斯认为，工业机器人"不会做意料之外的动作，其领域固定而精准，不存在不确定性，都是程序化和受操控的动作"。

霍姆斯认为，工业机器人是重复性、具有危险和需要精准的工作的最佳选择，但他也承认一个机器人平均能够替代10个工人，因为它更快、更高效。"机器人化的公司确保盈利，因为可以避免关闭和搬迁，恢复生产外包，变得更具竞争力，然后可以重新雇人。"他说。

报道称，下一步，机器人将走出工厂，进入各家各户和办公室。最不安的可能是服务业从业者。西班牙的机器人制造商 PAL Robotics 已经生产出了能够走路的类人型机器人，但售价仍十分昂贵（单价30万欧元），目前的目标客户主要是实验室和大学。"挑战是存在的，如自主性和移动能力。但未来5至6年内这样的机器人将被应用于为人类服务，如拎购物袋、装载箱子、提醒服药时间、推轮椅等。它们与我们互补，使我们的生活更舒适。"该公司表示。

在被因机器人产生的恐慌所控制和拒绝接受现实之间，《连线》月刊专家凯文·凯利认为更简单的选择是学会与它们共存。"这并不是一场与机器之间的竞赛。如果我们和它们竞争，必输无疑。未来我们将根据自身习惯与它们并肩工作。它们将帮助我们发现能够扩展自身可能性的新的职业和任务。"他指出。

报道称，目前西班牙手工业每1万名工人中有25名是机器人，而在中国、德国、日本和韩国这一数字分别为36、292、314和478。（编译／韩超）

157. 欧阳夏丹的经验

人民网6月17日电　央视总编室微信公众号"CCTV看点"日前摘编了《新闻联播》主持人欧阳夏丹的一次演讲，分享了欧阳夏丹作为新闻主播的经验谈。欧阳夏丹表示，优秀的新闻主播需要做好幕后的案头工作，因为直播的魅力就在于下一秒中不知道会发生什么，当自己准备得很充分的时候，面对这样的状况就会更加从容。

欧阳夏丹转行干新闻纯属偶然："刚开始，我在上海电视台做的是一些文艺节目。有一天，领导通知我说，新闻类栏目《上海早晨》的主播岗位缺人，你可不可以过来顶上？就这样，我和新闻结下了不解之缘，一干干了十几年，直到今天。"她透露在某次APEC会议直播中遇到的事情改变了自己对新闻主持人概念的认识。

欧阳夏丹回忆称，APEC会议邀请了各个国家的领导人，这些领导人会陆续抵达会场。当时导播告诉男主持人，只需要介绍一下当时的情况就可以了。头天晚上我出于兴趣，搜了很多资料并做了小卡片，把每个国家的国情、文化、工业产业等信息进行了记录，我心想自己可以看一看，学习一下。直播的那天，我就把小纸片放在桌上。结果意外就发生了。领导人的车队并非鱼贯而入，第一辆进来之后隔了可能五六分钟，第二辆车才来。主持人说完×××抵达之后，中间就出现了空场。导播在大喊："说话！说话！把这个时间段填上！"我赶紧把小纸条拿出来分了一下，你讲这个我讲这个，这真是救命的纸条。因为在这个空白期间有了小纸条，你就可以介绍这个国家如何，那个国家如何，全都用上了。

欧阳夏丹总结道："作为一个主持人，你要做的绝不仅仅是把台本上的东西背得很熟，流程记得很溜，就可以完成这个节目。你有太多太多的背后的案头工作需要去做。当你了解相关知识的时候，你的安全性才能多一分保证，因为这就是直播。直播的魅力就在于下一秒中你不知道会发生什么，当你自己准备得很充分的时候，你面对这样的状况就会更加从容。"

欧阳夏丹认为，优秀的主播必须有话可说，还得言之有物。她透露白岩松曾教给主播们一个练习的方式："在家里放一个钟，定好时间，选定话题，然后自己就在这个规定的时间内聊这个话题，眼睛的余光扫着钟，练到正好在三分钟的时候，把话题讲完。因为在直播的时候导播会告诉你，还剩下30秒，你就要锻炼自己这个准时的能力。"

158. 中国游客在黄石公园收集温泉水，被罚1000美元

在美国黄石国家公园，一名中国游客离开指定观景区，踩过岩层去灌温泉水，被罚款1000美元。黄石公园管理部门15日说，一名目击者向园方举报，说看到这名男子离开木板铺成的观景区，闯入马默斯（意为"猛犸"）温泉四周"脆弱"的岩石区。这名目击者还拍下这名游客的照片并交给管理员。

公园发言人里德表示，这名中国游客称进入公园时没有阅读安全守则，收集温泉水是用来当药用。里德说，之所以对这名游客处以"严厉处罚"，很大程度上是因为"温泉地貌具有不可替代性"，其生态环境不容破坏。

159. 同情副镇长开专车的背后

这个周末，安徽黄山歙县王村镇副镇长洪升走红了。6月15日上午，洪升前往县城办事。其间，在某网络约车软件上"接单"，驾私家车载客从该县城区前往开发区，后被10多个出租车司机拦住、举报。运管部门称此举属于违规营运，县纪委则表示将依规查处。在接

受记者采访时,洪升表示接受处罚,并称今后不会再做此类"兼职"。

160. 广电总局:同一档真人秀节目一年内只播出一季

针对当前一些广电机构过于依赖境外节目模式,原创节目比例较小、精品不多、影响不大、动力不足等问题,国家新闻出版广电总局日前发出通知,要求大力推动广播电视节目自主创新,不断研发、生产拥有自主知识产权、体现中华文化特色的优质节目,尤其注意提高晚间时段自主原创节目播出比重。

根据通知,"920"时段成为推动自主创新的重要基地,在不同主题、不同领域开发多样态、差异化的节目,力求电视荧屏丰富多彩。同一档真人秀节目,原则上一年内只播出一季。娱乐类节目要注意不得过度安排重播。总局将按照"全国一盘棋"的思路,对"920"时段节目加强调控,防止类型集中和雷同重复的节目同时出现。

161. 男子模仿霸道总裁强吻女室友被拘

山东济南一男子将女室友扑倒强吻,女室友最终逃脱并报警,男子被拘留。面对警方询问,男子称他是模仿《何以笙箫默》中的情节,并大声辩解:"霸道总裁强吻女主角,在电视剧里都这么演的!"

162. 北京高考后志愿填报1对1咨询标价喊到9.8万元

还有三天,本市2016年高考成绩即将公布。不少考生可能刚刚回过神来,又将在本月25日直面如何填报高考志愿这一"难题"。《北京青年报》记者了解到,为了能够让学生不浪费考分而进入理想学校,不少家长不惜花费重金请培训机构帮忙"支着儿"志愿填报。调查中,《北京青年报》记者发现,个别高考报考机构的填报培训叫价已经高达9.8万元。

163. 男童长大想当公交司机,其母怒扇巴掌,称没出息

当科学家、医生等职业是我们很多人小时候的理想。如果您的孩子说长大想当公交车司机,您会有何感想?网友小刘前晚遇到一个五六岁男孩,孩子对他说:"长大我想当公交车司机。"不料旁边妈妈一巴掌拍来:"没出息,和你爸一样。"

164. 成都84岁大爷做裸模,儿子换锁嫌其丢人

老伴15年前去世,独居的84岁李大爷做起了"裸模",这让他少了寂寞,找到了充实和快乐。此事经媒体报道后,引起了社会广泛关注。李大爷的三个儿子却换了家里的锁。李大爷声称:"他们要和我断绝关系,嫌我丢人。"记者联系其子,他们都不愿意表达太多看法。

165. 惠州一学校节约粮食出"狠招",学生剩饭班主任要扫光

如果你盘中的剩饭,要班主任来帮你吃掉,作为学生你会不会觉得有点不好意思呢?

前日是世界粮食日，惠州南山学校想出了这个新点子。有些学生主动要求食堂工作人员少给些饭菜。"浪费不好，让老师们吃更不好。"三年级的小华有点害羞地说。

166. 85岁老太婆替孙求职遭拒，企业："没断奶"的不要

昨天，在武昌某大型招聘会现场，一位85岁老婆婆拿着孙子的简历求职遭婉拒。婆婆说，孙子刚从武汉生物工程学院毕业，工作没有着落让她很着急，她就拿着孙子的简历到展台去碰运气。企业招聘专员说，他们不想招"没断奶"的学生。

167. 苏州一女大学生坚持穿汉服上课三年

在苏大校园里有一个姑娘，每日云鬟轻挽，裙裾飘飞，身着汉装，脚踏青鞋，在来来往往上下课的学生人潮中显得分外惹眼。这位"汉服女孩"名叫秦亚文，苏大艺术学院大四学生。从大一至今，秦亚文坚持每天穿着汉服上课。汉服对她而言是平日里的便服，是生活起居不可或缺的部分。

168. 文科状元从京辞职回家种菜一年多成千万富翁

2004年，家境贫困的郭可江以全县文科状元的成绩考入中央财经大学。然而，郭可江的惊人之举还不止于此。大学毕业三年后，他放弃在北京的优越工作，回乡种起蔬菜，当上了农民。如今，他种地种出了名堂，成了远近闻名的年轻富翁。

169. "裸条"借贷

一手举着自己的身份证并放在胸前，一手拿着手机自拍，然后把照片作为"信用抵押"发给对方从而获得款项。这样的借贷方式你听过吗？"裸条"借贷，指女大学生利用手持身份证拍摄的裸照作为"担保"，通过借贷平台借钱。一旦逾期无法还款，放贷者即以公布其裸照相要挟，要求借贷者向家人、朋友筹钱还款。

170. 上海取消老人免费乘车政策

从6月26日起，上海市停止实行70岁以上老人持"敬老卡"免费乘坐公交车及地铁这一政策。记者实地观察发现，公交车站及地铁上的老年乘客明显减少。据巴士公交等二、第三公司的48路、49路车队反映，当天老年乘客比以往下降了八成以上。

向70岁以上老人发放免费公交卡，一向被视为城市敬老的重要举措，广受"白发族"的欢迎。不过，随着城市化速度加快以及老龄化社会的到来，城市公交也显得日渐逼仄、拥挤，老年人与其他人在公交工具上的"让座"冲突，也时有发生。而每次风波，往往会走向泛道德化讨论，不是弥合而是加剧了社会群体间的撕裂感。

此前不乏有人呼吁老年人"错峰出行"，把高峰时段的公共交通资源让给年轻人。遗憾的是，这种停留于道德化的倡议没有多大实际效果。

既然是政策性因素导致公交资源局部紧张，那么，缓解之道还是要从政策入手。老年

人之所以扎堆乘车，尽管有刚性需求，但是免费乘车是一个重要推手。因此，有必要调整政策设计，促使老年人理性出行。事实上，不止一个地方有类似考量，只是囿于强大的道德及舆论压力，不敢率先施行。

　　上海市敢做第一个吃螃蟹者，不光是有勇气，恐怕主要是有底气。这底气就来自强大的配套措施，即老年综合津贴制度。据披露，从今年5月1日起，上海老人按年龄分为五档享受包括交通等方面的津贴，从75元到600元不等，钱直接打入具有银行卡功能的"上海市敬老卡"中。基于此，上海才宣布停止"敬老卡"免费乘车制度。

第八章　考官提问的对答技巧

播音主持招生考试中的考官提问，有两种情况：一种是高校招生简章中标明的，另一种是没有提前告知的。第一种容易回答，大家都有准备；第二种提问是随机的，很多考生始料未及，就容易出现失误。那么，如何巧妙地回答才能过关呢？如何在这一环节中拿到高分呢？有一段时间我也很烦恼，因为考官的性格、爱好不同。有的考官喜欢问东问西，有的则一言不发，他们的提问也多是不着边际，很难提前准备。大家所能做的也只有询问一下往年的考生该所大学的考官喜欢问什么，这些都只能了解大概，仅此而已。

据我多年收集的信息来看，除了有些考官的问题过于随意，无法预测之外，其他的问题基本上就是这样三种：一是专业性的，二是知识性的，三是生活类的。有的考官喜欢问文学常识。如请说一下"唐宋八大家"之类的，这一类可以提前准备，看看相关的书籍就可以了。有的考官会问："你来湖南考试了，请你说说湖南的名人吧。"这一类也可以提前准备。而其他的问题则要看大家的临场反应了。我的建议是实话实说、不卑不亢、坦然面对。在这里我特地综合列举了播音主持专业考试中常见的问题，并且作了回答，希望能给广大播音专业考生带来帮助。

教师提示：

这一阶段主要是对考生回答问题态度的辅导，模拟考官提问是主要方式。建议教师挨个提问考生，并进行针对性的辅导，重点是气质的培养，有礼貌和不卑不亢是我们的目标。对内向的同学要提示其敢于展示自己，对外向的同学则主要塑造其回答问题的逻辑性。有的老师会教给考生一些套路。比如，如果问题有些难，让考生回答的时候重复一下问题，这固然是个不错的方法，但是千万不要机械。如果问题听明白了就尽快回答，因为那样会让考官觉得他自己没有说明白问题。

问答参考：

1. 为什么要报考播音主持专业？

答：我喜欢播音主持专业。在学校里，我就是校广播站的播音员，做一个优秀的播音员或主持人是我的梦想，所以我报考播音主持专业。

2. 你最欣赏的主持人是谁？能否谈谈欣赏他（她）的理由？

答：我最喜欢的主持人是白岩松。我觉得他知识很渊博，而且还很有正义感，敢替老百姓说话。我以后也想成为像他那样的节目主持人。

3．你认为做主持人应具备哪些素质？

答：我认为主持人要普通话标准，有渊博的知识，还要反应快、会穿衣服，形体也要很好，姿态优美。

4．你过去有没有主持过节目？

答：我主持过学校的演讲比赛和元旦晚会，大家觉得我主持得还不错。我还参加过朗诵比赛，获得过二等奖。我也是校史馆的解说员。

5．做播音员、主持人，你认为自身条件的最大优势是什么？最大不足是什么？

答：我做播音员的最大优势是比较自信，我从来不怯场，大家说我是"人来疯"。另外，我反应还比较快，脑子比较灵，这是我做主持人的优势。最大的不足呢，很多的专业术语我还不懂，没有受过专业的系统的训练，这是我目前最大的不足。

6．新闻类主持人与晚会主持人有什么区别？你觉得自己更适合哪一类节目主持人？

答：新闻类节目主持人更加强调客观和权威，要严肃点；晚会主持人主要是烘托气氛。我性格有点内向，爱思考，我觉得我适合新闻类主持人。

7．谈谈你对主持人亲和力和观众缘的理解。

答：亲和力就是让人感到亲切，不感到陌生；观众缘呢，就是观众一见这个主持人就会喜欢他。我觉得没有架子的主持人才会有亲和力和观众缘。

8．你对节目创新有什么看法。

答：我觉得节目一定要不断创新，因为大家喜欢新鲜事物，总是老一套，慢慢地大家就会厌倦，就像衣服一样每年的流行款式还不一样呢，所以节目一定要创新。比如现在流行的《爸爸去哪儿》就很受欢迎。以前没有这样的节目的，现在有了，这就是创新。

9．你认为智慧型的主持人和传统（美女）型的主持人的不同点在哪里？

答：我觉得是诉求点不同，一个是以智慧吸引人，一个是以美貌取胜，所以主持人要有自己的特点。当然，如果美貌和智慧共存那就更好了。

10．请你谈谈现在内地电视节目主持人与境外电视节目主持人有什么不同。

答：我觉得内地主持人有点不自然，放不开，有的还像背稿子。而境外的主持人呢，感觉他们更潇洒一些，也更自由一些。

11. 你觉得生活中最重要的东西是什么？当机遇来临时，你有能力来把握吗？

答：生活中最重要的是事业和家庭吧。当机遇来临的时候，我觉得我有能力来把握机遇，因为在机遇来临之前，我就已经做好了充分的准备。

12. 跟报刊比起来，广播、电视的优势分别在哪里？

答：我觉得和报刊比起来，广播的优势在于可以出声，听众可以一边听广播一边干其他的事情，即便是眼睛不好的人也可以听广播。电视就更有优势了，不仅能听见声音还能看见图像，这是它们无法比的优势。

13. 为什么一个优秀的电视节目主持人必须具备较高的文化素养？

答：因为电视节目主持人主持的节目各式各样，接触的人形形色色，主持人必须有较高的文化素养才能胜任。观众要从电视上获得知识，如果主持人的水平还不如观众，那怎么能行呢？所以主持人必须爱学习，具备较高的文化素养。

14. 年龄是否会成为主持人的一个障碍？您如何看待这个问题？

答：我觉得不会。这主要看主持人心态和水平。如果一个少年，老气横秋的，也一样不适合主持少儿节目。孙敬修爷爷，年龄很大的时候，一样给小朋友讲故事。所以，年龄不重要，主持人的心态和素质才重要。

15. 你最喜欢哪一类的电视节目？为什么？

答：新闻和娱乐类节目我比较喜欢。新闻类节目让我了解这个世界，有助于政治成绩的提高，也能帮助我说即评；娱乐类节目很搞笑，能让我心情放松。

16. 你是从什么时候开始喜欢播音主持的？你认为科班（专业）主持人的优势在哪里？

答：我是从上初中时开始喜欢播音主持的。有一次，我们学校举办演讲比赛，我去参加，老师告诉我要多向电视里的主持人学习，慢慢地我就喜欢上了播音主持了，我觉得我也能像他们一样很好地主持节目。科班主持人优势在于基本功扎实、普通话标准。你看《新闻联播》的主持人普通话都很好。而何炅因为不是科班出身，普通话就差一些。

17. 你是如何理解幸福的？

答：幸福的事情很多。上高中两个星期能回家一次，回家就是幸福；我参加艺考，拿到过关证也是幸福。我觉得幸福要靠自己去寻找。

18. 在你走过的岁月中，谁对你的影响最大？为什么？

答：我觉得是我的父亲对我的影响最大。小时候，他每个星期天都陪我去图书馆。后来，我上高中了，学校离奶奶家近，我就在奶奶家住。虽然工作很忙，但他坚持每天中午回来陪我吃饭，然后陪我走路去学校。他告诉我家庭最重要，爱最重要。他对我的影响最大。

19. 你的人生目标是什么？你最崇尚的职业是什么？

答：我的人生目标是做一个幸福的人，不要爸妈为我操心。我最崇尚的职业是主持人，我觉得主持人可以发挥我的长处。

20. 有人说性格决定命运。你认同吗？

答：我认为是这样的。所以，我要尽量完善我的性格，不能太斤斤计较，不能动不动就着急、生气，要大度，要与人为善。性格好的人才会得到别人的喜欢，才能成为一个优秀的主持人。

21. 你认为主持人在主持节目的过程中应不应该含有表演成分？

答：我认为不应该有表演成分。主持人应该真诚，是什么就是什么，不能不喜欢什么假装喜欢什么。观众都很聪明，他们能看穿。所以，主持人应该是什么样就什么样，不能演给观众看。

22. 能谈谈你最喜欢读的一本书吗？

答：我最喜欢《安徒生童话全集》。我喜欢里面的丑小鸭，我期望有一天我也能变成白天鹅。我要像丑小鸭一样，不怕别人的打击和嘲讽，自信地走自己的路。

23. 你认为做一名新闻工作者应具备哪些基本素质和修养？

答：我觉得做一名新闻工作者首先要业务熟练，掌握采、编、播等各种技能，还要了解国家大事、国际形势，有一颗善良的心。另外，新闻工作者还要有强壮的身体。因为这项工作很辛苦，没有好身体是无法胜任的。

24. 如果本次考试你失利了，你会如何面对？

答：我会总结经验，查找不足，然后努力改进，不丧失信心，继续努力，期待下一次能成功。

25. 如果本次考试你顺利过关了，你会怎么做？

答：如果这次考试我顺利过关，我会很高兴，但是也不会骄傲。我会马上转入文化课的学习，争取让自己的文化课成绩再提高一点，让自己以优异的成绩走进大学的校门。

26. 主持人最重要的素质是什么？

答：我觉得主持人最重要的素质的是能说标准的普通话，因为主持人首先要让观众听懂他（她）说的是什么。如果主持人说方言，就算说得再精彩，再有思想，观众听不懂，也是白搭，所以我觉得能说标准普通话是最重要的素质。

27. 请谈谈作为一名主持人应当如何应对场上的突发事件。

答：如果场上出现了突发事件，作为主持人应该快速反应过来，化险为夷，让节目能够正常进行。我知道有个主持人上场的时候被话筒线绊倒了，她急中生智地说是现场观众的热情把她击倒了，这样就巧妙地把尴尬遮掩了过去，这就很好。

28. 谈谈你报考播音主持专业的经历和感受。

答：我从小就喜欢播音主持，但是自从正式走上学习播音主持的道路后，我还是有很多感受。播音主持要求很高，不是轻轻松松就能通过考试。考生要付出百倍的努力和辛勤的汗水。这是一个富有挑战性的专业，我喜欢挑战，我愿意用我辛勤的努力去换取成功。

29. 谈谈你的播音主持梦想。

答：我的播音主持梦想是做一个优秀的新闻节目主持人。我觉得把新闻播报给大家是一件很有趣的事情，而且我还能比大家更早知道新闻。另外，穿上西装，看上去也很帅。为了实现这个梦想，我现在每天都关心国家大事，看《新闻联播》。

30. 很多主持人一边主持节目，一边拍戏、出唱片，可以说是身兼数职，对此你怎么看？

答：我觉得是好事，主持人要多才多艺，多学习才能进步。有人说这样的主持人不务正业，我觉得这种说法也是不对的。主持人拍戏、出唱片能提高自己的知名度，对工作是有帮助的，应该支持。

31. 有人认为阿丘、崔永元等主持人的普通话水平没有达到相关部门的要求，应该"下课"，你怎么看？

答：我觉得不应该下课，因为主持人不仅仅是普通话标准的问题。他们的普通话虽然不好，但是还没有到让大家听不懂的地步。阿丘是有个性的主持人，这样的主持人是很少的，所以不应该让他们下课，应该让他们多练习普通话，抓紧时间让他们的普通话过关就好了。

32. 你怎样看待"说新闻"这种播报方式？

答：我觉得这种方式很好，听着很舒服，让人感觉很轻松，适合一些家长里短的新闻。要是很严肃的新闻就不适合采用"说新闻"的方式了。"说新闻"有利有弊吧。

33. 有人说，学会倾听是每个谈话节目主持人成功的法宝。谈谈你的看法。

答：我同意这个观点。我也很烦在谈话节目中主持人滔滔不绝，显得很懂的样子，我更想听听嘉宾说什么，主持人不能总是表现自己。这是毛病，得改。

34．如果你作为一名主持人在节目中出现口误，是诚恳地向观众道歉还是利用巧辩让大家一笑而过？

答：我觉得还是诚恳地道歉比较好。因为观众其实也是很宽容的，他们也知道，话说多了出现口误也是难免的事情，我想他们会理解的，企图掩盖反而不好。如果是我，我就诚恳地向观众道歉。

35．如果让你主持一档你不喜欢的节目，你会怎么办？

答：我觉得主持节目是我的工作，不能因为自己的喜好而耽误工作。我会尽力去主持好这档节目，尝试着去爱这档节目。我想任何节目都有优点。以前我不喜欢这档节目，可能是因为我不了解，那么我了解了，我想我会爱上这档节目的。

36．如果你面前有一张纸，请你画一幅画，你会画什么？

答：我会画一台电视机，屏幕上显示的是我在主持节目。我会把这幅画挂在我家的墙上，时刻激励着我不要放弃自己的梦想。

第九章　即兴评述练习题目

1号题：

八角茴香（简称八角）与卤鸡肉之间的关系，居然被写成了一篇八万字的博士学位论文。近日，陕西师范大学女博士孙灵霞的博士论文《八角茴香对卤鸡肉挥发性风味的影响及其作用机制》成为网友热议的话题。不少网友称："不愧是陕西吃饭大学，一道卤鸡都能研究得这么专业。"而这篇论文也被赞为最美味的论文。

请根据所给的材料进行3分钟的即兴评述。

题目分析：

这是辨析类的题目。赞成者可以说女博士的论文言之有物，很实用，不是假大空的文章；反对者可以说大材小用，题目太无聊，应该视野更开阔。难点在于考生不了解我国目前大学生论文的整体情况。

2号题：

为惩罚上课期间嗑瓜子的学生，老师自费买了100斤瓜子"惩罚"学生，让他们"嗑个够"。网友纷纷感慨娄底卫校这位老师到底是"恶搞"还是"惩罚"，还将其自费买瓜子惩罚学生戏称为"任性的惩罚"。

请根据所给的材料进行3分钟的即兴评述。

题目分析：

这是辨析类的题目。支持者可以说，这位老师的方式有趣又有用。曾有不少高中生告诉我，他们学校有老师就是这样做的，而且效果很好。反对者则说，方法不妥，治标不治本，应该加强教育，多讲道理。题目贴近考生生活，可从自身感受说起。

3号题：

北京市环保局12月发布的APEC空气质量保障措施效果评估结果显示，APEC期间北京市PM2.5平均浓度为43微克/立方米，各类主要大气污染物平均削减50%左右。北京市环保局称，包括单双号限行在内的机动车管控减排措施，对"APEC蓝"的贡献最大。联想到北京市领导此前透露"将论证机动车单双号限行措施常态化的意见",很多人都担心环保局的表态传递了某种"危险"信号。

请根据所给的材料进行3分钟的即兴评述。

题目分析:

这个题目较为复杂,大家一定要仔细阅读每一句话、每一个字,找到题目的核心问题。仔细分析一下就会发现,题目问的是机动车单双号限行措施常态化是否可行。同学们只需要回答同意或者反对并说明理由就可以了。需要注意的是,题目给的"APEC蓝"的信息,要尽量用上。

4号题:

某年,在曼谷飞往南京的FD9101航班上,两名中国游客在机上侮辱空服员,还扬言要炸飞机、自杀,结果航班飞了一会儿又折回曼谷。事情的起因只是泡面用的热水。张某要求空服员提供热水泡方便面,空服员告知其热水需收费。在空服员为其提供热水后,张某仍与空服员发生言语冲突,并将泡好的方便面泼向该空服员。飞机落地后,张、王二人及另两名需要协助调查的无锡籍游客高某、吴某一起被泰国警方带走。

请根据所给的材料进行3分钟的即兴评述。

题目分析:

所给的材料是一个新闻故事,考生要根据现象找到原因并给出对策。题目中的现象可以从道德和遵守异国法律的角度展开论述,最后一定要给出建议。建议考生不要就事论事,最好从社会公德、入乡随俗等角度全面阐述。

5号题:

应该不应该讨论别人的隐私?请对此问题进行3分钟的即兴评述。

题目分析:

对于这个题目,我们一起来看一位同学的提纲,看完后你就知道该如何回答了。第一,中华人民共和国的每位公民都享有隐私权,私自议论他人隐私是违法的。第二,在背后议论他人隐私是道德素质低下的表现。第三,为了自己逞一时口快而议论他人隐私,对别人会造成一定的心理伤害。第四,你去议论他人隐私会让别人对你产生不信任感,你议论他人的时候,听者可能会想:如果我把我的一些隐私告诉你,你会不会也在别人面前议论我。

6号题：

2014年的巴西"世界杯"足球赛举世瞩目，共举行了64场比赛，德国最终捧得冠军杯。这次体育盛会给巴西带来了不可估量的世界影响力，而巴西国内民众却多次集会游行，反对举办"世界杯"足球赛。民众希望将所用的费用投资用于基础设施建设、基本医疗体系和教育体系。

请根据所给的材料进行3分钟的即兴评述。

题目分析：

这是辨析类的题目，考生支持和反对都可以。本题的核心在于长远利益和当下利益的矛盾。考生可以说举办世界杯虽然花钱了，但是国家知名度提高了，有利于经济发展；考生也可以说不应该只顾面子，应该搞好基础设施建设。

7号题：

广东佛山南海狮山树本小学要求小学生们午休时不能上床睡觉，而是原地在教室盘腿打坐，搞得学生们大喊"顶不住"。据称，打坐午休是学校的一项新尝试，将由校长亲自教学和示范。校长称自己练习打坐近20年，觉得效果非常好，希望可以在学校推广。

题目分析：

此题目讨论的是教育方式的问题。如果考生支持这种教育方式，则说该校教育创新；如果考生反对，则说教育是建立在科学的基础上，任何用以对学生的教育和管理措施与手段，必须科学且具有普适性。校长让学生"打坐午休"，既不符合教育伦理，更没有强制推广的权利。试想，如果谁当校长，都拿自己的喜好来开辟教育试验田，那教育岂不是乱了套。

8号题：

柯震东进去了，同款囚服火了。正当大家还在热议名人吸毒的负面影响时，一些淘宝卖家竟然"趁火打劫"，推出了"柯震东同款拘留服"。有的卖家还订单不断。记者在淘宝网搜索"柯震东囚衣"，竟有30多家店在销售类似的囚衣，价格从5元到上千元不等。

请根据所给的材料进行3分钟的即兴评述。

题目分析：

本题目考查的是理性追星问题，考生可以就此展开论述。这类题目一定要看清楚题目讲的是什么意思，然后总结出观点。这类题目很容易说偏——有人指责淘宝卖家没节操，有人痛斥"粉丝"太无脑，其实这都是怎么追星的问题，这才是问题的根源。如果再阐述下偶像的作用，那就更圆满了。

9号题：

2014年8月19日，教育部就新版《中小学生守则》向公众征求意见。新版《中小学生守则》将70条要求精简为9条，并删去"见义勇为，敢于斗争"等表述，同时提出了"控制上网时间"等新要求。

请根据所给的材料进行3分钟的即兴评述。

题目分析：

回答这个题目的关键在于考生要理解删去那些内容的原因，并且知道为什么要添加新要求。考生要表明态度，是否支持这样的做法。当然也可以给新版《中小学生守则》提出新建议。

10号题：

有钱真任性。据《南方日报》报道，晋江一条路上惊现一小男孩庆生广告牌，上面写着"欢迎参加我的16岁生日party"，还印了一个小男生的照片。家长表示，那几块广告牌原本就是他家立的，这次请广告公司来重新包装一下，16块广告牌总共才花了1600元，等生日宴一过就会将其恢复原貌。

请根据所给的材料进行3分钟的即兴评述。

题目分析：

这个题目讨论的是家庭教育方式的问题。如果考生支持这种方式可以说，时代变了，给小朋友过生日的方式也要与时俱进，讲究个性。如果反对，则要强调，一切节俭为好，可以买点实用的生日礼物。

11号题：

12月18日，一段发生在浙江台州公交车上遭窃的视频在网上疯传。视频里，一位斯文男子与一位白发老人并排坐在一起，男子用他的衣角盖住大爷的裤兜，并从大爷裤袋里掏出一叠钱放进自己口袋。老人今年78岁，失窃的3800元是他要用来治疗肿瘤的钱。目前，台州全城的爱心人士正一起行动，全力搜寻小偷。但争议也随之而来，有人为视频的拍摄者点赞，也有人质疑拍摄者为何不当时制止。

请根据所给的材料进行3分钟的即兴评述。

题目分析：

这个题目较为复杂。考生要设身处地地为拍摄者着想，据此选择支持还是反对，还可以给出更好的建议。就本题来说，拍摄者是出于自身安全的考虑没有当场制止，但相比那些没有拍视频的人，他表现还是好的。你怎么看他的行为呢？这就是你即评的内容。

12号题：

2014年8月7日，网信办发布《即时通信工具公众信息服务发展管理暂行规定》，共有十条内容。其中，第六条规定：即时通信工具服务使用者注册账号时，应当与即时通信工具服务提供者签订协议，承诺遵守法律法规、社会主义制度、国家利益、公民合法权益、公共秩序、社会道德风尚和信息真实性等"七条底线"。

请根据所给的材料进行3分钟的即兴评述。

题目分析：

看到这样的题目，考生要想为什么要出台这样的规定，要想它出台的背景是什么。弄明白这些，你就有话说了。如果不知道出台这项规定的原因和背景，那就很难答好这个题目。这就要求考生平时要多观察生活，多积累。就本题来说，显然规定是针对垃圾短信的，这个大家都不陌生，每个人都收到过。想到这里，就不感觉题目难了吧。

13号题：

日前，教育部等五部门联合出台了《关于进一步减少和规范高考加分项目和分值的意见》。文件规定自2015年1月1日起，将取消奥赛等6项全国性鼓励类加分项目，只保留"烈士子女"等5类加分项目；对于仍保留学生加分资格的省份，加分不得超过5分。

请根据所给的材料进行3分钟的即兴评述。

题目分析：

一件事情是否重要关键看当时的情况。就本题来说，如果知道这个文件出台的背景就好说了。在意见出台之前各地爆出了不少高考加分作假的丑闻，所以才出台这个文件。这个文件出台的目的是增加高考的公平性，大家可以从这个角度展开论述。如果你在生活中还发现了类似的损害高考公平的现象，也可以提醒教育部要进一步规范，这样就更好了。

14号题：

据中国之声《新闻晚高峰》报道，如今，网购已经成为很多人的日常购物方式。"秒杀""抢"，成了在网上购买低价商品的特有动词。但有时，"抢"到了，并不意味着东西就一定是你的了。近日，有听众反映，他们12月5日晚间在"唯品会"这家购物网站上，用1.2折的价格购买了某品牌的移动电源。但是，东西下单成功了，也发货了，却没到他们手上，被"唯品会"退单了。多名购买者提供的短信截图显示，"唯品会"平台短信告知"此款移动电源为非正常售卖商品"，订单被取消配送，安排返回。同时，物流信息显示，配送状态是"拒收"。

购买者联系唯品会得到的解释也是属于"非正常购买"。"唯品会"客服称，此活动应在12月6号上午10点后开始。但是，购买者质疑，在这个时间之前，用户却可以正常下单，并且唯品会已经发货、配送。

请根据所给的材料进行3分钟的即兴评述。

题目分析：

题目反映的是网上购物的安全性，大家对此都不陌生。很多人都喜欢在网上买东西。大家可以根据自己的经历分析题目，并且给出解决方法。有的同学喜欢说得很笼统很官方，这样并不好，因为生活化的题目容易说得很生动。大家一定要注重细节，说你刚接到快递时候的心情等，这样才能说得精彩。

15号题：

2015年1月22日起，全国40个城市的市民只要使用"快的打车"手机软件内置的支付宝付款，每位乘客每单可以得到10元奖励，司机每单可得到15元奖励。哈尔滨也在受惠城市的行列中。这意味着哈尔滨市民起步价打车，不仅不要付钱，还能赚3元。你如何看待打车软件的盛行？

题目分析：

这种题目在播音主持专业招生考试中很常见，可以称之为分析利弊型考题，就是谈谈某件事情的利弊。打车软件对新生代不陌生，优点也显而易见：省了等车时间，节约了社会资源。缺点呢，可以说对不使用打车软件的人不公平。这类题目的角度非常多，考生可以结合自身实际作答。

16号题：

中国神曲走向国际，似乎一直是传说。某年，真的有一首神曲走上国际舞台。王太利和肖央这对"筷子兄弟"携手登上全美音乐奖的舞台，担任表演嘉宾，演唱《小苹果》。《小苹果》为何能这么红？有人说靠的是"病毒式营销"，有人说是根据"耳朵虫"原理传播，但也有人担忧它的走红意味着音乐大环境走向衰落。

请根据所给的材料进行3分钟的即兴评述。

题目分析：

这道题目颇具专业性，最后一句最为典型，估计"病毒式营销"和"耳朵虫"原理会难倒一批人。题目实际上问的是音乐流行的标准。如果考生无法解读两个专业术语，不妨从自身角度谈谈什么是好音乐，这也是此类题目的普遍应对方法。如果无法谈得专业而深入，那就说得情真意切，同样有很好的效果。

17号题：

2014年9月15日晚，正在马尔代夫进行首次国事访问的中国国家主席习近平，在下榻饭店会见中国驻马使馆工作人员、中资机构和华侨华人代表。当中国驻马尔代夫大使王福康说到中马旅游合作时，习近平说："我插一句，也要教育我们的公民到海外旅游讲文明。矿泉水瓶子不要乱扔，不要去破坏人家的珊瑚礁。少吃方便面，多吃当地海鲜。"习近平一番幽默的插话，引得全场响起一片笑声和掌声。

请根据所给的材料进行3分钟的即兴评述。

题目分析：

背景在时事类题目里非常重要，如果不了解背景，只是根据字面意思进行分析，得分就不会很高。就本题来说，习总书记说的话，包含了很多热点事件。如果了解了这些事件，题目就会变得很简单；如果不知道，只是说表面，则效果不会太好。本题材料的背景是，某一阶段，媒体频频爆出中国游客的种种不文明行为。

18号题：

10月3日，在嵩山少林寺塔林的围栏外，几名穿着僧衣的男子拉着质问"少林寺门票70%去哪了"的横幅，向嵩山风景名胜区管理委员会讨要说法。据说，这所千年古刹与政府管理部门之间的恩怨，即将在法庭上作一次阶段性的了断。早在去年年底，少林寺就将"嵩管委"告上过法庭，称后者从2011年1月到2013年10月，共拖欠寺方将近5000万元的门票款；而"嵩管会"当然也不是"吃素"的，有官员道："少林寺要那么多钱干什么？"

请根据所给的材料进行3分钟的即兴评述。

题目分析：

这个题目较为专业，也比较复杂。能力一般的同学最好把问题简单化，从文化传播和方便游人的角度去说；思辨能力强的同学可以把问题想得深入一些，比如从契约精神等方面展开论述。

19号题：

据中国之声《新闻和报纸摘要》报道，12月4日是我国首个国家宪法日。在最高人民检察院和最高人民法院系统内公职人员向宪法宣誓；最高人民法院还敞开大门首度邀请冤案当事人参观。

请根据所给的材料进行3分钟的即兴评述。

题目分析：

做好这个题目，首先要理解国家宪法日的意义。之所以确定这一天为国家宪法日，是因为中国现行的宪法是在1982年12月4日正式实施的。宪法是国家的根本大法，是治国安邦的总章程，所以将宪法实施日定为国家宪法日，意义十分重大。2014年国家宪法日的主题是：弘扬宪法精神，建设法治中国。考生可以从宪法的意义和重要性展开论述。这个比较接近大家的政治课，应该不难。延伸考题：(1) 人心是最大的政治。(2) 让法治信仰镌刻在全民心中。(3) 全民守法。

20号题：

一流设备，培养一流人才。
请根据所给的话语进行3分钟的即兴评述。

题目分析：

题目考查精神和物质的关系。如果考生支持这一观点，就说物质条件是人才成长的基础；如果反对这一观点，则说设备和一流人才的关系不是很大，更重要的是拼搏精神。注意，一定要有实例，这样才有说服力。比如，中国国家足球队条件比朝鲜队好，但是成绩不如对方。

21号题：

9月1日，上海中小学开学。拿到课本的家长发现，相比旧版，今年一年级语文课本变薄了很多。记者对比新旧一年级语文课本发现，新的一年级语文课本不仅删除了旧版本中全部的8首古诗，7个单元45篇课文也缩减为6个单元40课文，识字量和写字量都有不同程度减少。不过部分家长对此也表达了疑虑。他们认为从8首古诗到一首不剩，有些矫枉过正。他们认为："古诗是很好的文学形式，如果能保留一两首，让孩子适当学习，并不会增加多少负担。"

请根据所给的材料进行3分钟的即兴评述。

题目分析：

这是学生减负的话题。材料中介绍，为了减负删除了小学一年级语文课本中的古诗。这就产生了矛盾，即减负和继承传统文化的矛盾。同学们可以就此论点展开评论。一般来讲，大家都会说，古诗是不能减少的，要不就没法继承传统文化了。

22号题：

阿里巴巴集团董事局主席马云2014年秋天在纽约华尔道夫饭店举行IPO路演活动时说道："15年前来美国要200万，被30家风险投资公司拒绝了。我今天又来了，多要点。"来参加路演的投资人在华尔道夫酒店排队拐了18个弯，在电梯等了40分钟，将近1000人来看马云。有人说："昨天你对我爱理不理，今天我让你高攀不起。"

请根据所给的材料进行3分钟的即兴评述。

题目分析：

材料中最后一句话是非常流行的一句话，这句话很励志，意思是：我原来很落魄，你都不愿意搭理我，今天我发达了，我让你们高攀不起。生活中这样的事情也很多。四年前曾经参加过《非诚勿扰》、惨遭24盏灯全灭的穷小子郑钢，如今一跃成为一名身价过亿的职业金融投资人。5月30日，未满30岁的郑钢捐款1000万元回馈母校南京大学。他辉煌的现状，令人无法想到他曾经也有一段艰辛的过去。题目的关键在于对这句话的理解，大家可以从多方面分析体会。

23号题：

你觉得春晚有没有必要停办？为什么？请就该问题进行3分钟的即兴评述。

题目分析：

这样的题目主要考查考生是否关注文艺圈，是否了解整个传媒界的发展方向。看到这样的题目，首先要想停办和继续举办的理由，再想自己真实的想法是什么，然后选择一方。反方角度：现在大兴节俭之风，节约办会已经是共识，不办晚会可以节约很多钱；现在文化娱乐方式很多，大家过年的方式有很多种，没必要都去看晚会。正方角度：春晚已经举办多年，已经成为中国新民俗，和年夜饭一样成为不可缺少的项目；尽管它存在着这样那样的问题，但还是可以改进的，所以支持继续办下去。

24号题：

如何看待"过节"成"过劫"？请就该问题进行3分钟的即兴评述。

题目分析：

首先要正确理解"劫"字的含义。大家想想平常过节的时候，高速路堵车，景点人满为患，走亲戚累断腿，聚会喝酒天天醉……这类题目的一般思路是描述现象，查找原因，寻找对策。

25号题：

日前，教育部公布了近两年（即2012年、2013年）就业率较低的本科专业名单。食品卫生与营养学、生物科学、旅游管理、社会体育指导与管理、市场营销、动画、知识产权、广播电视编导、表演、艺术设计学、播音与主持艺术、音乐表演、电子商务、贸易经济、公共事业管理共15个专业"中枪"。名单由教育部高等教育司整理并公布，主要目的在于加强对高校专业设置的宏观管理，引导高校主动调整学科专业结构。

请根据所给的材料进行3分钟的即兴评述。

题目分析：

此题目的核心是大学生选专业是看兴趣还是看就业率，角度很多，话题也不少。考生可以说上大学就要选自己感兴趣的专业，不要为了就业就放弃的自己的梦想。考生也可以说，如果大学毕业就是失业还不如不上，应该根据市场需要选专业……

26号题：

日前，苹果新一代智能手机在中国内地正式上市开卖。记者从运营商开售现场的情况来看，苹果依旧是市场上的"香饽饽"，"连夜"购买的消费者不在少数。许多果粉又开始省吃俭用攒钱买苹果了。有人认为手机能用就可以，也有人认为要买就买最好的。

请根据所给的材料进行3分钟的即兴评述。

题目分析：

这个题目问的是追求美好生活和现实的关系，正确的观点应该是量力而行。考生也可以从消费观念说起。这种题目是大家常聊的话题，考试的时候只要加以总结和分类就可以了，让观点更鲜明，事例更有趣，就能拿到高分。

27号题：

2015年9月，33岁的李文菁结束在清华大学博士后流动站的研究工作，回到家乡武汉，成为武汉外国语学校高中部的一名普通教师。她是该校引进博士毕业生以来的首位女博士后。据悉，武汉部分高中目前已引进7名博士毕业生老师。消息一经发布，一时间引发外界热议：博士毕业生教高中是否屈才？高中为何要招博士老师？学校是否是在提高用人门槛？

请根据所给的材料进行3分钟的即兴评述。

题目分析：

本题较为复杂。一个看似简单的社会现象，往往有着复杂的原因，这是考生必须考虑的。就本题来讲，材料中提出了三个问题：博士毕业生教高中是否屈才？高中为何要招博士老师？学校是否在提高用人门槛？切入点很多，考生任选一个角度即可。当然，考生也可以几个角度一起阐述，最后找到主要原因。除了题目给出的角度，考生还应该想到，这或许和就业难有关系，也和大家的就业观念有关系——也许这个李文菁就喜欢当高中教师呢。

28号题：

一张毕福剑为潘晓婷题字的照片在微博疯传并引发网友吐槽。照片中，毕福剑用繁体字为潘晓婷写下"九球天后"四个字，不过"九"和"后"的繁体字却写错了。四个字错了两个，确实丢人大了。但是，像老毕一样题错字的名人似乎不少。舒乙为"文心雕龙杯"全国新课标写作才艺大赛所题字中，把应为"戊子年"中的"戊"写成了"戌"；铁凝为《美文》杂志写的贺词中，把"风华正茂"的"茂"字的下半部"戊"写成了"戌"……

请根据所给的材料进行3分钟的即兴评述。

题目分析：

从题目来看，说的是名人素质。名人竟然也写错别字，这真是可笑。考生也可理解为名人在某个领域取得成绩，不一定样样精通。对于名人来说，对不擅长的领域应该加强学习，这是最普遍的思路。题目中，名人题字属于传统文化，也暴露了他们传统文化功底不扎实的弱点。

29号题：

继"房爷""房姐"之后，房产圈又出现了更小年龄的"房娃"——小虎家有14套房子。大家也许深表羡慕，说目前还在为人生中第一套房而努力奋斗的"80后""90后"们简直弱爆了。虽然房娃有优越的物质生活,但生活中也有自己的痛苦。一个"房娃"就说:"我家租房收多少钱我都心里有数,那些钱够我吃三辈子了,为什么还要上学?"

请根据所给的材料进行3分钟的即兴评述。

题目分析:

这个题目,从表面看,找不出什么漏洞,一切看起来很正常。考试中这样的题目不少,就看考生是否具备独立思考的能力。大家看到这样的问题,一定要学会找漏洞。文中的逻辑是,上学就是挣钱生活;小虎家的钱够他花三辈子了,他可以不上学,不劳动了。看似无懈可击,其实有很大的漏洞。这其实说是的物质和精神的关系,是生活的问题。看透这一点,题目也就不难了。

30号题:

有微博10月29日爆料称河北航空某航班,从重庆到温州途中,一名头等舱的旅客郑某在飞机起飞前,在乘务员两次提醒下,很不情愿地关闭了手机。但在乘务员走后,他又马上开机,并伴有铃声。在飞机起飞后两分钟左右的爬升关键阶段,郑某又开机。安全员上前制止,却遭到郑某多次辱骂及推搡,并被推倒在地。微博还爆料称:"郑某被制服后,称自己是福鼎市市长的儿子,让自己的父亲报复当班安全员和证人。后来地面公安证明他的父亲真的是市长。"

请根据所给的材料进行3分钟的即兴评述。

题目分析:

此事件是年度的热点新闻之一,说的是依法治国的问题。同学们可以从"王子犯法,与庶民同罪"的角度去思考,也可以从家庭教育的切口展开论述。民用航空器上严禁用手机,是人人都知道的常识。"市长"的儿子不听安全员正常指挥,殴打安全员,还蛮横地用"我爸是市长"来威胁、恐吓空乘人员,显然是不对的,肯定要受到法律的制裁。家长也应该反思对子女的教育是不是出了问题。

31号题:

连日来,河南省夏邑县一位六旬老板回报恩人一套楼房的事迹被左邻右舍传为佳话。这位老人叫伊庆民,是夏邑县一家公司的老板。出生在夏邑县胡桥乡的伊庆民,3岁时父亲不幸病故,母亲靠卖花线养家糊口。伊庆民十一二岁的时候,一次随母亲去赶会卖花线,回来的路上遇到暴风雨,便在王集乡刘寨村一个农户家避雨。这家妇女看小庆民又冷又饿,便把自家刚煮熟的玉米棒送给他吃。这件事在伊庆民幼小的心灵里留下了深深的烙印。前不久,伊庆民赶到刘寨村寻找到了当年送给他玉米棒的好心人。当伊庆民见到目前已80多岁高龄的老大娘时,激动地说:"您是我的恩人,这几十年我都没忘记您。现在我的经济条件好了，我要在县城送给您老人家一套三室两厅的楼房，把您接到县城里去享福。"并当场把楼房钥匙交到了老人手中。老人做梦也没有想到，一个玉米棒换来一套楼房。

请根据所给的材料进行3分钟的即兴评述。

题目分析：

此事件涉及目前青少年教育中的热门话题——感恩教育。大家可以就此展开论述。此材料也可以作为模拟主持题目。关于感恩的话题我们已经讨论了太多了，中华传统文化对此也非常重视，有很多名言可以引用，比如"滴水之恩，当涌泉相报"。

32号题：

一则"弃北大读技校"的新闻被媒体持续热炒，事件的主人公是叫周浩。3年前，他从北京大学退学，转学到北京工业技师学院。最近，当他在第六届全国数控技能大赛决赛开幕式上代表参赛选手进行宣誓时，被媒体报道后引起了轰动。2008年，周浩考出了660多的高分，是青海省理科前5名。当他试图按照自己的兴趣作出第一个人生的重要决定时，却遭到了家人和老师的一致反对。动手能力强、热爱机械的他想报考北京航空航天大学，但长辈们觉得这样高的分数不报考清华、北大简直就是浪费。周浩妥协了。进入北大后，他发现他对理论和学术毫无兴趣。他先后在旁听、转院、逃避都没有解决问题的情况下，开始打起了转校的"算盘"。在艰难说服父母后，他作出了一个被人认为是疯了的决定——2011年冬天，周浩收起铺盖从海淀区到了朝阳区，从北大到了北京工业技师学院，开始了人生新的道路。周浩兴趣的火焰在这所普通技校被点燃。很快，曾经北大的厌学青年周浩便成了技校中的翘楚。

请根据所给的材料进行3分钟的即兴评述。

题目分析：

这是关于择业观的题目，其核心是选择别人喜欢的行业，还是选择自己喜欢的行业。大家还可以从不同角度展开评述，比如遇到困难不能退缩。相似的新闻已经出现多次。此前，北大毕业生陆步轩、陈生投身卖肉行当都掀起关于大学生择业观的大讨论。

33号题：

不愿掺杂劣质大米，不肯用鸡架充当鸡肉，也看不惯老板卖鱼短斤缺两……老曾在私人餐厅当了20年的厨师，由于看不惯一些餐饮行业的"潜规则"，每到一个餐厅干不够一年就跟老板闹翻，被开除成了家常便饭。两年前，老曾从一家私立学校辞职，终于找到了认同他为人处事的新"东家"。老曾说："私人餐厅的老板考虑到人工、水电成本问题，或多或少都会掺假掺杂，但我也有自己的原则，坑人的事我不做。"

请根据所给的材料进行3分钟的即兴评述。

题目分析：

这是关于诚信的热门话题。话题不难理解，实例也很好找，大家只要热爱生活，留意观察就能回答好。就本题来说，老曾的做法值得点赞，他不愿意为了生存而放弃自己做人的原则。如果人人都像老曾这样，我们的世界就会更加美好。从老曾的行为还可以想到许多事情，比如排队的时候人人都不加塞，考试的时候都不作弊。

34号题：

2014年4月15日，琼瑶在《花非花雾非雾》官方微博发表了给广电总局的公开信，举报于正《宫锁连城》多处剧情抄袭《梅花烙》，并列举了几个于正的抄袭案例作为证据。她恳请广电总局领导即时下令停止播出于正新剧《宫锁连城》，并呼吁观众不要看于正剧，更称自己因为此事心如刀绞，已经病倒。12月25日，北京市第三中级人民法院宣判此案。法院判决《宫锁连城》侵犯了《梅花烙》的改编权，要求于正向琼瑶公开赔礼道歉，五家被告则共计赔偿500万元。

请根据所给的材料进行3分钟的即兴评述。

题目分析：

知识产权保护一直是全社会关注的热点话题，独立的品格更是一个文艺工作者必备的素质。这类题目一直是艺考的热点，也是对考生的入行教育。回答此类题目一定要保持鲜明的立场，要有充足的论据，最好还要有个人的决心、切实可行的措施。这样就能拿到高分。

35号题：

日前，一张呼吁少放鞭炮的图片在网络疯传。图片中的主人公是一对环卫工人夫妇，两人站在街头，手举一张心形卡片，上面写着"年轻人，少放点鞭炮！让我老伴早回家过年！谢谢体谅！"。人民日报微博也参与其中，上面写道："春节，当你享受团圆时，为清扫鞭炮，不少环卫工只能在路边过年。看到这张图，你愿为老人实现愿望吗？支持的转。"

请根据所给的材料进行3分钟的即兴评述。

题目分析：

这个题目的关键是不要以行业私利影响他人自由。考生要迅速找到问题的症结，先表明观点，支持或者反对都可以。支持可以说，春节少放鞭炮，既保护了环境，又消除安全隐患。反对者可以说，法无禁止即是允许，每一行都不容易，不乱扔垃圾平时也应做到，放鞭炮是年俗体现，不应该强求，不应该利用环卫工人的利益来说事，在春节期间除了环卫工人还有很多职业的工作人员都很忙，最有效的解决方法是老板多给加班费。反对者也可以说，事件涉嫌"道德绑架"，如果每个行业都这样，"请不要开车，交警要过年""请不要网购，快递要过年看爸妈""请不要坐火车，乘务人员也想回家"，那世界还不乱了套？

36号题：

日前，中国人民大学教授孙家洲发在朋友圈里的一封师徒绝交信——硕士生郝相赫在朋友圈内"对阎步克先生、韩树峰先生无端嘲讽"，加上此前"在微信上屡屡发表攻击他人的言论"，引起了导师的强烈不满。因此，孙家洲决定断绝与郝相赫的师生关系。

请根据所给的材料进行3分钟的即兴评述。

题目分析：

这是分析原因类的题目。拿到题目就要想老师为什么要断绝师生关系、他的理由是否充分。从事件来看，做学生的嘲讽师长是不对，但老师这样做是否合适也值得探讨。考生可以从伦理和教育等多种角度展开评述，也可以从规则和情感的角度判断对错。

37号题：

9月23日上午，安陆市巡店派出所派出警力重点查缉盗抢机动车的违法犯罪人员。10时许，民警对一辆悬挂江西号牌的SUV（即运动型多用途汽车）例行检查。当民警对车辆尾箱内物品进行安检时，发现后排尾箱狭小的空间里，居然蜷蹲着一位老太太。检查民警当即将车上所有人员分离控制询问，老太太也被民警扶到警车上接受询问。询问的结果大出所有人意料。车上的夫妇和年约4岁的男孩儿是老太太刘某的儿子、儿媳和孙子。刘老太太告诉民警，今年刚用养老的积蓄给儿子买了这辆SUV。几天前，儿子一家从江西开车到武汉游玩，自己同车一路照顾孙子。当时孙子在车上犯困，嫌车里太挤不能躺倒睡觉，儿子小刘便让刘老太蹲到尾箱里给孙子腾出位置睡觉。

令检查民警唏嘘不已的是，唯恐民警对儿子进行处罚的刘老太不断向民警求情："尾箱里蛮好、蛮舒服，可别为难我的儿子。"

请根据所给的材料进行3分钟的即兴评述。

题目分析：

这是常见的孝心和家教的题目。这件事，刘老太儿子的做法肯定不对。刘老太的儿子为什么那样对待自己的母亲？可以肯定那和刘老太的家庭教育有很大的关系，不然也不会出现这样匪夷所思的事。这样的题目一定不要就事论事，不仅仅剖析事件的对错，要通过现象看到本质。是不是现在孝敬老人的风气在淡化呢？是不是老人也存在过分溺爱孩子的现象呢？应该怎样改变这种现状呢？这些都是考生应该思考的问题。

38号题：

据报道，商丘医学高等专科学校军训期间，一教官当众单膝跪地向一女生表白。你认为教官可以和学生谈恋爱吗？

请根据材料和问题进行3分钟的即兴评述。

题目分析：

看起来这个问题比较棘手，是支持还是反对很让人纠结。按照惯例，本题应从情和理两个方面入手。如支持就说都是情窦初开的年龄，谈恋爱无可厚非。如果反对则强调，相关规定不允许教官和学生恋爱，因为这样不利于学生成长。这道题需用心思考，联系社会、家庭等因素来判断对错。

39号题：

2015年的司法考试有道题是：甲的女友和妈同时落水，甲应先救谁？后来，司法部网站公布了参考答案：女友和妈同时遇险，先救妈是对的！北京师范大学刑事法律科学研究院副教授、中国刑法研究所副所长彭新林表示，甲对女友只有道义上而没有法律上的救助义务，所以如果先救其母，女友死亡的，不构成犯罪；反之，如果先救女友而母亲死亡的，则构成不作为犯罪。你怎么看待此事？

请根据材料和问题进行3分钟的即兴评述。

题目分析：

这个题目看似纠结，其实不难，无论往哪说都有理，比较保险的思路是：法律是最低限度的道德，人人都要守法。但是也可以反过来说，现实中肯定是能先救谁就救谁，没有时间考虑不救妈会不会犯罪。发生火灾时，救了别人没救妈就是犯罪行为，这合理吗？法律这样规定谁还会见义勇为去救别人？地震了救别人没救自己爸妈的人都抓起来好了。要因实际情况而定，救谁的成功率高就救谁，现在法律规定死了，估计到时候两个都救不了。

40号题：

"1000元主持婚礼，拒接两百万药品广告"。"白毛女"饰演者、87岁的田华，一家四人患重病引关注，老人"拼命"工作支撑家庭。真人秀节目《我不是明星》，其孙子杨潇登场，含泪告白：不愿再看到奶奶四处奔波。但在接受媒体采访时，田华明确表示不接受记者组织捐款，"生活再艰难都是自己的事儿，每个人都要学会嬉皮笑脸面对生活的难"。你对此事怎么看？

请根据材料和问题进行3分钟的即兴评述。

题目分析：

这个题目关系到做人原则。每个人都有自己的处世原则，都有自己的底线。考生可以尊重田华的选择，让她自己去面对困难。考生也可以反对，理由是，社会是个温暖的大家庭，你现在遇到困难，大家来帮你是应当的。

41号题：

2015年10月23日，江苏扬州，4192公斤重的最大份炒饭刷新吉尼斯世界纪录。然而有网友曝光，结果宣布后，炒饭被装垃圾车运走。网友指责主办方"处理不当""浪费粮食""作秀"。扬州市旅游局回应：并非全部倒掉，只是"不宜食用"的部分拉去喂猪。你对此事怎么看？

请根据材料和问题进行3分钟的即兴评述。

题目分析：

应该说这是一件性质很恶劣的事，为了炒作而违背了节约原则，是典型的本末倒置的做法。考生不仅要就事实本身展开批判，还需要联想到类似事件，最好给出解决方法。这个题目可以说得很家常，也可以深入挖掘，给出好的建议。总之，这是一个很有说头的题目。

42号题：

"骂脏话"这种行为居然在"祖国的未来"中间颇为流行。日前，无锡市关工委对全市学生进行了一次关于中学生不良行为情况的调查，结果显示用"污言秽语辱骂他人"高居榜首。

教育界人士指出，骂脏话这种行为看似"小事"，却往往是很多"大事"发生的根源，防微杜渐应该是学校一项重要工作。为了了解当前青少年的行为习惯问题，无锡市关工委联合教育部门对无锡市区部分学校进行了抽样调研。结果显示，在拟定的10种青少年不良行为表现中，"用污言秽语辱骂他人""进入营业性歌舞厅、游戏机房、网吧等场所"以及"违反校纪校规"名列前三位。其中"骂脏话"的比例相当高。

请你播报题目并进行即兴评述。

题目分析：

这样的题目，比单纯说即评略难些。因为备考时间会比较紧，这样的题目对考生的记忆力又提出新的要求，可能会导致很多考生读完新闻就忘记了当初即评的提纲。这个问题也很好解决,多做针对性的模拟考试练习,很快就能熟练。就本题来讲,主要是说青少年的不良行为表现,大家可以从现状、危害和改变措施等入手展开评述。

43号题:

新学期开始时,本市初中、小学有望全面实施"两免一补"政策,即学生免交杂费、书本费等费用,家庭经济困难的寄宿学生将发放生活补助。记者从市教委日前公布的2006年工作计划(征求意见稿)中了解到,义务教育阶段学生这部分费用将由市政府"买单"。

据了解,目前,本市义务教育阶段学生约为90万人,免除所有杂费和书本费后,预计财政对教育的投入将在原有基础上翻一番,由市区两级财政承担。

据介绍,本市近5年来在全国率先出台了免杂费、书本费政策。2001年,本市义务教育阶段的残疾学生和残疾人家庭学生免收杂费;2002年,免收杂费的范围扩大到全市10个远郊区县和城近郊区低保户学生;2003年以来,又对全市低保家庭学生及特殊教育学校就读的学生免收教科书费,免收特教学校住宿生住宿费,并每人每月发放100元伙食补贴;从今年开始,这项优惠政策又扩大到本市义务教育阶段所有学生。

播报题目并进行即兴评述。

题目分析:

本题主要说的"两免一补"政策。考生可以从政策的必要性等角度展开评述,最好是结合一下身边的事例来说明,这样可以避免掉进唱高调的误区,这是此类题目的关键。面对这样的题目,估计有些同学一看到,那么多的数字和名词,就容易抓不住重点,或者避重就轻,或者语言干瘪,这些问题同学们一定要注意。

44号题:

据中央电视台《新闻联播》报道,受冷空气影响,中国北方大部分地区今天刮起了5到6级的大风,部分地区阵风达7到8级,沙尘天气随之而来。

在邻近腾格里沙漠边缘的宁夏中卫市境内,伴随着呼啸的北风,漫天的黄沙腾空而起,甚至令人感觉到呼吸越来越困难。

甘肃、内蒙古的部分地区今天还出现了沙尘暴,部分地区的能见度甚至不足10米。伴随大风而来的还有气温的骤降,其中宁夏、甘肃部分地区的气温下降了10到14摄氏度。青海、西藏、吉林等地还出现了降雪。

中央气象台预计,沙尘天气到明天将基本结束。但东北、华北、黄淮等地气温将继续下降4到10摄氏度,并伴有5到6级大风;南方地区气温明天也将大幅下降。到19日,各地气温开始逐渐回升。

播报题目并进行即兴评述。

题目分析：

这篇新闻稿看起来只是普通的天气预报，有的同学可能一下子找不到即兴评述的点了。如果仔细阅读就会发现沙尘暴是一个很好的角度，可以联系到环境保护。当然考生必须知道沙尘暴的成因，不然只能看着题目干着急。

45号题：

日前，近10名衣着暴露的年轻女子，现身朝阳区建外SOHO。她们的臀部及腰部打着一款社交软件广告，引发市民围观拍照。昨晚，建外SOHO东区物业公司一负责人称，此次活动物业并不知情，系商家私自行为，发现后立即劝阻并报警。有法律界人士表示，此举涉嫌违反新《广告法》中"妨碍社会公共秩序或者违背社会良好风尚"之条款。你对此事怎么看？

请根据材料和问题进行3分钟的即兴评述。

题目分析：

这个题目的核心是：广告创新不能违背社会道德和法律。这是常见的考题，重点在于怎样从孤立的社会事件联想到整个社会风尚的变化并给出合理化的建议。

46号题：

2015年10月18日，邵东县廉桥镇在校学生刘某（13岁，其父母再婚，母亲长期在外打工，他长期被父亲打骂）、赵某（12岁，父母均在监狱服刑）、孙某（11岁，父母长期在四川打工）杀害了守校女教师李桂云。经查，刘某等三人到新廉小学玩耍时因感到肚子饥饿，就到学校小卖部偷东西吃，被独自守校的女教师李老师在操场发现。刘某三人担心李老师报警，在对李老师进行殴打后，用布堵住李老师嘴巴，致李老师窒息死亡。刘某三人还将李老师手机及2000余元现金抢走。对此事你怎么看？

请根据材料和问题进行3分钟的即兴评述。

题目分析：

这是留守儿童教育问题，也是当今社会一大难题，另一个侧面看这件事也反映了校园安保问题。但要明白这件事主要还是留守儿童的问题。许多考生有这样的毛病，喜欢面面俱到，每一点都蜻蜓点水，这是不对的，应该有主次之分。

47号题：

一、二年级要不要学数学？山东省聊城市的嘉明经济开发区第一实验小学给出的答案是"不要"。该校校长李志猛表示，推迟开数学课是基于低龄孩子逻辑思维能力的现状。这项始于2013年的试点教学改革活动，经过媒体曝光后，引发了多方讨论，有人支持也有人质疑。为何要大胆进行这项改革？两年来的试点效果又如何？李志猛表示，一、二年级开数学课，就像"小马拉大车"；到三年级再开数学课，那就是"大马拉小车"。其实车都一样，只是孩子们的理解能力、逻辑能力发展到了一定阶段，自然也就轻松了。对这件事你怎么看？

请根据材料和问题进行3分钟的即兴评述。

题目分析：

这是教育创新的话题，属于分析利弊型的题目。考生支持或反对都可以，但立场一定要坚定，可以现身说法，也可以引经据典。就本题来说，这所学校的经验是否值得推广是个值得探讨的话题。

48号题：

11月1日，是国家邮政局规定的实行"快递实名制"的首日。根据规定，邮件、快件要求通过对寄件人电话号码及相关身份信息比对核实后方可收寄，即通常讲的快递"实名制"。当日早上，《华西都市报》记者便到成都多家快递公司网点"亲测"实名制执行情况，先后测试了申通、韵达、顺丰、EMS四家快递公司。记者发现，有的网点不仅未登记邮寄者的身份证号码，甚至对用"矮大紧""流川枫""流大川"这样的网名寄递都是认可的。

请根据材料和问题进行3分钟的即兴评述。

题目分析：

快递大家都寄过，熟悉其中流程。此题目的难点在于政策出台的背景。如果不知道曾经有人用快递运送危险物品并且造成事故，就很难答好这个题目，所以还是要强调平时的积累。如此重要的事情本书已经说了不止三遍了吧，你一定要记住哦。

49号题：

最近，一则中国扶贫基金会、中国公益研究院和共青团四川省委联合发布"童伴计划"的新闻在网上引发热议。该计划主要目的是替留守孩子"找妈妈"。这个"妈妈"将是一个村的留守孩子的守护专员，当孩子们的"监护人"。对此事你怎么看？

请根据材料和问题进行3分钟的即兴评述。

题目分析：

这也是留守儿童的话题，考生可以根据事件选择支持和反对，如果能提出有建设性的意见则更好。这个问题比较复杂，大家可以想想，如果在家乡就能挣到钱，那孩子的父母是不是就不用外出打工了呢？再假如打工的地方如果小孩上学方便是不是这个问题也就解决了呢？

50号题：

党的十八届五中全会决定：坚持计划生育的基本国策，完善人口发展战略，全面实施一对夫妇可生育两个孩子政策，积极开展应对人口老龄化行动。如今，全面放开二胎政策迈出了坚实的一步，由此形成更具推广性的制度范本，公共政策的调整就会更深孚民意，勃发生命力。对此事你怎么看？

请根据材料和问题进行3分钟的即兴评述。

题目分析：

这是政策热点类的题目。提醒大家，这样的题目意义重大、影响深远，可说的角度非常多，同学们千万不要觉得无头绪。遇到这样的题目最好的办法是，取其一点，说到较为深入就算成功，最好是有感而发，切忌空发议论。

51号题：

马上又临近西方的"万圣节"了，各个幼儿园都开始为"万圣节"做准备。北京一位家长为了给3岁的女儿完成万圣节作业——制作南瓜灯，一不小心刺破了指动脉，被立即送往医院治疗。这件事情的经过被这位家长发上微博，后引起了不少家长共鸣，不少家长质疑："这么高难度的幼儿园作业到底是留给孩子的还是留给父母的？"对此事你怎么看？

请根据材料和问题进行3分钟的即兴评述。

题目分析：

这是教育方式的问题，核心问题是所留作业是否符合实际。学校不能为了赶时髦而随意留作业。题目中的作业显然是不妥当的，一个3岁小孩很难完成。既然孩子完不成，那教育目的就达不到，那就是没用。

52号题：

2015年10月，新修订的《食品安全法》正式施行。这部被称为"史上最严的食品安全法"，对食品添加剂、网络食品交易、保健食品等食品监管中的难点问题均有涉及。让损害消费者利益的商家承担连带责任，是新法修订的最大亮点。

针对以上材料请你进行3分钟的即兴评述。

题目分析：

食品安全是关系国计民生的大问题，也是大家关心的焦点问题。近几年，由于三鹿奶粉事件引发的一系列问题引起大家的关注，许多人还不远万里去国外买奶粉。同学们可以根据身边事件展开评述。常用的思路是先说新《食品安全法》发布得好，然后分析亮点的好处，最后还可以对加强食品安全提出自己的建议。

53号题：

2012年，北京化工大学学生许涛通过微博募捐拯救患白血病的父亲，并郑重承诺3~5年内还款，几个月时间他募集到数十万元。时隔3年，曾经给许涛捐款的某集团战略规划部经理曾鹏宇最近在微博发文表示，收到许涛汇过来的钱款——不过，在原来捐款额的基础上，还多出了10%的"利息"。这一践行承诺的举动感动了无数网友，惹得大家纷纷为其点赞。

对此事件请你进行3分钟的即兴评述。

题目分析：

本题说的是诚信话题。材料中许涛的做法在当今社会尤其可贵。面对此题，一般的思路是为其点赞，然后讲述诚信的重要，最后说讲诚信也要从自我做起。也有同学别出心裁，讲述信任，主题是好人好报：曾鹏宇做好事信任许涛，许涛也不辜负信任。这也是不错的角度。

54号题：

女教师从17岁到57岁，执教40年，月薪150元。山西省陵川县积善村代课教师宋玉兰坚守三尺讲台40年，她用生命中最宝贵的时光照亮这个偏僻的小山村。虽然宋玉兰这一辈子每月工资最多时也只有一百多元，但她喜欢孩子，说"我离不开孩子们"；乡亲们也敬重她，说"她是小山村不灭的蜡烛"。

就此事件请你进行3分钟的即兴评述。

题目分析：

这是赞扬奉献精神的题目。我建议大家在评述的时候，不但要大力赞扬宋玉兰老师献身教育的高尚品格，而且还要呼吁提高教师待遇，这样更加全面。

55号题：

11月30日，泰山医学院附属医院骨科副主任蔡国栋有四台手术要做，但做完第三台手术，他就感觉胸口不舒服，到隔壁手术室连上心电监护，监护提示他的左心室主干阻塞、大面积心肌梗死、室颤。被抢救两个小时后蔡国栋还是走了，年仅42岁。

就此事件请你进行3分钟的即兴评述。

题目分析：

这段材料表面上是表扬大夫的敬业精神，其实仔细想想，这里面还有大夫自身的劳逸结合问题。国家培养一个好大夫不容易，就这么没有了，非常可惜。从这个角度出发，我们可以想到更多问题，比如可以规定大夫不能连续做两台手术，要大力培养更多的大夫以满足临床需要。这样是不是更加全面一些呢？

56号题：

3月13日下午，温州平阳正在进行平阳乡镇单位公务员招录考试。考试结束，在大家都纷纷交卷离场的时候，一个座位靠窗、身着白色帽衫的36岁女生突然下跪，请求监考老师多给她1分钟的时间涂完机读卡。老师没有办法，拉都拉不住。这位女生就坚持跪在地上将最后5道题涂完，再跑到讲台把试卷给监考老师。但老师不收，她再次下跪。她嘴巴里说，如果不收她的试卷，就会去跳楼之类的。

就此事件请你进行3分钟的即兴评述。

题目分析：

对于这个题目，一位同学的评述思路是这样写的：先说公务员考试近几年可以说风靡全国，很多人为了这个考试下了很大功夫，因为它是铁饭碗，各种补贴不费劲。再概括下这个事（这是前言），特别是这个女的36岁了还在考公务员，甚至考试结束之后下跪要求延时涂答题卡，其次说考试是国家的重大考试，她下跪乞求给她时间也是不对，无视考试纪律，不存在情理，从这也能看出这个考试对这名女子甚至很多参加考试的人的重要性。最后可以说到现今社会竞争压力大、工作量多、工资少一系列原因都导致了公务员考试成为万里挑一的事情。

应该说这位考生想得比较全面，也找到了问题的关键，但是错就错在主题不清上。本题的核心是该女生是否遵守考场纪律的问题。"没有规矩，不成方圆"，如果都跪，那就不要规矩了，这才是最重要的。建议他要先说这个，其他考公务员难的原因都是次要的，要放在后面，略微一提就可以了。同学们可不要犯类似错误哦！

57号题：

1月5日下午，杭州动物园狮山，一群游客一看到非洲狮，就开始在搓雪球。狮子觉得不妙，母狮子迅速躲在一块木板下，公狮子则利用树干当掩护，双眼直视游客。"嗖"，一位年轻人用力把雪球扔向非洲狮。狮子慌忙躲闪，游客没扔中，但还是笑得很大声。另外几位游客和孩子有样学样，向狮子扔雪球。其中一位拿一整块一整块的雪，使劲砸下去。母狮子吓坏了，绕了一大圈，和公狮子躲在一起，紧紧缩在角落。终于，在游客"尽兴"离去的那一瞬间，公狮子大吼一声，死死盯着他们的背影。在动物园逛了一圈，羊驼园、猴山、长颈鹿馆、小动物乐园、虎山，都看到人们用雪球袭击动物。有网友评论说："如果狮子不是关在笼子里，游客还敢打吗？"

就此事件请你进行3分钟的即兴评述。

题目分析：

按照常规，这个题目的说法是这样的：第一，先是呼吁游客要遵守动物园的规定；第二，保护动物；第三，换位思考，保护弱者。也有同学认为，首先体现出来的是个人道德素质的缺失。动物园虽是供人们观赏游玩的地方，但应该爱护小动物而不是戏谑。人和人是平等的，那么小动物对我们来说应该同样获得尊重。这件事也提醒我们要用正确的方式做正确的事儿，学会尊重别人，尊重人类的朋友——动物。这个大自然本是美好的，我们要抱着一颗真善美的心去彰显自己的魅力与价值。

还有一位同学认为：第一，小动物即使不能说话，我们也应该懂得尊重爱护它们；第二，部分游客的素质缺失；第三，对动物园管理处提建议；第四，呼吁大家要尊重每一个生命。我觉得最后总结应该上升到理论高度，用社会主义核心价值观倡导的理念结尾。这个思路似乎更好一些。你觉得呢？

58号题：

湖南农业大学耘园的油菜花品种丰富，一到春季开花，便吸引很多游客前去观赏。最近，湖南农业大学的学生反映，一些游客跨过隔离带跑到实验田里拍照，使不少毕业生的实验田遭到了破坏。"我那实验品种只有一株，被掐了。我明年可能毕不了业了。"这些游客们！你让人家怎么毕业？

请根据材料进行3分钟的即兴评述。

题目分析：

这是常见的游客素质的问题。有些同学很容易避重就轻，过多关注游客掐了学生的油菜花，导致学生可能毕不了业。这里我要提醒大家，不管油菜花是不是实验品都不应该掐，这一点是毫无疑问的。即便你要呼吁学校把珍贵的东西加强监管，设置告示啦，加高栏杆啦，但你也要分清楚主次，即现象的原因主要还是游客素质不高。有的同学想从大学生只种独苗一株的角度去评述，我觉得他想多了。

59号题：

武汉一高校严控情侣亲密行为：喂饭可以，草坪拥睡、亲吻不行。近日，武昌理工学院规定，违反"校园十大不文明行为"的学生，思想品德素质学分和课程成绩将受影响，其中就包括在公共场所行为过分亲密。学校表示，草坪拥睡、亲吻等属于督察范围，拉手、喂饭等礼节性行为可以。对此事你怎么看？

请根据材料和问题进行3分钟的即兴评述。

题目分析：

很多人都会被最后一句话吸引：草坪拥睡、亲吻不可以，而拉手、喂饭却可以，这是为什么？我觉得纠缠这些意思不大，还是从大学生文明素质的角度去谈比较好。

60号题：

前不久，重庆驴友周道等7人网上约定，自我组团进山探险。然几天过去了人未见返回，还失去了联系。多个驴友家属的求助电话引起了成、渝两地警方的高度重视。从12日下午起，成都市崇州、大邑两地组织200余人的救援力量山上搜救，并终于在当晚10时许将下山途中的7名驴友救下山。然而，获救的驴友并不领情，其中有人称："我们没报警，你们为何上山搜救？"对此你怎么看？

请根据材料和问题进行3分钟的即兴评述。

题目分析：

应该说，材料中的7位探险驴友，因为自己未曾报警，只是在下山途中遇上了搜救队伍，故而没有那种绝处逢生的强烈"获救感"，并颇为冷淡地对待这场搜救，我看未必真是他们"没心没肺"，而更可能是他们觉得凭着自己的力量，也能够平安归来。但是，不管其领不领情、感不感恩，在这些驴友的家人纷纷表示不安之后，包括警方在内的社会有关方面迅速行动，宁可虚惊一场，也不听之任之，我以为才是这一事件的积极意义所在。

61号题：

据报道，湖南一所大学的同学们到当地一家福利院联手开展了一项租赁爷爷奶奶的亲情活动。福利院负责人与学校老师签订租赁合同，合同约定同学们会在每个周末带着各种小礼物来到福利院与各自租赁的爷爷奶奶聊天，并照顾他们的日常生活；老人们也像对待自己的孙子孙女一样关心同学们的学习生活。可是，日子一天天过去，同学们即将毕业各奔东西，老人们是否又要重新回到孤独的状态，令人深思。对此现象你是怎样看的？

请根据材料和问题进行3分钟的即兴评述。

题目分析：

看到这个题目要想到这样几个问题：那些爷爷奶奶自己的孩子哪里去了？或者孩子不养老，或者压根就没有孩子。如果这样，这就是养老问题。毕业了的同学走了，谁会再来呢？你有什么好办法吗？

62号题：

据报道，北京一位小学六年级学生有一本精美的留言册，上面记录着同学们的毕业留言。在"兴趣爱好"一栏中，有同学写道："看靓女""睡懒觉"。在"祝福语"一栏中，有同学写道："将来腰缠万贯，别忘了多泡几个'小蜜'、包个'二奶'""将来做大官，赚钞票，娶老婆，一个不能少。"如此等等，他们还认为自己的留言很"酷"。如果哪位同学写"愿你好好学习，将来成为国家的栋梁"之类留言，反而会被认为是"假正经"，受到同学们的排斥。

请根据所给的材料进行3分钟的即兴评述。

题目分析：

看到这样的题目要想到这样几个问题：这样的现象正常吗？对吗？然后，说出自己的理由就可以了。

63号题：

近日，有网友曝光了武汉一座新型景观公厕。该公厕为白墙、红瓦配上高档的钟楼，显得很气派、豪华，引发众多网友"拍砖"。很多人对修建豪华公厕的必要性提出了质疑。武汉城管对此事进行了回应，称此公共厕所造价预计总价不到80万，之所以在这里建这个厕所，是因这里紧挨着武汉国际会展中心和武汉国际广场，是重要的窗口地带，如此漂亮的公厕可展示良好的城市形象。

请根据所给的材料进行3分钟的即兴评述。

题目分析：

这是一道判断对错的分析题。题目中双方各执一词，你打算支持哪一方呢？注意不要仅仅重复其中的观点，要把理由说得更充分，更有力。

64号题：

江西一车主违法停车被罚，全家出动将交警打成重伤。网上网友热议：交警实在可恨，有时候车停下不到5分钟就贴罚单；车又不是你的，路也不是你修的；打得好，多几个这样为民除害的英雄就好了！

请根据所给的材料进行3分钟的即兴评述。

题目分析：

这道题目考生很容易被"打成重伤"这样的情节吸引，忽视主要的矛盾。其实题目一开始就阐明了立场，违法停车已经给这个事件定了性，这才是关注点。

65号题：

炎炎夏日，上班族们仍坚守在自己的工作岗位上，爷爷、奶奶、姥姥、姥爷来看管放暑假的孩子们已成了一个社会常态。近日，孙大娘因为看管淘气贪玩的孙子而情绪失控，突发脑溢血而住进了医院。对于这个事儿，你有什么看法？

请根据材料和问题进行3分钟的即兴评述。

题目分析：

这段材料主要说假期孩子的管理问题。建议社会完善幼儿的托管设施，家长应该根据老人的身体状况合理安排照顾小朋友。也有同学理解为养老问题，也不是没有道理；还有的想到留守儿童，这样想就有点远了。

66号题：

今天早上，四川九寨沟景区门口，大批游客排着长队等待检票进入，场面壮观。一名导游称，他所带的团队从早上6点开始排队，8点半左右才进入景区，不少游客甚至排到10点多才进去。你如何看待中国旅游景点观景不如观人现象？

请根据材料和问题进行3分钟的即兴评述。

题目分析：

这类现象出现的直接原因是景区太小、人太多。仔细分析可以联系到目前景区太少，满足不了大家的需求；也可以建议大家不要集中休假，缓解景区压力。能谈到的地方还有很多，比如景区应该建立游客流量的预警机制，让大家错时游览，这样就不会发生这样的现象了。

67号题：

包括毒蛇在内的数百条蛇被放生人盲目放进了山林，几个小时后陆续出现在了山村的道路上。村民为了自保只得拿起棍棒把毒蛇打死。这起给公共安全带来危害的放生事件引起了大家的关注。放生变成杀生，既害了无辜的动物，也违背了放生的本意。放生背后是日益成熟的产业链。因为放生需求，不少商家专门售卖放生动物。而蛇类等野生动物，则由专人去野外抓捕后到市场上售卖，为放生者提供产品，商家从中赚取利益，受害的则是动物。

请根据材料进行3分钟的即兴评述。

题目分析：

对这段材料，一般同学都会想到放生蛇太吓人了，放生其他的动物就没事了。而有些同学则想得深入一些，他会从根本上否定放生这种行为，认为表达善举的方式有很多种，比如捐钱给野生动物保护协会，没必要去搞形式上的放生。我觉得后一种想法更好一些。

一组辩论赛题目

正方：
辩题：对历史文化遗产应以保护为主。
反方：
辩题：对历史文化遗产应以开发为主。

正方：
辩题：男女之间有纯粹的友谊。
反方：
辩题：男女之间无纯粹的友谊。

正方：
辩题：现代社会更需要通才。
反方：
辩题：现代社会更需要专才。

正方：
辩题：当代大学生最缺乏的是交往能力。
反方：
辩题：当代大学生最缺乏的不是交往能力。

正方：
辩题：科学研究，提出问题比解决问题更重要。
反方：
辩题：科学研究，解决问题比提出问题更重要。

正方：
辩题：辩论赛，学理内容比语言技巧更重要。
反方：
辩题：辩论赛，语言技巧比学理内容更重要。

正方：
辩题：艺术的主要功能在于教化。
反方：
辩题：艺术的主要功能在于娱乐。

正方：
辩题：人的自我实现过程重于结果。
反方：
辩题：人的自我实现结果重于过程。

正方：
辩题：大学教育更应该注重培养科学精神。
反方：
辩题：大学教育更应该注重培养人文精神。

正方：
辩题：环境立法促进经济发展。
反方：
辩题：环境立法阻碍经济发展。

正方：
辩题：网聊有趣。
反方：
辩题：网聊无趣。

正方：
辩题：知识积累比知识创新更重要。

反方：

辩题：知识创新比知识积累更重要。

第十章　怎样准备一篇完美的自备稿件

第一节　选稿件

很多同学都在选稿子方面费尽心思，选了好多稿件，一旦读得不好，就怪稿子差，就换稿子，这是非常不好的习惯。读不好可能是稿子太差，但自己的水平更关键。所以一旦选定稿子就不要乱换，换一篇稿子还要从头开始，浪费时间，挫伤信心。这事有点像爬树，有人爬树爬到一半就下来，重爬一棵；而另一个人只爬一棵树。最后当然是只爬一棵树的人爬得高。大家想是不是这个道理呢？

大家的自备稿件多来自一些杂志，如《意林》《读者》等，还有一些是往届考生用过的经典稿件。这么多的稿件到底哪一篇是属于你的呢？我准备从几个方面来说明这个问题。

一、适合

第一个要求是适合。首先要适合考试，能展现你的声音特色，展示你的本领。其次要适合你，适合你的各方面条件。适合考试的稿件不是很多，因为考试非常特殊：有时间限制，只有几分钟，有的读到中间还会被叫停。所以所选稿件必须短，这是第一个要求。第二个要求，最好开头就有高潮，铺垫不要太多。铺垫多了，就有可能让考官听不到你所展示的声音魅力——被喊停了。第三个要求，恰当选择题材。由于同学们年龄小，一些有深度的、理论性强的文章，同学们理解不了，就很难读好。所以选择的题材一般是接近同学们生活的小故事，最好是同学们摸得着、看得见的题材。比如描写春天、母爱的题材，这些距离同学们生活都不是很远，理解起来比较容易。而一些描写外国生活的自己比较陌生的稿件则准备起来比较困难。如南方的同学朗诵雪花，他从来就没有见过雪花，怎么能读好呢？所以这样的题材不要选。第四个要求是慎选经典。有些稿件考官已经听过很多遍，有的还进行过专门的分析，如果读得不好，很容易发现弱点。但如果是真的实力超群，有新的理解和创造，还是可以选择类似稿件。

说到"适合"还有一层意思，就是适合自己的水平。到底自己是哪种水平呢，同学们一般很难判断，多半由老师和同学来客观评定。有的老师会直接帮你选，有时候自己选择更靠谱一些。我接下来给大家一些参考意见：（1）女生适合读温情的或者描写花花草草的稿件。女生一般感情细腻，这是她们的长处，如一些寓言、童话也不错。（2）男生适合读一些有气势的能够展现阳刚美的稿件，如军旅题材、英雄赞歌、描写名山大川的文章，可以展示力度之美。（3）再根据性格划分，外向型的同学可以选择张扬点儿的稿件或感情外露的文章；性格内向一点的，就选择感情含蓄的、内敛的稿件。（4）声音厚重的就选择有沧桑感的稿件，声音华丽的就选择节奏跳跃性的稿件。（5）长相甜美就选温情的，长相成熟就选哲理性的。以上是一些基本原则，大家可根据自己的情况选择。

二、喜欢

选择自备稿件，非常关键一点是喜欢，要从适合的稿件里选择你喜欢的那一篇。可能有很多适合你的稿件，所以你在取舍的时候，可以参照这个标准：那些文章最好是知名作家写的，有的作家性格、文笔可能和你的差不多，你读起来就顺溜，容易产生亲近感，朗诵起来也就容易一些。选择你喜欢的稿件，准备起来态度会更积极，最后的效果也会好一些。

三、有竞争力

自备稿件还有关键的一点，要有竞争力。我们参加的是一种选拔性的考试，要优中选优，不是及格就行，所以每个人都希望比别人更优秀。这时候你要拿出最佳水平来迎战，使出浑身解数，展示最好的一面，你才有可能胜出。那怎样展示实力呢？我觉得在能力许可的情况下，尽可能地选择难一点儿的稿件，选一些有竞争力的稿件。那什么是有竞争力的稿件呢？

很多同学都看过体操比赛。运动员要在平衡木上完成一套动作，有的选手动作难度大，有很多跳跃动作，起评分高，最后得分就可能高；有的选手起评分低，仅仅是在杠上走几步，就算完成了，分数也不是很高。我们的自备稿件也是这样，如果选择难度高的稿件，再能够顺利完成，就能得到高分。按说文章没有难易之分，只有读得好坏之分，但是客观上一些稿件技巧要求略高一些。如一篇稿件情绪变化大有大量对话，这个可以认为难度高；有些稿件只是平铺直叙，难度就小一些，这是客观事实。接下来举几个例子。比如考生经常用到的《乌苏里江放歌》《商鞅之死》等就需要考生完成各种声音的技巧，这是有难度的稿件；反之，一些平淡的稿件就容易一些。

为了说明这个问题，我以《乌苏里江放歌》为例。

多年以后的今天，我生活在一座繁华纷乱的都市，却有一条江一直在我的梦里流淌，仿佛那么远，又那么近。

与江为伴的童年时光，我心中的乌苏里永远是春天里渔民扎布大叔那声悠长的"开江喽"；永远是排山倒海般撒野、石破天惊般炸响的大块冰排；永远是夏日中于星罗棋布的小岛上，悠然嬉戏的水鸟；是秋风乍起时，渔网中翻腾跳跃的大马哈鱼；是一夜清雪后，白山黑水间时隐时现的东北虎；是喀尔喀山的漫山叠彩；是珍宝岛上江鸥的低鸣；更是扎布大叔故事里山神的传说……

这是其中一段内容，里面有很多难点，比如"那么远，那么近"，就要求考生用声音把距离感读出来，还有下面一段，"我心中的乌苏里永远是春天里渔民扎布大叔那声悠长的'开江喽'。"这句需要考生模仿扎布大叔的声音，也是一个难点。再下面一系列的形容词对考生来说又是不小的困难。这样的稿子就是难的，但是如果朗诵得好，可以展示考生的实力，让考官更全面地了解考生，这就是有竞争力的稿件。

有竞争力的稿件很多，大家可以选择，其中关键是能否驾驭得了。如果完成，自然好；如果不能完成，读的基调不对，声嘶力竭，还不如换稿呢。考生应该根据自己的水平来选择适合自己能力的稿件。

还有一类稿件要慎重对待，那就是小哲理性的文章，这种稿子谁读都不会差。有的学校不允许用这类稿子，有的不限制，考生最好避开。

第二节 准备稿件

当你选择了一篇稿件后，我的建议不是马上就读，而是首先要了解背景和作者，然后再去朗诵。

一、创作背景

你要搞清楚这篇文章的创作背景是什么，作者在什么时代、什么状态下写作的这篇文章。有些稿件不是很有名，我们查不到相关的资料，但是我们可以从稿件的文字中发现作者的创作背景。比如《乌苏里江放歌》，我们可以发现：作者就生活在现在，可能是个"80后"；这是作者离开家乡多年后，生活在城市里，听到来自家乡的歌曲，由此引发的一段回忆。这就是这篇稿件的创作背景。了解背景有什么意义呢？我觉得，通过创作背景可以找到作者的创作动机和创作目的，也就是他为什么会写这篇文章，写这篇文章的目的是什么，而这也是朗诵需要解决的问题。朗诵不是随随便便一读，它一定是表达一种情感，或者是呼吁大家热爱祖国，或者是弘扬一种精神。了解了创作背景，知晓了作者的创作意图，就可以用它来指导你的朗诵，这样你的朗诵才会主题突出、有感人的力量。通俗点说，就是你知道往哪里使劲了。这个很关键，因为有的考生理解不到位，经常发生错误。比如一篇描写风景的文章，他只看到了对风景的赞美，理解不了背后对家乡的热爱。这样很可能读的只是一个表面，不深刻。而在朗诵的过程中，理解上的微小偏差都会体现在声音上，很容易被考官发现问题，从而失分。

二、现实背景

了解了创作背景还不算完成任务。还有一点，就是要了解现实背景。怎么理解这个问题呢？我觉得也有两层。一个是你在考场上的背景。你朗诵的时候是在考场上，不是朗诵会，也不是你自己读着玩，这是一个竞争性的场合，这个背景要求考生朗诵的时候更加积极，更多地展示你声音的特色、咬字的功力，这是考场给考生的要求。还有一个现实背景是当今社会的大背景。这里需要说明，有些稿件年代久远，而内容有一定的多义性，所以这就需要考生选出最恰当的那个来。这样说可能有点难以理解，下面我举个例子。比如孝敬老人的文章，如果在之前，大家都比较孝敬老人的时候，这个稿子就是颂扬；而现在许多地方出现了老人倒地、无人敢扶的荒唐事，这个时候的朗诵应该更多的是呼吁。了解了背景，你就懂得读这篇稿子的必要性，也就理解了它的重要性，更容易读出分量感。

三、了解作者

以上了解了外在环境对文章的影响，接下来再说说文章的作者。我们常说，文如其人，了解了作者的性格，基本上也就把握了文章的特点。在这一点上，如果相关资料充足，对考生的帮助将会很大。建议考生了解一下作者的生平经历，最好多读一下他的作品，对作者加深了解。这样做有什么好处呢？第一，知道了作者的人生观是什么样的，他的性格是忧郁的还是开朗的，是悲观的还是乐观的。掌握这些信息之后，我们再分析，作者在这一篇稿件中表达的是什么样的情绪。这样做最直接的好处是，你可以模仿作者，在朗诵的时候按照他的想法表达观点。由于你对作者已经很了解，他的形象在你心中已经非常丰满了，这样读起来就更自如、更从容，而不似从前那样心里空空的。说到这里，可能有的同学会说：读稿件不是要突出自己的理解吗？是的，这话没错，但是它有个前提：你必须在了解原作精华、精神内涵的基础上加入自己的理解，这样才能好上加好。原因很简单，你既然选择这篇文章做自备稿件，那它一定有独到之处。作者写这篇文章可能也花了很多精力，没准还浓缩了他一生的感悟。而你才刚刚接触这样一篇稿件，所以只有在了解作者意图的前提下，才能重新创造。他的优点加上你的优点，这样才能达到一个好的效果。我对考生有一个高要求，那就是"无一字无出处"。就是每一个字都在作品规定的情境之中，都在发挥自己的作用。这样一起集中能量，创造美好的艺术境界，我觉得以上这些案头工作能帮助大家达到目标。

第三节　怎样读好稿件

一、开头部分

接下来我们研究一下怎样读好稿件。当你做完上一节提到的工作之后，就可以读稿件了。这时候你对稿件已经有了比较深入的了解，那么接下来是印证环节。你要把对稿件的理解转化为声音，表达出来。有些考生说起稿件头头是道，但是一到读稿件就完全不是那么一回事了，其中的原因不外乎一个是不认真、不用心，一个是缺乏技巧支持。所以这个环节，一要有认真的态度，二要有很好的技术支持。认真的态度容易一点，技术支持则需要刻苦地练习。考生每天的练习都要保质保量，才能满足稿件需要的技术条件。下面我们就说说稿件的各个部分如何处理。

1. 先声夺人

开头部分要先声夺人，这是你留给考官的第一印象。标准是什么呢？首先要吐字清楚、声音饱满、基调正确、音色优美，这是基础。然后，叙述一定要清楚，要让考官知道你说的是什么事情。

在开头部分，许多考生往往进入状态慢，开头很慌张，声音发颤。面对一帮决定自己命运的陌生人难免紧张，但这是你必须克服的。最好是和考官有一见如故的感觉，看到考官你就像见到了好朋友，有非常强的表达欲望，这是一种正确的心理状态。这种状态恰到好处最好，如果太过了，就会陷入另外的误区。如果出现过于兴奋控制不住声音，使声音变高、变挤的情况怎么办呢？深吸一口气，让自己放松、气息下沉，迅速进入平时找好的声音状态里，这就可以了。

让自己迅速地进入状态还有一个方法，那就是在开口前停顿几秒，先进入稿件需要的情境，然后再开口，这样就能迅速进入状态了，这个方法要求你对稿件非常熟悉。考场带来的紧张不能摧毁你的记忆，看样子，功夫还要下在平时啊。

2. 叙述清楚

开头一般都是一些叙述性的文字，说明时间、地点、事件的开端，为后面事情的发展和高潮做准备。我们朗诵也是这样的，开头可以略收一些，不求多么好，不出错就是成功。一般情况下，开头读好了，找到了感觉，后面就会一气呵成。如果开头要求过高，出了错误，就会更加慌张，严重影响后面的发挥。所以，开头一定要稳下来，找到倾诉的感觉，顺利完成就可以了。一旦开头读完，这时候你对周围环境熟悉了，紧张感会慢慢消除，这便很有利于后面的发挥。所以在开头，我们暂时放低要求，只要求顺利地找到基调、进入情景，不出错就可以了。有的考生一张嘴，发现和往常不一样，声音像是另一个人发出的，这时候人就慌了。怎么会是这样？出现这种情况，心理素质好的考生就会主动调整，慢慢习惯这种声音，甚至觉得这声音比自己以前的声音好听，这是好事，但是因此而过于激动就不好了。这里一定要注意，你再激动、有冲劲，也要在稿件情景范围内来进行，不能超越范围。所以这时候要严格根据之前的设计来进行，最好不要擅自发挥。如果不如平时，这时候脑子一定要清楚，既然已经这样，那就读下去吧，没准一会儿能调整过来呢。一般考场环境会比较安静，周围也会比较空旷，声音和以前不一样也是正常的。对此，你要有一定的心理准备。

二、中间内容

稿子开了一个好头，中间内容就好说了。但此时也不要放松，依然要集中精力，哪怕考官在低声讨论，你也要全神贯注、旁若无人地读。最好的状态是：你已经沉浸在稿件的悲欢离合之中，周围一切仿佛都不存在了；你忘记了这是考试，就像整个世界都是你的。如果这样，你就已经成功了。对于中间部分的朗诵，我有这样几个要求。

1. 饱满

读稿子进入了主体部分，考官要对你进行进一步的了解。你也渐入佳境，完整展示你实力的时候到了。最好的情况是：考官觉得你的开头不错，听了中间部分，更印证了先前的看法，觉得你是个有实力的考生，达到了录取的要求。比较差的结果是：仔细一听，这学生一般，很多地方都处理得不好，方言重，需要继续学习。那可就惨了，这是比较差的结果。当然，我们要争取好结果。

作为考生，要在这一阶段继续努力，再接再厉，吸引考官听下去，一直到结尾部分。这一阶段有的考生会犯松懈的毛病。按说稿件应该是一层一层推进的，越来越吸引人，感情越来越充沛，像登山一样，但是有的考生会忽然读着读着没感觉了：声音慢慢变小，最后草草收场。这是心理重视不过关造成的。有的考生可能是受到一些影响，他用眼睛的余光看到考官没有看自己，心里就开始犯嘀咕：我行吗？我能吗？这样，整个人就越来越不自信。而其实考生的心理状态应该是这样的：我是这样的，我是如此优秀，你们学校不要我是你们的损失；看我的声音多好，你低头了，我要用我的表现让你抬头，让你进入我的艺术世界中去。这是考生的正确状态，有了这个状态才是成功。这里说一个小问题，有的考生不敢看考官，表现得羞答答的，这不好，得改。好考生都是大方的，不卑不亢的。还有的考生读稿件的时候，不敢抬头，或者是迅速抬一下头就马上低下，这也是错误的。看人要正当地看，尤其是和考官对话的时候，要看着考官，这样才显得尊重。

稿子的主体部分要读得饱满，每一个语言点都要有完美的诠释。要说考场上的考官还和一般观众不一样，他们不是单纯欣赏，他们更多的是挑毛病。如果你毛病少，那就是好；如果让他们找到很多毛病，那就很危险。考生呢，有点像捡蘑菇的小姑娘，那些语言点就是蘑菇。如果你每个蘑菇都捡到，那你最后积攒的蘑菇就多，考官就会让你过关；如果你对许多蘑菇视而不见，那你最后的收获就很可怜，就不能从考官那里换到过关证。而且考官还有一个心理，如果很明显的语言点，你没有读或者发挥得不好，他就会很生气，考官生气了，后果很严重。所以在稿件的主体部分时，大家要尽力把每一个语言点都读好，这样才能给考官留下好的印象。

2. 吸引人

在稿件的主体部分，你最好还要读得吸引人，不要管你的稿件考官听了多少遍，你只管认真地表达，因为稿件本身总有吸引人的地方。每个人的性格是不一样的，处理稿件肯定也是不一样的，只要你认真表达、用心朗读，考官会客观评价你的。这里要找交流感，感觉像是在给考官交流，你就能把稿件读得吸引人。有几种情况需要注意：有的考生有美滋滋地读稿子的习惯，在那里自我享受，这是个坏习惯；有的考生喜欢微笑着说话，不管什么内容的稿件都是微笑着读，这也是要改正的。考场上你需要全身心地投入到稿子中，这样才能成功。

3. 丰富技巧

一篇优秀的自备稿件的主体部分是一定包含很多技巧的，比如模仿、对话等。这些技巧就是你的亮点，是你拿分的地方，所以这些技巧你一定要完成，要展示出来。如果能力不够，还不如选择平淡一点的稿件。其实平淡的稿件更难，因为稿子没有给你发挥的机会，全靠叙述来展示实力，对你很不利。

三、结尾部分

终于快读到结尾了，很多考生到这里会松一口气，因为前面已经顺利完成了，收尾往往会松懈，这也是错误的。只有走出考场才是你松懈的时候。在考场上的每一秒都要集中精力。一般稿件的结尾会有一个高潮，然后再结尾。这时候，由于你前面的积淀，现在到了你爆发的时候了。这个爆发很重要，万不可因为此时的松懈而失控。有时候因为前面过于紧张，这时候的爆发会忽然失去控制，变成大喊和嚎叫。我们知道长跑运动员在冲刺的时候都会留一定的力量。我们读稿件也是这样，最后的高潮一定要在可控制的范围内，把这个句号画圆。我还要提醒考生，有的考生最后读完会马上松懈，一副如释重负的样子，这是不好的。你应该自然结束，稍微停一下，让考官从你的情景中走出来，然后自然地等待考官的安排。这样，说明你刚才读稿件是真情流露，而不是伪装出来的激情。

结束感很重要，这种感觉就是读到最后要给人结尾的感觉。一般情况下，最后的文字是点题或者故事的后续交代，要求考生把意思表达完整。结束感给考生内心的感觉是：我的文章结束了，就是这样，我被感动了。记住，结尾的时候，先收声音，再收感情。

第四节　小细节的处理

如果你能按照前面的要求完成朗诵，在自备稿件的环节你基本上达到中上层的水平了。如果还想进一步提高，就需要对一些小细节进行完善。首先是重点部分的完善。稿件的重点部分代表你的水准，就像一首歌曲的华彩部分，代表你的最高水平。如果处理得好，就会给考官留下深刻印象。

那怎么能把小细节处理得更完美呢？我首先要告诉大家的大道理——"不细不是艺"。这句话的意思是不细致就不是艺术。这些小细节要花大力气，用心处理。

一、声音和停顿

我们再次以《乌苏里江放歌》中的一段来说明。

多年以后的今天，我生活在一座繁华纷乱的都市，却有一条江一直在我的梦里流淌，仿佛那么远，又那么近。

这段第一句中"多年以后"应该停顿得稍微长一些，以显示时间的变化，语气上要有从回忆回到现实的感觉。后面一句中的"繁华纷乱"这个词也不是褒义词，读的时候你要想到现在城市里的污染、雾霾、堵车等让人无奈的事情。"繁华纷乱"在句中的意思是什么呢？作者是说，"繁华纷乱"很容易让人没有时间思考，会变得很忙。这句是为下一句作铺垫，这句话的意思是：虽然我生活在繁华热闹的大城市，每天都很忙，很多事情，而且离开家乡也已经很多年了，按照常理，我应该把往事淡忘了，但是故乡还是会入梦。这句话的潜台词表达作者对故乡的爱及故乡的魅力强大。我们再来设计一下具体的声音。"都市"后要稍微停顿长一点，也可以弱一点，把潜台词表达出来。后面的那个"却"字是个转折，一定要读清楚，声音也可以高一点，意思是语义已经发生变化，等同于"虽然……但是"，但是什么呢？但是"有一条江一直在我的梦里流淌"。这个时候声音开始温暖，因为你说到了家乡，说到了主角，本文的题目就是"乌苏里江放歌"，说的就是这条江。这时候你要加入感情。文中给的词语也颇为极端，是"一直"，不是"偶尔"，说明他这么多年总是梦到这条江，不是每年几次，而是"一直""总是"。这种表示程度的词一定要重点处理。下面再说"梦里流淌"。梦每个人都做过，在"梦里流淌"是什么感觉呢？我们知道梦总是很奇怪，违背常理的，天马行空的，有时候非常真切，有时候很模糊，这是梦里的状态。这句是说，江在梦里不是一成不变的，是动的，是真切的。后面的"那么远，那么近"是说，在梦里有时候感觉江就在眼前，有时候却觉得遥不可及，也可以理解为：在梦里它很真实，但是醒了，却发现什么都没有，很虚无。怎么用声音表现呢？这是难点，表现好了，满堂喝彩；表现不好，恰好露怯，显示不足。先说"流淌"，这个相对容易一些，只要声音有波折感就可以了。"远"和"近"则需要专门练习。我们在练声的时候有一个关于空间感的练习，假设阿毛距离你500米、200米、100米，你要把他喊回来，这时候你声音的感觉是不一样的。这个"远"，可以借鉴最远的感觉，声音往外送，要飘逸。"近"呢？近的都是实的，就像画画一样，远虚近实，声音也是这样。读"近"的时候用实一点的声音，这样距离感就出来了。

这一段对考生说有一个非常大的难点。由于考生年龄小，无法理解一个离家多年的人夜夜梦回故乡的苦楚，更无法对比出现代都市和遥远的乌苏里江的不同。在很多考生眼里，城市是极具魅力的，而故乡是急于离开的。那怎么办呢？除了自己用心体会之外，还应该多阅读类似的文章来理解那种感情，这样才能表达好。阅读相关文献的话，我建议读小说，小说有完整的故事，更容易理解；多听音乐也不错，更直观。总之，只有下功夫才能读好。

大家看，就这么简单的两句话我就说了这么多，其实需要做的工作还有很多。我只是提示大家，对于主体部分，要字斟句酌地读，这样才能提高水平。

还有一个细节特别容易被同学们忽视，那就是读稿子的时候很多考生不敢停，因为担心停下会让考官以为结束了，所以就把稿件连成一片。这些考生多虑了。段与段之间的停顿非常重要，不仅要停，而且要大胆去停。有些文章就是要大开大合，像画画一样，疏处可以跑马，密处要密得不透风。但是，这又带来一个问题，有的考生经过提示，知道停了，然而停顿的时候会想，总算念完一段，可松口气；有的还咂嘴，然后继续读。这些是错误的。停顿的时候，声音没有了，意思不能断，气息也不能断，应该心里有丰富的内容，这就是所谓的此时无声胜有声。这时候虽然没有声音，但是眼神、动作、气息一点不能松懈，比有声音的时候还要认真才对。

二、手势

除了声音上的精雕细琢，外在的辅助也必不可少，如果精力许可，为了更好地表达，可以设计一些手势作辅助。做手势有一个原则，那就是一定要发自于心，就是内心激动的心情，让你必须得配合手势才能更好地表达出来，这是一切手势的根源。一旦决定加上手势就要遵循一个原则，那就是美。这个手势一定是配合语义的、大家看来是美的、不干扰考官理解的。加手势的时候，不要多，不要碎。手势多了就不珍贵了，就失去手势的意义了，做一个手势，要大方、完整，让考官看清楚。在做手势的过程中，还要配合眼神，这样才能起到更好的效果。做手势最忌讳过于粗暴，没有铺垫，把考官吓一跳，还以为你要打人呢。做手势还要注意，不要遮挡住面部表情，或者把衣服弄乱。怎么做到这一点呢？除了自己对着镜子练习之外，还可以请同学帮忙指点。有些同学会建议你，手再高点，不要兰花指，等等，这些都是很好的建议，要虚心接受。

除了手势等比较大的肢体动作之外，还有一些微小的动作也能起到很好的效果，比如点头、摇头、叹气，这些都能很好地辅助手势。但是一定要注意，不能过多，一篇稿件有一两次就可以了，太多就有变成杂耍的危险。

三、表情

下面再说表情。看起来这个问题更大一些，因为有的考生很容易把表情和稿子相脱节。出现这种情况的最根本原因是一些考生把朗读变成了背诵，脑子里光想着不要结巴、不要忘词，无暇顾及表情和内容的契合，所以造成内容和表情两张皮，给人以分裂之感。而一个表现好的考生，应该使表情和内容完美地结合。

在这里我要告诉大家，考场上表情表达不好的根源是还没有完全沉浸在稿件中。须知，在考场上，你就是大明星、大腕，艺术面前人人平等，你要自信地释放自己，该哭哭，该笑笑，这样才能成功。我在给学生上课的时候，经常会发现学生在读稿件的过程中，会用询问的眼神看着我。每当这个时候，我总是给学生以信心，让学生发挥得更好，尽管我知道在真正的考试中，学生可能得不到这样的眼神。所以我告诉大家，在朗诵的时候，眼神要坚定，只有自己自信了，才可以去感染别人。我还要告诉大家，考场上比拼自备稿件、即兴评述，其实还有更加关键的一点，就是比拼气质和潜力。如果你气质好，自然会加分不少；如果你表现得自信从容，哪怕小有失误也不会太影响得分。这就是我为什么强调表情、手势与内容和谐统一的原因。

说到表情，还需要小镜子来帮助，用它来调整我们情绪的分寸。还是那个原则：不要过度，自然就好。

第五节　精准备考

一、准备过程

我接下来把一篇稿件准备的大致过程，也可以说是考生的心路历程告诉大家，以方便大家根据自身情况，更好地备考。

1. 了解

拿到一篇新稿件首先要知道稿件说了一些什么事情、表达了什么感情、采用了什么基调。这时候虽说理解得还不深，但应该能顺利地读下来了。这只是读的初级阶段，读到哪是哪，感觉该大声了就大声，让人听了知道这个考生只是基本了解稿件，处理得还不细致。许多考生一般到这个阶段就会遇到瓶颈，觉得已经不错了。其实还远远不够，但要深入下去需要花更多的力气，需要一颗安静的心，不能浮躁。

2. 感动

第二个环节是感动。经过一段时间的练习,加上相关资料的收集,稿件开始感动你了。我建议这个阶段考生要多抄写几次稿件,这样能加深印象。这时候考生对稿件有了更深入的了解,明白了稿件中人物的闪光点,明白该往哪个地方努力。这时候读稿子,就不是单纯的背诵、机械地表达了,而是以情带声抒发情怀了。

3. 熟练

感动之后就是熟练了。稿件表达已经不是问题,你已经摸清楚稿件的脉络,可以熟练地表达了,基本可以运用各种技巧,这时候可以自信地参加考试了。但是熟练了还不够,你还需要掌控"火候"。

4. 掌握

这个阶段,你的水平就不是熟练这么简单了,稿件对你来说,已经是成竹在胸了。那这个"掌握"是什么意思呢?是说你清楚地知道,哪个地方该用力、哪个地方该淡化,为什么强调、为什么淡化,知其然并且知其所以然,而且可以根据自己的情绪调整状态,尤其对一些重要段落有自己的理解。更关键的一点,是你可能对这个稿件的声音创作有了自己的理解,可以加上一些你认为处理好的元素。如果你真的达到这一步,那么你就是个准备充分的考生了。

二、个性阶段

在艺考的考场上经常出现这样的情况,几十个考生,衣着类似,笑容也差不多,自我介绍格式统一,即兴评述用一样的结构。面对这种情况,考官很快就能猜出来,他们是一个培训班出来的。太吓人了!不否定有人借此提高了水平,但是很多人的个性却被抹杀了。而个性对于一个目标高远的考生来说是第一重要的。

当一个考生有了个性,他就会在考场上散发出不一样的光芒,有着不同于常人的魅力,会让考官眼睛一亮。

怎么做到这一点呢?我认为还是来自于对稿件的理解。不同的理解会有不同的效果,这样你才会不一样,也可以理解为你比别人更努力。你首先要有这个意识,即展示自我的意识。我曾经遇到过一些这样的考生,自幼就喜欢艺术,钢琴、书法都很好,从小就喜欢演讲比赛。相对讲,他比那些临近高三才去培训班突击的学生要好很多。还有一个从一年级开始就是班长,一直到高三还是班长,他还热爱旅游和体育,自然气质不凡,这些都会让他从众多考生中脱颖而出。我说这些,可能有些考生已经来不及了,不过没有关系,每个人都有自己的闪光点和长处,只要勇敢地坚持自己、展示自己,你就能成功,也就会有一篇天下无敌的自备稿件。

第十一章 案例分析

今天选择的这篇稿件是现代诗《乡愁》。为什么选择这首诗？首先这首诗比较优美，意境很深，通俗易懂，而且篇幅比较短，容易分析。我希望通过对这篇稿件的准备、朗诵，告诉大家朗诵的一些方法。大家朗诵的作品可能比这个要复杂得多，所以这只是一个简单的入门。你可以参照其中的创作方法，并且加以创新，来创作自己的自备稿件或指定稿件，这里只是提供一种较为细致的准备稿件的方法，以此借鉴。

乡愁

小时候
乡愁是一枚小小的邮票
我在这头
母亲在那头

长大后
乡愁是一张窄窄的船票
我在这头
新娘在那头

后来啊
乡愁是一方矮矮的坟墓
我在外头
母亲在里头

而现在
乡愁是一湾浅浅的海峡
我在这头
大陆在那头

一、段意概说

就是这样一首小诗，我们来分析一下。首先，弄懂各段的意思。下面看第一段。

> 小时候
> 乡愁是一枚小小的邮票
> 我在这头
> 母亲在那头

第一句是时间，说的是小时候的事情。在这一段里乡愁是小小的邮票，说明小时候，诗人和母亲不在一个城市。在通信不发达的过去，寄信是唯一的联系方式。寄信可能很多同学不是很了解，因为收信那种期待感现在已经很难寻找到了。现在都是等手机短信、电子微信、电子邮件。而其实它们和寄收信件差不多，只不过寄信、收信需要更长的时间罢了。这里还有一个背景，作者当时和母亲通信，那时候天下不太平，有"家书抵万金"的意境。总之，这段整体是在思念母亲。

诗人在回忆，仿佛在诉说。可以假想你在自言自语，或者告诉最好的朋友：你知道吗，小时候……这时语气应舒缓深情。需要注意的是小时候的"小"，说明的是时间，和下一段的"长大"要区别开，声音可以低一些。至于"这头"和"那头"，涵盖着诗人的无奈和忧愁，也要有区别。第一段有开宗明义的作用，一定要读好。这首诗风格凝重，要把握好基调啊。

> 长大后
> 乡愁是一张窄窄的船票
> 我在这头
> 新娘在那头

时间如白驹过隙。转眼间，诗人长大了，乡愁摇身一变成了船票，那头连着的是新娘。不要抱怨诗人娶了媳妇忘了娘。成长的道路上，谁没有被爱情的美酒醉过呢？这一段要朗诵出年龄感来。如果说上一段作者是个孩子，那么这一段作者则情窦初开，该是个少年了。这段是本诗四段中稍微带亮色的一段：思念新娘，虽然苦楚，毕竟还有几分甜蜜在里面。同时，也要注意，此时的思念是沧桑过后的回忆，和热恋中的思念是不同的，要注意时间和空间上与上一段区分开。

看了这两段大家可以发现本诗很多字句是一样的，只是个别字句不同，这要求我们读出节奏感来，那些不同的字句也是我们朗诵的重点。通过对比大家还可以发现，第一段是表达亲情，第二段是表达爱情。那么接下来要表达什么呢？我们慢慢往下看。

> 后来啊
> 乡愁是一方矮矮的坟墓
> 我在外头
> 母亲在里头

诗人已经长大，邮票和船票都变成了"乡愁"。那后来，诗人开始老去，不可避免，诗人的母亲也要到另外一个世界去了。所有的孩子都希望母亲陪伴一生，但是母亲终究要离开，哪怕伟大的诗人也没有办法改变。到这里，乡愁变成了坟墓，虽然仅仅是一方矮矮的坟墓，但大家可以想象诗人的脑海中一番凄凉的景象：小小坟墓，阴阳相隔，纵是千呼万唤依然无法改变失去母亲的苦楚。作者肯定愿意拿所有的荣誉和财富换来母亲的陪伴，但是不能实现愿望。这是诗人最刻骨铭心的愁了。

朗诵到这里，气氛是非常压抑的。这也是每个读者都要经过的愁，朗诵的时候要注意那种凄凉和无奈的感觉，到这里诗人几欲泪眼婆娑了。

悲痛之后是什么呢？诗人有没有继续沉浸在自我的世界里呢？他究竟要表达什么样的情绪呢？谜底马上揭开。

而现在
乡愁是一湾浅浅的海峡
我在这头
大陆在那头

回忆终于结束，往事就是往事。现在，诗人又想到了什么呢？或许他看到眼前的海峡，想到海峡两岸同在蓝天下却不能相见的亲人们；想到了更多人的乡愁，那是整个民族的哀伤。

他这样想是意欲何为呢？对照个人的乡愁，民族的乡愁才是真正的乡愁吗？

看到这里，我不禁想起九百多年前的一个夜晚，宋代的大文豪苏东坡在那个月圆之夜写到"人有悲欢离合，月有阴晴圆缺，此事古难全"的千古词句。这或许是余光中描述的前面几段的境界吧。但是苏东坡最后笔锋一转，写下千古不朽的名句"但愿人长久，千里共婵娟"。或许余光中没有苏东坡那样豪放和豁达，但是这种情感表达也一样意味深长。

普遍认为，这一段才是诗人真正要表达的感情，是诗的中心所在。按照常规，这一段应该是高潮了，因为诗人前面积蓄的情感在这一刻迸发了，虽然还是"这头""那头"的，但是这是不一样的，应该把它们理解为递进的关系。

二、方法解读

简单分析了这首诗歌，我们接下来说说怎么更好地朗诵它。

1. 看背景

余光中祖籍福建永春，1928年生于南京，母亲及妻子均为常州人。抗战时期余光中于四川求学，后就读于南京大学及厦门大学。22岁迁台，1952年毕业于台湾大学外文系。1959年在美国爱荷华（IOWA）大学获MFA之后，在美国大学任教四年，并于1974年至1985年任香港中文大学中文系教授。返台后，余光中先后在台湾各大学外文系任教，曾在高雄中山大学任文学院院长兼外文研究所所长。

余光中驰骋文坛已逾半个世纪，享誉海内外文学界，在诗歌、散文、评论、翻译方面成就卓著。余光中先生热爱中华传统文化，热爱中国，礼赞"中国，最美最母亲的国度"。他说："蓝墨水的上游是汨罗江。""要做屈原和李白的传人。""我的血系中有一条黄河的支流。"他是中国文坛杰出的诗人与散文家。

了解了余先生的人生，我们再从他生活的几个片段探究《乡愁》的秘密。抗战期间，余光中做了流亡学生，逃到大后方求学，信件是联系故乡唯一的方式。学校里有一个取信栏，他每天去那里看两次。看看有没有母亲寄来的写着自己的姓名的信件。多次失望之后，收到一封信，比当今彩票中奖还快活。然后细察信封上的邮票，那上面盖着邮戳呢。一个小圆圈内有一个大城市，母亲就住在那个城市。看能看见，摸能摸着，就是没法回到那个城市里去。浩浩长江万里，他在这头（上游），母亲在那头（下游）。这一枚小小的印着孙中山先生肖像的、盖着故乡的邮戳的邮票给他留下的印象太深刻了。

这个环节我是有切身感受的。我上大学时邮差上午和下午各到学校送一次信，所以上午第二节下课和下午第二节下课后，大家都到传达室去翻找，看看有没有远方友人的来信。那是一种令人期待的感觉，类似于现在的同学们下课后急忙打开手机，看看有没有新信息。

诗人渐渐长大了。20世纪40年代末，余光中随父母迁居香港，旋即又去了台湾，1956年余光中退伍，入东吴大学任教，随后结婚。两年后余光中去美国留学进修。身在异国，心在家里，一张窄窄的来程船票写满乡愁。不过这时候乡愁的内容已经变了，慈母让位给新娘了。

1958年其母亲去世，遗体火化。他把骨灰匣安放在窗台上的盆花丛里，写诗为母亲招魂，唤她的慈魂快快回来，回到这"火后的小城"里来，回到这"四方的空城"里来。他在一首诗里说，清明节扫墓日他听见母亲在圆通寺喊他。

余光中说，人到中年以后，阅历既多，五味尝遍，渐渐地看透了人世的诸般畸形怪相，白天忙着不太觉得，到了夜间，故国、故乡、故园便频频地来入梦了。这段话大家可能稍微难理解一些，这其实是一种由自"我"想到大家的过程。在年龄小的时候，大家可能自我想得多；长大后，就会由自己的遭遇想到更多有类似经历的人。本诗的最后一段就是这个过程。

这便是《乡愁》的雏形了。短短的一首小诗，浓缩了诗人一生的情感，也难怪这么动人。

2. 找人物

了解完了作者，弄清楚了诗歌的来龙去脉，怎么朗诵呢？首先，我们要设定自己的位置，最常用的方法是自己化身为作者，假设自己就是作者。其次，要给自己设定一个环境。设定自己是在窗前，或者在高山之上，正有感而发，这样有助于考生找到感觉。就这首诗而言，可以假设你就在海峡边，看着浊浪排空，思绪万千，抚今追昔，一段往事涌上心头。

这个环节，考生一定要有身临其境的感受。有条件的可以到海边感觉一下，没条件的到水边也可以找到类似感受。实在没有办法，条件不允许，网上有很多描写两岸悲欢离合的专题片,可以找来看看。结合自己的人生经历,就会找到感觉。

3. 找目的

这首诗的目的尽管比较含蓄,但在最后一段已经告诉大家了。作者写这首诗的目的就是希望两岸和平,共同发展。找到了目的不是终点,还要用声音表达出来。如果是语文考试,你只要把它变成文字写在卷子上就可以了。而我们是朗诵,必须用声音表达,不然人家还会以为你没有理解。所以必须把正确的理解体现在声音上。怎么体现目的呢?通常来说,能够体现目的的词语都是重音,强调了重音也就强调了目的,这是一种方法。还有就是内在语,这个不难理解。当小朋友路过蛋糕店,他不说他想吃蛋糕,而是说他"饿了",那么这个"饿了"的内在语就是"买蛋糕"。生活中处处有这样的用法,中国古代就有端茶送客的礼仪。"端茶送客"的意思是当主人频频端起茶杯,就是要告诉客人该走了。那具体到这首诗,哪些能够体现目的呢?首先,"乡愁"是直接点题,这个是重要的。其次,诗中的一些具象的物体承担着传递乡愁的任务,也是重音,如"邮票""船票"。最后是点题的"我在这头,大陆在那头"中的"我"和"大陆"是重音,这些都能体现目的。可能每个人处理的方法不一样,但是这些体现目的的词语必须要慎重对待。

4. 分段落

这首诗很短,段落已经分好,我们只需要总结各段的意思就可以了。而面对一些比较长的稿件就需要自己分段落、找脉络了。有时候还必须把几个自然段连起来,那会比较麻烦,但那是很重要的工作。段分好了,朗读的时候就会逻辑清楚,起承转合有根有据;分得不好就会乱作一团,影响艺术效果不说,有的还会影响意思的传达。有一个小技巧,在对稿件情绪把握不准或者记不清楚的时候,可以在段落边上加备注,比如"优美""低沉""昂扬",这样可以提示自己在朗诵到这段的时候注意整体的基调,一旦熟悉稿件,这样的提示就可以去掉,因为它已经深深地印在你的心里了。

一篇文章会有起、承、转、合等环节,这首诗也不例外。我们接下来就分析一下这首诗段落之间的联系。

小时候
乡愁是一枚小小的邮票
我在这头
母亲在那头

这是第一段,有开宗明义、诉说主题的作用,要读得清楚,就是告诉大家我要讲的是一件什么事情。从内容上讲,这一段说的是少年人想念母亲的情怀。这里要告诉大家:许多人都是把母亲和故乡连在一起的,母亲等同于故乡,故乡等同于母亲;还有人说有母亲的地方就是故乡。这是起始段,感情刚刚投入,这段应该是叙述大于感情,先让人家明白什么事情，然后再加入感情也是常理。这段说的是少年时期的事，而少年多少是有些懵懂的。那种青涩、纯真也是本段的特质，这些都要在朗诵中体现出来。

长大后
乡愁是一张窄窄的船票
我在这头
新娘在那头

这一段呢，说的是爱情，相对于前面的少年人"思乡"，这段感情更加浓厚。因为爱情是美好的，许多人为了爱情而神魂颠倒过。诗人虽不至于如此，但是很明显，思念新娘替代了思念母亲，成为新的乡愁。这段写了乡愁的变化，可以认为是进一步展开的阶段。我个人认为，诗人一会儿说乡愁是邮票，一会儿说是船票，这也是制造一种悬念，吸引大家听下去乡愁到底是什么，也启发听者思考自己的乡愁是什么。

后来啊
乡愁是一方矮矮的坟墓
我在外头
母亲啊在里头

这又是新的一段。我认为这段是发展，是真正的高潮来临前的铺垫。相对于前面的邮票、船票，这段的"坟墓"，感情基调明显沉重了许多。最通俗的解释，前面是生离，这段是死别，是非常无奈的事实。这时候我们开始思考乡愁到底是什么。按照这段理解，乡愁是无可奈何。我们换个思路想，如果这段是诗歌的最后一段，那么本诗是不是就可以定位为一篇思念母亲的怀亲诗歌呢？如果到这里结束，那么这首诗的高潮就是这一段。但是不要忙，电影里有假结尾这样的手法。看电影的时候，我们经常以为高潮已经到了，电影结束了，谁知道后面又横生枝节，又来一个结尾，那个才是真正的结尾。这一段就是假结尾，这段在本诗中也有这个功能。那按照这个理论，你的感情是不是应该更加深入一下呢？所以对这一段，无论如何，都要深深地投入其中，我认为此段是整篇诗歌次高点，应该满含感情地朗读，尤其是"外头""里头"，那是不同于前面的"这头""那头"。前面的"这头""那头"是可以逾越的，有"船票"和"邮票"作为媒介。而这个"外头""里头"，是无法逾越的。全诗来讲，4个"这头""那头"，一个"里头""外头"。显然这个"里头""外头"是个突出的重点，就是那三个"这头""那头"，也有不同的含义。

而现在
乡愁是一湾浅浅的海峡
我在这头
大陆在那头

经过了上一段次高点,这次真的来到了高潮点,作者的真正意图要告诉大家了。回首前段,乡愁里有生离死别,那么到了这一段乡愁是什么呢?有什么比失去母亲更为严重的事情呢?前三段都是个人情怀,这段我们可以明显发现,诗人从个人的悲欢离合上升到了民族的大情怀上。这一段和前面比只有几个字不同,境界却发生很大的变化。首先是时间变了,前面是"小时候""长大后""后来啊"这段是"现在",从字面意思可知前面的已经无法改变,而现在是正在进行的,还是可以改变的。那么现在要改变的是什么呢?第二句,"一湾浅浅的海峡",似乎给出答案,这不是不可以改变的。对比前面三个意象,"船票""邮票""坟墓",这个浅浅的"海峡"应该和"邮票""船票"一样是可以改变的,而"坟墓"是无法改变的。是不是可以理解为不要把事情变得不能改变呢?这个应该是有希望的。我们再来看最后一句,同样对应的前面出现在相同位置的是两个词"母亲"和"新娘"——那是一个男人一生中最重要的两个女人,而这里变成了"大陆"。我们该怎么理解这个在那头的"大陆"呢?这两个字是整个诗歌的关键,可以理解为,诗人从怀亲之情到了思乡之爱,到了最后是热爱祖国,这就是整首诗歌的逻辑。这一遍我们找到了诗歌的脉络,对其中的含义有了更深的理解。接下来,我们根据已经有的这些资料给诗歌设计声音、表情和动作。

5. 设计声音、表情和动作

乡愁

题目要朗诵得清楚,适当淡化处理。诗歌讲究节奏和含蓄,题目只起引入的功能。"愁"字可以读得厚重一些,语速千万不要快,读完题目停顿3秒钟。

小时候

要有少年的感觉,读得略轻盈充满遐想,要有像诉说、回忆的感觉,尤其"小"字要读得清楚、响亮一些。

乡愁是一枚小小的邮票

要带有新鲜感的朗诵,因为把"乡愁"比喻成"邮票"还是比较有新意的。传统上我们喜欢把"乡愁"比喻成"月亮"。而这时候,观众还不知道为什么把乡愁比喻成邮票。其中,"小小"表示大小,要读得短一些,"邮票"要读清楚。这句和后句的连接可以停顿一下,类似于卖个关子:我为什么说乡愁是邮票呢?下面揭开谜底。

我在这头

句头的"我",表明作者的身份,是第一人称。"我"后面可以稍作停顿。"这头",距离自己近,声音可以略微靠后。

母亲在那头

"母亲",是自己最亲爱的人,要读出慈爱的感觉。"那头",应该往外送,和前面的"这头"区分开来，声调可以高一些、强一些。

这一段是本诗的开头，作品又是那种四段内容格式差不多、只有关键字不同的诗歌，所以第一段要读得清楚，因为要定好诗歌的整个基调。

长大后

现在开始第二段，要提示大家：第一段强音结束后，需要更长时间的停顿，以显示段落的划分，也是一个意群的结束，告诉人们又是一个段落的起点，声音色彩要区别开来。这句"长大后"，应该用成人的口气来读，因为这段说的是青年时代的事情，和第一段有比较大的时间跨度。这段开始也可以弱起，主要突出一下，和前段的"小"区别开，感觉上是在诉说心中的苦闷。

乡愁是一张窄窄的船票

这句的重点是"窄窄"，这个叠字用得好。全诗有四个地方用到叠字，分别是"小小""窄窄""矮矮"和"浅浅"，我们应该用声音把这几个形容词区别开。"窄窄"应该读得短一些、硬一些。可能同学们没有见过以前的船票或者火车票，那都是很小的一张硬纸片，不像现在好大一张纸片。大家应该到网上搜索一下过去的车票和船票，增加形象认识。这一段又给大家提了问题：乡愁变成了船票，为什么呢？整首诗来讲，作者把抽象的"乡愁"具象成了我们熟悉的景物，更加通俗，也更加感人。

我在这头

这一段由于是说爱情，感情色彩上虽然也是思念，但是还是有一点亮色。读的时候不要那么沉重，可以适当轻盈一些。诗歌总体是沉郁的，但是不是每一句都是低沉的，要在低沉中找到略带亮色的感觉，这样朗诵得才会丰富、多姿多彩、有深度。

新娘在那头

又是揭晓答案的一句，也是亲人不能相见的苦楚。这个"那头"，有懊恼，有痛苦，有思念，最关键这是多年后的回忆。不要读成正在恋爱中的年轻人，这种回忆感觉应该贯穿始终，不能跳跃，不能时有时无。

后来啊

如果说前两个段落的开头都是有点弱起的话，这段的开头应该强一点了，还要找到一个自言自语的感觉。这时候，作者已经老了，经历过很多事情了。"后来啊"，读起来要有沧桑感，声音上可以苍老一些、虚一些、厚一些，尤其是那个"啊"字，不要读得生硬或过于清晰，那样就没有那种叹息的感觉了。

乡愁是一方矮矮的坟墓

这一句应该读得慢些，甚至读出悲凉的感觉来。"坟墓"应该读得冷一些。这一句感情色彩明显要比前几段的第二句更加厚重。如果说第一段是童真，第二段是青年人热情，那么这段就是沧桑后的无奈了。

我在外头

这一句应该承接前面的情绪，因为前两段的朗诵，观众已经猜到后面这两句是什么了。声音可以低些、弱些。我猜多愁善感的观众应该眼眶湿润了。

母亲在里头

这一句也要慢，把那种深入骨子里的思念读出来你就成功了。在朗诵高潮段的时候，我有一个小技巧可以和大家一起分享。由于前半部分已经作了很好的铺垫，所以最后的高潮段，一般追求自然，强调控制，避免因为情绪激动，把诗歌朗诵得过火。要知道，我们追求的是整个诗歌的完整性，体现完整的艺术，不是单纯哪一句读得好。所以在高潮段，要控制情绪，不要乱了分寸。最后的结尾也要收住，这样才能有好的效果。

而现在

终于到了结尾段了，诗歌也从回忆来到现在。当下会发生什么事情呢？我觉得这三个字应该读得实一些，声音也稍微高一点，不仅是和上一段的区分，也是情感上的需要，但是也不要过度，因为后面还有更主要的情感需要我们表达。如果从感觉上来说，前几段是倾诉，这最后一段的爆发，不仅有倾诉，更有一点呼吁的意思了。这段的关键是千万不要"过"，如果变成了呼喊，就脱离了整体的基调。

乡愁是一湾浅浅的海峡

这里主要是无奈和悲愤，内里的感情是：这是人为地造成隔阂啊！这一句的理解要结合一些背景资料。我们知道两岸至今没有统一，这是所有爱国人士的伤痛。这首诗表达的就是渴望祖国统一的美好愿望，所以这句更加重要，语气上更加口语化一下，每个字都应该重一些，速度上也可以快些，以表达激动的心情。另外要告诉大家的是，这首诗创作于1972年，那时候两岸之间的来往远没有现在方便。所以诗人的悲愤之情更加显得浓重。

我在这头

这句还是无奈，无限惆怅。对比前面的母子别、夫妻别、生死别，这里更多的是希望。

大陆在那头

有人喜欢把这句读得高、强。我仔细斟酌了很久，觉得还是弱处理、低一些好。内里的感情是：我把事实摆给大家看，大家自己斟酌吧。诗歌的最后一句至关重要，要给人留下余音绕梁的感觉。具体到这句，"大陆"应该是有向往的感觉，"那头"应该是触手却不可及的无奈，在后面可以停顿得长一点，眼神应该往远处看，也可以配合手势，右手抬起。在结尾的时候，要注意，读完"那头"，手势和眼神都要缓缓收起，以配合诗歌的意境，这样才是完美的表达。

我刚才给大家设计了声音，供大家参考。因为每个人理解不一样，所以我鼓励大家根据自己的理解进行朗诵，标准只有一个，那就是：更美的意境，更真挚的情感。

6. 借鉴完善

做完这些工作我觉得还不够，我建议大家在音乐的帮助下更好地体会作品，多听《思乡曲》这样的作品，这样可以更好地理解稿件。

古今中外同题材的诗歌很多，优秀者也不胜枚举。我选了几首，大家参照一下。

床前明月光，疑是地上霜。举头望明月，低头思故乡。（李白）
独在异乡为异客，每逢佳节倍思亲。遥知兄弟登高处，遍插茱萸少一人。（王维）
君自故乡来，应知故乡事。来日绮窗前，寒梅著花未？（王维）
昔人已乘黄鹤去，此地空余黄鹤楼。黄鹤一去不复返，白云千载空悠悠。
晴川历历汉阳树，芳草萋萋鹦鹉洲。日暮乡关何处是，烟波江上使人愁。（崔颢）

网上也有很多这首诗的朗诵视频，大家可以多听听，借鉴一下他人的处理方法。这也是很好的学习，但是切忌生硬模仿。

如果想产生更好的艺术效果，大家可以根据诗歌的意境选择配乐、选择服装，这里就不一一赘述了。

这首诗像月亮，照出我们每个人的影子。如今的我们虽然很少写信，邮票越来越幻化成意象的东西，也许未来的孩子将不知邮票是什么，但是我想他们对母亲的思念不会减少几分。君不见，第一次上幼儿园的时候，许多的孩童哭泣着离开妈妈。我很同情他们，他们不知道，他们要慢慢习惯没有妈妈的生活了。曾经我们和母亲是一体的；后来，她每天抱着我们；再后来，我们要上学了，放学回家可以欢呼着找妈妈。而上大学呢？到异乡去呢？纵使放学，也不能回到妈妈的怀抱；纵使放假，也不可以随便见到妈妈。那当妈妈老去，黄泉路隔，一切化为乌有，与母亲见面更是不可能圆的一个梦了。

生离死别也许无法避免，人为的忧愁更加难以逾越。那一湾浅浅的海峡阻挡了多少人的快乐。人为之祸甚于天之不公。诗人把个人的忧愁和家国之恨联系起来，由个人之愁升华到民族之忧。这才是本诗的重点和关键所在。

通读全诗，我们会发现整个作品都是围绕着"愁"字开展的。这样也注定本诗的整体格调是沉郁雄浑的。考生不要读成声嘶力竭状。

本诗朗诵的另外一个难点是段落之间的心理转换。刚开始几段的连接是时间，这是比较简单的。关键是最后一段的转折，确切说是最后一句的朗诵，一定不要显得突兀。这是感情升华的载体，亦是本诗的最重要的一句，是乡愁的落脚点，建议以深情平缓的语调朗诵，因为太过激昂反而会失去遐想的余地。

怎么理解"大陆"呢？是简单的地理位置上的差异，还是对历史的反思呢？可能都有，我想更多的还是人与人之间的亲情，或者说蕴含着一个强国的团圆之梦。而这一切都需要团聚来实现。两岸之间悲欢离合的故事有很多，我们在电视里看到过亲人相见的感人场面，想到此，会更好地把握这一段的朗诵。

第十二章　主持人那些事

1. 粉红色的回忆

曾有位主持人是县城第一美女，结识了省城来的记者后，与之相恋，后随其到大城市工作、生活。美女颇有几分才能，在新岗位上如鱼得水，工作也搞得有声有色。然而，新的视野带来新的野心：美女期待更大的舞台。于是，新的男子和新的舞台成了她新的梦想。这次她又成功了。新欢旧爱换位之际，梦想实现。李泊想，爱情和事业结合，自古有之，付出和所得之间全仗个人把握。此类做法并不稀罕，也有人命名为"潜规则"，后来者自当不绝，但终是闻者不爽。个中滋味得失，也许只有当事者知道吧。

2. 一绺头发掉下来

某个新闻节目的一位女主持人一向形象出众，深受观众喜爱。那日出镜播新闻，女主持人新吹的头发也许遇到了劣质发胶，额头上竟有一绺头发掉落下来，垂在前额。原本端庄的女主持人立刻多了几分邻家女孩的可爱，让观众万分新奇。但是，美丽只有那几十秒，一条新闻过去，趁着新闻画面切换的当儿，女主持人手疾眼快地把那头发送回到原来的位置，又恢复了原来的端庄和严肃。许多有眼福的观众很怀念那有趣的十几秒，津津乐道、回味不已。李泊想，有的主持人在媒体中是平面的一个形象，多年来以一种形象示人，许多的观众非常想知道主持人的另一面是什么，结果这偶尔的例外成了观众的节日。这或许反映出我们主持人形象塑造上的不足。

3. 惊天一跪

某位主持人在节目中为了配合嘉宾朝观众下跪了。这件事在2009年的冬季被广泛关注。有人说是事先设计；有人说嘉宾是老江湖，存心戏弄古板的主持人。尽管"公说公有理，婆说婆有理"，但是无法否认的一个事实是：主持人遭人戏耍，人前丢丑。这事怪谁呢？怪嘉宾是坏孩子？怪主持人笨蛋，没有识破奸计？李泊想，现在某些主持人像温室里的花朵，一切都由编导去做，主持人只是按编导提前设置好的程序走下去。许多主持人错误地认为世界就是这样美好，到哪里都是前呼后拥、鲜花掌声。久而久之，他们的防备心就没有了，以为来的都是客，大家为了出镜都会配合一切。但是他错了。世界上有好人也有坏人，戒备之心不可少。主持人的主人意识不可丢，一旦被不良嘉宾牵着鼻子走，后果只有丢丑的份。

4. 臭不要脸的

江苏卫视的当家花旦赵丹军的主持风格一贯端庄。有一次，她采访小沈阳夫妇，节目录了两个半小时后，小沈阳想搞个"兴奋点"，当即和他的媳妇沈春阳来了一段二人转。两人演完节目后，现场气氛马上活跃升温。观众掌声还没有停下来，赵丹军就过来搭话了，不想小沈阳却给她丢了一句他常在舞台上说的玩笑话："臭不要脸的！"赵丹军当时尴尬得红了脸。坐下来后，她有些生气地对小沈阳说："你得给我道歉，你不道歉，这节目就不录了。"现场气氛顿时跌入冰点，小沈阳夫妻一时也无言以对。很快，赵丹军宣布此环节结束，自己一个人走了。事后，赵丹军声明说当时她并没有真生气。这事怪谁呢？怪小沈阳口无遮拦，还是怪赵丹军不解二人转的风情？也许可以解释为南北文化的不同。但是，实质上是因为语言的局限性在作祟。有些语言，不同的人听来会有不一样的感受。就拿时髦的网络语言来说，上网者可能觉得网络语言听起来亲切，不上网的人也许会一头雾水。单就这句话来讲，也许小沈阳的妻子或他的好朋友听到，会理解为妙不可言的友善，其内涵相当于"我爱你"，但是赵丹军毕竟是外人。毕竟在大庭广众之下说这样的话，意义也会发生变化。语言是活的，因时因地应该发生变化。

5. 性格少年的悲喜剧

我认识一个优秀的主持人。小伙子各方面条件都不错，曾经在竞争激烈的主持人招聘中，力拔头筹，获得了宝贵的签约名额。然而，此人有一个特点让人不解，他总是不停地咨询他签约以后的收入如何、待遇怎样，有时竟惶惶不可终日，不停地幻想可能出现的种种不良状况，想象力丰富和心思细密得让人咂舌。李泊想，于年轻人来说，自信是不可少的；梦想远大是不可丢的；一些眼前的蝇头小利不要也罢；努力发展自己的实力，一切都会应有尽有。有人成功是能力的成功，有人成功是性格的成功。主持人在苦练实力的时候，性格的完善也是重要的一课。

6. 没有头发的主持人

《南京零距离》是中国民生新闻浪潮的起源，节目的主持人孟非人生经历坎坷而传奇。这位主持人最初只是名高中生。1990年高考，他的语文成绩仅次于江苏省文科状元，可数理化三科总成绩不足100分。后来，他只好去深圳打工。在流水线上作业时，他的双手差点被机器卷走。他尝尽人间心酸，此后又做过搬运工、印刷工、送水工、广告掮客、保安等各种各样的职业，最后进入江苏电视台文艺部体育组做了一名端茶倒水的接待员。这是一个支点，孟非凭借丰富人生经历，从业余记者干起，终成名主持人。其间因过度劳累而掉光的头发也成为他的招牌，阴错阳差地成为中国主持人中一道亮丽的风景线。李泊想，与名牌高校相比，社会大学的毕业证同样货真价实，关键是人是否能否像孟非一样耐得住寂寞。须知，社会大学的毕业证也不是那么好拿的。

7. 不要问我从哪里来

曾有主持人来历奇特。我的一位同事原来只是一名普通听众。有一次，电台里举办话题讨论节目，他打来电话参与讨论。结果他出口成章、言辞华丽、语惊四座，风头甚至盖过了当班主持人。爱才的领导立刻在节目结束后劝说其改行做主持人，这人当即欣然从命，成就一段传奇。这样的例子不少，据说全国各地都有。李泊想，有时也不要把主持艺术想得过于神秘，许多人都具有优秀节目主持人的潜质。更本色一点讲，你也可以理解为把话说好了，就基本可以做主持人了。

8. 前辈的生活

我认识一位电视台的主持人前辈。她年轻时很漂亮，每天在新闻节目中出现，是那个时代大家的偶像。可是斗转星移、年岁无情，没几年，美女变成资深美女，最后不得不无奈地和青春说再见了。她先是幕后配音了几年，后来配音也不做了，改换岗位到总编室，做一些可有可无的工作。李泊想，这就是主持人的一生吗？似一颗流星划过天际一般。也许后来者有别样的人生，或者走上行政岗位，或者去经商，或者去办普通话培训班。这些也是不错的选择，但是我觉得这或许不是最好的选择。也许人生本来平淡，主持人也不例外。繁华过后，当年的辉煌在心里有没有化为天边最美丽的彩云呢？请诸君思考。

9. 总理和总经理的区别

据说有播音员把"中国国务院总理接见美国高盛公司总经理"播成"中国国务院总经理接见美国高盛公司总经理"，也有主持人把"乌拉圭"读成"乌拉哇"，还有播音员在念新闻稿时念道："据新华社消息，今天凌晨，伊拉克军队已经成功地切断了科威特的两条输卵管道。"这些不是相声胜似相声的桥段曾有很好的"笑（效）果"。也有人认为主持人念错字，出三两个口误不是什么大事，"常在河边走，哪能不湿鞋呢"。李泊想，如果是一时情绪紧张，忙中出错或许可以理解，大家最多一笑了之，徒增笑料罢了。就像被捣乱的学生气得口不择言的老师一样，那时情急之下脱口而出："我一巴掌把你踢出去！"这话不仅没有吓到调皮的孩子，反倒让人张口一笑，紧张气氛全无，这些笑话的后果无伤大雅，无关紧要。但是，主持人如果字音错误，或者乱用典故、篡改历史就是不可饶恕了。因为有些观众可能第一次接触这个知识点，出于对主持人的信任而信以为真，那就麻烦大了。信息传播的准确是主持人的本分，不读别字是最基本的要求。如果主持人"不以为耻，反以为荣"，那就贻害无穷、成为罪人了。

10. 大老板在吧

我有个同学是电视节目主持人。此女子出身名校，长相俊美，家学渊远，是难得的人才，但是，她主持的节目是需要暗访的法制类节目。我当时就觉得不妥，因为这类节目总是和危险相伴。果然，不久就传来了她在一次采访中被采访对象伤害的消息。李泊想，主持人不仅要有智慧，还要有强壮的体魄和丰富的社会经验，更要有合适的位置。我也曾做过揭露社会阴暗面的节目，每次都如履薄冰、惊心动魄，需要使出浑身解数才能过关。有时还必须伪装得很社会。文雅青年瞬间要变成无事惹三分的"古惑仔"，这可比装纯洁难多了。有一次，我打通某单位的电话，很社会地喊："大老板（单位一把手）在吧？"对方以为是熟人，戒备心消失，言语随便，我不仅获得事件真相，而且轻而易举地得到了对方的联系方式。可见，主持人必须做自己能做的事情，或者尽力去适应节目要求。后来，听说此类暗访都派一些虎背熊腰的大个子主持人，这样不仅在气势上给对方以震慑，也保证了记者自身的安全。一位工人出身、社会经验丰富的主持人，就在此类节目中如鱼得水，每每获得重磅新闻素材，这也是人尽其才了。我的那位同学也在那次事件以后改做文化类节目去了，同样成绩斐然。

11. 漂泊的主持人

我们台里来过一个主持人，其人经历丰富，多年来走京串卫，像当初闯码头的戏班一样。他曾经在很多地方有过辉煌史，在许多城市留下过足迹，他的经历让人听起来感觉传奇得很。但是他的所谓传奇人生，也不禁让人心生疑惑：既然去过那么多的地方，为什么不能停留在一个地方踏踏实实地做点儿事呢？是因为人际关系处理不好，还是因为梦想远大呢？李泊想，于主持人来讲，个性是必需的，追求是应有的，但梦想的实现难以在不断的跳槽中完成。坚持很重要，忍耐也很重要。有的主持人只要和同事合作不愉快，或者发现平台难以施展才华就马上跳槽，有时竟然形成惯性，一跳再跳，像池塘里的青蛙。但是能否像青蛙一样，越跳越高呢？这还真不好说。青春转瞬即逝，由量到质的变化是主持人必须面对的，跳槽未必是最佳选择。由此，我又想到了另外一群人。有一段时间选秀成风、比赛如林，强大的成名效应吸引了无数的年轻人参与其中。有些大学生无心学习，每天都飞来飞去地去参加各种比赛，期望一夜成名，有人戏称这样的人是"比赛油子"。如此的浮躁，等待他们的将会是什么呢？

12. 大腿露出来了

2008年8月13日，在某著名栏目中，主持人上身穿正装西服，下身却是一条西装短裤，被摄像机拍到了露出的膝盖，一小段白大腿出现在屏幕上。有网友拍下来这个画面后放了博客上，此事顿成新闻。某次，主持人在节目中打哈欠的镜头也被播出。还有一次，某资深嘉宾直播时抠鼻子的不雅动作也被公开播出。李泊想，这些失误为什么会出现呢？怪主持人不注意仪表、不敬业还是导播存心使坏、让主持人难堪？答案都在两可之间。但是身为行里人，我深知广播电视互相配合的重要。本人在录制节目中也有过不雅表现：有时因为听嘉宾说话过于专注而表情呆滞，有时因为上节目过于慌张而衬衣领子没有翻出来或者拉链没有拉严实。但是，这些都被好心的导播和摄像人员及时提醒而没有丢丑。话说到这里，这些事情的原因昭然若揭了。当然更深一步问及事情缘由，我们还是要从自己身上找原因。主持人应该提前弥补一切可能出现疏漏的地方，防止大腿再次露出，毕竟最后受伤最大的是主持人。

13. "李鬼"走红的年代

时常看到主持人在电视上装模作样地接通某个观众的电话。那个观众或远在天边，或口齿伶俐、笑料百出。每看到类似桥段，我总是哑然失笑，内心有些许的酸楚。因为我知道那些观众多半不是幸运的观众。那些幸运的观众或许是编导的朋友或者主持人的同学。他手里有事先写好的文稿，他也不在遥远的地方，就在演播室旁边的办公室里，他的旁边可能就站着一名编导。所谓惊喜云云，只不过是一出蹩脚的双簧，窃喜的是主持人，受骗的是观众。另外一种现象也值得关注：电视里的文艺晚会，不论哪个明星出场，现场都是山呼海啸的掌声，而且每个明星声势一样，绝不偏心。看多了，大家就会发现，这些掌声都是在演出开始前，在领掌人的带领下为鼓掌而鼓掌的。编导们做后期的时候，把这些和节目内容毫不相干的掌声编辑进去，于是就出现了无论什么节目都是掌声如潮的奇怪场面。李泊想，真诚是为人之道，更是作为主持人和媒体应该遵循的底线。如此制作的虚假繁荣也许能骗得了自己，但是能骗得了观众吗？当年的"李鬼"人人喊打，而今"李鬼"却堂而皇之地出现在媒体之上。假唱、假说、假直播、假掌声层出不穷，是时代变了，还是我们必须期待李逵的重生？

15. 该坚持什么

在人间美丽的天堂之城有一个资深主持人，他以坚持正义著称。他的节目专门曝光职能部门的违规行为，为老百姓说话，替弱者分忧，深得听众欢迎。其人职场历练多年，许多他当年采访过的小职员都成了各大职能部门的领导，这为他的工作带来便利。许多棘手的问题，到他那里都能迎刃而解。但是有一次，他曝光了一个很重要的部门的一些不和谐行为，这个单位恰恰又对主持人所在媒体的某种业务有管理权。事件发生后，就像很多人预料的一样，马上就有人说情了。说客们劝说这位主持人不要继续报道，以和为贵。但是这位主持人却坚持原则，不给一个公道就不罢手，比秋菊还"秋菊"。说情的人失败了，主持人胜利了。可是主持人所在的媒体的某种业务也因此受到更加严格的监管，利益大受损失。李泊想，生活在人情的社会中，有些事情的对错也许不是那么容易说清，但是坚持正义却是必需的。可是，真正能言行如一，并且甘愿付出代价的人能有多少呢？这位主持人应当是值得崇敬的。有道是："好花哪怕众人讲，经风经雨分外香。""大风吹倒了梧桐树，自有旁人论短长。"

16. 像女人的男主持人

曾有人抱怨电视里的男主持人越来越女性化了。此言不虚，一个个雌雄莫辨的主持人活跃于传媒之中，让人有邀请其作DNA鉴定的欲望。但见花样美男"搔首弄姿"，尽显矫揉造作，对着观众发嗲、装无辜、扮纯情，絮絮叨叨。这是为什么呢？李泊想，先不忙责怪他们离经叛道、性格缺陷，观察整个社会就会发现这些现象不是孤立的。李宇春、小沈阳的走红都在给我们传递异样的信息。理论上讲，中性的东西兼顾了刚柔两方面的优点，有一定的优势。京剧男旦就一定程度上体现了雌雄同体的优势。也有人认为中性化体现了缺乏创造力和小市民趣味，这也有一定道理。但是结合现实来说，这些中性化的风格，更多体现的是人们对安全感的渴求。现在社会竞争激烈，大家精神高度紧张。而这种中性略带阴柔的气质，体现了较弱的攻击力，给人以安全感，让人忘记生活的真正意义，回避了一些严峻的命题。大家可以在他们的表现中获得轻松和愉悦，这也许是这种现象的一种解释吧。但是我想还是不要太过分，不是因为我神经脆弱、受不了此等惊吓，而是因为古人早就说过"过犹不及"。此言当铭记。

17. 今夜，你睡着了没有

著名主持人崔永元曾传出患有失眠症的情况，引得无数粉丝在暗夜里低声问："崔先生，今夜你睡着了没有？"这让我们再次关注起主持人的健康问题。单就主持人这个职业来讲，它于健康就有许多的不和谐之处：先天本就不足；后天又多了几许人的随意践踏，杀鸡取卵。许多人当上主持人后，就和生活不规律结下了不解之缘。许多节目的录制会破坏人的正常作息时间，让工作人员很难正常地用餐。更有主持人为了保持好身材，无限度地节食，甚至几天不吃主食，仅靠水果为生。如果说以上原因不值一提，那真正对主持人健康造成伤害的还另有原因：主持人岗位竞争激烈，大家承受着巨大的心理压力。为了减压，有些人经常夜不归宿，夜店大醉到清晨。也有一些人长期生活在焦虑之中，导致内分泌失调，得上甲亢病，不得不常年休养。还有主持人担心一旦怀孕生子，自己的位置被人取代，数次流产，身心俱受煎熬。汪主持曾有得病传闻，梁主持也曾身患重病，小崔的病是尽人皆知。更加骇人听闻的是，坊间曾传出过许多主持人自杀的消息。造成这些人这些情况的原因很多，有的是因为压力大，有的是为情所困。抛却其他的原因不讲，主持人行业工作紧张、竞争激烈，总是不争的事实。李泊想，人的生活需要紧张有序，主持人何尝不想呢？在竞争激烈的环境中，有人无法摆脱眼前的困局，又无法像庸人那样麻醉自己，只得在痛苦和无奈的夹击之下，夜夜沉迷酒色，摧残了身体，挥霍了青春，换得片刻的轻松。这是可以理解的，但是却是有害的。作为一个主持人，应该有自己的健康减压方法，或读书，或旅游。生活就像手抓细沙，抓得越紧，沙子丢得越多；手松些，没准收获会更多。路很长，路很弯，我们调整心态，走向前。

18. 吵架伤身

主持人的特长是什么呢？自然是说话。说得比唱得还好听，大抵说的就是这部分人吧。俗话说，靠山吃山，靠水吃水。主持人就靠说话吃饭，这本是天经地义的事情，但是如果过分利用就不好了。我有一个朋友，此人口才出众，在主持人中也是出类拔萃的，用巧舌如簧来形容一点也不为过。这样的才能用在节目主持上本是好事，但是此人却有个爱好：喜欢与人争论，无事也要搅三分。无论是外出购物，还是出门旅游，总是喜欢和人理论一番。不管是大饭店的服务员还是路边摆摊的小贩，乃至木讷的大学教授、巧言善辩的文艺青年，都是他的对手。凭借着过人的本领，不论占理不占理，他都没输过，每每把对手气得满脸通红、哑口无言。他颇以为是能事，往往得意扬扬地向人炫耀。我却不以为然，并有保留意见。我们是主持人，说话本是我们的特长。但这特长是用来工作的，不是强词夺理，与人争高下的。试想拳击冠军如果遇到问题都以拳头来解决，那世界将会是何等的混乱。人应该有宽厚之心，恃强凌弱不可为。主持人小胜靠智，大胜靠德。李泊想，主持人切不可贪图一时口舌之快，强词夺理侮辱他人，而应该以德服人，如此方为长久之道。

19. 这一个"咱"字值千金

曾经见到许多的主持人采访嘉宾时这么说："咱们公司明年有什么新计划吗？""咱们局里对此又是怎么打算的呢？"这些话听起来没什么错误，而且能让被采访者感到亲近，使人顿生温暖之意。可是仔细斟酌一下呢，李泊想，这样说极为不妥，甚至可以说是犯了原则性的错误。我们身为媒体，客观公正、让事实说话是第一要务。试想你都和采访对象"咱"起来了，其中就不免掺杂私情，客观公正又从何谈起呢？记得国外某报社的门口挂着一幅标语："我们没有朋友！"以此来表明客观公正的决心。如此没有原则地乱"咱"一气，是非常不合适的。小青年谈恋爱，经常咱爹咱妈地乱叫，其乐融融、柔情蜜意。但是做传媒不是谈恋爱，客观公正的报道事实才是重要的事，这是每一个主持人必须铭记心间的原则。

20. 那张永远青春的脸

我一度每天19点离开电视台，在大厅里总是会巧遇刚直播完电视新闻的播音员。说实话，那一刻颇惊心动魄。电视里青春靓丽、唇红齿白的大美女，此刻出现在我面前的却是皮肤暗黄、肌肉松弛、眼袋很大、皱纹很多、神情倦怠、无限疲惫的中年妇女，仿佛电视里的那个人瞬间变老了10岁。那一刻，我总是一低头让她们先走。她们也总是行色匆匆，不知道要到哪里去。看着她们的背影，我想起电视上那些老女生，想起她们故作天真的发嗲装纯模样。我那一刻，带着无限的同情和感慨。真的，于年龄来讲，对青春来说，无论是主持人还是普通人都是难言的痛。伟大的秦始皇嬴政派遣徐福远涉重洋寻找长生不老药，万世枭雄唐太宗吞下一粒粒号称可以长生不老的仙丹，不都是为了留住一张青春的脸吗？青春是人们永远的梦想，但青春还是会走。让我们忘记这个狠心的家伙吧，苦心修炼我们的内心，让我们的内心永远年轻。更何况，岁月也不是冷酷无情的。它带走了我们青年的锐气，却送给我们中年的沉稳、老年的智慧和淡定。苹果走了，葡萄又来。我们无意与青春拔河，甚至无意去抓住青春的小尾巴，更没有必要去刷绿漆。我们只需要有一颗充满活力的心，顺其自然地展示各个年龄段的魅力。那时候，我们将有一张永远年轻的脸，一颗永不老的心。

21. 为什么要给声音穿件花衣裳

女孩子出门逛街之前，总要精心打扮一番：带上时尚的红帽子，脚蹬黄色名牌运动鞋，上身穿格子装，下身穿经典的蓝色牛仔，再背上流行的包包，戴上大框的墨镜，然后，照照镜子——感觉还不错。不对，还有很多欠缺呢：耳环颜色与衣服颜色还不配套，手机壳似乎也太土气，妆容也好，还少一条项链，自拍杆没带。女孩子出趟门是多么麻烦啊！要在街上赢得回头率多难啊！换个角度想想，我们主持节目是不是也像她们一样呢？

在主持节目之前是不是也要装扮一下你的声音呢？答案是肯定的，要拿出你最好的状态主持节目。而有些人不在乎这些，他们匆忙上阵，无异于光着屁股逛街。总有人抱怨自己怀才不遇，而事实上他总是每天裸身出行，让人取笑却浑然不知。已经这样了，怎么能得到别人的垂青呢？

道理说起来简单，但是实施起来却是难之又难。就像漂亮姑娘缺少一套名牌的衣裳，买到想要的衣服很容易，但搭配又是麻烦。有人衣柜里满是昂贵的衣服，穿出门的时候还是那样不得体，让人啼笑皆非：他们经常身着裘皮大衣去登山，穿休闲装去参加正式的宴会。这样的事情说起来好笑，但很多时候却是事实。有的人穿对了衣服，却在细节上有偏差，比如扣错扣子、拿错了包。

衣着得体的出门不是复杂的道理，主持人用最好的状态工作也是理所当然。许多人都有这样的常识，只是有时这个意识是模糊的，甚至是缺失和被遗忘的。主持人容易被一些事务性的问题干扰，反而把这样重要的问题忽略了，所以要改正这个误区的最重要一点还是意识问题。主持人在主持节目的时候首先要给自己的声音穿上漂亮的花衣裳，而不是仅仅给自己穿上花衣裳。相对来讲，前者是更重要的。

当有了这样的意识、想法和行动，你就会找到最适合自己声音的漂亮的花衣裳。

22. 致命的主持人

有时候我也会傻傻地想：为什么那些顶尖主持人的知名度和普通主持人会有那么大差距呢？央视主持人数以百计，个个才思敏捷、相貌端正、业务一流，但是知名度差距很大，其中原因是什么呢？什么又是他们职业的暗礁呢？

我认为主持人有两种：一种是职业型的，各项技能都是异常标准，无可挑剔；一种是真情型，用真情主持节目，也许有时有失误，但是也不乏精彩之处。两种主持人不分高下、各有千秋，也可以理解为天才型和勤奋型，或者叫理智型和情感型。这或许是另外的问题，但是无论哪种主持人，在达到一定的高度之后都面临着一个困境。

主持人在达到一定的高度之后，伴随自身学识的提高不可避免地会带来一定的骄傲情绪；主持人气质高雅的同时，对于一般观众也会有压力。本来就是这样了。有些主持人浑然不觉之间，陷入一种缺憾的完美。这种状态的表现是：看起来非常完美，可是细想，感觉太像一场戏，没有真实的情感；主持人出口成章、语言标准、表情准确，可实际上充满着主持人的强势思维，说的严重点充满着媒体的暴力倾向。

这样的主持人，唯独缺少的是和受众的平等心态，这是主持人关键的心态，也可以说是主持人的核心价值。只有平等才有主持人的辉煌，这和自信大气不是一回事，因为平等是沟通的第一要务。

这是一张通往顶尖主持人的船票。拥有它，你会迎来事业的又一个春天。

23. 打仗的电影最好看

小时候问一部电影好不好看，通常的问法是"打不打"。当年王三曾问我："这电影好看吗？"我说："好看，从头打到尾。"结果，我们就结伴去看电影。大街上原本风平浪静，南来北往，各走各道。忽然，王大姐不小心碰了赵大妈一下，两人在人行道上开始了争吵。由此，原本流线型的路人开始以两人为中心围成了一个圆，直到双方决出胜负或者有人厌战离开。

现在，我们来研究一下这个圆点。最直接原因是有人吵架造成的，走路没人看，吵架有人看。我们立马把视线转换到广播电视，是不是争吵的节目就会形成一个圆点，吸引更多人呢？表面看是这样的。某年，某求职节目主持人和求职者在电视上吵了起来，立刻引发争论并成为一个传媒事件，最后不了了之，但是那节目却瞬间火了，很怪诞。

说到这里，大家千万不要疑心。李泊不是在唆使主持人在工作的时候吵架。其实我的真实意思是，在节目的时候，千万不要让节目过于平淡。前面讲的王大姐与赵大妈吵架是因为有矛盾，我们在主持节目的时候，也应该找到问题之间的分歧点，吸引大家的注意力，从而规划一个属于你的圆点。

很多的时候，大家找到了圆并不等于可以把圆画圆。比如主持人采访名人，不可以上去就问："你长得那么丑为什么还有观众喜欢你？"这样的话真的会让双方打起来的，致使节目无法录制。你可以说得技巧一点，说他长得很有个性。观众会理解你的意思的。如此腾挪，才会有一个美妙的圆点。其中，最失败的做法是"和稀泥"，看不清问题真相，或者绕着矛盾走，使节目一团和气。这样的节目不做也罢，这样的节目不看也罢，这样的主持人不当也罢。

发现圆点，表现圆点，节目就会有吸引力，你就能成为一个出色的节目主持人。

24. 怪异的凉茶

2012年夏天，一档选秀节目《中国好声音》红遍中国。对这档选秀节目我倒没有什么评论，我在意的是节目开始时，主持人说的一段话，主持人的开场白如下：

正宗好凉茶，正宗好声音。欢迎收看由凉茶领导品牌加多宝为您冠名的加多宝凉茶中国好声音。喝启力，添动力。娃哈哈启力保健品为中国好声音加油。本届中国好声音所有学员当中的四位导师最得意的门生将踏上娃哈哈启力音乐梦想之旅。发短信参与互动立即获得苏宁易购的100元优惠券。感谢苏宁易购对本节目的大力支持。我们的好声音学员如果获得三位或者三位以上导师认可即可获得苏宁易购提供的1万元音乐梦想基金。感谢上海新锦江大酒店为中国好声音导师提供的酒店赞助。关注加多宝凉茶中国好声音台前幕后更多精彩内容，你可以加入中国好声音新浪微博，或者是腾讯微信以及登录中国好声音百度贴吧参与节目互动，还可以登录优酷、搜狐视频、爱奇艺、土豆网观看节目的精彩花絮。关注网易娱乐了解更多节目的信息或者登陆官方数字音乐平台，下载每期节目最精彩的歌曲彩铃……

这段话，主持人以极快的速度"喷而出"，就像某名人说的迅雷不及掩耳之势。我担保很少有人能听清楚。如果说周杰伦唱歌口齿不清，则这位主持人同样让人找不着边际。有网友说，太雷人了，像小丑。

最初听到这样的评价，我感到很伤心，主持人已经这样了吗？在这个节目里，主持人可有可无，只是开头那么一小段。是主持人故意这样说还是广告商要求必须这样说就不得而知了。从技术和传播上来说，这样做是完全错误的，因为广告的效果是以受众的接受来衡量的，说了不等于受众记住了。类似我们的新闻节目，五分钟说20条新闻，受众记住5条，那已经算是成功了；如果五分钟说了50条，受众一条没有记住，这是失败的。

换个角度，也许他追求的就是怪异的效果，那他成功了。以一种怪异的方式达到目的，这显然是个案，还有点后现代主义的意味，有点像某台湾著名龙套演员竟然在同一晚的多家电视台播出的电视剧中死了多次。这里面的意味属于哲学家研究的范畴，我无意深究。还是看看主持人吧，我只关心他们。无法探知主持人在节目中是真心愿意说这样一段话，还是奉命而为。貌似主持人在这个节目中无足轻重，并没有像往日那样，一会儿一回来，掌控节目的进度，反而喋喋不休的是四个导师。他们会攻占主持人的位置吗？会的，但是这是暂时的，只在个别节目中存在。我仍然相信主持人的传播功能无法替代。主持人连接的是受众和台上表演的人，而那些导师只能做好他自身的角色，要他们兼顾主持人功能还是有些不现实。如果他们以主持人身份出现，那他们就不是导师了。至于这次，就当是一个特殊例子吧。我们主持人也正好从另一个角度审视自己的工作，这也无异于一次学习。

当然作为一名观众我还是觉得主持人那段凉茶告白有些怪异。

25. 电视里的世界

这是一个很可怕的问题，而且我越想越觉得可怕。我们知道上台要自然，可是在台上的那个我就是生活中的我吗？有人说舞台上主持人就是演自己。这让我想起一个难以回答的问题：我到底是谁？无数高僧和哲学家口若悬河般说了几千年，可是后人还是一头雾水，在真相到来之前我们还是绕开这个问题吧。

上面的问题我不能给出答案，但是我可以确定地告诉你：电视是一个世界，生活是一个世界。屏幕是一把锋利而无情的刀，生生把它和我们的生活隔开，划出了属于自己的势力范围。当你出现在广播里或电视里，那其实就是另外的一个世界了。原因很简单，生活中的表情也许比较自然，动作也不大，但是到了电视里就很明显，非常不协调。这只是一个很小的方面，更多的不同一时半会儿说不完。刚才说的是空间问题，时间上也有很大的限制。节目有一定的时间限制。生活中你可以就一件事情和朋友翻来覆去地说，说两个小时也可以。电视上则不能，因为节目时间只有那么长。更关键的是，生活中说话，你或许只需要顾及对话者的情绪，而电视上你必须考虑千千万万观众的感受，而且他们都是陌生人。

在这一点上，许多人的认识是模糊的，他们常常混淆两个世界，经常搞错，或者经常在两个世界里游走，这无疑是对主持人形象的损害。不同的世界要有不同的表现，这是必须明白的，只有如此才能从根本上提高主持人的素质。就像走一山唱一山的歌那样，只有遵循了艺术规律之后才会有如虎添翼之感，才能展翅高飞。

26. "好的，好"好吗

2010年12月8日的晚上，我看了一档节目。节目里一位很有名的主持人连线一位驻东京的记者。连线结束时，主持说了一句"好的，好"。应该说这是个小瑕疵，也许在生活中无所谓，可是在电视上这样的瑕疵就会被无限放大，有损于主持人的光辉形象，况且这位主持人一向很把自己当回事。

首先，这是生活语言和主持语言的问题。主持人要求口语化，但是不等于生活语言的照搬。口语的优势是自然、有亲和力，书面语言的优势是准确和简练。主持人语言应该是这两种语言的综合。主持人的这句话显然是放大了口语的弱点，没有很好地利用口语的优势。

这句话还涉及细节问题。也许对于成功的主持人来讲，这样的细节可以忽略。但是，无论多么有名的主持人，犯的错误也是错误，在任何地方都不会变成优点。曾经有句话叫"细节决定成败"，虽然这句话值得商榷，但是用在主持人身上还是比较恰当的。哪怕著名的主持人说出错别字也会让人如鲠在喉、心神不爽，况且主持节目是精益求精的活。只有注重每一个细节，才会距离成功更近一些。

怎么解决这个问题呢？首先是习惯问题。生活中就应该养成规范用语的好习惯。我曾见过许多作家和相声演员，他们的口头语言都十分严谨，出口成章，绝无拉杂的话，如果记录下来就是很好的文章，不能不说这是他们多年的语言功底起到了作用。其次是心理问题。在直播的节目中如果心态放松，那些无用的语言垃圾就会减少；如果心理紧张则难免语无伦次、不知所云。以上两个问题都需要主持人天长日久地练习才可以克服。慢慢地习惯成了自然，言语表达的失误就会少了。

27. 如果你遇到那个坚硬的壳

职业主持人也好，业余主持人也罢，都会遇到发展瓶颈问题。当已经积累了丰富的经验，觉得该更上层楼的时候，却发现没有楼梯；努力了很久，觉得应该进步了，可是一切还是照旧。这些情况难免让人泄气。真的是江郎才尽了吗？真的是摸到事业的天花板了吗？我想不是。我们长跑的时候，大家都知道有个极限点，就是跑了一段距离后就会觉得精疲力尽，一步也不想跑，但是坚持一下，疲劳感就会消失，你会越跑越有劲。我们的事业也是这样的。当你遇到事业的瓶颈时，一定不要气馁，要坚持下去。

过了这个瓶颈期，过不了多久还会有新的瓶颈期出现，这真是很可怕的事情。困难后面连着困难无穷尽也。但是换个角度想，不努力就没有困难了吗？一样是有困难的。人们说的"没有远虑，必有近忧"就是这个意思。所以，既然前后皆有困难还不如勇敢向前呢。

人的一生，其实都有一个"壳"存在。慈禧太后再有能耐也没办法看电视、打《魔兽世界》这款游戏；宋朝的歌女唱得再好也没法参加《中国好声音》。有的人妄图超越，却也抵挡不住岁月的车轮，这也是命运的捉弄吗？

这些都是命运给我们的那个坚硬的壳，作为弱者的我们怎么办呢？蛮力去撞也许不行，使巧劲呢？什么样的招数是有用的呢？每个单位里都有领导的宠儿，也许她用不正当的手法得到位置，可是人家付出了，其他人眼红又有何用？除了骂娘又有什么办法呢？

这个问题是每个人都会遇到的。谁也不敢保证自己能冲破这个壳，也许这就是人的宿命。但是我想，面对这个问题，等待是最消极的办法，却不一定是最坏的办法。伺机而动也不是一句空话，我能说的也只有这些了。

壳存在于我们生活的每一个角落，而勇敢者将会一次次地破茧成蝶，迎来新生。我认为勇敢者将会幸福一生。

28. 那件漂亮的花衣裳

说实话，穿衣服是一件让人头疼的事情。衣服很多，款式复杂，无论穿哪件出去都会有人说不好看。在互联网上查一查，关于穿衣的原则、妙招更是多如牛毛，一点儿也不比服装的款式少，也不比时尚变化得慢，颇让人不知所措。如果是善于穿衣的人还好些，有的人天生对此缺少天赋，只好乱穿一番，难免有时出丑。在网络上，还有人总结了明星出丑瞬间，还评选出最会穿衣的名人和最不会穿衣的明星。有的人干脆请形象设计师指导设计，这样也很省事，可是有时难免又不是本人所想。那么作为一名主持人，该怎么面对自己的穿衣问题呢？

我觉得首先要重视。忙碌不是理由，不会买不是借口，主持人身为时尚的引领者，大小也是个公众人物，千万不要把自己不当回事。按照交换范式的原则，受众付出他的关注，主持人应该奉献出精彩的自己。主持人应该是精神产品，邋里邋遢地出现在公众面前，对人对己都是不负责任，说的严重点就是"假冒伪劣不合格产品"。所以，穿着得体是主持人的分内之事。

主持人穿衣要符合身份。娱乐类节目主持人如果穿得过于死板，那就很难营造娱乐的氛围。当然，新闻主播类节目主持人如果花枝招展，也很让人怀疑他播报的新闻的真实性。所以，大家还是尽量让自己的穿着符合身份。以前，一名著名的记者到农村采访，因为怕麻烦对方就自己步行了去。路上，天下起雨，到达目的地后，她浑身是水，两脚是泥，活像个上访的妇女，村官们无论如何也不敢相信这是中央下来的女记者，多次打电话确认后还是半信半疑，原因就是他们觉得记者不应该穿成这样。不要怪他们，他们心里的主持人或者记者有一定的形象格式。所以，为了工作，还是尽量地穿适合职业身份的衣服吧，把自己的个性先隐藏起来。

服装得体和个性总是纠缠不清的一对矛盾。如果按照大众审美观穿衣服，难免平淡；如果过于出奇则又有丢丑的危险，此中分寸需要把握。我的原则是：做人可以低调，做事要高调，在出席活动的时候一定要把自己打扮得漂漂亮亮的。

穿衣的另一个大敌是年龄。无论多么好看的衣服，不符合年龄特征总是让人尴尬。唱戏的说"宁穿破，不穿错"，说的就是这个道理的。没办法，主持人是和年龄搏斗的职业，但愿我们能永远跟得上着潮流，永不过时。

29. 为什么主持人要自信？

为什么主持人要自信？这还要从主持人的称呼说起。主持人，就是主事的人，不是跟班。如果受众是一支队伍，那么主持人就是领头的，是一群人的主心骨。你见过不自信的优秀指挥官吗？主持人是信息的传播者，传递的是真实的信息。既然是真实的信息，那么主持人必须自信。如果从一个演艺人员的角度出发，主持人也必须是自信的。我们把自己的感受传达给受众，必须自己相信。如果自己都不相信，又怎么能让别人相信呢？

坚守自信也是件很难的事。人经常会自我怀疑，时常反问自己："我行吗？我能吗？"尤其主持人，在万众瞩目的大场合，在空旷的舞台上大声地说话，压力可想而知。这时候很容易变得不自信，心里的另一个声音会不停地出现："我行吗？我可以吗？"如果是这个声音占了上风，那么腿就可能会发抖，声音就可能会发颤，甚至会忘词。

自信从哪里来呢？当然傻大胆看起来也很自信，但那是一戳就破的假自信。相声大师刘宝瑞作品中的"张好古误打误撞连升三级"的好运在现实中很难出现。

小泽征尔是世界上著名的交响乐指挥家。在一次世界优秀指挥家大赛的决赛中，他按照评委会给的乐谱指挥演奏，敏锐地发现了不和谐的声音。起初，他以为是乐队演奏出了错误，就停下来重新演奏，但还是不对。他又觉得是乐谱有问题。可是，在场的作曲家和评委会的权威人士坚持说乐谱绝对没问题。面对一大批音乐大师和权威人士，他思考再三，最后斩钉截铁地大声说：不！一定是乐谱错了！话音刚落，评委席上的评委们立即站起来，报以热烈的掌声，祝贺他大赛夺魁。原来，这是评委们精心设计的"圈套"，以此来检验指挥家在发现乐谱错误并遭到权威人士"否定"的情况下，能否坚持自己的正确主张。前两位参加决赛的指挥家虽然也发现了错误，但终因随声附和权威们的意见而被淘汰。小泽征尔却因充满自信而摘取了世界指挥家大赛的桂冠。

由此可见，自信来自于实力。

30. 主持人会退步吗

这是一个被忽视的问题。按常理来讲，主持人总是在进步的：随着工作时间的增长，主持人的经验会越来越丰富，水平也会越来越高。但是细想起来，主持人也是会退步的，而且会退步得很快。时代在进步，新人辈出，主持人稍不努力，就会落后于时代被新人取代，这就是退步。

主持人某种程度上是吃青春饭的职业。年龄的增大，意味着成熟，也预示着辉煌。同时，生活中琐事的增多，生活烦恼的出现，也一点点地蚕食着主持人的精力。当主持人再也不能像年轻人那样全力为事业打拼的时候，前进的脚步就会放缓。此时，距离退步就不远了。

一个很现实的问题是：我们的语言很容易受到环境的影响，不知不觉中普通话就会变得不标准。也许你自己还感觉不到，但是在外人听来，我们所说的话已经带有了浓重的方言味道了。

逆水行舟，不进则退。做主持人要有心理准备，准备时刻面对严峻的现实。有人说这是自然规律，谁也没有办法应对。有人说为了主持事业总不能当一辈子老姑娘吧。独身一生固然不可取，但是我想，获得的前提是付出。当你事务忙碌，你要明白哪些是你想要的，哪些是你不想要的，勇敢地放弃一些东西吧，比如某几次娱乐，比如无聊的应酬，这样就能保证你用在事业上的精力和时间。当你舍弃的时候，你就会得到。这样，你不仅不会退步，而且还会大步向前。

31. 为什么要问重复的问题

说起主持人的提问，那可真是一件麻烦的事情，我自己深有体会，尤其是在访谈类节目中，似乎问来问去就是那么几个问题。我将其总结如下：
（1）能否谈谈你的感想？
（2）当时你是怎么想的？想过放弃没有？
（3）是什么支撑你走到今天？
（4）未来有什么打算？
（5）还有一句话，你会说什么？
（6）现在的"王小二"和过去的"王小二"有什么不同？
（7）人前你是个坚强的人，背后有没有哭过？

我看过许多访谈类的节目，各种水平的主持人，似乎都逃不出这些问题，这是为什么呢？是这些问题扼杀了节目的质量吗？我想还是因为这些问题虽然俗套，却很管用，能够得到想要的答案。至于千篇一律的问题是否影响节目本身的质量，那就不好估量了。

这样的问题说出口，貌似不会出错，但是遇到难缠的嘉宾，也会有麻烦。比如，在2010年11月的一期《艺术人生》中，朱军问葛优："这次和陈凯歌合作，和十几年前有什么不同？"葛优当时就有点烦了，回答道："这些天，问我这个问题，都有十几遍了。"朱军听了非常尴尬。但是好脾气的朱军并没有说什么，当然老江湖葛优又把话题拉了回来。这还是艺德好的人，有个别自以为是的嘉宾会当场给主持人难堪，他们怪主持人不学习，不认真研究他就来提问。这颇为一些人称道，以为是个性。但是大家忽略一点，主持人访谈是在公共场合，双方还是要讲点素质的，事先沟通有的是时间，难道非要当场翻脸才能显示出专家的威风？

再回到那些俗套的问题上来。我曾试图创新，力图找到一些更好的问法，有一些成功，但是失败次数也不少。成功的时候是因为我把那些问题，变成生活化的具体的语言，比如，明年这些果树结了果子，你会先给谁尝尝呢？但是这样的问法也有问题，可能造成我的暗示，人家不明白，还是要回到老问题上去：明年你有什么新打算呢？

创新是个难题，老问题也许要继续问下去，关键是在对的时候问对的人，这也许是访谈的妙处吧。

32. 学生气的播音员

播读新闻书生气是一个普遍性问题，许多新主持人都有这样的烦恼。虽然让自己感到讨厌，但是解决起来并不难。首先分析它的原因。第一，自我环境。原来大家的社会角色是学生，走到哪里都被人称为同学；社交圈也多半是同学，主要生活的环境也是校园。吃学生饭，穿学生衣，住在学生宿舍，手里拿着学生卡，怎么能没有学生气呢？

但是，如果带着学生气播新闻，你马上就会发现问题来了。看新闻的观众追求的是权威可信，而学生给大家的印象是"嘴上没毛，办事不牢"。所以要迅速把角色感觉换过来，毕竟走哪一山要唱哪一山的歌。老女人扮清纯没人喜欢，高中生再像幼儿园小朋友那样说话也会惹人烦。

如果正好在转型期怎么办呢？这时候，同学们应该主动出击，积极应对。人总要长大，童年再美好也不能永远存在，还是应该以成年人的思维要求自己。播新闻是一种职业行为，为了生存你也应该主动和播音员形象靠拢，成熟、稳重、大方是这种职业的"名片"。这时候最好多读一些名著，把自己的视线主动向成人靠拢。对社会有了更加深刻的认识，自然你的气质就会成熟。

播报新闻学生气，从深层次看是由于对稿件的理解不深入，不明白稿件的重要性，只是念字出声，不知道稿件背后深刻的社会内涵，还只是以一个学生的角度看问题。当然也可以等待长大，等待阅历丰富。但是这需要时间，就怕等你长大了，许多工作的机会也就丢失了，所以还是应该主动面对才行。

解决这个问题，从技术上来讲，可以放慢播报速度，也可以简单模仿成熟播音员的播报方式，或者加强胸腔共鸣，增加权威感。但这些都是面子工程，更重要的还是心理调整。

这样的问题不仅播音员有，学表演和声乐的小妹妹也经常为演不好爱情戏、唱不好情歌烦恼。有老师也告诉她们，不妨恋爱一次，不知道这是不是一个好办法。

34. 为什么要当主持人

两个小青年谈恋爱，如果吵架闹矛盾了，必备的台词是："我怎么那么不长眼，看上了你，做你的女朋友？看看你那小眼睛、塌鼻子、猪八戒嘴。"也许在某个欢乐无比的聚会上，或者某次饭局上，看到其他行业的好朋友觥筹交错的时候，你是不是也会心生疑问：我为什么要当主持人呢？

是啊，这是个很难回答的问题。虽说命运掌握在自己手中，可太多时候总是身不由己。我的几个学生做主持人的理由都奇怪得很。

一个女孩子要让失明的奶奶从收音机里听到她最亲爱的孙女的声音，这是多么动人的理由啊！

一个男孩子因为喜欢某主持人所以要做主持人。爱屋及乌，这也算是能想通的理由吧。

一个男孩子高三时因为无聊逛书店，无意中看到我写的《播音主持备考100天》，书中的一段话对他有所触动，从此走上了播音主持的道路。

奇怪的是，三个人中，最后两个都梦想成真，做了主持人；第一个却被高学费挡在门外。或许，为什么做主持人不重要，重要的是能力。

做主持人还有很多的原因。有人是广电系统出身的，学播音主持容易就业；有人学习不好，本科学校考不上，学主持人可以上个本科学校；有人热爱表演，感觉着这些专业和主持专业差不多，顺便考一下，没想到真就考中了。生活总是丰富多彩、复杂多变，但是不管怎么样，大家都有一个共同的名字——主持人。

生活没有办法重来，理由并不重要，关键是你遇上了它。如果你真的当上了主持人，就请你爱上这个职业，认真感受那份美。当然，如果是情深缘浅，你又喜欢上了其他的职业，也祝福你一路走好。因为那些做主持人的日子，会是你此生美好的回忆。

35. 第十九般武艺

在武侠小说里，或说书人的口中，英雄们总是有十八般武艺，并且样样精通，甚至不乏文武双全者。其实不只英雄们这样，许多主持人也是多才多艺：琴棋书画无所不能；爱摄影、好爬山、能唱歌——什么流行、通俗、摇滚、美声、民通等唱法都能在一展歌喉时让人惊羡；有的还能作曲，真的是多才多艺、才华横流。这有点像某些社会名人，社会兼职一大堆，名片反正面都不够写。记得我曾得到过一张那样的名片，正在办公室暗自称奇时，旁边的同事一语道破天机：这人是骗子吧。

多才多艺不是坏事，如果乐得享受生活，也能让岁月变得充实，但对主持人来说还不够，因为你需要第十九般武艺，那就是特长。如果样样会，样样松，说实话也和样样都不会差不多，因为现在人才很多，你必须拿出你的撒手锏才能有位置。

体育比赛中有一项叫十项全能，它就是专门给各项会但是各项都不突出的运动员准备的。这种十项全能的比赛项目运动会上有，生活中却并不存在。就像数字1000，没有前面的"1"，后面再多的"0"都没有用。只要第十九般武艺存在了，十八般武艺才会有用武之地。

如此，我觉得主持人应该有自己最擅长的第十九般武艺，让它变的无可替代。这样主持人才能在竞争中立于不败之地。

36. 学、会、精、通

学了不一定会，会了不一定精。学习的境界许多先贤都进行了形象而且准确的总结，比如王国维的三种境界。他在《人间词话》里说："古今之成大事业者、大学问者，必经过三种之境界：'昨夜西风凋碧树。独上高楼，望尽天涯路。'此第一境也。'衣带渐宽终不悔，为伊消得人憔悴。'此第二境也。'众里寻她千百度。蓦然回首，那人却在，灯火阑珊处。'此第三境也。"王国维的总结可谓生动易懂，我在此不做赘述。

王国维提出的境界美妙而多姿。接下来我说一个简单易学的。我自小学习书法，但不才，没有大的成就，字至今写得很不像样子，但是写字的过程深深印在了脑海里。记得曾有人告诉我：写字首先要入帖，然后再出贴。入帖难，出贴更不容易。这里讲的是临摹字帖的几种境界。入帖指的是临摹字帖，要努力掌握字帖的特点，力图和原帖一样；出贴是指从字帖中找到写字的秘诀，而后创出自己的风格。两项任务艰巨而又伟大。入帖者不多，出贴者更少。由此想到我们主持人，其学习过程也是这样的：首先要掌握主持人的基本技能，能够顺利主持节目，然后再从原来的窠臼中走出来，走出一条自己的路。

在我看来，上段描述也有些简略，我再来说件具体的事。这事情源于一次戏曲比赛。某次，电视上播出戏曲比赛的节目。我并非对戏曲有多痴迷，只是我知道每当演员唱完，总会有专家点评一番。有些假专家胡说几句，就当是个乐子。要是遇到真正的行家，就会收获不少。果然在某位花旦唱完后，一个阿姨说出一段很有见地的话来。她说："学了不一定会，会了不一定对，对了不一定美，美了不一定精，精了不一定通。"这些话很简练，像一面镜子，照亮了我们前进的路。我知道类似的总结还有很多，希望大家都来补充。我更希望大家不仅是看个热闹，而是对照自己，然后在前行的路上走得更远。

简简单单四个字，不知道要付出多少努力才能达到那种境界，那些都是汗水浇灌而成的。有的人一个字都没有做到就用完了一生，让人惋惜。我希望每个人都达到通的境界，因为那种感觉很美妙。

37. 心里的那个你

曾有一次，我到一个规模中等的酒店点菜，问到啤酒多少钱一瓶，服务员回答说五块，我随口说了一句："真贵，外面一样的只要两块五。"这姑娘顿时局促了起来，半晌，小声对我说："外面小卖铺就是那个价，你可以买回来到这里喝。"还有一次，某电台的医药节目中，一神医正神乎其神地吹嘘包治百病的灵丹妙药，主持人实在听不下去那违反常识的胡说八道，就插话对听众说道："你有病还是去正规的医院，不要乱吃药。"

我曾不止一次地想到这两件事。貌似两件事中的两个人都做了一件违反常规的事情：身为服务员推销酒水是分内之事，主持人本应为广告商服务，但他们都违背了职业要求。专门对着干的这种情况也不常有，似乎不怎么职业，但让人心里暖暖的。

是什么超越了这些呢？

我猜测人本身是有两个"我"的。一个是社会的"我"，遵守社会规则，遵守各式各样的制度，以及约定俗成的习惯。比如，小时候别人给的糖不能随便吃，哪怕你非常想吃。另一个就是真实的个体的"我"。由此，我联想到主持人的工作。有时候个人的真实意见是不适合或者不方便在节目中表达的，这时候要隐藏起来那个真实的"我"，换成社会的"我"。只是人是很难欺骗自己的动物，尤其主持人，工作时间长了，一不小心就会露出真实的"我"来。大是大非的问题且不说，一些小的方面却是必须注意的。比如，你是一个非常不喜欢戏曲的人，工作需要你主持戏迷大赛，此时，你就不能把真实的"我"表现出来。因为的确有很多人喜欢戏曲，爱得要命。你必须尊重别人的爱好，善意地完成主持任务。如果你隐藏不住自己的好恶，或者不时地露出不耐烦、不尊重的情感来，那就是大大的失误了。

38. 从前的从前和永远的永远

我们喜欢说从前怎么样，现在又怎么样。比如，从前，如果我追上了班里的二姑娘，现在就不会娶这个"母老虎"；从前，如果我买下那套房子，就可以省下好多钱。但"从前"只是"从前"；我们也曾说要永远做最好的主持人，永远保持青春亮丽，然而永远总是显得很遥远。

煽情的话一会儿再说，先说一件具体的事。从前，我们看电视，电视频道很少，只是盯着电视看，一个节目结束，接下来播出什么，大家都不知道。后来有了电视报，于是大家就拿着电视报看节目。再后来频道多了，大家的选择多了，电视报也不看了，往往是遇见哪个节目看哪个。与此同时，电视台之间的竞争也是日趋激烈。各电视台为了争夺收视率绞尽脑汁，小小的屏幕上有了看不见的战争。不经意之间，屏幕也发生了奇妙的变化，屏幕的下方经常会走字幕，告诉你接下来会有什么精彩节目。言辞之间，近乎哀求，接着看吧，千万不要换台。这在以前几乎是不可能的，以前总是仿佛在告诉你：爱看不看。

作为观众，我为这样的进步感到欣喜，因为它的确方便了大家，尽管我知道，这是竞争造成的，绝非电视台主动所为。由此我想：为什么这点小事不在竞争来临之前做呢？等到竞争来了再做，晚了吗？再想想主持人，有时候他们也有惰性，不肯多做一点，虽然多做一点儿就是另外的一个世界。

在刚入行的那几年，我曾想过如何能在节目中给受众留下更多的印象，就不停地说自己的名字，显然方式太粗暴，不可取。记得一次，我节目的结尾加上了一句："听众朋友，节目结束了，我也要伴着月色回家了，此刻的你又在哪里呢？"

几天后，我收到了一个听众的来信，她告诉我说，那天她正在看一本书。由此我知道，你的每一句话，只要能到达听众的内心，都会引起共鸣。那些变化看起来虽然是一点点的变化，效果却是大不同的。

如此做好了"从前"，坚持下去，你就会永远地成为最好的主持人。

39. 潮人和诗人

我不喜欢打赌，但是这个赌准赢。我猜每一位主持人的同事和朋友中，必定有一位潮人。这位潮人不管是先生还是小姐，必定喜欢穿个性的衣服，必定对化妆品和服饰很有研究，对于流行事物的关心程度超过每天的菜价，他们在大街上的回头率特别高。我们叫他或她潮人吧。

大家以不同的眼光看待潮人：宽容者认为这是时代的进步，认为年轻人都是这样的；不认可者觉得这些人就是卖萌装嫩的，是有可能损害主持人形象的。两种说法似乎都有道理。我是比较宽容的人，意见上属于前一种。因为我觉得，媒体不是古董，要了解大街上的时尚，了解新潮人类的所思所想，这样一个主持人才能是一个好主持人，不然做出的新闻不好听，甚至还会出笑话。所以，主持人赶一下时髦，买一个最新款的手机，穿一穿胯裆裤也未尝不可。

如果说潮人多了，那么诗人则相对少了。有人说诗人是愤怒的，这恰恰和主持人有点小小的冲突，因为主持人是需要淡定的。如果主持人自己先愤怒得乱了分寸，自然是不合时宜的。但是诗人也有诗人的优点，那就是他的语言凝练、跳跃、华丽，有一种超然的美。然而诗人不常有，无病呻吟者不算诗人。所以，在欢迎潮人的同时，我们也呼唤主持人当中有诗人出现，让诗歌美妙的韵律装点主持人的语言。

40. 珍惜你的忧伤

运动员是个很残酷的职业，输赢非常明显，一刹那不是天堂便是地狱。当一场足球赛的终场哨声响起时，总有人欢呼雀跃，也总有人黯然神伤。但是没有办法，这就是现实。相对来说，主持人似乎好些，但是仔细想想，竞争也很惨烈。职场之上，温情总是稀有。同时入行的同事，有的颇受领导的赏识，频频出头露脸，事业蒸蒸日上；有的人总是差强人意，不温不火。面对此种状况，一种难解的忧伤便会油然而生。

怎么面对这挥之难去的忧伤呢？主持人这行，成名率并不高。偌大的电台，扬名天下者寥寥无几，更多的人是平淡一生。其间差距颇大：有成就者，年薪百万，大宅豪车；平凡者租房，乘公交车。真无异于天壤之别。我不知道是否有人统计过主持人的成名率，是100∶1，还是1000∶1不得而知。而更为残酷的是，天地之间缺少中间档。曾有运动员说过，大家只知道第一，没人在乎第二和第三。主持人何尝不是这样呢？只有最好和一般，没有"微波炉的中档"可以选择。我有时甚至还想，从事这一行，还不如去做个小生意，如经销个糖果，或代理个品牌，即便做不成李嘉诚那样的大佬，当个衣食富足的小经销商还是可能的，那个成功率肯定高过主持人。

但是我们选择了这个职业，就必须面对这些真实的场景：当你骑着自行车去上班或者拿着公交卡去追赶一辆迟来的公交车时，你的同事正驾着豪车从你身边驰过，不管你看见没看见，他就在那里。

有时候你也可以不去想，但那是躲避不了的，这些忧伤总是如影随形。怎么化解这些忧伤呢？我们曾经听过化蛹成蝶的故事。许多成功人士在各种媒体上讲述自己的奋斗历程，都有一段郁闷的经历。如著名导演李安曾多年靠妻子养家，后来终成世界级大导演。换个思路，这些忧伤还是成功的催化剂呢。

安慰的话少说，既然选择了远方，那么就珍惜你的忧伤，让他变成前进的动力，向着前方远行吧。

41．给我一个支点

恃才傲物的阿基米德曾说过："给我一个支点，我能撬起地球。"这话豪气冲天，理论上也无可挑剔，只是实施起来有点困难。虚妄的诳语可逞一时的口舌之快，但日子还要一天一天地过。时光琐碎而无聊，面对遥远的梦想，我们常常无所适从。有人说这是没着没落的状态，也有人说人生需要一个目标。其实，所谓的目标就是一个支点，因为没有支点，杠杆撬不起一粒花生米。

所谓的支点就是一个理由，或者说是一个动力。不管真假，只看疗效。我们常常惊异于某人用坚强的毅力战胜了苦难，当询问的时候，答案大多庞杂而含糊，或说坚持真理，或说出于人类某些宝贵的情感。这固然是毫无错误的，但我猜他说的未必是心里话，应该距离事实很远。因为过于庞杂的理由会给人以压力，让人很难看到光明。若非天才，很难从混乱的人世间找到通往天堂的路，更多时候我们需要化整为零地循序渐进。

很久以前，我也曾为这个问题而苦恼过。比如说某人想挣钱，想出名——这没有半点错误，可关键是挣钱的路有千条万条，出名也有很多方法，到底该选择哪一条、哪一种呢？后来，两件事帮我解开了这个谜团。一个广告公司的朋友告诉我，他们广告公司业绩最好的不是帅哥，也不是美女，而是一个中年妇女。这个中年妇女每天中午都不休息，出门跑客户。我当时就问:"她为什么要这样努力呢?"那朋友告诉我说:"她想给儿子买一台电脑。"

还有一件说的是贫寒子弟成为高考状元的事。新闻报道说,某省的高考状元是个贫困生,靠别人的资助读书。大家惊异于为什么那些请家教、找名师的家庭的孩子考不过这样的孩子。状元的回答是:我在最困难的时候花100元把头发染成红色,然后告诉自己为了这发型也要考好。

支点有很多,关键要有一个支点。这个支点千万不要太遥远,太遥远你也会离它越来越远。

42. 主持人是个"瓷器活"

主持人真是个奇怪的职业。在电视屏幕上,主持人衣着亮丽,或温文尔雅,或似天仙。但是有谁知道他们曾忍饥挨饿去采访,工作一天未曾饱餐一顿?其风范就是当年的"铁姑娘"也不能及,只有"邦德女郎"可以与之一拼,仿佛只有那些粗犷的人可以干。但我觉得,主持人工作又是一个"瓷器活"。

首先,很多人认为主持人是公众人物,整天在电视上吆三喝四,就以为生活中他们也必当是开名车住豪宅。然而,许多时候不是那样,主持人也是一些普通人,也会在菜市场为三五分钱的菜价和菜贩子争个面红耳赤。当这一切和大家的印象发生冲突的时候,有人不相信这是真的,会怀疑自己的眼睛。某记者衣着朴素地去采访某企业老总,被一再地询问真实身份。我这样说也不是让主持人都打扮得像贵妇、大款一样,而是说主持人应该顺应大家的审美标准,这样无疑对工作是有利的。说句最通俗的话,就是主持人走哪一山要唱哪一山的歌。这里说的是穿着,其实穿着只是很微小的一点,类似的事情还有很多。

作为主持人,除了熟悉自己的业务,穿着尽量时尚大方,语言思维也要跟得上时代,甚至要超前时代,因为掌握更多更新的信息才能在工作和交流中得心应手。有许多主持人觉得生活中可以自由一些,这也是不正确的想法。无论你在哪里,大家都是以主持人来要求你的,并不会以你是在生活中而降低对你的要求。他们会以为:你看王三,还是个主持人,穿的和要饭的一样。笔者曾经回乡参加聚会,当我一直在说方言的时候,有的老师甚至怀疑我是主持人的事实。

还有的主持人,出于自己的爱好,喜欢唐装打扮;还有的主持人喜欢把自己的宗教信仰示人,经常手戴佛珠。这些都会对你的形象,甚至你所在的媒体造成不好的影响。我认为主持人追求个性自由是没错,但是千万不要忘记主持人更多是真实、公平的象征,这是主持人的核心形象,所有的一切都应该建立在这个之上,否则就是对自己和新闻行业的伤害。

主持人接触面广,时时是别人的关注点,要珍惜自己出现在大众面前的每一分钟,要像爱护易碎的瓷器一样爱护自己的形象。如此,主持人的形象才会像瓷器一样光洁美丽。

43. 离别的时候不流泪

在这本书里讨论这个话题似乎有些不合时宜,因为这是一本讨论主持人怎样成功的书，说转行似乎是泄气的话，这对我的书也没有好处。大家都不做主持人了，看你的书有什么用呢？但我想了想，还是说说吧，因为这是现实。许多人入行，许多人离开，城门口有进有出。许多人在大学里学了这个专业没有入行，扭头就走了，这一切又是为什么呢？

先说没有入行的。很多年前就有这样的现象，主持人大赛中，许多优秀的比赛选手脱颖而出。当领导们劝他们入行时，却被他们中的一些人拒绝，他们给出的理由很简单：去外企或者创业更能展示才华，主持人吸引力还是太小。也有的压根就没打算当主持人，他们学这个专业就是为了一张文凭，毕业就转行。

还有的主持人干了一阵就走了，他们或者觉得薪水太低，或者觉得不能胜任。这样也很好，大路宽宽，各走一边。最让人惋惜的是明明很热爱这个职业，也很适合这个职业，却因为种种原因而离开，比如行业的不公。看着"歪瓜裂枣"呼风唤雨，影响主持人的名声，某些人不甘心同流合污就离开了；有些是觉得在其他行业也会有发展，没必要一棵树上吊死，就离开了。

还有一种离开意味着辉煌。有的主持人离职经营影视公司，或许他们有更大的前程，这也是让人高兴的事，但是他们也失去了作为主持人的乐趣。另一条路上的风景虽好，但还是不能替代主持人这边的美丽。

我自然是鼓励大家坚持的，但是如若真的形势所迫，离开也不失为一种好的选择。天下没有不散的宴席。我非常反对那种父母捡破烂供儿子上硕士之类的新闻，因为现实也很重要。况且，我认为主持人不只是主持节目，他其实也是在践行一种认识世界的方法，触类旁通可以对个人的素质有很大的提高。在此，我期待另外一个行业里的你过得快乐！对于每一个热爱生活的人来说，当你离开的时候千万不要流泪，因为前面亦有阳光在等待。

44. 那那边的那那边

我发现了一个很奇怪的现象：地方电视台的主持人和央视的主持人同时出现的时候，央视的主持人总是显得更大气一些，或者说更有气场，尽管有些地方台的主持人自身条件或许更好。也有人认为央视的主持人更洋气，原因是人家在首都见多识广，自然要比县城里的主持人时尚。这样说也没错，也可以说是人家气质更好。

大多数情况是这样的，但是也有例外。某次，我去青岛参加经济论坛，参加会议的是各地的专家，主持人却是当地的。那位主持人看起来其貌不扬，但是论坛一开始，自信风趣、很是得体，不比央视的主持人差。由此，我就深思这种情况出现的原因。前面所提到的客观现实是存在的，即低一级的媒体往往在实力和气质上略逊于上一级的媒体，但这些例外又是为什么呢？

再来看看最近很火的主持人孟非。他从市级电视台到省级卫视，从记者跨入主持人行当，从主持民生新闻节目到主持综艺节目，不见有隔阂，反而更加精彩，光芒盖过央视的主持人，这其中的原因是什么呢？而且孟非先生并没有系统学过播音主持，学历也不是很高，可见那个迷人的魅力与工作环境的关系不是很大。

这问题困扰了我很久，后来我终于明白眼界和心胸才是关键。或许可以这样说：因为一个人心胸开阔、眼界宽广，自然会有淡定大方的气质，而这两点和所处之地关系不大。

不管身在何处都要胸怀世界，那么整个世界就是你的，由此你就是一个不凡的主持人。

看着那些名主持人在那边，在那那边，而其实就在你身边。你给自己树立一个高的标尺，你就也在那那边。

45. 一字不改的稿件

主持人总会遇到重要稿件，号称"一字不改"；主持人中也总有强者能做到数千字稿件，播读得一字不差。他们每每获得高度赞扬：如何优秀，何等出色，云云。我不反对这样的说法，这也不是一般人能达到的，非出众的心理素质和业务技能不能为。当然，业界也有很多主持人，面前无字时不敢说话，好不悲哀。我猜测那是长时间有稿播音的缘故。时间长了，思维能力得不到锻炼，一旦没有稿子就慌了神，那才是真正的悲哀。

曾经有这样的事情发生：某地发生灾难，播音员竟然微笑着播报这条新闻。大家大为惊异，甚至觉得不可思议，难道他不知道这是灾难吗？他肯定是知道的，但是他怎么笑出来的呢？是真正的幸灾乐祸吗？我觉得这不可能。能在那里播报新闻，绝对是层层选拔出的受过多年教育的优等生。那他为什么笑了呢？我觉得是多年的惯性使然，他或许习惯了播报那种喜气洋洋的新闻了。也有人谴责这种职业化的笑容，平时职业化笑笑也就罢了，播报灾难新闻时如此微笑可就真的错了。正是多年惯性让他不合时宜地笑了，"没有刹住车"。

回到一字不改的稿件。准确的表达并不是僵化的照搬，主持人的合理理解一样重要。有时候主持人不要被稿件框住，要知道写稿子的人很难猜到场上的千变万化，一旦有了偏差，这一切都需要你自己去承担。比如，在谈话节目现场，你遇到了问题，不能下来问编导，需要你马上回答，所以无论什么时候都要留给自己的脑袋一点空间。你是会思考的，不是只会接受指令的机器人。

一字不改的背后，应该有你自己的努力。

46. 寂寞山谷里的百合花

做主持人还有一种差别很悬殊的情况：主持大牌节目可以瞬间成名，主持冷门节目就只能哀叹命运不公了。比如杨澜，她第一次主的持节目就是《正大综艺》。多高的平台啊！让人羡慕。而有的人入行就进入一个冷门节目，比如残疾人节目、戏曲节目和农业节目，这些都是年轻人不甚喜欢的节目。年轻人多半会喜欢娱乐节目，比如音乐节目、游戏节目、旅游节目。

那些主持热门节目的幸运儿，这里暂且不去说他们，他们的日子过得滋润着呢，只说那些进入冷门节目的主持人。最初的时候，能考进一家电台、电视台就很高兴了，没理由挑三拣四，可是时间久了难免心里不平衡：明明我的素质也不差，为什么是他不是我？他主持重点节目在黄金时间，为什么我只能在夜半的时间里出现。个中原因大家也多半晓得：或者有后台，或者人家本事真得高，这还真不是比的。尤其主持了几年之后，那边已经是新锐名主持了，这边还是默默无闻。泛泛之辈的日子过长了也难免心情郁闷，怎么办呢？最一般的办法就是默默努力，等待机会。须知好位置竞争也厉害。我曾见主持火爆节目的主持人在听评中被专家骂了个狗血喷头,然后调往一般节目。这时就是你的好机会了,你可以凭借过硬的实力,取而代之。但是,这个办法也有弱点:如果前面那个位置上的人不犯错误,那岂不是要等上一辈子了?这样的情况想想就可怕。

如果真的是那样,那就拿出你的撒手锏吧:默默努力,修炼内功,等待更好的机构招聘,主动出击,自己完成蜕变。也有人说,地没孬地,看谁种;戏没孬戏,看谁唱。也有人舍不得眼前的安稳生活,不敢冲破牢笼,前怕狼后怕虎。以我的经验还是大胆些好,任何事情都是有风险的,勇敢地挑战总不会错,纵使失败也是努力过了。

曾有一首歌曲歌颂山谷里甘于寂寞的百合花,那样或许也不错。但是,对身怀绝技的你来说,应该追求更宽广的舞台,让全世界都看到你的光芒。

47. 主持人的弱点

任何一个行业都有它的弱点,这很正常。世界上没有十全十美的事情。运动员就经常被人指为头脑简单、四肢发达;主持人也经常被人说没文化,只是话筒架子。这些话颇为伤人。我知道这不符合事实,夸大的成分不少。但是从另一个角度考虑,那话也有道理,因为一个人有文化、声音好、长得俊,是很难在一个人身上共存的。有时候主持人难免顾此失彼,学识方面成了短板。有很多说错话的主持人,所以也不要怪人那么说。

把这句话理解成对主持人的激励吧!我们把学识补上去不就可以了吗?多读书,多思考,谁也不是生下来就学富五车、满腹经纶,许多的知识都是后天学习来的。也有人说,他实在是太忙了,没有时间学习。真的是这样吗?这个问题,历代先贤已经给出了答案。鲁迅说:时间像海绵里的水,只要愿挤总还是有的。忙不是理由。

既然主持人普遍学识不佳、文化不高,那么我的文化素质强了,是不是就可以脱颖而出了呢?古人讲闻过则喜,我想就是这个道理吧。

回想许多艺术和艺术家的发展之路,不难发现他们都是在补充文化底蕴后取得进步的。比如越剧,就是在进军上海后吸取话剧等外来艺术发展壮大起来的。再比如,著名京剧艺术家梅兰芳就有许多学者朋友。在他们的帮助下,梅兰芳最终使梅派艺术焕发出了新的生命力。那么我们的主持人是不是也应该这样呢?我们不要仅仅交一些同行朋友也要和学界有所来往,不断丰富自己的文化底蕴,总有一天你的弱点会变成你的强项。

48. 分享给了谁

分享是个美妙的词语。把自己的快乐分享给别人,别人就会多了一分快乐。由此,我联想到主持人的工作,其实这也是信息分享的过程。我还想到主持人常说的一句话:"朋友们,晚上好。"受众真的是你的朋友吗?是哪种程度的朋友呢?是一面之交还是知己?这都是值得商榷的事情。我个人推测,"分享"是"朋友"更进一步的境界。朋友暗指主持人和受众是平等的关系。那么"分享"则进一步说明信息沟通是朋友之间应该做的事情,不是恩赐般给予,也不是施舍,是共同的感受,寻找的是心灵相通的感觉,这也是主持人应有的状态。多年前,某次庆典,在万众欢呼中倪萍登场。她不是惯常的说"大家好",而是先轻抚了一下自己的胸口,做出激动的样子,说:"先让我平复一下激动的心情。"这无疑是极好的。

但是分享也可能会带来另外一些问题：分享会不会动摇主持人信息传播者的地位呢？是不是会影响主持人把握场面的能力呢？当然，分享是心理层面的东西，也不能仅仅为了分享就忘记信息传播的责任和使命，那同样是不可取的。我想分享主要是解决主持人的大毛病，是为了营造那种平等的氛围。期待由分享开始，主持人带领大家走到一个真正平等的沟通状态，这样或许比简单的不卑不亢更容易让人理解。希望大家能体谅我的苦心。

这是一个充满竞争的世界，人们常常为了各种利益你争我夺。而此时一分宝贵的分享就显得万分重要。记得在分享中快乐你我，温暖人生。

49. 为什么我们如此奇怪？

说起来也有趣，许多人把主持人归为演艺圈。而很多主持人觉得冤枉：我们是光荣的新闻工作者，不是他们那伙的。其实仔细想想，也不能怪他们，主持人依靠的主要媒介如电视、广播，被很多人当成娱乐工具，是下班解闷用的。看电视不是上课，也不是开会。

我知道，主持人和娱乐明星虽然有种种相似，但还是有很大不同的。不同之处已经说过多次，这里不再赘述，我们说说相似的。不可否认的事实是，主持人和娱乐明星在观众心里的作用是相近的。所以，在传播中，或者说在增加传播效果的过程中，主持人还是要遵从传播的规律，弄清楚主持人的娱乐属性，这样才更加有利于我们的工作。

讨论完了理论问题，再来看看我们身边人和事。办公楼里是不是有很多人穿着入时，甚至是惊世骇俗呢？不要怪他们。也许这本是主持人应有的模样。

很小的时候，我看过一个叫《咪咪流浪记》的动画片。它讲的是小朋友找爸爸的故事。一个细节我记得相当清楚：当小男孩加入马戏团后，团长老爷爷给他买了一套新衣服，他很高兴，可是老爷爷把裤腿剪成了奇怪的样子。男孩哭了，老爷爷告诉他，他们是马戏团的，就应该比别人奇怪，这样才会有人来看他们。小男孩强忍眼泪跟着马戏团走进城市，奇怪的装束吸引了大家的目光。男孩也在行进中，慢慢地成长。

其实人生有很多无奈的事情，有时候必须按照别人的标准成长。

50. 真的有点不明白

有句俗话这么说：不是我不明白，而是这世界变化太快。然而，即便世界变化不快，主持人也会经常不明白：不明白某人为什么那么受领导的器重，不明白某人为什么那么有钱，不明白某人为什么会得奖。有的人还为此郁闷过，时常感叹"人心不古，世风日下"。有句不太严谨的话，叫"存在即合理"，却可以解释这个现象。但是解释通了又如何呢？

一个人想不明白也是有许多原因的，有的是因为见识太少，所谓少见多怪；有的是因为真的是怪事一桩，让人费解。也有人说，当你有越来越多的不明白，说明你已经落后于这个时代了，这样的解释也有一定的道理。

过于深奥的道理且不去讲，我们只说些具体的。我们所处的时代是一个多元化的时代，大家清一色地穿着、和几亿人同看一部电视剧的时代已经远去，不再回来。在这个多元共生的世界里，在这个变化多端的舞台上，丑人也可以做主持人，帅哥也可能做不好主持人。

每个人的口味也都不一样，也许你觉得某件衣服难看得要死，也可能某人喜欢得要命。任何人都不能把自己的好恶观强加给别人，没有人有义务以你的方式生活。所以当主持人看到一件不理解的事情的时候，首先不是敌视——如果有敌视的情绪也要压下去，而是要分析这种现象的原因，在对比之中，找到自己主持风格的特点，这才是一个成熟的主持人应该做的事情，因为，简单的鄙视和取笑无用。

51. 会唱歌的"簸箕"

我曾到人流如织的医院里去。大厅里人来人往，各种悲喜交加的情绪交织在一起，各种慌张、忐忑掺杂其中。这些场景与商场截然不同，或者说这里更接近人生的本来面目，因为这里是人最早来到这个世界和最后离开这个世界的地方。在一片嘈杂声中我忽然听到了戏曲的声音。寻声望去，那声音竟来自一个簸箕，长把的簸箕——一个老大爷正拿着簸箕在清扫地上人们丢弃的面巾纸。再仔细一看，老大爷是把一个袖珍的唱戏机绑在了簸箕把上，声音正是从那里传出来的。我猜想是老大爷要劳动，手拿唱戏机，耽误干活，只好想出这么个土办法，把唱戏机绑在簸箕上，这样听戏、劳动两不误。看年龄，老大爷也有六七十岁了，为什么他还要从事繁重的医院清洁工作呢？原因不得而知。但是，无论如何，在工作之中不忘娱乐，总是一件让人感叹的事情。我敢说有的人的音响或许比老大爷的唱戏机更好，但是却未必有他那样的快乐。

如此联想到主持人。他们似乎有做不完的节目，看不完的书，评不完的奖，无论何时都很忙。默默无名的时候，为求成名而苦闷；有了一定的名利又有忙不完的大事、小情，这边做个评委，那边做个演讲，忙碌如华威先生，自己的快乐却被慢慢蚕食。那么快乐哪里去了呢？少干点活是不是就会快乐呢？我不是说让主持人学会偷懒，只是想说，无论何时何地，都要有一把会唱歌的"簸箕"，这样能保证你过得快乐；或者像高超的体操运动员那样，在平衡木上保持平衡，不至于掉下来。古人曾说：行到水穷处，坐看云起时。也许说的就是这个道理吧。

52. 真的还是假的

中国的好多电影有个特点：人物、故事都显得很假，不像真的。而好莱坞电影恰恰相反，许多很假的故事，他们讲的和真事一样。著名的犯罪片《冰血暴》甚至吸引到亚洲观众跑到美国寻找片中罪犯丢弃的钱箱子，虽然这电影明明是虚构的。反观中国的主持人、中国的电视节目，明明讲的是真实的事情，有时也会给人以虚假的感觉。有些事情经主持人转述，更是让人疑窦丛生。这是为什么呢？

本人认为，除了文化和客观环境上的原因外，最主要的是细节问题。许多人叙述的时候把关键的细节忽略掉了，造成了事实不清。如果说这是技巧上的问题，那么客观的原因也不容忽视。现在许多人戒备心理严重，当然也是社会环境所致，毕竟某些领域假货横行，无论什么大家都会有意识地问一句："真的吗？""玉石是真的吗？""字画是真的吗？洗衣粉、名牌包包和衣服是真的吗？"所以看到主持人讲的故事也条件反射地问一句："真的吗？"

主持人讲的事情许多是真的。虽然事情是真的，可是细节问题处理不好，或者形容过度，就让人产生怀疑。鲁迅说：《三国演义》中刘备之忠厚似伪，诸葛之智而近乎妖。许多主持人为了强调，不遗余力地描述，反而适得其反。

　　刚才所说的细节问题，可能有些人不怎么重视，觉得差不多就可以了，这是错误的想法。一点小事能让整个事情的真实性受到怀疑，这种情况并不少见。比如，一次我到外地旅游，庙里有尊塑像，导游说塑像是那位英雄37岁阵亡时的样子，可那塑像胡子很长。马上就有人质疑：才三十几岁怎么会胡子很长呢？好事变成坏事。电视剧《芝麻官下江南》中芝麻官劝老大爷买一斤红薯。常去菜市场的人都知道，红薯很少有买一斤的，那东西还重，很难凑巧买一斤。所以，可以说买一斤豆腐，一斤花生，但是说买一斤红薯就显得很假。这样的细节对剧作有很大的影响，甚至可以推翻整个剧情。

　　真假的事情很难讨论，这么宏大的命题不是三言两语可以说清楚的。对主持人来讲，一定要注意细节的叙述和编排，符合逻辑，遵循传播规律，才能让事实真实地传播，才能让生活的真实变成传播的真实，从而发挥其应有的作用。

53. 未卜先知之能

　　数千年来，人们都渴望拥有未卜先知的能力。能够知道未来多好啊！知道某天我会发财，那现在就使劲花钱，反正日后会发财。但是没人完全知道未来会怎么样。天气预报运用了各种仪器，每天都和真事一样预告一番，但是有时候还是不准，可见正确预测之难。

　　据说某次重要直播，某主持人作了6套预案，事后还广为宣传，似乎是认真工作的标兵。听闻此事我先是很赞叹，不知道他是怎么作的这六套预案，里面又有哪些真知灼见。我知道做记者的有时会有预案，要事先考虑到如果采访不到人怎么办。比如，采访不到张三，那退而求其次，采访张三夫人；找不到科长，问问副科长也可以。这些是可以有预案的。那主持人怎么作预案呢？如果访谈中张三说到伤心事哭了，自己也马上哭一场，这似乎是可行的，但是这多少又有些变味，显得不是那么高明。从完成一个节目来说，我不反对有预案，尽管这样并不能保证万无一失。

　　从更高的要求来说，我是不赞成作预案的，因为那会破坏那分真实，伤害那分自然，这两样对主持人来讲都是无价之宝。有的主持人主持脱口秀根本用不上预案；有的人主持节目稿子堆得像山一样，也未必就能主持好节目；有的人无稿子、无预案一样让节目生动活泼、美不胜收。

　　著名演员宁静曾说过自己的演戏经验。她说，她年轻时喜欢把剧本都加上各式各样的备注，一场戏准备多种演法，以为那就是认真，那就是敬业，可是后来发现，等到真实拍戏的时候一套也用不上，因为情景变了。后来她就不再做那样的工作了。我想主持人也是这样的。如果说真的要有什么预案，那就是加强你的学识，提高反应能力，这才是放之四海而皆准的预案。

　　有些主持人的预案写在纸上，或许只是给领导看的吧，真正的预案应该在主持人心里。拥有平和的心态，对主题的准确认知，做到这些你将不怕任何的变化，这也是最好的预案。

54. 别给自己画个圈

有人这样形容自己的生活：只去一家理发店理发，只吃一家蛋糕店的点心，只穿一个牌子的衣服，只用一个牌子的香水，只和一帮朋友玩，如此等等。对于生活来讲，这是无可非议的，没准还会有人说此人生活有规律，有品位。但是作为主持人来讲，这样做却是大大不利的。因为主持人要了解多方面的生活，如此一来就把自己限制起来，就像给自己画了一个圈，圈子里是好人，圈外的都是魔鬼。虽然这很安全，但主持人切不可如此。主持人要了解世界的变化，你喜欢的不喜欢的，你理解的不理解的，都要涉猎，这样才有助于工作。

也有人觉得，他就是个博览群书的人，兴趣广泛，不存在圈子这么一说。如果静下心来仔细想想，每个人都是生活在圈子里的。小时候，老师告诉我们这样好，那样坏，我们就记住了。长大了有了自己的辨别能力，自己会鉴别真假好坏了，就又会给自己确立了一个判断标准——这样是好的或那样是不好的，从而错误地认为自己是适合主持大晚会的，自己生来就是大牌主持人，那样的小节目不能去主持。而事实是那样的吗？显然不是，人穷极一生都未必了解自己，何况各位只是在半路上。所以，主持人千万不要给自己设一个圈子，把自己禁锢住。记住圈外的世界一样精彩。

从另一个角度来说，人的一生就是一个一边给自己制定圈子一边打破圈子的过程。旧圈子打破，新圈子又来，也许这是一个无穷尽的过程。但是打破圈子的意识却不能没有，此为我们前进的必备利器。

《西游记》里，唐僧师徒四人西天取经。每逢孙猴子外出化斋或者公干时，他要是担心妖怪来害师傅就会用金箍棒划个圈圈，告诉八戒、沙僧和唐僧，跳进圈圈里，不要出来，妖怪就不会打进来。三个人在圈圈里倒也平安无事，只是他们能永远在圈子里吗？当然不能，因为他们要到佛祖那里取经。我们主持人也是如此，我们要进步，要做最好的主持人，所以我们也不能总是待在圈子里，尽管它非常安全。

55. 看到眼里挖不出来

这其实说的还是主持人的学习问题。

我是个爱旅游的人，尤其喜欢和出租车司机或者三轮车夫聊上几句，虽然也遇到过不良之辈，被绕路骗钱，但是总起来说，还是有收获的。他们不是导游，没义务粉饰一些景点。他们总是会把最真实的城市告诉你，他们的话比导游词显得更精彩。

某年我到南阳去，那里有我向往已久的诸葛亮住过的茅庐。下了火车，我就上了一辆出租车。拉我的是一个当地的女司机，途中谈及人们对旅游的不理解时，她说："我是赞成旅游的，出来看看多好啊，看到你眼里谁也挖不出来。"我当时觉得很有意思，不禁笑了起来。

后来，我久久回味这句耐人寻味的话，断定这个姐姐没有什么高深的学问，不是名牌大学毕业，但是她的感悟是第一流的，因为她看旅游，不是从一般的娱乐、热爱祖国大好山河之类的角度出发，而是从单纯的所得出发，这是极高明的。因为我们哪怕有万贯家财也有失去的可能。名牌的手机如果被惯偷盯上，可能瞬间就会失去。但是我们学到的知识不会，只要你还在，不失去记忆就一切都还在。这就是有些人虽遭遇失败，却能东山再起的原因吧。

还是回到我们的主持人身上。我认为这位姐姐的话是告诉我们要多涉猎，多体会，多看，看到眼里谁也挖不出来。不论世事怎样变化，你所拥有的总能让你面对一切变化。这不是空话，大家想想是不是这样呢？无论节目形式如何变化，领导对你的态度怎样，收听率调查公司如何更换，你的所学总会应付一切。相对的，那些根基不牢固、凭借一时走运的成功者好运不在，或者占据某些重要位置的人的后台倒了，随之他的优势也会土崩瓦解，从而泯然众人了。

"看到你眼里，谁也挖不出来"，不是教你自私，而是告诉你学习能让你更强大。

56. 咫尺天涯之间

作为主持人，大家都想快点成为大牌主持人，越快越好，时不我待。因为再等下去黄花菜都凉了，毕竟过不了几天讨厌的皱纹就会爬满脸，逼婚的，催着要孩子的这些事情就会接踵而至。但是，如何更快地成为一名大牌主持人呢？

要说这事，不光主持人想尽快成名，各行各业的人都想。政客想快点升官，运动员想下次比赛就拿冠军，张爱玲也说"出名要趁早"，可是如何更早成名呢？慢的方法也有：多学习，多看书，多劳动。辛苦几年，就会小有成就。可是，这样的方法太缺乏激情。报纸上充斥着少年才俊瞬间走红的故事，阅读者无数次地想：她能我也能。我个人也曾有过这样的想法。思索再三，我发现其实不难。就拿发财这事来说吧，只要找到一家公司做销售，业绩突出，一年半载就能成小财主；或者炒股，买只股票，每天都涨停，如此即可迅速成功。主持人呢，也不例外，只要在某次选秀节目中力拔头筹，或者马上主持春晚，亦可一夜成名。我常被这样的事情激动得夜不能寐，仿佛明天就会梦想成真。可是多年过去，一切还是老样子。是当初的想法不对吗？不是，那些事情从逻辑上一点毛病也没有。股市里每天都有几十支涨停的股票，春晚每年进行从不失约。为什么我还是我自己呢？最后我明白了，许多看似快的事情，其实是不靠谱的。欲速不达说的就是这个理儿。许多假象迷惑了我们的眼睛，模糊了我们的内心。歌星在舞台上几分钟唱一首歌，数十万到手，多么简单啊。这是我们看到的，但我们没有看到人家在幕后的奋斗。

还是回过头来说说主持人。想一夜成名，这没错，可是空想没有用。主持人只能夜以继日地努力才有希望。这些看似慢的办法，多年后就会变成快的方法，许多人的经历证明了这一点。再也别为幻想而陶醉了，迅速地行动才是通往成功的快车道。

57. 努力的主持人

似乎提到名主持人，立马就会说到刻苦。比如，某某名主持人为了考上硕士，把自己反锁在地下室里，苦读数月，终于成功。比如，某大腕又是如何大学四年每天早上练声，风雨无阻，从不间断。这些故事听起来总是让人肃然起敬。回头想想自己又该如何努力呢？

我想说的是，任何人想要成功总是要努力的，没有人轻而易举就能成功。哪怕你有再高的天赋，如何绝顶聪明，也不行，任何领域都是这样。运动员拿金牌需要努力，想混个一官半职成天玩也是不行的。所以主持人首先要有努力的概念，这是绕不过去的一条路，除非你想碌碌无为。换句话说，不努力意味着失败，这也是毋庸置疑的。有了努力的意识，接下来比的就是努力的方法和程度了。谁更努力，谁的方法正确，成功就距离谁近。不努力想成功，门儿也没有。

就说主持人吧。声音、外貌、学识是主持人的基本素质。前两样可以修正的余地并不大；后一样是最主要的，也是大家努力的方向。我这样说，不是让大家忽视声音和外貌，而是说，那是基本条件，即主持人必须声音动听，普通话标准，外貌说得过去。虽不说男貌似潘安，女貌似天仙，但做到仪容整洁、衣着得体总不算难吧。再者，芸芸众生，很帅或很丑的人总是很少，大家基本都在一个水平线上。相对这两样，学识的差距可就大多了。有的主持人离开稿子就说不成话，有的则是学富五车、才高八斗，与大学教授不相上下，打开话匣子就口若悬河，所以这是我们努力的方向。

如果你声音不好，那还是先学学那位4年不间断练声的大姐吧。你也每天刻苦练声，用不了多久就会大有收获。至于衣着，市场上各种品牌衣服数不胜数，总有一款适合你。接下来再说学识的提高。这方面，上学无疑是最迅捷的：一流的师资、系统的教学，会让你在一段时间内得到迅速提升。那上什么学校呢？毫无疑问，我是提倡名校的，否则有浪费时间之嫌。课堂里的学习固然重要，课堂外的努力也不可少，读本专业的书，看名人的传记就是很好的方法。本专业的书籍更会让你更了解主持人的成长之路。名人虽良莠不齐，但总是提供了可以借鉴的成功之路，多读可以掌握并借鉴成功的妙法。

关于努力的窍门，我不想多说，因为社会上讲这一方面的书已经很多，我并不完全认同他们。我只是觉得有句古语说得好："精诚所至，金石为开。"如果一开始努力就想着找窍门，如何省劲，这多半也是不可取的。还是刻苦努力吧，总有一天你的努力会感动成功之神，想来这是不会错的。

58. 本事和本色

"本事"和"本色"，这两个读音相近的词用在主持人身上却有着不同的含义："本事"我们暂且把它理解为技术，本色则可以理解为主持人的特色。这是两种不同的境界。技术虽然难，但是多花些心思，还是可以掌握的。尤其对于主持人来讲，技术性的东西不是太多，无非是语音准确等一些专业上的基本要求。这些通过练习都能熟练掌握。关键是学习技术的过程中，很多人会把"本色"丢掉，最后变成技术的机器。我们经常可以看到这样的主持人，技术上没有任何的瑕疵，节目把控得如行云流水，笑容也标准可亲，但是你总是会觉得缺少些什么。我想，他缺少的就是本色。

技术是大众的，任何人通过努力几乎都可以得到；而本色是珍贵的，因为世界上只有一个你。就如同人无法同时踏入一条河流，你的经历任何人也无法拥有，哪怕他和你形影不离，穿同款的衣服、吃一样的饭、在同一所学校上学，即便如此他也无法成为另一个你，所以你的一切才是大家想看到的。看电视就像好奇的人把脑袋伸进别人家里的窗户，你的本色是他们想看到的。

对于主持人，在掌握技术以后，千万不要让技术掌握你，而是你掌握技术。主持人在台上，不是展示技术，不是用技术主持节目，而应该是你在合理运用技术主持节目。这话虽然有些绕口，但终究是我们应该走的路，也是终生不可忘记的信条。电影《窃听Ⅱ》中有一句很有名的台词，曾江气势汹汹地说："我的人生我操盘！"作为主持人也是这样的，自己的节目自己操盘，这也是人生存在的最高境界吧。

59. 你是谁

在工作中，我们常说："这位听众朋友，您好！""亲爱的观众朋友们，大家好！"但是，尽管我们使用了"亲爱的"等一系列肉麻的词语，实际上我们对听众一无所知。兴许这听众是个大麻子脸，也没准是个妙龄少女。这样的话，想起来就觉得滑稽。再看一下我们受众，大家在不同的地方，每当主持人讲个笑话，大家都开心地咧开了嘴，仿佛主持人只对自己说话。

事实上，主持人是无论如何也弄不清这个你是谁的，那是一个庞大而且随时在变化的群体。我们的笑容和感情像漫天的雪花，不知道会落到谁家的花伞上。那如何把"观众朋友"搞明白呢？如果深究，我们会发现，喜欢某一类节目的人有着相似的特征。比如某种指向性明确的节目：股市节目的受众大多是股民，学生节目的受众是学生，选秀节目的受众多半是年轻人，等等。我曾应邀主持过多款汽车的新品发布会。我总结出一个规律，每个车型的用户是完全不同的：进口奥迪车主多是大款，国产奥拓车主多是年轻人。我们的受众也是这样。如此你就更容易找到这个"观众朋友"是谁了。

当然，有些综艺节目受众面稍微广泛一些，这对主持人是个挑战。但是，尽管如此，我们还是能找到那个"观众朋友"。比如，忙碌的公司老总、高考的孩子是不会关注这样的节目的。所以，只要用心寻找，总可以找到那个"观众朋友"。

有时，我也会想：找到这个"观众朋友"有什么用呢？我想最直接的用处就是让站在舞台上的你心中有人，说话也不会无的放矢。只要你永远的把这个"观众朋友"放在心里，那些受众也会把你放在心里，这不正是我们期望的吗？

60. 亲爱的

做主持人时间长了，总是会有那么几个相熟的听众。一群熟悉的各路神仙，马上就会形成一个小圈子。主持人和经常打来热线的听众打情骂俏，节目里的嘉宾总是这么几位侃侃而谈，一个相熟的歌手在节目里屡次出现。这样的做法有很多好处：熟悉的嘉宾、熟悉节目，知道节目特点，专门说主持人爱听的话，节目质量有保证，私人办事也方便些，这也是人之常情。所以，我们经常可以看到，在某人执掌某节目的时候，某明星像长在某节目一样，期期不落；后来某制片人失势，某明星也就消失了。这些事情暂且不表，先说前面的现象。上边提到的那种现象貌似和谐，却隐藏着极大的隐患。须知受众的眼睛都是雪亮的，他们会慢慢发现，节目再无新意，就变成了八股文章，观众不再看的同时没准还会骂上几句。

我猜测这是中国裙带关系的另外一种体现，即所谓肥水不流外人田。有出头露面的事情，找七大姑八大姨多好，即便不做主持人了，人家还会念自己一个恩情。至于节目质量则不在考虑之列，可能后果大家也都知道了，许多好节目都是这样玩完的。

往深处想，这样做丢失的是媒体的公正性、客观性。失去了这两样，媒体的光环黯然失色。在这条大船上呼风唤雨的我们，也该深深地思索这个问题了。

61. 珍惜你的劳动

我常常到各地旅游，不仅是因为我热爱祖国的大好河山，而是我觉得老祖宗说的"读万卷书，行万里路"这话有理。光在家里读书也不是个事儿。在古庙内外、山水之间、花花草草的掩映中，我也发现了很多书本上没有的精彩。比如，某次我到扬州的扬州八怪纪念馆，那馆里挂了好多扬州八怪的画。我疑心这不是真迹，就去问管理员。管理员回答："那是赝品。"我说："既然不是原作，为什么还要在外面罩上玻璃窗呢，如此的戒备森严很容易让人误认为是真的。"管理员说："即便是假的，也要尊重人家的劳动嘛，这也是人家付出的心血，有价值的。"我刚开始认为她的辩解有歪理邪说之嫌，后来我发现她是对的。草木不与鲜花争夺春天，可是也一样散发着自己的芬芳。

再想到我们主持人，不也是这样吗？和大牌主持人比，普通主持人也许有这样或那样的不足，但是并不影响我们自信地散发自己的魅力、追求自己的梦想、发挥自己的光和热，所以说我们即使没有太阳的光芒那么耀眼，也要像星星一样发光。

说到这里是不是豁然开朗了呢？当年我读到这句话的时候也很激动。我们必须自信我们是独一无二的。珍惜自己的劳动，别人也会珍惜你的劳动，世界上还有比这更温暖人心的事吗？

62. 不掉在地上

我所在的城市里有这样一位谈话类节目主持人，有人说她主持得好，有人说她主持得一般。一个制片人的评价我觉得很有意思。这位制片人说她主持节目还可以，从不让话掉在地上，不管懂不懂都能接起来。我仔细想了很久，这也许是制片人的最低要求，因为他们不希望主持人被问倒，或者出现空场。因为制片人纵是万般能耐也不能跑到台上给主持人补台吧，所以他希望主持人在台上主持节目，至少是顺畅的。每句话都必须接上，这是主持人最基本的要求。

刚开始我以为这是个基本的本领，后来发现不然，让话不掉在地上也不容易。有些话太急太冲，反应稍微慢点就掉在地上了，就像泼出去的水再也收不回来。比如，某些很急的笑话，有的主持人没听明白一下就愣住了，冷场了，这样话就掉在地上了。比如，有的话题比较刁钻古怪，把主持人绕进去了，这都是很尴尬的事情。能不让话掉在地上，每句都接住，得像杂技演员一样身手敏捷反应迅速才可以。后来我看了几次这个主持人的节目，发现她真的有这样的能力。无论对手说什么她都能对答，或附和或补充或反问。我猜她一定做了不少的准备工作，才能这样应付自如。即便嘉宾说话有点跑题，她也能顺利地拉回来，就是有些嘉宾说了些显然超出她理解之外的话语，她也能让话题回归原位，比如，她说："这个话题我们先说到这儿，我还想问你一个问题。"她的话语虽然略显生硬，但是避免了冷场，也算不错吧。

做主持人是多么不容易的一个工作啊！在舞台上我们要滔滔不绝地说话，搞得我们主持人在生活中也变成话篓子，生怕别人不明白。也许说话就是我们存在的方式，你喜欢这种生活方式吗？

63. 无处不在的老师

关于做主持人的这理论、那学说，其实说白了，不就是站在那里说话吗？不说话只翻跟头的是杂技演员。我们不翻跟头，我们说话，我们是主持人。从这个角度上说，许多善于说话的人都是我们的老师。善于说话的人是无处不在的，比如上门推销的人、菜市场的摊主、庙会上叫卖大力丸的壮汉等。举一个简单的例子。某次我在街上遇到一个叫卖藏刀的外乡人，他把我叫住，热情地给我展示他的宝贝。我也着实喜欢，可是我觉得没用处，毕竟我也不上山砍柴，就说："我很喜欢，但是这东西对我没有用处。"他回答道："没有买你怎么用呢，买了就有用了。"这真是奇妙的逻辑、精彩的对答，但我还是没有买。还有一次，我到庙会上去，各色摊主大力叫卖，精彩纷呈。某人说："改革开放三十年，谁也不差十块钱。闲时买，急时用，等到用时不一定买得着。"这些话通俗易懂，朗朗上口，诱惑力十足。我想他们背后有经济利益的支持，可能在语言方面下了很多功夫。

如此这些都是我们学习的老师。也许你会觉得，我们是主持人，他们卖东西，我们跟他们学什么呢？我也思考过这个问题，照搬是肯定不行的，但是我们可以学习他们的说话技巧，比如韵律和节奏，甚至一些发音的技巧，还可以学习他们的敬业精神。我甚至觉得，一切可以打动人心的语言样式都是我们学习的对象。在这点上，大家是相通的。

数百年前，一位书法家旅行途中遇到精彩的碑刻，被迷住，竟然在碑下住了三天，反复学习之后才恋恋不舍地离去，这位书法家当是我们学习的楷模。

曾经有前辈告诉我这样的经验，他每当在电视里看到新鲜生动的语言就会拿小本子记下来，慢慢地丰富自己的语言表达。这确实是很好的方法，但是坚持下去很难。

64. 有故事的主持人

不要以为我说的"有故事的主持人"是指那些桃色新闻缠身的主持人，我指的是人生阅历丰富的主持人。"人生阅历是一笔财富。"这是一句颇为奇特的话语，我曾无数次地听人说起过，而且我从未反对过。但是，对这笔"财富"如何提取，怎样花掉，我却并没有思考过，只是把它当作一句漂亮的话放在嘴边，权作装饰。

后来，我仔细思考了这句话，有了小小的发现。我看了几位名主持的简历，不知是巧合还是生命的必然，他们的人生阅历都很丰富，有些还很传奇。我想，难道是那些阅历在帮助他们成为著名的主持人吗？现在的央视当红女主持董卿自不必说，她曾有在县级媒体工作的经历，数年后来到央视。男主播里的佼佼者何炅曾是某高校的教师。年少成名的也有，比如杨澜，大学毕业就一举成名。可是似乎有阅历者成名的更多，如孟非、李佳明，他们都曾像梅花一样饱经风霜。

印证先贤的猜测并不是目的，真正的目的是让后来者借鉴。生活经历简单难道就要和名主持人说再见吗？或者我们为了获得阅历就必须故意吃苦吃亏而饱受折磨吗？这貌似也不是一个好办法。因为按照某些人的经历，我们必须放弃眼前的工作，去刷盘子，到建筑工地上当小工。似乎也没人敢保证如果我们照方抓药的经历完这一切，回来就瞬间成大牌。我想这种立竿见影的事情终究是不多见的。

幸好我还读过几本书，终于破解了阅历的妙方，知道主持人刻意追求阅历是不现实的。首先，人活在这个世界上，艰难困苦是躲不了的，慢慢地你会经历很多事。如果你实在着急，可以利用业余时间尝试不同的生活。比如找个第二职业；比如多交一些各行各业的朋友，间接地就多了许多阅历。

曾有一个实习生向我控诉过他的一个同学，说此人明明已经签约，找到了工作，却还和同学们去争夺每一次面试机会，即便面试通过了他也不去工作。当时我也觉得这孩子奇怪，脑子有毛病，后来就向他求证此事。他说，参加面试就能见识不同的考官，了解他们的需求和性格，这是学习。从这个角度来说，这孩子的做法还真的没错。

主持人的经历应该是丰富的，努力发现生活中的每一个细节，你就是一个有故事的人。

65. 群众观点

常常有这样的情况让主持人非常恼火：主持人非常认真努力地做节目，使出浑身解数，自己也兴奋得不得了，可是受众不买账，专家那里意见也是一大堆——这里不好，那里也很差，弄得主持人十分委屈，觉得自己比窦娥还冤，只好怪罪专家太学究，受众没有文化。可事实真的是这样吗？有时候是，有时候不是，我觉得大多数时候主持人不冤。因为，他可能搞错了最根本的问题，没从受众的角度思考问题。

有的主持人主持节目，不是从受众的角度出发，而是从自己的好恶出发。好比一档谈话节目，不是从事情的原委、逻辑出发，去完整地叙述一件事情，阐述一个观点，而是只问一些自己感兴趣的问题，对自己知道的一概不问。这里的关键问题是，有些主持人知道的，受众未必知道，所以受众想知道的信息他们听不到，就会很恼火，自然对主持人也没有好印象。例如，我们在看比赛转播的时候，会听到主持人说这样的话："你现在看到的是2017全国女排联赛上海队对北京队的比赛，现在是第三局，前两局北京队2比1暂时领先。"这样的话每隔一段时间就会说一次。他们是说给刚打开电视的观众听的，如果他们不说，观众就会很恼火。观众会想："这到底是什么比赛啊？谁和谁比赛啊？比赛进行到什么情况了啊？"如果这时候主持人一直不说前面的比赛情况，而是滔滔不绝地说战术、比赛，虽是费力不少，但是主持效果未必好。这就是俗话说的，没说到点子上。"不打勤快不打懒，单打不长眼"，说的就是这个理。

主持人在舞台上，其实是受众的代言人，代表受众咨询问题，选择信息，这样才能得到受众的认可，这也是主持人受欢迎的原因。如果主持人处处帮着嘉宾哄骗受众，则不是简单的失职问题了。这些道理大家可能都懂，但是真正做到也不容易。这一环节，主持人不仅要做到，而且要时时做到，这样才不愧于主持人的称号。

66. 比赛

有的主持人经常感到心情郁闷：明明素质不错，也很刻苦，但是参加主持人比赛总是得不到好成绩。这到底为什么呢？曾经我也有这样的疑惑，后来我想明白了：我们知道主持人是分类型的，有新闻节目主持人，有娱乐节目主持人；我们主持人主持节目的场所也会发生变化，如有时在直播间，有时在广场。这之间的差别是很大的。新闻节目主持人不一定能主持好娱乐节目，娱乐节目主持人也很难播好新闻。沿着这个思路想下去，有些朋友无法在主持人比赛中取得好成绩也就很容易理解了，因为他没有找到比赛的窍门。参加比赛和主持节目本是完全不同的两回事。

首先看环境。比赛不在我们原来工作的地方，对参赛者的衣着装束都会有新的要求。再看目的。我们平常主持节目面对的是广大的受众，是不见面的；比赛则要和评委面对面，他们或是领导，或是专家。这和广大受众也是不一样的：受众水平有高有低，而评委多半是高水平的。相对讲，评委们的要求是苛刻的。说得通俗点，平常主持节目需要大多数受众的认可，而比赛你只需要得到评委的认可。他们认可你，你就能拿冠军；他们觉得你不好，你再好也白搭。

这两点不同已经决定了参加主持人比赛是一回事，而平时主持节目又是另外一回事。还有的不同点，那就是比赛的内容。比赛的内容多少有些"八股"，无非是朗诵、评述、才艺展示，还有即兴问答这样了，有些甚至脱离了选拔主持人的轨道。大家想，如此多的不同，如果不采取针对性的练习是很难在比赛中获得好成绩的。

比赛是这样，主持人年终的优秀稿件评比也是这样。只有根据环境要求的变化来调整主持人的状态，才会有好的收获。而作为一名主持人，明白了这一点，用心准备就一定会取得好的成绩。

67. 世事文章

《红楼梦》里有一副著名的对联：世事洞明皆学问，人情练达即文章。主持节目也是人世间千万件事情当中的一件，自然也是学问和文章。学问暂且不说，只说说文章吧，而且只说文章的一点。古人讲好文章要虎头、猪肚、豹尾，意思是文章开头要醒目、明确像老虎的头，文章中间要饱满如猪的大肚子，结尾要像豹子尾巴一样有力。主持人主持节目也应该是这样的。

虽说我们主持节目是口头语言，但是它与书面语言的来源是相同的，只不过一个诉诸视觉，一个诉诸听觉。虽然二者有很多的不同，但是在一些理论方面还是可以通用的，比如刚才提到虎头豹尾说。有很多主持人主持节目，开头啰啰唆唆，说了半天受众还不知道说的是什么事情、主持人是什么观点，这就不是"虎头"。进入论述部分了，则论述得很不充分，论据牵强，废话连篇，自相矛盾。到了结尾部分又不能很好地总结，草草结束。这样的节目不在少数。

首先要把节目当成一篇文章一样，有开端，有高潮，有结尾。开头要开宗明义地讲明自己要说什么事情；中间作充分的说明；最后要精辟的点题，不要拖泥带水。可能你以为这是谈话节目的路子，其实任何节目都可以应用，哪怕你给一个晚会写主持词也不能没有章法，需要细心地安排才可以。

再延伸一点说，生活中的任何一件事都可以看成写文章，我们整个人生就是在写一篇大大的文章。愿每个主持人都能写好这篇文章，拥有幸福的人生。

68. 别人唱歌的时候

作为一名主持人，如果你去主持一台文艺晚会，当演员在唱歌时，在一旁等待的你，那时会干什么呢？

自从做了主持人，我觉得看电视就失去了很多的乐趣，总是担心主持人出错，总是想分析他们表现的好坏：这样说或许更好，那样说也许也不错。自从写了书，再看书也少了很多乐趣，看书也变成了校对书的过程。如这个封面不错，那个设计很好，这个句子里有个字肯定是排版错误。对于这些，刚开始我很是苦恼，后来才慢慢地习惯了，人生就是这样，有许多宿命的苦难需要承受。

某次，我看一个对歌手访谈的节目，一个我喜欢的老主持人Z坐镇。果然这名主持人表现不错，话题推进和情绪渲染合乎规范让人放心。节目过半，主持人提议歌手现场来一段。歌手假意推辞，然后又欣然应允，站在舞台中央唱了起来。当大家把目光聚焦在歌手身上的时候，我看见Z先是站起来，提了提裤腰带，然后又两手抱起来，斜站着欣赏歌手唱歌。我不禁哑然失笑，Z真是大牌，也可能是经验丰富，准备工作做得好，才能有这样悠然自得的心态。由此我想到了许多主持人在歌手唱歌的间隙所做的事情来。记得某次大型晚会，主持人热情洋溢地介绍完歌手后，可能是导播切换错误，也可能主持人一时没有注意到，在一旁的主持人竟然表现出着急的神情来，用花容失色一点也不为过。那和台上的雍容华贵、落落大方形成鲜明的对比。更绝妙的是，主持人可能发现镜头找到了她，施展起了变脸神功，马上又拿出镇定的神情，假装镇定地欣赏起节目来。

还有一次，我看见两个主持人借歌手唱歌的空当和搭档在一旁闲聊起来。这也许是一般人注意不到的风景。说实话，这些情形我都遇到过，也经历过，毕竟主持晚会是个累人的活，几个小时必须盯着场面。歌手唱完歌就可以一边玩去，该喝茶喝茶，该吹牛吹牛，只等最后谢幕。主持人必须接着报幕，好辛苦啊！要说别人唱歌这个空当，主持人最应该做的事情就是温习下一段台词，同时注意台上的情况，随时准备登台。但人不是机器，难免偷懒，有的歌手唱歌也不是那么好听，有的歌曲也很长。这期间主持人走神也正常，出现那样的情况也不算为过。不过切记千万不要玩大了，搞出大失误来可就不好收拾了。

再仔细观察便会发现，别人唱歌的时候仔细准备稿件的多半是新手和老手：新手是因为紧张，老手是因为曾经吃过亏，所以都变得分外谨慎。因为有些歌曲很奇怪，歌曲的结尾没有很长的伴奏音乐，而是戛然而止的。这种情况很容易让主持人猝不及防，所以还是谨慎一点儿好。

所以，前面我提到的主持人Z在别人唱歌的时候放松心情，那真是很美妙的感觉。我们看到了一个老主持人的放松状态也看到了他对待节目的态度，就是平和自然的沟通。所以，他在台上的形象是展示完整的。而有些主持人热情洋溢地介绍完歌手后就冷若冰霜地站在一边，甚至还打哈欠，这就给人人格分裂的感受了，大家会觉得她刚才的热情是假装出来的。窥一斑而知全貌，大家会认为他的整场主持也是失败的。

这其中表现最优者，当属中央电视台戏曲频道的主持人董艺。当时她正主持少儿戏曲大赛。在别人唱戏的空档，她协助小朋友登台，这无疑是极富人情味的举动，赢得喝彩无限。我们讲细节决定成败，这就是很好的细节；我们说舞台表现要和谐，这就是和谐的表现。主持人主持节目的表现，区分只在很细微的地方，庆幸她做好了细节工作。

由此话题，我们再延伸一下。别人唱歌的时候是很短的一段时间，如果你把这段时间用好了，用在学习和认真工作上，无意中，人生的长度和广度又会多了很多。想想鲁迅先生的"海绵里的水"、李贺的"马上"，你若也能如此，那么成功也就不那么遥远了。

69. 我怕你不懂

某次电影首映式，众明星赶来捧场。有个喜剧明星送来一副竹简版的《孙子兵法》。在舞台上展开的时候，喜剧明星搞笑地说："我特地送来一捆竹子，这上面写着字。"主持人在一旁帮忙，可能有点自我感觉良好，因为他主持了一场大型活动而获得好评如潮，竟带着轻蔑的口气说："什么啊，这是竹简？"那喜剧演员也不是善茬，快速地接过话说："我就不说，说竹简怕你不懂。"接着就继续说送竹简的意义来了。主持人尴尬地站在一旁，半天没有缓过神来。

这是一个小小的插曲，别人可能不太注意，但是我想那主持人肯定心里不爽。我们一起来分析一下其中的原因，看看到底是谁的责任。首先说主持人吧。这主持人好不解风情，人家戏谑地说话，你却在那里较真。主持人或许可以换几种方式说话，比如，顺着说："非常好，竹子上写字，真好。"也可以善意地说："哦，这是竹简，很精美的竹简。"我相信这两种方式更好一些。那个喜剧演员呢，我们知道他们最大的特长是夹枪带棒，骂人不带脏字，而且反应很快，这些都是主持人所不能及的，所以这里主持人落败也是正常现象。我们也可以说这个喜剧演员不好，不给主持人留面子，也可能喜剧演员觉得主持人太过嚣张，给他个教训。

总起来说，我觉得这里可以吸取的教训有两点：一个是要学会谦虚，善意地对待每个人；另一个是注意说话的氛围。如果非得再有一点，那就是要学会反击，不然这样被人抢白，很丢面子。我曾在电视上看过有人遇到类似情况又找补回来。在舞台上某主持人被嘉宾似真似假地批评了一顿之后，回到后台回过神来，心中气不过，过了一会重新上台，他和搭档拿着一个小毛绒玩具，借机婉转地找回点儿面子。

还有一次，主持人逼迫嘉宾作出一个选择，嘉宾无法只好选了一个。主持人大获全胜，又乘胜追击，问嘉宾为何作这样的选择，嘉宾说道："还不是你逼的。"这还是好的，还有的嘉宾无声抗议，那就更让人尴尬了。某大牌主持颁奖礼，每位获奖者上台都说感谢，结果大牌不干了，要求以后的领奖者上台不能说感谢，但是获奖者压根不听他吆喝，上台依旧是感谢不停，这真是尴尬。颁奖说感谢也是人之常情，如此要求自然会受到抵制。

70. 说一个属于自己的故事

我曾经很好奇于人们为什么喜欢听绯闻，后来明白了，那是因为人们喜欢听故事，特别是各种有趣的故事。由此，我想到主持人也应该有自己的故事，从而方便大家记住你。

沿着这个思路，我想到了歌手。这些主持人的好朋友，也是善于讲故事的。提起周杰伦，我们会想起才华横溢的时尚男孩；说起迪克牛仔，我们发现他讲述的是一个沧桑老人的传说。至于更久远的王杰，他的故事属于忧伤和挫折。而说起梁静茹，这是一个温柔的爱情故事。再延伸到文学和音乐，你会发现那些著名的作家和音乐家也都是一个故事化的形象存在。例如，鲁迅是斗士形象，金庸属于刀光剑影的侠客。故事是主持人单一形象的延伸，让主持人从单薄走向厚重，更加立体，自然也就增加了影响力。我想这也是故事存在的最大作用吧。

既然如此，主持人应该具有什么样的故事呢？说实话，我想到的还应是正能量的故事。主持人无法像文学家那样给自己编写一个惊世骇俗的故事。比如，大文豪安徒生给自己编写了鞋匠儿子的故事，说他自己童年时候苦不堪言，而考证后发现这人其实家境很好。也有人的故意出位，如给自己一个惊险故事，这也可以。不过在主持人领域给自己瞎编故事不现实，我觉得还是编写一个好故事吧。

自己的故事是编写的好，还是事实好呢？应该两者都可以吧。真实的故事有时候不一定符合大众审美，大众喜欢的自己又不一定有。其实，这不是问题。当你决心为自己编写故事那天起，你就已经作出了选择，属于你的应该是符合大众审美的故事，因为主持人不是隐士，可以按照自己的喜好生活。

有一个属于自己的故事，和定位有没有关系呢？这是定位的一个技巧吧，应该符合其中的一个方面。仔细想想许多主持人都有自己的故事。比如，某人银屏落泪，那是属于他自己的故事。至于韩乔生老师，他的故事就是一些很有喜剧效果的口误。那么，你的故事是什么呢？

71. 舞台上那些始料未及的事情

在舞台上主持节目，有很多意想不到的事情发生，主持人一定要有防备。可能在开始的时候，我们最怕的是忘词。而其实还有很多事情要警惕，比如话筒不响、搭档忘词，或者灯光和观众出问题。遇到这些突发状况怎么办呢？最好的做法是什么都不管，自己说自己的。目前大多数成熟的主持人都是这样做的，因为这可以分清责任。如果停住不说，那可就是主持人的错了。这样做其实也有点不妥，有脱卸责任的嫌疑，可是不这样又能怎样呢？如果直接在舞台上喊音响师，这样更不好吧。

还有一点，如果是主持竞赛类节目，在你说主持词的时候，可能嘉宾忽然要举手说话，而这是原来设计里没有的环节，怎么办呢？可以装作没有看见，也可以停下来问出了什么事情。但是，最好说完一句话再自然转换，不能像生活中那样说半句话随时停下。曾经发生过这样的事情：某主持人在直播节目中兴高采烈地宣布选美冠军，两位评委忽然站起来说："你宣布的冠军不对，我们没有投冠军小姐的票。"这是多么令人尴尬的事。主持人遇到这样的情况，只能抱怨自己运气不好。

有时候，登台演出的歌手出了不好的情况，也需要主持人救场。有人不开话筒就上台唱歌，自己还不知道；有人的话筒恰恰没有电了，歌手在台上几乎要哭了。主持人这时都要及时冲上台去，换话筒，让演出正常进行。

这些事情虽不经常发生，但也不罕见，作为一名成熟的主持人对类似的事情一定要有思想准备。我曾听说过一件着实出人意料的事情。某次户外直播，忽然遇到雷雨，背景台倒塌，某人受重伤，或者演员出现问题。这些都是始料未及的突发事件，非主持人所能应对的了。这时候只要做到一点，保持淡定，做好自己该做的，不添乱就是很好了。相比这，那些调整节目次序和主持人鞋跟太高被线绊倒简直就不是事了。

总之，当舞台上出现突发情况，主持人只要保持冷静。没有过不去的"火焰山"，一切都会变成坦途的。

72. 深入生活的方法

深入生活是许多主持人都知道的道理，这不是难理解的事情。艺术来源于生活，这话啥时候都不会错，关键是如何深入生活，怎样在生活中获得营养。广义的深入生活太过宽泛，我只想说一些具体的、和主持人关联度比较高的方法。作为一个主持人，无论哪一类型的主持人首先要掌握自己领域里的新动向。比如，体育节目主持人要了解球员的最新信息、项目的规则变化，音乐节目主持人要知道歌手的绯闻轶事、受众的欣赏习惯。

下面以音乐类节目主持人为例说说深入生活的方法。通常来讲音乐类节目主持人是和唱片公司的企业宣传人员打交道的，他们有什么新唱片都会找主持人来推。多和他们交往也是了解行业信息、歌坛动向的好办法，当然最好还要了解听众的口味。因为听众并不总是按照音乐主持人的审美来选择音乐，他们有自己的口味。所以，作为一个音乐主持人应该留意听众的手机里都下载的是什么歌曲或听众在车里听什么歌曲，而且这样的工作不能只做一两次，要经常去做。积少成多，慢慢地你才会显现优势，成为无法超越的专家型主持人。

这样说或许还是有些空泛，感性的主持人读了也许不会放在心上，或者在执行的时候大打折扣。我深知此点，毕竟我自己就是一个主持人。当我自己看到一本好书或学到一些好的练习方法时确实激情澎湃，而练习的时候往往只能做到一半，我为此烦恼。所以，在我写这本书的时候，我就推荐一些具体、易行的深入生活的方法。具体情况如下：

(1) 订阅行业权威杂志。
(2) 每天浏览行业网站。
(3) 交几个行业内的朋友并经常聚会。
(4) 经常在微博或空间等社交媒体上发表行业文章。
(5) 和受众交朋友。

73. 委婉的魅力

通常直播的电视节目开始以前，主持人都会给嘉宾嘱咐一些事项，如说话离话筒近些、不要跑题、注意时间等等，但是某些嘉宾上节目的机会少，或者是太过投入等原因，导致一些不好的状况发生，比如说起来没完，比如背对镜头。有时候主持人可以直接提醒说："不可如此生硬，因为这会让电视机前的观众觉得不礼貌。"你总不能说："王教授，把话筒离你的嘴近点好吗？""哎，张局长，请你说话慢点，我们听不清。"这样非常不好，我自己遇到过这样的事情，我也琢磨了一套方法，这里与大家分享一下。如果发现嘉宾坐姿不好，我会在嘉宾说话的时候，自己看着他，整理一下坐姿，因为我知道，嘉宾说话的时候，摄像机是对着他的，拍不到我。有些嘉宾马上就会领会我的意思，把坐姿调整好。如果我觉得他拿话筒离嘴太远或者太近，我就拿自己的话筒比画一下，或者用手势比画一下，聪明的嘉宾都会懂。但是要注意，嘉宾修正过后，一定要点头肯定，意思是这是对的。这时候眼神也很重要。说起眼神，我再说几句。眼神真的能说话，而且比语言更精妙。那年我到某省旅游，因为我这个人旅游喜欢独行，而且随心所欲，想到哪儿去哪儿。那次，我登上一辆开往乡村的公共汽车，坐在座位上，看窗外的风景，忽然我在反光镜中看到旁边一个女孩用奇怪的眼神看着我。我自信不丑，但是还没到美女们频频注目的地步。我转过头去，那女孩还是用很奇怪的眼神看我，欲言又止的样子，不像秋天的"菠菜"。女孩大约十六七岁，一副乡村少女的样子。我很狐疑这是为什么呢。过了一会，有几个乘客下车了，车又行几里。司机让大家看看自己的东西少了没有。那时，我才忽然警觉起来，摸了摸背包。啊！背包竟然被划开一道口子，幸好我这人比较"粗线条"，包里乱糟糟的。我自己找钱包还要花上一阵子，更不要说小偷了，我没有丢什么东西。这时那小姑娘说："我刚才提醒你了，你没有注意。"我这才回忆起她刚才的眼神，原来是这样。由此，可以证明眼神的重要性。这是我经历的事情，而我所知道的两个同行的例子更加精彩。

靳羽西某次接受电视专访，可能是前面的采访有些累，他靠在了沙发上，有点瘫坐在上面的情形。这时候采访开始了，主持人真是高明极了，说："我们知道靳羽西老师是个在任何时候都特别注意自己仪表的人。"这时候靳羽西马上明白了，赶快坐直，精神重新抖擞起来。这样的提醒不着痕迹，非常好。因为当时在场的有很多人，靳羽西又是名人，其他方法指出都显得不礼貌。这个主持人做得很好。

还有一次，就在不久之前，某电视台组织《西游记》剧组重新聚首晚会。节目开始后，扮演唐僧的演员唱完一首歌曲就马上下台坐在导演的身边了。可能之前应该是唐僧接受一段采访再下台，但是演员一激动忘记了。这时候主持人说："哎呀，迟老师，我也想坐在导演身边。"他们的处理都很自然。我想这是委婉的魅力。

74．先说好不好

我做电视节目主持人虽然时间不长，但是细想起来，各种节目倒也都涉猎过。我先是帮忙给体育彩票开奖——这个较为简单，然后又主持了一段体育节目和健康节目。后来因为在某次谈话节目中担当嘉宾表现出色，就开始了谈话节目的主持生涯。这是比较好的主持道路：先熟悉镜头、演播室，然后开始专题节目。

主持谈话节目无疑是非常困难的，它会遇到很多困难。我常想这样的做法会不会好一点：先对采访对象说明采访内容，告诉对方自己先问什么再问什么，让对方有心理准备。

当然我还有一种选择：事先只做周边的信息收集，不和访谈对象见面，等到录制的时候直接说。这两种方式都有优缺点。第一种由于有精心设计，往往录制顺利，节约时间，尤其对较高文化素质的嘉宾来讲，他们心中有数，更容易发挥。但是缺点也显而易见，这种方式等于给访谈做了一个天花板，节目水准不会高过这个天花板，只能按照事先演练的方式进行。嘉宾有时候也会失去新鲜感，变得机械起来，节目难免平淡。有些没有做嘉宾经验的人会陷入另外的误区，他们不了解电视节目规律，心里认为，昨天我已经告诉你事情的经过了，今天就不用再说了。经常会有这样的话语："就像昨天我给你说得那样，他打了我。"这样观众就会很糊涂，主持人也会很难堪。第二种方式呢，优点是新鲜感强。嘉宾第一次见主持人，又不知道主持人问什么，精神集中，回答专注。这种情况下，主持人更容易抓到嘉宾最真实的感受，这是节目最宝贵的品质。但是这样也很危险，嘉宾不知道什么该说，什么不该说，往往口不择言，甚至爆粗口。还有的嘉宾说话啰唆，喜欢跑题，而节目时间又是有限的，即便是录制也不能无限制地延长。所有这些都对主持人提出更高的要求，要求主持人随时把握节目走向，防止意外情况发生。

这两种方式我都试验过，也都有过失败和成功。有时事先告诉对方意图，录制顺利，但是节目难免有温吞开水的感觉，一点锋芒都没有，变成了一部事先有剧本的戏，很无聊。有时不告诉对方意图，直接录制，那可真是妙语如珠，节目很精彩。但有时候也会陷入苦恼，嘉宾东拉西扯，弄得我在一旁干着急。但是，录节目不是撞大运：遇到好嘉宾，节目就好；遇到差嘉宾，节目就一团糟。这属于看天吃饭型。主持人还是要积极应对好一些。要是从节目效果出发，肯定是事先不见面，不说好。那怎么应对其中的弊端呢？我后来思考了很久，觉得还是写出来，给大家参考。我觉得根源在于对话题的理解不够，如果你对这个话题掌握了丰富的信息量，则无论嘉宾如何跑题都能给拉回来；如果对事情不清楚，更多信息在嘉宾那里，那就只能听人家的了，哪怕是嘉宾说错话，你也分辨不出。掌握了充分的信息，有了很好的准备还不够，还需要一点，那就是巧妙的提问和话题推进方法，把问变成说，这样就能把控住场面了。当然这两样都需要经验。话再说回来，如果是一些比较重要的节目，则不妨提前充分沟通，以促使节目顺利地进行。那又是另一个话题了。

75."你的观"

我曾经看过一个新闻主播做的访谈节目，看起来他没有做好准备。在节目中，虽然他意识到应该是和嘉宾交谈，而不是和往常一样只是播报，但是他还是露了马脚，出现了失误。那天他访问的是一部电影的编剧和导演。那几位都是大牌，侃侃而谈。节目倒也可看。其中编剧高谈阔论一番，总结道："这就是我的电影观。"一句终了。主持人接话了："说得很好，哎，赵导演，你的观是什么？"话一出口，导演想笑，但是她马上意识到这是直播，周旋了几句，应付过去。主持人也有些尴尬，后来又出了一些错误。

后来，我仔细想了想，又问自己：那主持人问"你的观是什么"对吗？也对也不对，反正有点别扭，因为我们平常不这么说。按照习惯的说法是这样的："刚才编剧说了他的电影观，那么赵导演你的电影观是什么呢？"这是最四平八稳的串联，无功无过，但是主持人说了句"你的观是什么"，省略了"电影"两个字。平常我们开玩笑可能会这样说，但是在比较正式的场合，多少是有点不恰当的。所以导演下意识地笑了，因为他也觉得尴尬，他也分不清楚主持人到底是什么意思，是对刚才编剧的电影观感到不屑，还是真心实意地想问，但是他还是迅速地反应过来了。

我敢保证，各位在生活中也会遇到这样的场景，这不是什么千载难逢的奇事。出现这个失误的原因在哪里呢？单从字面上来说，主持人没有把书面语及时变成口语，而是照搬了，甚至搬运也没有搬运好，丢了两个字。往深里说，她没有让访问真正地谈起来，还有些紧张。再深究一下，她没有转换过来，没有很自然地说话，当然也可能他平时就这样说。我们生活中也有这样的人，不善言辞，说话吞吞吐吐，但这些问题并无碍他们成为播音员，因为播音员是有稿子的，只要读就可以了。

看起来这是个小小的问题，原谅我竟然无限上纲地说了那么多。我总是觉得细小的一滴水能反映整个世界，这个小问题也不要忽视。我总是精益求精，知道美好都是点点滴滴积攒起来的。美好的珍珠最好不要有一点瑕疵。从这点说，我觉得应该较真。

最后需要说的话是，不要以为这个问题小，改起来却不容易，需要有意识，有实践，才能纠正。最正确的方法是主持人掌握多种技能，能播也要能说；平常和别人聊天不要拿腔拿调，要自然大方。这样到了需要说的时候，才能自然地转换到说的节奏上。

76. 简单

许多人以复杂为美。他们认为主持人也要巧舌如簧才好，要有把一根稻草说成金条的本领才称职。许多主持人也深受其毒，每当遇到话头就说个没完，殊不知这也是让人生厌的。生活是变化的，主持节目也是这样，有时候话多了好，有时候简练更美。

什么时候该简单呢？有许多场合都是需要简单的。广播和电视应该都是告知性媒体，所以一些重大事情发生的时候，首先就要简单明了地把消息公布。不顾受众感受的自我陶醉往往会弄巧成拙。偶然间，我在网络上看到一个这样的小笑话，说明了啰唆带来的烦恼。故事是这样的：

花果山发生坍塌。唐僧问悟空："死了多少猴子？"悟空说："26个洞穴都淹了。"唐僧又问："问你死了多少猴子？"悟空答道："有五千棵桃树被淹。"唐僧再问："到底死了多少猴子啊？"悟空又答道："已经将活的猴子安全转移了。"唐僧急了："我问你到底死了多少猴子？"悟空忙拭眼泪："16位领导正迅速、立即、有序、果断、全力以赴地组织救援。"

我们发现，唐僧问到最后，悟空也没有回答问题，这就是该简单的时候不简单的毛病。简单的时候要准确地用语言说清楚重要信息。

还有一种情况。有些主持人喜欢直来直去地问话，这也是一种风格，什么问题都是单刀直入。如：这个问题你怎么看？现在雾霾那么严重，有什么好办法吗？这样难免枯燥，但是很有用，适合问经常接受采访的人。如果是初次上镜或者心理素质不好的嘉宾可能会被问得发蒙。

什么时候应该复杂呢？复杂的情况多出现在解释环节，或者煽情的时候。主持人虽然出现在媒体里，但是其本质上是受众的代言人，可以理解为他是出现在电视里的观众代表，要从观众的立场考虑问题。如果觉得这个问题嘉宾讲得不清楚，则可以进一步提问或者解释，这是主持人该复杂的时候。应该复杂的另外一种情况是煽情环节，如果情绪需要宣泄，则此时不可吝啬语言，要多说几句。

画家说，布局应当疏处可以跑马，密处不透风。主持人也是这样，语言的数量灵活运用才能有好的效果。但是总起来说，多说容易，说少很难，这是应当注意的事项。

77. 穷讲究

话说，某人家道没落，却还很讲究生活，我们称这样的人是穷讲究，有点贬义。但是如果仔细琢磨，也能发现其中的正能量信息来：谁规定穷就不能讲究？换句话说，穷而弥坚，忠实自己的追求是没有错的，无论在任何时候。

从这样的事情上，我联想到我们的主持人身上。有些主持人却不知不觉犯了一些错误，觉得自己是主持人，主持个小场子，就不认真准备了：稿子不认真背诵，衣着随便，到台上信口开河。这是非常不好的，殊不知主持人最需要这种穷讲究的精神。在穷的时候讲究了，到了富裕的时候才能更加讲究；如果穷的时候不讲究，一旦富裕想讲究就讲究不起来了。

还有一种现象，也是要不得。那就是，主持人身处小媒体，就自暴自弃起来。须知机会很多，你也有"飞上枝头的可能"。所以，应认真地对待每一次播出。

穷讲究说到内里是一种完美主义精神，即追求事事做到完美。这样做，在生活中可能有点苛刻，但是这对主持人来说是一个好品质。"语不惊人死不休"，只有这种精神才能在激烈的竞争中获得胜利。

具体到主持人，讲究什么呢？我想首先要有充分的准备，每做一期节目都要把准备工作做到最好：查资料、提前和嘉宾沟通、写好采访计划，一样都不能少；然后提前到达直播间，做好充足准备，细致到每一个细节，每一个配乐；节目后的总结也很重要，广泛听取朋友们的经验，下次一定吸取好的经验，把错误改掉。这些讲究必不可少，是前进的助推器。

穷讲究有一天会变成富讲究的，我希望大家能坚持下去。

78. 第三只耳朵

"第三只耳朵"，听起来有些奇怪。人有三只手，那是形容小偷。没听说过人有三只耳朵的，但我认为播音员、主持人就需要第三只耳朵。这三只耳朵应该如何理解呢？我们知道在学习播音主持的时候，通常有两只耳朵：自己一个，老师一个。如果工作了，在电视台里可以理解为自己一个，领导一个。那第三个在哪里呢？我认为这第三只耳朵是旁观者——与你无利益相关的人，那些人最重要。因为老师有局限性，她按照自己的想法塑造你，如果老师的感觉不对，或者受到水平的限制，学生就会做错；领导的则按自己的要求审视你，这里面有感情的成分，并不完全是出于专业的考虑，所以那些夸奖或者批评误差很大；旁观者、观众或者听众，这个流动的群体，带来的是新鲜的、独特的视角，促使主持人的进步。他们接触主持人，主要是通过节目，因为其他的信息他们很难接收到，所以这时候的观点基本来自你的表现。而有些主持人碍于面子，或者觉得受众的观点不专业，太过于感性，往往轻视第三只耳朵，这是要不得的。他们的观点自有有价值的地方，而且旁观者是流动的，变化的，是一股神秘的力量。他会促使你前行，走向成功。

有的人会意识到"第三只耳朵"，但是由于这样或者那样的原因不太重视对方的意见。有时位置的变化，对第三只耳朵也会造成影响。比如已经成名的主持人，往往有自己的一套理论，对对方的意见往往会有天生的抵触心理，嘴上答应，其实心里不在意。这很危险，慢慢就会走入故步自封的僵局。

而第三只耳朵有时自己也会出现问题，他们有时会从众。当主持人的知名度提高了，他们会把反对意见隐藏起来，跟着众人夸奖，这也是主持人要注意的。有时候的满堂喝彩的下面隐藏着许多礼节性的掌声。

这个时候，主持人要主动寻找第三只耳朵中的另外一部分人，那就是其他领域的权威人士，比如表演界、话剧界，甚至画家、作家，都可以。让他们帮助你寻找道路，指出不足。主持人专业至今仍是一个不甚成熟的学科，有许多的误区或者谬误，我们需要这样的人来帮助矫正错误。历史上其他领域也能证明这一点。当年的京剧四大名旦几乎都有来自文学界的朋友的帮助。主持人的境遇其实也和当年的京剧发展阶段一样，亟须其他学科的帮助。在一定的条件下，第三只耳朵起到的作用更大。

于繁华中注意到"第三只耳朵"，并且注意倾听，对主持人来说是难能可贵的品质。所以无论任何时候"第三只耳朵"都要开着。

79．一句顶一万句

主持人说出一句有分量的话，比絮叨很多都管用，这个现象在文学界最容易被理解。有人写了上百万字的作品，光小说就有好几部，但是大家都没有记住，反倒是李白的一首唐诗只有20个字却千古流传，说话也是一样。我举一个小例子。

在某次选秀比赛中，男生雷达带着女友雷娜上台。主持人说了很多祝福的话，这时嘉宾插了一句说："祝贺雷达发现了雷娜，你们的生活一定会很幸福的。"立刻掌声雷动。这位嘉宾利用选手名字的另外意思，把两个名字和身份结合起来，产生了非常微妙的化学反应，情理之中又在意料之外，让人叫绝。类似的故事还有很多。比如，在一次戏曲比赛中，几个评委点评，有专家评委作了示范，大家纷纷鼓掌。轮到一个相声专家点评了，他说："我不能示范，我示范了他们也学不会。"引得现场一阵大笑。仔细想，这话很高明，幽默，又不伤害任何人，比那些平庸的话好很多。

再来分析这些话是从哪里来的。我觉得它们来自思维，是思维角度的不同带来的新意。如果思想俗套，那只会产生平常话语，没有半点新意。那怎么做到这一点呢？我想首先要有这个意识，还有就是要有"语不惊人死不休"的精神，要从一样的现象中找到不同的表达方式。这和现代的传媒环境非常的契合。当代传媒是个信息爆炸的时代，造成了这不是一个"说什么"的时代，而是"怎么说"的时代。大家比赛的是怎么样把一样的事情说出不同的角度来。

有了意识还不够，还需要有积淀和一定的技巧。积淀的信息多了就容易找到不同的角度，而技巧则可以让这些美好的思路顺利地表达。比如，有人喜欢现场做打油诗，他的角度来自他的积淀，而诗歌的韵律是他可以利用的技巧。如此才会产生妙语如珠的效果，才会有一句顶一万句的效果。

80. 得意的笑

《得意的笑》是电视剧《英雄少年》的片尾曲，非常好听，由李丽芬演唱、小虫作曲。某次听小虫谈到这首歌曲的创作经过时，我大吃一惊，想不到竟有一段如此奇异的经历。话说小虫正在为歌曲的旋律发愁的时候，是浴缸里的小鸭子给了他灵感和启发。小虫先生家的浴缸不是一般的浴缸，他的浴缸里有一只硅胶的小鸭子，一捏就会吱吱叫。很多人小时候都有这个玩具。小虫闲着无聊就捏小鸭子玩，三捏两捏，那吱吱叫的声音就把他吸引了。那一次他躺在浴缸里泡澡，那小鸭发出的吱吱声让他突然心动。于是，他就根据这个声音给《得意的笑》谱了曲，果然效果很好！

听完这个故事，我有点激动。我知道主持人也喜欢这样的时刻，这样的瞬间。主持人也有很多烦恼，担心稿子写不好，节目主持得没有水准，有时候脑袋像锈住了，空空如也，写不出一个字，说不出一句想要的话。那时，他们是多么想要一个顿悟的时刻啊，就像小虫先生那样的灵感乍现。

可是，忽然开窍不像饭店里的鱼香肉丝——随去随点，没人知道它在哪里躲藏。我也经常思考这样的问题。后来，我找到了一个窍门，那就是随时想，时刻绷紧这根弦。这不容易，很容易走火入魔。而走火入魔也就对了，有一句话叫"不疯不魔不成活"，当你进入状态，灵感也就在寻找你的路上了，而且距离很近。我们知道不穿衣服奔跑在路上的阿基米德，我们也知道那个被苹果砸中的牛顿先生。当然，如果你坚持，你也会有这样的一刻。如果这样的时刻多了，我们的水平也会越来越高，这是不会错的。要有这样的意识，爱自己的职业，为目标付出脑细胞，时刻想着。那样，那些美丽的瞬间就会来找你了。

进步不是简单的空想，要靠你多读书，多练习。如此，生活中的某一刻，你也会得意的笑。

81. 腐朽真的能化成神奇吗

化腐朽为神奇是很奇妙的事情，相当于点石成金、最后一分钟营救，要做到不容易。我有个习惯，无论看到什么都会想到我们主持人。那我们主持人能否化腐朽为神奇呢？

首先要弄明白什么是腐朽。在很多人眼里，一些看起来不是太强的主持人和节目都是"腐朽"，比如主持农村节目，或者只在后半夜出声的主持人，甚至是一些医疗节目主持人，这些人和节目我们可以戏称为"腐朽"。哪怕他们再努力，也不会有好的结果，事实也是这样的。一些地市级的节目做出花来也难有很大的影响，一些半夜播出的节目的收视率无论如何努力也不会超过黄金时段的节目。这是天灾，非人力所能及。看起来是这个样子。

但是真的没有奇迹了吗？有的，虽然很少，毕竟也是有的。我们来看看这些奇迹，这些化腐朽为神奇的故事。曾经央视12频道的《电影故事》是个很冷门的节目，但是后来采取了另类风格的解说，迅速为大家熟悉，"腐朽"就此化为神奇了。还有一个《百家讲坛》节目。在电视上上课，远没有电视剧热闹。但是后来，刘心武揭秘《红楼梦》、于丹的《庄子》心得，平民化的风格也让一个冷门节目变成大热。

还有一些故事也很传奇。有人为生活所迫，每天在手机商场外面搭台子推销手机。用文雅点的说法，这是路演，风吹日晒，很辛苦。可是事有凑巧，一个电视台的制片人路过此地，觉得这个主持人素质不错，就邀请他到电视上主持节目。从此，"乌鸡"变成了"凤凰"。

这些故事都很传奇，让人赞叹！他们是怎么做到的呢？别人的成功经历可否复制呢？这不是一两句话能说清楚的事情。但是我想方法无外乎两个：一个是坚持，一个是努力。坚持保留成功的希望，努力让自己不断进步，合起来也可以说是进取心。只要有进取心，那么一切都有可能。只要世界上有化腐朽为神奇这样的事情在，大家就不要放弃努力。这样，神奇也可能会来到你的身边。

82. 主持人成功的要素

主持人成功的要素有哪些？这个问题大家都比较关心。我曾经觉得这种按图索骥的方法不怎么科学，非常不靠谱，因为艺术这东西，企图量化是非常不明智的，算得越细距离真相越远。但是话又说回来，从成功人士的身上，我们还是能发现一些特质的。我虽不能保证有这些特质就一定能成功，但我觉得分析一下还是有好处的。

（1）外貌。电视是视觉媒体，主持人的外貌是留给受众的第一印象。外貌出众的主持人更容易成功，这是尽人皆知的事情，这是无法回避的事实。对于广播主持人来说，声音就是主持人的脸，所以好听的声音也能促使其成功。优秀主持人可以闪亮登场，也要先声夺人。我们从事的是这个职业，做好这些是我们的本分。

（2）身高。在街上走路，高个子总是能吸引更多目光。主持人也是这样的，往台上一站就立刻多了很多气场，这是先天的优势。选主持人其实和一般人一样，大众的审美很有市场，而且身高能带来权威感和神秘感。

（3）运气。这是无法避开的事实，但也是很难把握的，似乎每个成功者都和运气有着千丝万缕的关系，这个因素由于无法控制，我能告诉你的只有"努力"二字。

（4）普通话。这是主持人的基础，只有极少数著名主持人的普通话不过关，所以这是每个成功者的必备素质。

（5）知识面。这个不仅决定主持人主持节目的广度，而且决定主持人主持节目的深度。不同的学科带来不同的角度，风格就会不同。而且知识面很大程度上影响着主持人的社交，这同样是主持人的成功因素之一。

（6）特长。"一招鲜，吃遍天。"主持人也是这样。特长就是主持人的不可替代性。虽然严格意义上讲不可替代是个伪命题，没有人不可替代，但特长还是一个人在一个工作单位安身的基本保证，何况我的意思是特长应该是我们努力的方向，而不应该是骄傲的资本。

（7）衣着。按说这不应该是主持人成功的因素，因为我们需要的是内在美。但是，现在的社会是个符号的社会，人们往往会根据衣着判断一个人的层次。主持人又是公众人物，必须按照大众的审美期待来打扮自己，一旦与这种期待发生错位，就会造成负面影响。

（8）交际能力。太过善于交际有时会被认为是缺点，但是对主持人来说却是优点。从起源上来说，我们从事的就是与人沟通的工作，出现在电视上只是环境变化，其内涵没有变化。实质上我们的工作和掮客没有本质区别，都是说合买家和卖家，促成交易达成，从中收取佣金。从这一点上看，交际能力非常重要。

（9）精力。这似乎不是个问题，但又是个很重要的问题。主持人工作任务繁重，没有很好的体力，难以胜任。如果身体不好，动不动就进医院，那么纵有再多的才华也难以施展，所以这是个大问题。历史也无数次地证明了这一点。曾有西部高原地区发生大新闻，一干名主持摩拳擦掌想去大显身手，可是他们都有高原反应，去了之后就头晕眼花，不能工作还需要人照顾，所以只能看着那些身体强壮的奔赴前方立功受奖了。

（10）学历。有人说学历只是一层镀金，既然是镀金那就有镀金的好处，金光闪闪的自不一般。所以，这层金可以有。

（11）把握机会的能力。这项素质颇为重要。历史上"房谋杜断"的故事就是说明在关键时候，会选择也是一种出众的能力。

83. 自作的聪明不聪明

主持人要有自己的观点，要有个性，这话没错，我也同意。而且我也数次说过，只有个性是主持人存在的标志。许多主持人也深表同意，并且为之努力，这固然是可喜可贺的。但是，有时候追求得过分，想要的太多，就很容易滑向错误的深渊。说得直白点就是自作聪明不聪明。

不可否认能有如此能力的主持人绝非凡俗之人。一般主持人准备好的主持词都背不熟，更不要说发挥了。而这样的主持人不仅能背好主持词，把控好场面，除此之外还有精力作额外的发挥，那可真是能力了得，这是值得赞扬的，也是可以理解的。当一个人的境界高了之后，精力泛滥，剩余的精力玩花也在常理之中。可有时候，这多出来的精力不一定是好事，有时候还又会带来麻烦，就像画蛇添足的故事一样，效果会适得其反。

我曾多次在电视上看到类似的情景，真是感到非常惋惜。某次某球队获得突破，拿到了亚洲冠军。那时候大家都会快乐，谁知这位嘉宾却反复强调偶然性，负面效果云云。用老百姓的话说，他就是不和别人喝一个井里的水，这对节目有很大影响。我想他这样做个性是有了，但是效果真的不好。原因在哪里呢？我想任何事物，都可以两面来说。杨贵妃那样的美人，照样有人嫌弃她太肥。如果存心挑刺，对成熟的主持人来说，不是难事。那我这样的观点是不是意味着嘉宾只能顺着话题夸奖呢？也不是。我只是想说，说出心里的想法和存心挑刺、自作聪明是两码事。该嘉宾也许可以含蓄的提出自己的看法，但决不应该为了不同而不同。

这里面还有个整体效果的问题。如果导演、编导追求的是整体祥和的风格，那么，如果只是为了说出不同意见，就有把节目弄砸的危险。对节目主持人来讲，整体效果是大于个人风格的。

所以，自作的聪明真的不是聪明，应该引以为戒。

84. 那个孩子

我时常想起鲁迅先生文章里的一个故事。说某家生了个儿子，众人去贺喜。一个说这孩子有福相，长大要当大官的；一个说这孩子注定是要死的。结果第二个宾客受到斥责。

我们来分析一下。第二个人说错了吗？没错。那为什么不受欢迎呢？我想还是场合问题。而我们的主持人有时候说话却不看场合，时时和嘉宾意见相左，让人讨厌。所以对于主持人来讲，场合非常重要，这是你说话的试金石。

如果细究一下原因，我们会发现这又是个态度问题。如果对那个孩子心存喜欢，他不会说出这样的话，他的心里应该满是希望和期待。所以，我觉得改变这种现象首先要改变态度，用专家的话说这是个基调问题。这样说还是有些容易让人迷糊，我接下来以一个实例来说明这一点。某个不喜欢戏曲的主持人被安排去主持一场戏曲晚会。他心里也知道这种场合必须说戏曲的好话，但是我们也知道，主持人是很难掩藏自己的职业的。不像歌手，哪怕心里再不高兴，在台上欢天喜地得唱三分钟的歌曲还是比较容易的。主持人不同，他们要在台上说很多话，一不小心就会露底。所以要避免这种情况的发生，还是要真心喜欢，只有这样才不会犯错误。

再说一个例子。某次戏迷剧社比赛，恰巧某剧社来的全是女士。这位女主持感到很奇怪就问："怎么来的全是女士啊？"对方回答："因为排的节目是《红色娘子军》，所以全是女士。"谁知这位主持人还不算完，在后面的节目中，三番五次地说她们全是女士，并要求剧社下次来演出的时候一定要带上男士。最后，评委看不下去了，说："主持人，你这样说是不对的，全是女士怎么了？没有错啊。"整个事件看下来觉得莫名其妙，如果当成小花絮，主持人询问一下也到无可厚非，可是几次三番地追问就显得不妥了，因为规则没有规定必须男女演员一起上。如果按照这位主持人的标准，任何一个剧社都能找出毛病来，老的来了问小的，小的来了问老的。所以此主持人的表现让人感觉莫名其妙、匪夷所思。原因是什么呢？我们可以说这个主持人说话不过脑子，也可以说她个人素质不够好，不够善意，反正让人愕然。

如果从理论上看，可以说她找不到节目的定位和基调。一般此类大众娱乐节目应该是鼓励和赞扬为主，因为不是专业的比赛。但是，我还是觉得这个可能和个人的性格有关，很可能是情绪左右了理智，这就是问题的真相。可能女主持人天生爱挑刺，可能她不喜欢只有女人的节目，于是，情不自禁地说了出来。但她忘记了主持人在台上以自我的形象出现，其实是受众的代表。我觉得她还要仔细地思考这个问题。

除去这个态度问题，我又想起一个著名的故事：杯子里有半杯水，有人惋惜地说只有半杯水了，有人高兴地说还有半杯水。就我个人感觉，主持人应该是个乐观者。

85. 主持人的风格和层次

在学播音主持的时候，老师一再强调"不要播，要像说"。这让很多人糊涂，明明是在播新闻，怎么还要像说呢？其实这样说强调的是心理状态，并不是语言面貌上的颠覆。

据我了解，声乐艺术也有类似的观点。他们认为，心理要有说的感觉，而声音上则要和说拉开距离。这值得我们借鉴。

纵观成功的节目主持人，他们大多明白这种要求并且把这一点运用到了实践当中。但是，同样是主持人，如果细心地加以比较，我们会发现其中的不同还是很大的，尤其是在春晚这样的节目中。在春晚中往往几个主持人同时出现，更容易比较其中的差异。董卿更像主持人的说，经过修饰了的说。生活中其实很少有人像董卿那样说话，如果那样，会有人觉得这人很装。但是在电视上大家就觉得董卿很自然，再配上她的华服更显得和谐，所以她的说是符合电视节目主持人的说的。央视另外一个主持人张泽群的语言更接近唱，类似朗诵的风格，吐字清楚，调有些高。朱军则有吟诵的风格。大家可以回忆一下，看看是不是有这样的特点。

主持人的语言风格是不一样的，有的接近唱，有的接近朗诵，有的接近教师讲课的风格，有的靠近生活中聊天。我给大家指出这些不同，不是闲得无聊，而是想告诉主持人，大家可以分析一下自己的语言风格更靠近哪种，或者说哪种风格更适合你主持的节目，哪种说更能体现你的优点。每一种风格都有自己的优点，都有不同，都不可替代。同样也肯定有更多的说的方式等待我们去发现，去创造。

说到这个问题，这里的关键点是像说而不是简单地说，就是说你不能唱着主持节目，也不能像说相声那样主持节目，毕竟你还是个主持人，只是借鉴了唱和相声的艺术特点而已。这是主持人需要把握的要点。

86. 忍住，千万不要笑

节目进行当中，即便不是娱乐节目，也会有很多好笑的事情发生。比如，某次央视节目当中，主持人在演播室采访著名经济学家。老先生学富五车、才高八斗。主持人的问题都是小儿科，无论问什么，老先生都能侃侃而谈。渐渐地老先生就放松了。在主持人问话的时候，老先生很自然地拿起边上的水杯，喝了一口，然后顺手用手背擦了一下鼻子，样子十分可爱，让人莞尔。主持人始料未及，咧嘴想笑，忽然意识到这是讨论关系国计民生的大问题，马上又严肃起来。我觉得主持人做得非常好。就是这样，忍住，千万不要笑。

刚才那位主持人遇到的尴尬我保证所有的主持人都遇到过。我的叫法更专业一些，叫笑场。在影视话剧表演里，笑场是零分。其实主持人也差不多，不该笑的时候乱笑也是荧屏事故一件，太不严肃了。尤其在新闻节目中，这样的事故一定要避免。

但是，也有的时候当笑不笑也不对。比如，在一些娱乐或者谈话节目中，如果嘉宾说到了好笑的事情，则可以大方地笑一下，这对烘托气氛很有好处。而且这个时候，观众也是在笑的，你要等别人笑完了再说话，在别人的笑声里说话效果总不会太好。

这个问题往深处想，就是"收"和"放"的问题。如果是正式的新闻，符合节目风格，严肃地播报，这是节目的要求，属于"收"的范畴。我曾经看到很搞怪的娱乐节目主持人在主持唱歌比赛的时候非常严谨地介绍比赛规则，没有废话和戏谑。我想他知道，为了唱歌比赛许多人付出了很多，所以这时候不可乱开玩笑。我也曾见过原本很严肃的主持人在娱乐节目中开怀大笑，我想这是"放"的范畴。

一个好的主持人应该做到收放自如,这也是主持节目的妙处。

87. 有戏,有细,主持人才有戏

我时常会发现有些主持人说话淡如白开水,没有一点感染力,我很为他们着急。有时候,我给学生上课也经常遇到一些同学把情感丰富的文章读得平淡无奇,当时就很恼火。我真的很想帮他们,启发他们。有时候我也想,有没有什么更好的办法让他们理解这些。本人有个不怎么时尚的爱好——听戏。我常常羞于告人,因为在许多人心里,那是老人们的爱好,可是又有什么办法呢?我的故乡是全国著名的戏曲之乡,我自小在戏曲的氛围里长大——广播里每天有戏,电视里每逢节日也有大戏。所以,每当我听到那些声音,我这个异乡的游子就会获得放松,就像回到了家乡。我一向忠实于自己的心灵,所以每当我孤单寂寞,我就听戏。听来听去,我渐渐听出了门道,听出了戏曲和主持人的某种联系,一种美丽的关系。

先说主持人表达平淡的毛病。我们都知道,理解不深,没有感受,是导致没有感情、没有逻辑关系的原因。那戏曲呢?戏曲的唱词很精练,几句话就是几十年,就是许多事情。如此简单地表情达意,它靠的是什么呢?我发现它靠的是演员丰富的表演。难怪他们几个字就能唱上一分钟,因为他们要把字以外的情感表达出来。戏曲在没有电子媒体的时代是传媒的重要载体。这种独特的剧场艺术,也造就了戏曲的表情幅度都比较大。表达气愤的情绪不仅有表情,还要加上肩膀和手的抖动,这样坐在后排的观众也能知道这个演员的情绪。以上是戏曲演员的特点。那我们主持人呢?我觉得戏曲给主持人学习表情达意提供了很好的范本。戏曲演员的一招一式就像慢镜头,可以很好地给学生展示情绪的变化。以我的理解,这些感受学生理解之后,再读稿件时就不会那么平淡了。

有句话说"不细不是戏",同样不细腻也不是好的主持人。这句话与主持人共勉:有戏,有细,主持人才有戏。

后　　记

　　现在的同学们真是很好玩！当我的"小企鹅"开始闪时，我就知道有人找我聊天。那时，我就会想："谁呀？他有啥问题呢？"而他们总有奇怪的问题，诸如："老师，我吸进来的气最后去了哪里呢？""老师，我明明吸气了，可是他们还是说我读文章没有气息。""老师，我一米九高，读文章会比别人声音大吗？"天啊！世界之大，无奇不有。我有时候很懊恼，思索着该如何回答这些千奇百怪的问题，后来又想，能回答别人的问题不正是一种幸福吗？两千多年前，我的老乡——孔子就说过答疑解惑是老师的本分，这也许就是我该干的事。

　　为了更好地帮助那些爱提问的孩子们，这次我又写了一本书，希望可以拉直大家的问号，满足他们的要求，实现他们的梦想。我经常在想，爱提问总是好事情，说明他们还有对这个世界的好奇心。这样的生活很美妙。对于我自己，我则很乐于去回答他们的问题，因为那是对我的信任。所以，每次看到QQ群里有人找我，我总是很高兴，觉得很刺激。

　　作为一个曾经的艺考生，我也有过很多问题，也渴望得到别人的回答。一些问题的答案，有时候有人会告诉我，有时候需要自己思索，有时候必须等待很长时间才会明白。而现在，我有了一点小小的积累，我能帮助同学们了。我多么期望他们能够快一点成长进步！我理解他们渴望进步的心，一如当年的我。那么怎么样能够更快的进步呢？这是我们共同的梦想。既然目标一致就让我们共同的努力吧，互相帮助，共同向着目标前进。我知道问号是无穷无尽的，我也许还要继续写下去，难道这不正是生活的快乐吗？

　　能够帮助同学们是一件幸福的事，而询问和回答将是我们沟通的存在理由。当有一天你连询问的想法也没有了，那么你的进步将会慢了很多。所以，让我们勇敢地询问下去吧，如同那些很小的孩子。

　　这本书的缘起非常简单。有个同学在QQ群里和我聊天。他说："老师，你能不能写一本专门讲即兴评述的书？"我想了想说："对啊，我怎么没有想到呢？为什么不呢？写吧！"就这样，我放下手上其他的工作，开始了本书的编写。

　　现在书已经完稿，回想那些日子，得到了许多同学和师友的帮助，在此谨表示衷心的感谢。然而，由于本人才疏学浅，错误和缺点在所难免，期待读者及专家学者的批评指正。

　　愿天下有梦想的人都能梦想成真，笑口常开！

李泊

2017年5月